INTIMATE RIVALS
Japanese Domestic Politics and a Rising China

日中 親愛なる宿敵
変容する日本政治と対中政策

シーラ・スミス 著

伏見岳人／佐藤悠子／玉置敦彦 訳

東京大学出版会

INTIMATE RIVALS
by Sheila A. Smith
Copyright © 2015 Columbia University Press
The Japanese edition is a complete translation of the
U.S. edition, specially authorized by the original
publisher, Columbia University Press through
The English Agency (Japan) Ltd.

Translation by Taketo Fushimi, Yuko Sato,
and Nobuhiko Tamaki
University of Tokyo Press, 2018
ISBN978-4-13-036268-9

日本の皆さんへ

　この本は，日本の皆さんがどこかでお聞きになったことのある内容を扱っています．10 年以上前から，その概略や経緯は何度も日本の新聞の見出しで取り上げられてきました．隣国中国が強大化し，その影響力を増大化させたことで，中国と共存するということは日本に複雑で多様な問題を引き起こしています．そしてこれは，日本に住む人々の生活に多方面にわたり衝撃をもたらしました．

　この本の執筆に着手した頃，中国のこうした影響を示す兆候は少なく，日本国内の反応もそこまで危機感のあるものではありませんでした．日中関係の根幹は，経済的相互依存であり，時に不協和音があったとしても，さして問題視されていませんでした．10 年前には，日本の領海や領空への中国軍の侵入を防ぐために，自衛隊を動員しなければならないことを，日本で誰が考えていたでしょうか．日中両政府が互いの対立点について話し合えないという状況も，以前は考えられなかったはずです．近年の日中間の緊迫は，アジアの主導権を誰が握るかという地域全体の問題に留まらず，グローバルな問題にまで波及し，日本とアジアの将来に警鐘を鳴らしているようです．日本でも，中国の台頭が日本の将来にいかなる影響を及ぼすのかを懸念する声が高まっています．

　私のようなアメリカ人の日本研究者が，日中関係をここまで深く追求しようとすることは，日本の皆さんには奇妙に思われるかもしれません．私の最初の研究テーマは，日米関係，特に日米同盟の進展でした．アメリカにおける日本研究及びアジア研究の拠点であるコロンビア大学で東アジアについて学んだ私は，日本の国家アイデンティティをめぐる議論が，西洋との関係と，東洋の中国との関係の間で，緊張をはらんで揺れ動いた歴史への理解を深めました．明治期には，中国が日本にもたらした文化的恩恵と，西洋が日本の近代化にもたらす恩恵について，日本人は盛んに議論しました．近代日本は，戦争に至るまでの道のりにおいて近代化に伴う諸問題であふれていましたし，中国の植民地

化は，アジアに到達した産業化への順応に中国が遅れたことの帰結を示す鮮烈な事例となりました．

　このことから，戦後の日中関係は，日米同盟とは明らかに対照的だと言えましょう．この対照性が，何が日本外交の優先課題であるかを確定する思考法をより深く理解するのに役立つのではないかと，私は考えました．戦前日本の帝国主義と対外侵略は，今なおアジアに遺恨を残しており，日中関係はその典型例です．大日本帝国による中国侵略は日中両国を決定的に分断し，今も日中関係に大きな影響を残しています．この遺産には当然ながらアメリカも密接に関係しているため，日本はアメリカとも中国とも緊張関係にあり，その対応を迫られてきました．

　日米同盟によって冷戦構造に組み込まれた戦後日本は，イデオロギーの分断線によって，隣国中国から切り離されました．戦後の数十年間，日中関係には地政学的な複雑性が加わり，日中戦争の傷はさらに深まりました．しかし，鄧小平の指導の下，中国は建国初期の極端な共産主義政策と貧困から抜け出し，日中両政府は，経済発展という共通の課題を見出しました．リチャード・ニクソン大統領の訪中を受けて，田中角栄首相の訪中も実現し，1978 年には福田赳夫首相によって日中平和友好条約が批准されました．それ以来，日本は中国の市場経済化を支援し，自民党の指導者は中国共産党の新世代の指導者との信頼醸成に努めてきました．日中双方の指導者とも，中国の経済発展を日本が支えることは戦後の和解につながるという考えで一致していました．

　中国政府との外交関係は，どの国にとっても簡単ではありません．どの国の外交官にとっても，北京の中国政府機関は，複雑で難しい場所です．政治指導者の交代は部外者には分かりにくく，反体制派に対する政府の統制は権威主義的であり，経済交流の基本的な規則の運用にも不公平さが見られます．それでも，日本企業は，このような困難を他国の企業よりも巧みに乗り越えてきました．そして，日本人は中国との和解の必要性を理解し，日中戦争で中国が受けた深い傷跡を理解してきました．戦後の混乱で実の親とはぐれ，中国の養父母に育てられた中国在留孤児の日本訪問は，甚大な戦禍を思い出させるだけでなく，日本と中国がともに戦後に復興する可能性を力強く示してくれました．

　しかし，現在，このような過去の日中関係の成果を覚えている人は多くあり

ません．中国経済が世界第2位の規模に成長し，何百万人もの中国人が日本人と同じような水準の生活を送れるようになった今，日中関係では，これまでの数十年間にわたって抑制されていた緊張が顕在化してきました．日中の緊迫は，多くの人には唐突で予期せぬものであったでしょう．世界中の新聞が，日中両政府の対立を驚くべきこととして報じています．このような緊張の原因を，中国の台頭に見出そうとする意見も多いかもしれません．しかし，私が詳しく考察したいのは，台頭する中国との緊張関係について，日本国内でも議論があったということです．この緊張は，単なる外交問題ではなく，多くの日本人に広範な社会的影響を与える問題でした．日本の対中政策は，何かはっきりした一つの政策であるというよりも，日本国内の多様な争点や，様々な主体と利益が深く結びついて展開するのです．したがって，政治指導者や外交官が日中関係を発展させる解を探し求めても，日中両政府ともに双方の国民の苛立ちを抑えることは難しかったのです．本書を通じて私が理解したかったのは，国際社会において中国の経済的，政治的，軍事的な影響力が増大する中，日本人がそれらをどのように感じているのか，その結果，日本人は自国政府にどのように行動を促しているのか，ということでした．

　日本研究者である私は，グローバルな大国として台頭する中国と向き合う日本の事例を分析しました．しかし同時に，本書の分析は，他国にとっても示唆を与えるものと考えています．台頭する新興国が，地域秩序や国際秩序に変動をもたらそうとする時，これに向き合う先進諸国にはどのような影響があるのか．日本の事例は，地政学的変化による複雑で予期できない波状効果を考えるための好例です．アジアの小国には，日中間のさざ波は，大きくうねる波のように見えたでしょう．日本にとってはまださざ波かもしれませんが，これが次第に大きな波濤に変わっていくことは疑いようがありません．また，アメリカも，どのように潮流が変化し，中国の影響の波がどの程度，アメリカの経済，政治，社会に波及するかを考慮しなければなりません．

　これらの事情に詳しい日本の読者には，本書の議論のいくつかの点に注意していただきたいと思います．第一に，対中政策に影響を与える日本の国内政治を分析する際，私が特に強調したかったのは，いかに日本の人々が，政府の対中政策から多様で広範な影響を受けていたかということでした．政府のエリー

トを分析するだけでは，もはや十分ではありません．現代の日中関係には，以前と比べて多数の利益集団が関与しています．この変化は中国経済の発展だけが原因ではないでしょう．日中の経済的相互依存を拡大させる試みは，1970年代の日中国交正常化より前から始まっており，それによって日本人と中国人の接触が増えていたのです．

　第二に，日中関係の困難は，必ずしも全てが過去の戦争や植民地支配に端を発しているわけではありません．確かに，日中両国は，戦争の傷跡をめぐって，国家アイデンティティや将来の展望を議論してきました．しかし，昨今の諸問題の多くは，現代の実践的な対立から生じており，20世紀の惨劇とはほとんど関係がありません．とはいえ，中国共産党は，依然として日中関係に特別な意味を付与しており，歴史の問題が消え去る見込みはありません．2015年9月3日，習近平国家主席は，中国が軍事演習を行う理由について，中国は20世紀に列強に侵略された歴史を持ち，その脆弱性を克服するためであると明言しています．戦前に日本が中国に侵略した過去は，弱体だった中国の教訓として，また今後も大国の力を誇示しようとするスローガンとして，引き合いに出されることでしょう．

　第三に，私が資料調査から執筆に移った段階から明らかでしたが，日本の制度をいかに改革するか，また将来の優先課題をどこに定めるか，という日本国内の議論は，中国の台頭に対応する政策課題と深く連動していました．数十年間にわたって，我々海外の日本研究者は，日本の政治指導者が改革構想を具体的に実践しようとする過程を見てきました．日本経済の再興，人口構造の変化への適応，希望の持てる未来像の提示といった難しい課題が山積していました．政治改革によって政策論議は活性化しましたが，日本の政治家は効果的な政策を立案し，実行に移すことに苦慮しています．自民党は，長期政権の通弊でしょうが，停滞と内紛に陥っていました．2009年には，民主党が国民の高い期待を受けて政権与党になります．しかし，内部分裂していた民主党に対する国民の期待は高すぎたのでしょう．民主党政権は，東日本大震災と原発事故，そして尖閣諸島をめぐる日中対立によって，大きな危機に直面しました．

　日中関係の困難について日本の人々と話すと，尖閣問題の原因は日本政治の内輪揉めに，中でも民主党にあるという意見に多く接しました．しかし，私は

日本の人々ほど，日中対立を政権交代によるものとは考えていません．確かに，1990 年代の選挙制度の改革と，政党の合従連衡は，対中戦略の構築を困難にしたかもしれません．けれども，2010 年の尖閣危機の責任を民主党のみに帰するのは，尖閣問題の歴史を無視しています．2009 年までは自民党内にも対中政策をめぐる深刻な路線対立があり，領土紛争の解決はこの路線対立と常に結びついていたことを忘れてはなりません．2012 年の尖閣危機は，戦後史において，日本が最も戦争に近づいた瞬間でした．この危機は，北東アジアに伏在する他の紛争が波及したものではなく，日本に直接向けられた軍事的威嚇によって引き起こされたものです．もし自民党政権だったら，当時の野田佳彦内閣よりも巧みに危機を乗り越えられたかどうかはわかりませんが，この対立が日本の政策形成者には前例を見ない危機だったとは言えるでしょう．

　一つ明らかなのは，中国政府が日本の政界の路線対立に十分気づいており，それを自らに有利なように巧みに利用したということです．2008 年 5 月の福田康夫首相と胡錦濤国家主席による日中首脳会談の合意が，実現に至らずに潰えた理由は，日本の政治変動によって引き起こされたものだけではありません．中国の指導者の交代は，最近では類を見ないほど予想しがたいものでしたが，これによって日中関係を安定軌道に乗せることができた指導者が権力の座から退くことになりました．中国政府は，日本の保守派の好ましからざる人々を「タカ派」と呼んで敬遠したように，民主党内で日本の領土・領海や権益の防衛を唱えた政治家も遠ざけようとしました．自民党は中国共産党幹部と個人的な結びつきを培ってきましたし，日本には他にも著名な中国通の人々が存在しています．しかし，中国政府は，かつて 2006 年には小泉純一郎の後を継いだ安倍晋三内閣総理大臣を歓迎したにもかかわらず，2012 年末には，尖閣問題に関して中国との協議を求めた安倍首相を強く非難し，会談を拒否しています．つまり，政治家の個人的結びつきは，危機対応では役立つかもしれませんが，同時に日中関係は構造的に変化しており，個人的な友好関係だけでは対処しきれない問題も顕在化しているのです．さらに，中国政府が，日本政府内で自らに友好的な相手を選び出す一方で，日本にとって不可欠な存在である，戦略的思考を持った指導者を遠ざけるようになってきていることも見逃せません．

　日中関係は，日本国民のナショナリズムの結集点にもなっています．私は日

本のナショナリズムについて書くことになろうとは思ってもいませんでしたが，海外では日本の「右傾化」の可能性について議論されており，特に歴史問題や領土問題といった難しい争点において，どのような人々が代表的なナショナリストであるのかを明らかにすべきだと感じました．私が気をつけたのは，この二つの争点に関わる人々を大きく「右翼」・「ナショナリスト」と区分してしまわないようにすることでした．メディアの見出しには，このような理解が頻出していましたが，そうした区分は日中対立に連動した日本国内の主張の噴出そのものを理解する手助けにはなりません．正直に言えば，私は当初，歴史問題と領土問題というこの二つの争点は深く絡み合っていると予想していましたが，関連する利益集団への聞き取り調査を始めてみると，実態は異なっていました．理論的には，この二つの争点は，日本のナショナリストとそれ以外の人々を区別する分断線になっているはずですが，実際には，日中関係にまつわる国内の利害バランスを新たに衡量することになる政策決定や出来事は，はっきりと白黒で二分できるものではなかったのです．さらに，問題の根幹を理解できる政治家も一部に存在していました．この二つの争点の重要性をめぐって生じた日本国内の分断線も，議論の過程で形成されたものでした．私が本書で理解に努めたことは，この分断線がいかに形成され，政府の政策にいかに影響を与えたか，という点でした．

　最後に，英語版の原著は 2015 年に刊行されましたが，私がその原稿を出版社に提出した後も，日中間の緊張はずっと続いています．原著を出す最終段階まで，私は情報の更新と修正を続けざるを得ませんでした．この文章を書いている 2017 年末の現在も，戦略地政学的な地殻変動に併せて，私はまた同じ作業を余儀なくされています．2018 年には，安倍首相と習国家主席の首脳会談が実現する見込みがありますが，同時に中国は日本の防衛態勢を試す行動を続けています．北朝鮮危機も日中関係に影響を及ぼし，日中両政府にとって，北朝鮮の軍事的威嚇への対応は優先課題であり続けるでしょう．台頭する大国への順応は，現在進行形の課題であり，いつどこで完了するのかを見通すことは困難です．次世代の分析と観察記録を待たなければならないのでしょう．

　日本の未来は，国外からのリスクや危機と結びつきを深めています．直近の選挙では，斬新なアイディアは持ち合わせていないかもしれませんが，最も経

験豊かな自民党を中心とする政権が選ばれました．中国政府は，安倍首相のような強力な政治指導者を試し続けています．この先の数十年間も，日本は戦略的で機敏な対応を求められることでしょう．自民党のみならず，民主党もいち早く理解したように，中国は日米関係にも挑戦する存在になると思われます．

　アジアの，そして世界の地政学が複雑化する時代を我々は生きています．日本の歴代内閣が強大化する中国の影響から日本の国益を守ろうとしたように，他の国々も中国の圧力を感じ始めています．2016 年のアメリカ大統領選挙では，対中政策は必ずしも中心的な争点ではありませんでしたが，選挙キャンペーン中にも，また初期のトランプ政権の政策でも，対中政策は重点的に取り上げられました．中国との外交交渉はその圧力を食い止める一つの方法ですが，手段はそれだけに限られません．国際秩序における力の分布が変化し，人々が自らの民主的な政府について新たに検証する必要性が生じています．大国化する中国と妥協し，協力することが，はたして自らの国益につながるのか．日本と同じく，アメリカ国内でも改革を望む声が高まっています．それらは，経済構造の変動によって受けた痛みを和らげ，外部の有害な影響から自分たちを保護することを自国政府に求めるものです．

　この本は，変容する日中関係の一断面を描いたものです．国際社会の変動によって影響されるのは誰か，そしてなぜ影響されるのか，という問題を考える一助になれば幸いです．日本でも，アメリカでも，そして世界中で，政策形成者と市民の皆さんが，この激動の時代を効果的かつ平和裡に歩んでいくことを願っています．

序　文

　私が日中関係の本を書こうと思いついたのは，ハワイにあるイースト・ウェスト・センターに勤めていた 2000 年代初めの頃であった．その頃，小泉純一郎内閣総理大臣の靖国神社参拝をめぐって，日中関係は緊張しつつあった．日中両政府が歴史問題で対立する状況を，米国政府も不安視していた．そのような時，イースト・ウェスト・センター OB の大塚尚夫ホテルグランドパレス社長は，私が資料調査のために頻繁に東京を訪問する際に，九段下にあるこの素晴らしいホテルを利用することを勧めてくれた．ホテルに隣接している靖国神社にも，私はよく散歩に出かけた．まだ時差ぼけで眠れなかった早朝に，元気あふれる息子を連れて，そびえ立つ大鳥居をくぐり，美しい銀杏並木を通ったものである．時には，独自の装束をまとった年配の神職が，建物間を移動していた．このような時代錯誤な感覚すら抱かせる場所が，なぜアジアの二大国の外交対立の中心的課題となったのか，との思いが浮かぶのを私は禁じ得なかった．

　日中間の緊張の原因は，歴史問題だけではない．21 世紀の幕開けとともに，新たな問題が次々に起こっていた．中国産の椎茸と畳の輸入をめぐり貿易摩擦が生じ，経済関係は複雑化した．2004 年に北京で開かれたサッカーのアジアカップでは，日本人サポーターに対する暴行事件が発生し，多くの日本人が衝撃を受けた．2005 年 3 月，中国全土の都市で歴史教科書問題をめぐる反日デモが勃発した．日本企業も打撃を受け，日本人の対中感情は悪化した．首脳会談の場において，日中の指導者は冷たい視線を交わすのみで，会話を避けた．日中外交が「凍結」状態にあった 2006 年には，モーニング姿の小泉首相が，終戦記念日の 8 月 15 日に靖国神社を参拝した．その数週間後，5 年以上続いた小泉内閣は退陣する．

　しばらくの間，小泉こそが日中関係の悪化の元凶であるとされ，後任の首相によって日中関係は再び好転すると思われた．だが，別の要因によって，日中

外交は苦難の道をたどり続ける．日本人の対中感情は厳しさを増した．経済的相互依存関係の拡大によって，日中間で予期せぬ経済摩擦が続出した．国連海洋法条約の批准によって，両国の海洋権益は衝突し，東シナ海には，両国の調査船と，最新式の艦艇が，多数集結した．歴史問題では，日本の対中政策と，日本の国内政治や国民感情が連関することで，問題の解決は困難になった．歴史問題をめぐる日中対立は，小泉内閣以前から噴出していたが，小泉の退陣後も後継者に引き継がれることになった．多くの日本人が，変化の著しい「親愛なる」中国との接触に恐怖心を抱いており，戦後日本のアイデンティティの基盤そのものに疑問を抱くようになっている．

　日中両国で協調できる基盤を見つけようと政治指導者や官僚が努力しても，日中関係は動かなかった．2006年秋，安倍晋三は，北京を訪問して，日中両国が和解することで，新たな「互恵」関係を作ろうとした．その2年後，高名な温家宝国務院総理が返礼として訪日した後，胡錦濤国家主席が訪日して福田康夫首相と会談した．2008年5月の胡・福田会談を受けて，東シナ海におけるエネルギー共同開発や食の安全に関する協定を含んだ野心的な日中協力案が提示された．だが，この野心的な協調外交は短命に終わる．東シナ海をめぐる日中合意は実行に移されず，有毒物質の混入した中国産冷凍餃子が日本に輸入された事件の解決には2年間かかった．さらに事態を悪化させたのは，2010年9月，中国のトロール漁船が2隻の海上保安庁の巡視船に衝突した事件であった．これはそれほど大きな事件ではなかったが，戦後の日中間の最大の危機へと発展し，日中両政府間の亀裂が顕在化した．また，尖閣諸島（中国名は釣魚島）の領有権をめぐる緊張が突発的に生じたことで，台頭する中国に対処する日本の能力について，日本国内で議論が活発化したことも重要である．

　過去40年間の日中関係は，一つの簡明な前提の上に成り立っていた．すなわち，経済的相互依存が日中両国民の和解を促す経路である，という前提である．こうした緊密な経済関係への信頼は，政治対立を克服する戦略としてうまく機能し，日中双方に繁栄をもたらしたようにも見える．日中両国民が互いに好感情を抱いていたという証拠も多い．四川大地震において日本が支援し，それを中国が受け入れたことは，地震の数日前に開催された胡・福田会談の成果として語られた．数年後の東日本大震災では，今度は中国政府が日本を支援し

た．日本の対中投資は拡大し続け，中国の製品，サービス，投資は続々と日本市場に入っており，さらなる共存共栄の時代が始まる兆しであるようだった．2009年には，中国との緊密な協調関係や，歴史問題の解決に積極的な民主党が政権を担当するようになった．

　だが，政府の関係改善に向けた意欲にもかかわらず，新たな衝突によって日中両国の不満が高まり，外交関係は悪化の一途をたどった．2010年と2012年に，尖閣をめぐって日中両国の対立は急速に拡大する．無人島である尖閣諸島は，長らく日中両政府によって平穏に処理されてきた．だが，これらの外交危機により，両国民の不信感が根深いことが明らかになった．長年にわたって，日中双方の運動家は，尖閣に自国の国旗を掲げるために，東シナ海で日中が対峙する危険な海域に小さな漁船で果敢に入り込もうとしていた．この間，日中両政府は，こうしたナショナリストによって日中協力の大目標が阻害されないように努めていた．しかし，2010年には，日中両政府こそが，尖閣領有権を主張し，その防衛に努めるようになり，2013年初頭には，両国の軍事組織が対峙する状況に至ったのである．

　中国の「台頭」について広く論じられるようになる以前から，多くの日本政府関係者が日中関係を不安視していたように，私は感じていた．中国をよく知る人々は，中国にとって難しい時期が迫っていることを予見し，変容する中国に辛抱強く接することを説いていた．中国をよく知らない人々も，急速な変化を遂げる中国に対応する日本の能力について，不安を募らせていた．しかし，中国への対応という課題は，外交官や政治家，中国専門家といったエリート集団だけに課せられたものではない．むしろ，変容する中国の影響は，日本社会全体で感じられるものだった．中国の台頭という地政学的変化は，多くの日本人に対する複雑な挑戦に他ならない．外交官が尖閣問題に取り組む一方で，課題の山積する日中関係をめぐる日本政治も，この10年間で変化し続けている．利益のバランスが変化することは，紛争の拡大や，対中協調の阻害を，必然的に決定づけるものではない．だが，中国の発展によるアジア経済と安全保障環境の変化が，日本の利益に影響を与えることを受けて，諸問題に対して様々に立ち向かう日本政府の能力を向上させようとする日本国民の要求は膨らみ続けている．本書は，このように大国へと台頭する中国に対応する日本の取り組み

序　文　　　　　　　　　　　　　xi

を詳しく解明することを目的とする．

　本書の課題には，日本人や日本研究者の興味関心だけに留まらない意義がある．日中関係は，現在の国際政治における大きな問いの所在を指し示しているからである．中国の台頭という現象については多く論じられているものの，それに他の社会がどのように反応するか，そしてなぜ反応するのか，という点はさほど理解が進んでいない．私の認識では，政策形成者が私たちの社会の不安に対処することはさらに困難になると思われる．私たちは相互依存の世界に生きており，それは同時に未来の予測が難しい世界である．アジアでも，中国の台頭によって日常的な複雑性が増し，未来への不安が拡大しており，他の社会は中国の影響に対応する自らの能力を憂慮している．この地政学的変動の中，日中両国，そしてアメリカの政策形成者は，各国が協調する基盤を発見するために一層努力する必要があるだろう．日本と中国は，両国の社会における利益バランスの変化に適応しなければならない．アジア太平洋地域には，急速に変化する社会があり，またそれほど大きく変化しない社会もある．しかし，それらの違いを超えて，良好な関係を構築し，共通の課題への解決策を見出すことができるのか．それが試されているのである．

謝　辞

　多くの協力を得て，本プロジェクトは進行した．まず，アジア研究の手ほどきをしてくれたコロンビア大学の先生に感謝したい．ジェームズ・モーリー教授，キャロル・グラック教授，ジェラルド・カーティス教授は，現代日本研究を指導してくれた．ジャック・スナイダー教授とロバート・ジャービス教授は，国際関係研究と，豊かな歴史的知見及び地域の専門的知識を架橋する重要性を教えてくれた．2006 年には，米国社会科学評議会と国際交流基金による安倍フェローシップに選ばれ，東京で 2 年間，調査できた．その時は，国分良成教授のお招きにより，慶応大学現代中国研究センターに所属し，美しい三田キャンパスで，活発で魅力あふれる北東アジア専門家の方々と交流できた．

　外交問題評議会の同僚からも，協力と知的刺激を得た．リチャード・ハース会長，ジェームズ・リンゼイ研究所長，エリザベス・エコノミーアジア研究長の協力と激励に御礼申し上げたい．また，私の研究助手も完璧な仕事をしてくれた．ソフィア・ヤンは，私が日本で調査している時，冷静さとプロフェッショナリズムでもって，日本研究プログラムを支えてくれた．疲れを知らずによく働くチャールズ・マクリーンは，本書を執筆する最終段階で私を支え，1 ページごとの原稿が章になり，さらには 1 冊の草稿になる過程で，鋭い編集能力を発揮してくれた．私が多忙な毎日の中で執筆時間を捻出しようとした時，彼はいつも真剣に支えてくれた．東京では，常岡千恵子が，本書の完成に不可欠だった日本の利害関係者とのインタビューに同行してくれた．彼女の忍耐と正確さがなければ，本書は決して日の目を見なかっただろう．最後に，続発する事件について最新の情報を提供してくれた日本プログラムの才能あるインターンに感謝したい．村井英樹，ハルナ・ミノウラ，ケイコ・イイオカ，ミユキ・ナイキ，ジェニファー・イジチ，アシュリー・サットン，ゴウ・カタヤマ，ユウコ・シマダ，ジョエル・メトカルフ，ユキ・ヨシヒサ，巩婧恬．

　来馬家の方々にも特に感謝したい．日本語を最初に勉強し始めた時から，政

治と外交を研究する現在まで，永遠に続く質問攻めにも快く答えてくれる出会いに私は恵まれた．今は亡き来馬献二は，明治から昭和に至る日本の歴史や，終戦直前に若き海軍将校として経験した出来事を，夜遅くまで私に語ってくれた．来馬広子も戦時中や戦後初期の思い出を聞かせてくれ，広辞苑の読み方や電子辞書の使い方を教えてくれた．傘寿を超えられた後も，私の息子におはじきや囲碁を教えてくれ，私が食べた中で最も美味しい春巻きを作ってくれた．敬子，道子，泉と，彼らの夫や子供，孫にも，私を来馬家の一員として招き続けてくれることに心から感謝している．

　しかし，こうした世代を超えて開かれていた特殊な出会いの機会に留まらず，私には，他の多くの日本研究者と同じように，日本で新たな出会いの扉がいつも開かれていた．本書が示すように，研究を通じて，私は興味深い場所をいくつも訪ね，アメリカの学会や研究プロジェクトとほとんど接点がない日本人と多くの接点を持てた．だが，ごくわずかな例外を除いて，多くの人がインタビューの依頼や，最新情報を得るための追跡調査につきあってくれ，歓迎さえしてくれた．機微に触れるような質問の数々にもかかわらず，多くの情報と意見を提供してくれたのである．数年かけて面会した人の中には，私の誤解を訂正し，結論に反論した人も多い．また，多くの日本政府関係者が，私に重要な知見を与えてくれた．困難を増す日中関係の現場にいる若手の政治家や官僚も，寛大にも時間を割いてくれた．本書では，4人の総理大臣経験者（中曽根康弘，福田康夫，安倍晋三，野田佳彦）にインタビューする特権に恵まれた．また過去10年間で，4人の外務大臣経験者（高村正彦，中曽根弘文，岡田克也，前原誠司）と日中関係について議論した．元官房長官である福田康夫（小泉純一郎内閣）と仙谷由人（菅直人内閣）とは複数回インタビューできた．できるだけお名前を示して謝辞を述べたいが，録音せずに匿名での会話に応じてくれた人も多い．

　私の研究が，これほど，政府間の最高レベルの危機や，世界中の新聞の見出しの内容に関わることになろうとは，私自身，思ってもみなかった．アメリカのアジア政策形成者が，私の仕事に対して，彼らの分析と思慮深い感想を寄せてくれたことにも感謝したい．学者や専門家は，将来の出来事を気にすることなく，公に見解を述べる贅沢が許されている．だが，政府内にいる人々は，国

内における対立の渦中にありながら，入り組んで壊れやすい外交のいくつもの
経路を通じて，互いの意図を伝達しなければならない．直近の日中対立につい
て私が論じたように，米国の政策形成者は，日中間の外交危機と海洋における
対立に直接関係している．それゆえに，私は，個々の政策形成者個人の成功と
失敗が，結果に大きな影響を与えるということを，現実感を持って理解したの
である．

　日本とアメリカの多くの研究者や友人からも，多くの恩恵を受けた．このプ
ロジェクトの初期段階から助言し，激励してくれた外交問題評議会の研究グル
ープの初期メンバーに感謝したい．リチャード・ブッシュ，ヴィクター・チャ，
エリザベス・エコノミー，カール・グリーン，ウィリアム・ハインリヒ，フレ
ッド・ヒアット，マイク・モチヅキ，スタンリー・ロス，リチャード・サミュ
エルズ，アダム・シーガル．さらに，秋葉剛男，ジェフリー・ベーダー，カー
ト・キャンベル，ラルフ・コッサ，カロライン・フレイシャー，マイケル・グ
リーン，スーザン・グリフィン，チャールズ・グラブ，デイビッド・ジェーン
ズ，船橋洋一，石破茂，石井正文，クリス・ジョンストン，加藤洋一，小林陽
太郎，マイケル・マクデビット，長島昭久，佐々江賢一郎，マイケル・シーフ
ァー，トマス・シーファー，瀬口清之，アラン・ソン，高原明生，高見澤将林，
故ウィリアム・タイラー，梅本和義，その他の方々による分析と支援にも感謝
したい．私の父，ラルフ・エドワード・スミスは全ての草稿に隅々まで目を通
し，注意深く編集上の感想を聞かせてくれた．そのキャリアのほとんどを太平
洋で過ごした米国海軍の退役将校として，父はアジアの地政学について熱心に
関心を抱き続けている．彼が本書に献身してくれたのは他に動機があるとは思
うが，これ以上なく思慮に富んだ批判を寄せてくれた．

　この種のプロジェクトは，家族と友人の支えなくして完成できない．まず私
の両親，ラルフとバーバラに感謝する．大学からの親友で，いつも励まし続け
てくれるマーガレット・ルロン＝ミラーとルイーザ・ルビンフィンにも感謝し
なければならない．最後に，私の息子イアンに特別な御礼を述べたい．子ども
の頃から，息子はいつもリュックを背負って東京，北京，沖縄，ワシントン
D.C. へと向かい，母親の調査を喜んで手助けしてくれた．私のアジア旅行に
同行するかを尋ねる時，10 代の息子が笑顔で「もちろんだよ，母さん，行こ

う！」と言ってくれる喜びに勝るものはない．世界は爽快で面白い場所だとこれからも発見し続けてくれることを希望して，本書を愛する我が子に捧げる．

目　次

日本の皆さんへ　　i
序　文　viii
謝　辞　xii

第1章　日中激突―――――――――――――――――――――I
はじめに　I
1. 緊迫する日中関係　4
2. 解決策の模索　9

第2章　対中外交と利益集団――――――――――――――17
はじめに　17
1. 日中関係の新たなダイナミクス　20
2. 和解から互恵へ　25
3. 変容する中国論　45

第3章　旧帝国軍人の戦後―――――――――――――――53
はじめに　53
1. 争点――首相の靖国参拝をめぐって　56
2. 利益集団と運動家　62
3. 靖国をめぐる新たな政治力学　74
4. 靖国神社の未来　85

第4章　東シナ海の境界画定―――――――――――――――89
はじめに　89
1. 争点――海洋権益をめぐって　91

2. 利益集団と運動家　105

3. 新たな政策枠組みをめぐる交渉　117

第5章　食の安全 ―――――――――――――――――――127

はじめに　127

1. 争点――冷凍餃子の輸入をめぐって　129

2. 利益集団と運動家　140

3. 法規制の調整　149

第6章　島嶼防衛 ―――――――――――――――――163

はじめに　163

1. 争点――中国の挑発と尖閣防衛をめぐって　165

2. 利益集団と運動家　177

3. 戦略的調整　188

結　論 ――――――――――――――――――――203

1. 変化する中国論　203

2. 漸進的な問題解決　211

3. 変容する中国への適応　214

4. 政策的含意　219

注　227

参考文献　275

解説（久保文明）　287

訳者あとがき（伏見岳人）　292

索引（人名・事項）　299

第1章　日中激突

はじめに

　2013年7月，沖縄南端の島嶼部に，安倍晋三内閣総理大臣の姿があった．第23回参議院選挙の投票日を間近に控えたこの時，安倍率いる自由民主党は沖縄県で苦境に立たされていた．米軍普天間飛行場の移設案をめぐり，政治的対立が長年続いていたからである．だが，沖縄入りした安倍は，政府が日米同盟強化策として進める辺野古移設案を沖縄本島で力説するのではなく，代わりに石垣島と宮古島に赴いた．この離島での遊説は，1965年の佐藤栄作以来，48年ぶりの出来事であり，沖縄の本土復帰以後の現職首相による初の訪問となった[1]．安倍は，参議院で過半数の回復がかかった選挙の終盤に，中国と対峙する海上保安庁や航空自衛隊を激励することを選んだのである．

　この時，日中関係は長期にわたる緊張状態にあったが，2010年，東シナ海の島嶼部をめぐって領土紛争が生じると，日本ではとくに強い反発が起こった．2012年12月に首相に返り咲いた安倍は，この軍事衝突が生じかねない危機的状況への対応を迫られる[2]．かつて1978年の日中平和友好条約の締結交渉における最終段階において日中両国は尖閣問題を棚上げし，それ以来，両国は協力してこの紛争が外交的議題にのぼらないように対応してきた．しかし，2010年9月，中国のトロール漁船が尖閣諸島付近で海上保安庁の2隻の巡視船に故意に衝突すると，状況は一変した．漁船の船長はただちに日本政府によって逮捕され，日中両政府は何週間も激しく対立し，中国政府は船長の釈放を要求して日本政府に外交的圧力を強めていった．

　しかし，その後もこの事件は，日本国内に様々な余波をもたらした．約1年後，歯に衣着せぬ言動で知られる石原慎太郎東京都知事が，日本政府では中国から国土を守ることはできないとして，私有地となっていた尖閣諸島の一部を，その所有者から東京都が購入する計画を公表した[3]．これに対し，野田佳彦内

閣は，石原の計画が中国政府との対立を激化させることを恐れ，政府が尖閣諸島を購入する方針を決め，実行に移した [4]．だが，時すでに遅しであった．もはや中国政府は両国の対立を平穏に処理するという従来の方針に立ち戻ることはなかった．日本政府の尖閣購入に対する中国の反応は，迅速かつ強烈だった．中国全土で勃発したデモにより日本企業は甚大な被害を受け，また中国政府は尖閣諸島周辺海域に中国の主権が及んでいることを誇示するために，漁業監視船を送り込んだ．

日本では，戦後の慎重な安全保障政策が日本社会を脆弱にしてきたと考える保守的な人々が，この一連の事態に強い危機感を抱いた．そして政治指導者の間では尖閣防衛を求める声が急速に高まった．また，尖閣購入後，2012 年 9 月の自民党総裁選挙に立候補した安倍晋三は，中国の挑戦に対して日本の「実効支配」を確たるものにすべく，尖閣諸島に公務員を常駐させるべきだと唱えた．そして，2012 年 12 月 16 日の第 46 回衆議院議員総選挙では，自民党が地滑り的大勝を収めた．尖閣をめぐるナショナリズムは，かつては日本政治において枝葉末節の論点に過ぎなかった．しかし今や，尖閣防衛は政権与党の一大スローガンとなったのである．

日中両国の外交的緊張は軍事的行動の応酬に発展し，尖閣問題は東アジア国際政治の焦点となった．2012 年 12 月，中国の小型偵察機が尖閣諸島上空の日本領空を侵犯した．これは当初，日本の防空レーダーからの探知をかいくぐって行われ，日本は戦闘機にスクランブルを命じた．この事件を受けて，新たに発足した自民党政権は部隊行動基準（ROE）の見直しに着手したが，続いて中国は尖閣諸島周辺の偵察機の中に戦闘機を加えた．かくして海上の緊張のみならず，新たに空中での争いも始まった．

1 ヶ月後の 2013 年 1 月には，中国海軍の艦艇が，海上自衛隊の護衛艦に，火器管制レーダーを照射した．中国政府がこの事件について調査を始めたのは，日本政府が事件を公表した後のことである．中国国防部はレーダー照射の事実を否定する一方で，この種の軍事的行動が戦争を引き起こしかねない危険なものであることは認めた [5]．にもかかわらず，その秋には中国政府の新たな宣言によって，軍事的緊張が再び高まった．東シナ海に防空識別圏（ADIZ）を設定すると表明したのである．中国国防部は，その圏内を通過する全ての航空機

に対し，事前に飛行計画を中国政府に提出するよう要求した．そして，尖閣諸島もこの防空識別圏内に含まれていた[6]．

この領土紛争の拡大によって，日中両政府間の亀裂に国際的な注目が集まった．もはや日中間で交渉することは不可能となり，おのおの世界各国に自国への支持を求めた．2012年9月の国連総会では，日中双方共に不満を爆発させ，自国の立場を強硬に主張した．野田佳彦首相は，「国際法に従い紛争を平和的に解決すること」を加盟国に求める国連憲章を日本が尊重することを表明した[7]．対照的に，中国外交部長の楊潔篪は，演説の末尾で尖閣諸島は中国の領土であると宣言し，日本政府による尖閣購入は，「反ファシズム戦争の勝利の結果をあからさまに否定し，戦後国際秩序への重大な挑戦を引き起こす」と非難する言葉で締めくくった[8]．さらに楊外交部長は，尖閣諸島は日本が中国から「盗んだ」ものであると主張した．両国の海岸線から遠く離れた無人の岩だらけの島々である尖閣諸島は，こうして日中両国の国家アイデンティティと国際的影響力をめぐる対立の象徴となる．また，2014年初頭，中国の駐英・駐米大使が，新聞に署名入りの論説を寄稿し，日本は「軍国主義」的価値観に深く根ざした「修正主義」勢力であると非難した．これに対して，日本の大使も中国に対し反論を行った[9]．

日本政府も中国政府も，この問題について自国に好意的な反応を引き出すべく米国政府に働きかけを強めた．日本政府は，同盟国のアメリカが中国政府の威圧的な行動を抑止すること，また中国にそのような行動を止めるよう忠告することを要請した．逆に中国政府は，米国政府が中立を保つように釘を刺した．東シナ海における緊張が危険水域に突入すると，アメリカのバラク・オバマ政権は，日中両国に対し，冷静な行動と紛争の平和的解決に努めるよう求めた．2010年10月，中国のトロール漁船の事件で日中両国が対決の第一幕を迎えたのち，ヒラリー・クリントン国務長官は，尖閣諸島が日米安全保障条約第5条の適用対象であるとするアメリカの立場を改めて表明した[10]．そして，2012年9月に日中間の緊張が急激に高まった時，レオン・パネッタ国防長官はアジアを訪問し，アメリカの日本防衛へのコミットメントを再確認するとともに，日中両政府に自制を求めた[11]．米国連邦議会も，尖閣問題にはアメリカの国益がかかっていることを確認する決議を通過させた[12]．アジアの二大強国に

何らかの誤算が生じて偶発的な衝突へと突入することを恐れた米国政府は，日本南方の航空兵力を増強して抑止力を高める一方で，日中両国に問題の沈静化と互いの自制を求めた．2013年12月には，副大統領のジョー・バイデンが北東アジアを訪問し，中国に防空識別圏の設定を断念させるよう試み，またアメリカの軍事作戦はいかなる制約も受けないとの立場を明確にした[13]．しかし，日本政府は，中国政府との争いについて米国政府が本当に日本を支持しているのか，依然として確信を持てなかった．

1. 緊迫する日中関係

国内政治において領土ナショナリズムは大きな影響力があり，尖閣諸島をめぐる日中間の衝突は，両国関係を極めて危険な状態に陥れた．しかしながら，日中関係の緊張は尖閣問題に端を発するものではない．その10年前に，両国の政策上の対立の解決が困難であることはすでに明らかになっていた．日中関係は複雑であり，全面的に争っているわけではないが，日本国民の親中感情が弱まるにつれて，日本の政治指導者が中国と妥協することは難しくなった．そして，中国の指導者もまた，日本と協定を結んだり妥協したりすることが困難になっていった．

日中両政府間の緊張には，多くの要因が作用している．10年以上にわたり，中国経済の影響力が増大したことは，軍事力の膨張と相まって，地政学的変動の予兆となった．これは将来的には重要な意味を持つことになると思われた．これから中国がさらに強大になり，おそらく日本に敵対するだろうという予測が，日本の対中認識を悪化させていった．このように，中国に隣接するアジア諸国，とくにアメリカの同盟国は，中国の台頭によって多くの問題に直面した．アジア諸国にとって，中国は，地理的に近接し，経済的には深く依存し，新しい地域的なパワーバランスを作り上げようとしている国である．そのような国の台頭は，各国にあちらを立てればこちらが立たずという矛盾する選択肢を突きつけた．日本の対中関係における困難を見るに，このような矛盾しあう中国の影響力をより的確に分析する必要があるだろう．そして日本政府の経験は，アメリカとその同盟諸国をはじめとする現状維持勢力が，中国のような現状変

1. 緊迫する日中関係

更勢力の挑戦にいかに適応するかを分析する上で，重要な事例研究になるのである．

さらに，戦前を含む過去からの遺産や，日本の戦後処理の条件をめぐって，日本と中国が立場を異にし続けていることも，両国関係を緊迫させる重要な要因である．アメリカによる日本占領は，1951年に締結されたサンフランシスコ平和条約によって7年間で終結し，日本は主権を回復した．だが，サンフランシスコ平和条約は，二つの「新興の」隣国──大韓民国と中華人民共和国──を締結国に含まなかった．朝鮮戦争によって半島は分断されていたが，1950年の韓国にはまだ本格的な政権が組織されていなかった．また，中国に関しては，アメリカは蔣介石の国民党政府を承認していた．1949年に北京が中国共産党の支配下に入っても，米国政府，そして同盟関係を結ぶことが予定されていた日本政府は，中国大陸に新たに誕生した中国共産党政権の承認を拒絶した[14]．日本が中韓両国と個別に平和条約を締結するまでには長い時間を要した．日韓基本条約は1965年まで締結されず，日中平和友好条約はリチャード・ニクソン米大統領の歴史的な訪中を経た後の1972年まで交渉が始められることはなかった．北東アジアの日中韓三国において，現在，歴史修正主義が勃興しており，それが領土紛争や戦後処理に関連する争点を規定している．歴史と補償をめぐる三国の認識は隔たったままであり，各国のナショナリストの不満を一身に集めている．

東アジア地域の大国として，さらにはグローバルな大国として，中国が頭角をあらわしたことで，日本との講和条件に関する周辺諸国の不満はさらに高まった．2012年には，竹島をめぐって韓国政府との，尖閣諸島をめぐって中国政府との領土紛争が深刻化し，北東アジアにおける日本の戦略的地位は低下しているという認識が強まった．2014年になっても，北東アジアの三つの隣国──ロシア，韓国，中国──との領土紛争は未解決のままである．北東アジアにおけるパワーバランスの変化によって，日本の防衛力に対する不安は徐々に高まっている．

最後に，日中間の島嶼部をめぐる領土紛争が激化したことで，日本では新たに防衛力の改革が喫緊の課題になった．そこで，安倍内閣は，政権復帰後すぐに民主党政権時代の防衛計画の見直しを表明した．10年以上，日本の防衛予

算は増加することなく，東アジア地域における軍事バランスの変化への対応は先送りされていた．また同じく重要なことだが，アメリカと日本は1997年以来，「日米防衛協力のための指針（ガイドライン）」の見直しに着手していなかった．東アジア情勢は大きく変化したにもかかわらず，日米両国はまだポスト冷戦期における軍事力再編に集中していた．日本の軍事力に課せられた制約を取り払うため，日本国憲法の改正を提唱し続けてきた安倍首相は，アメリカを含む他国と協力して日本が武力を行使する権利を拡大するための法的基盤を検討する諮問委員会（安全保障の法的基盤の再構築に関する懇談会）を設置し，さらに防衛費の増額を提案した．2013年9月にニューヨークで，安倍は，日本が「米国が主たる役割を務める地域的，そしてグローバルな安全保障の枠組みにおいて，鎖の強さを決定づけてしまう弱い環」にはならないと明言した．そして，アメリカの聴衆を前にして，安倍の目は中国に向けられていた．

　　日本のすぐそばの隣国に，軍事支出が少なくとも日本の2倍で，米国に次いで世界第2位，という国があります．この国の軍事支出の伸びを見ますと，もともと極めて透明性がないのですが，毎年10%以上の伸びを，1989年以来，20年以上続けてきています．さてそれで，私の政府が防衛予算をいくら増額したかというと，たったの0.8%に過ぎないのです．従って，もし皆様が私を，右翼の軍国主義者とお呼びになりたいのであれば，どうぞそうお呼びいただきたいものであります[15]．

　ここで，安倍が中国の批判について言及したのは，安倍を「右翼の軍国主義者」として問題視する中国政府の主張に反論するためであった．
　日中間の非難の応酬は，安倍への個人攻撃の様相を強めていったが，安倍の防衛政策に対する見解と歴史認識は以前から広く知られていた．しかしながら，中国政府は常に安倍に批判的だったわけではない．2006年秋に新たな内閣総理大臣に選出された際には，韓国と中国は，安倍を日本との緊張関係を緩和し，「互恵」関係への道を開く政治家として率直に歓迎した．ところが，2012年に安倍が再び政権についた際，日中関係はすでに相当悪化していた．安倍がこれらの緊張を作り出したわけではなく，それどころか，安倍は中国の習近平・新

指導部との首脳会談の再開を呼びかけた．だが，第一次内閣期に成果を収めた安倍の外交方針は，第二次内閣期の成功には結びつかなかった．

外交関係緊張の 10 年

21 世紀を迎える頃には，日中関係における変化の兆しはすでに明らかだった [16]．それに続く 10 年間，多岐にわたる政策分野で生じた日中政府間の度重なる軋轢は，中国の影響力に対する人々の関心が高まっていることを反映するものであり，日中外交は対立と和解の間で振れ続けた [17]．

日本政府は徐々にあらゆる問題において中国政府との対立を解決できなくなっていった．外交関係が緊迫したその 10 年間の約半分を率いていたのは小泉純一郎首相（在職期間 2001-2006 年）であり，一時，中国政府はこれらの対立の多くを小泉のせいにした．物議をかもす靖国神社参拝に小泉が固執したことで，中国は対日批判の大義名分を得たのだった．小泉が首相を退いた後，日中両国の外交官は，両国関係の雪解けのために，首脳会談の開催に向けた入念な構想を公表した [18]．この関係改善に向けた先導役を担ったのが，安倍晋三であった．その後の 2008 年 5 月の胡錦濤による訪日は，中国国家主席として 10 年ぶりのことであり，関係改善の頂点となった．かつて 1978 年に鄧小平の初訪日を東京で歓迎した福田赳夫元首相の息子である福田康夫首相が今度は胡主席を歓迎し，「戦略的互恵関係」に向けた新たなビジョンを誇らしく宣言した [19]．

だが，この首脳外交では，日中関係が抱える問題は解決しなかった．新たな争点が浮上したためである．2008 年 1 月に中国製冷凍餃子中毒事件が明らかになり，5 月の胡・福田会談を経ても，日中両政府は中国製食品に対する日本国民の懸念への対応に苦慮し続けた．日本の消費者は中国製品をボイコットし，また犯罪捜査の進展をめぐって日中両政府の非難の応酬が続いた．そして，2010 年の尖閣諸島周辺海域での中国トロール漁船の衝突事件により，国交正常化以来，日中外交は最悪の緊張状態を迎えた．政治指導者が公然と反目するにつれて，国民も敵対意識を互いに強めていく．2 週間続いた緊張状態が終焉し，ほとぼりも冷めた後，両国の外交官は再び和解に向けた道のりを模索し始めたが，ほとんど進展をみなかった．さらに 2012 年には，尖閣諸島をめぐって日中間に再び争いが起こった．8 月半ば，中国の運動家が尖閣諸島に上陸し，

野田内閣が尖閣諸島の購入に踏み切ると，中国で大規模な反日デモが起こる．
トロール漁船の事件と比べて，このように国民の敵対心が膨れ上がるに伴い，
日中間の緊張は軍事レベルにまで波及していった．日中関係の安定に向けて慎
重に準備された外交構想は，こうして水泡に帰した．

　また，国内において日本は新たな統治方法を模索中であり，これが対中外交
にも影響した．日本にとって不利だったのは，日本の指導者は中国側との信頼
関係を築けるほど長く政権にとどまれなかったことである．1990年代前半に
自民党が分裂したことに端を発した政治的過渡期は長引き，国民の政府に対す
る信頼感は失われていった．5年間の小泉政権期という顕著な例外を除き，こ
の間に日本の内閣総理大臣は，ほぼ毎年交代している．そして2009年，日本
の有権者はついに新たな統治政党を選択した．しかし，新たな政党であり，能
力は未知数の民主党が政権に就いても，政府への信頼は回復しないばかりか，
とりわけ外交問題の処理に関しては一層の信頼低下をもたらした．日米関係は
沖縄の米軍基地をめぐって緊張した．また民主党は韓国や中国との関係強化を
打ち出していたにもかかわらず，東アジア諸国との関係も悪化した．もっとも，
この全責任が民主党にあるわけではない．民主党の指導者が直面した尖閣諸島
をめぐる二つの政治的危機は，前例のないものだったからである．しかしなが
ら，民主党政権の歴代首相は，野党である自民党と，国民との双方から，厳し
い批判を浴びざるを得なかった．

　日本では，保守・リベラルを問わず，中国の新世代の指導者の中から協力相
手を見つけることが徐々に難しくなってきていた．自民党は数十年にわたって
政権を担当し，その古い世代の指導者は中国共産党指導部と親交を結んできた．
しかし，新興の民主党にはこの遺産がなく，新たに中国指導部との関係を築く
必要があった．そこで民主党が政権与党となると，小沢一郎幹事長が，143名
の民主党国会議員を引き連れて中国指導部を訪問した．この訪中について，日
本のメディア（と保守的な野党議員）は，民主党の「中国重視」の姿勢を強く
印象付けたと報じた[20]．小沢が中国共産党指導部と長年親交を育んできたに
もかかわらず，民主党は2010年の中国漁船の危機に際して，その人脈を政治
的資本として活用できなかった．中国共産党の最高指導部と対話する努力がく
り返され，たとえば小沢の側近である細野豪志が北京に派遣された．だが，民

主党政権は，緊張が高まるにつれ，中国には妥協の意思は乏しいと認識せざるを得なかった[21]．さらには中国指導部と関係を培ってきた自民党の政治家も，中国政府との対話ルートを見出すのが困難となっていた．

　日本の国民も中国政府に対して次第に不信感を強めていった．日中指導者間の個人的紐帯が弱まる一方で，日本の対中世論は徐々に悪化している．2013年に言論 NPO と中国日報社が実施した世論調査では，中国と直接的な関係を持つ日本人の数はますます増えているにもかかわらず，日本人の 90.1% が中国に否定的な態度を示している[22]．中国は最も多くの日本人が海外旅行で訪れる場所である．そして，中国を訪問する外国人観光客数のトップを日本が占めている．2013 年の数値では，350 万人以上の日本人が毎年中国を訪れ，2000年から 2010 年にかけてその数は 70% 増加した[23]．また，12 万 5000 人以上の日本人が中国に在住している[24]．同様に 100 万人以上の中国人が日本を訪れ，2011 年に訪日ビザの規制が緩和された後には，毎年それ以上の訪日客が見込まれている[25]．中国は，韓国に次いで，日本に来る観光客数で第 2 位の国である．多くの中国人留学生が日本で学び，日本を魅力的な第二の故郷と考える中国人は年々増加している．そして，中国の製品や企業，資本が様々な形で日本経済に影響を与えているのは言うまでもない．しかし，こうした経済的相互依存関係にありながら，多くの日本人は，中国政府は日本に対して非協力的であり，あるいは敵対的にさえなりつつあると認識している．

2. 解決策の模索

　日中両政府が多くの点で対立する状況を克服するには，外交的手段だけでは不十分である．日本国民は政府間の外交では問題が解決できないことに不満を強めている．日中関係の悪化の原因が全て中国にあるわけではないが，増大する中国の影響力にどう適応するかということが，日中両政府にとって新たな課題になっているのは間違いない．しかしながら，日本が対中関係維持のために従来用いてきた方法の多くは，もはや有効ではない．日本に限らず，全てのアジア諸国は，中国の経済的・軍事的影響力の増大への適応を図らなければならないのである．日本のように，変貌をとげる中国と経済的相互依存関係にあり

地理的にも近接する国々の政府は，自国政府が中国の台頭に適応する態勢を整えていると，自国民を納得させることが課題になっている．もっとも歴代の日本政府は，この適応が順調には進んでいない状態だと認識してきた．日本国内には，中国の影響力から日本政府がより強固に自分たちの利益を防衛することを要求する利益集団が，広範に存在するからである．全ての争点において，中国の行動が日本に直接向けられているわけではない．にもかかわらず，自らの権益拡大を追求する中国の行動によって，日本の利益は今までになく影響を受けている．

　また，日本の経験を通じて，強大な中国が日本社会に大きな影響力を持つことに対して，日本人が過敏になっている様が伝わってくる．日中間の度重なる緊張の拡大は，両国政府が対決姿勢を強める傾向にあることを示している．だが，本書が論じる通り，これは中国に対決するという日本の戦略的決定に基づくものでは決してない．逆に，対中外交は，対決よりも，順応という方針を選んでいるようである．

　しかし，日本の指導者は，この順応方針を実行に移せずにいる．日本国内に，それを阻害する要因があるからである．争点ごとの政策上の対立に注目すると，自分たちの選択肢が中国の行動に影響されていると考える日本人にも，様々な人がいることが見えてくる．中国政府と協力すべきと主張する勢力もあれば，逆に対立も辞さないとする勢力もある．それらの国内要因が相まって，問題の解決策が出来上がるのである．中国政府との間で共通の目標を設けようとする外交は，あくまでも日本全体の取り組みの一部に過ぎない．重要だが，これまで見過ごされてきた課題は，日本国内の利益集団をうまく取り込むことである．日本の利益集団も，中国の政策決定によって将来的に影響を受ける存在だからである．中国の影響力はグローバルに，また地域的に増大すると予想する日本人は多い．だが，中国が日本の国内政治にも大きな影響を与えるだろうと予想する日本人はほとんどいなかった．ほとんどの場合，国内の批判の矛先は，中国政府のみならず日本政府にも向けられてきたのである．

四つの事例（2001〜2014 年）

　日本の対中関係は，様々な利益集団から影響を受けている．そして，利益集

2. 解決策の模索

団が日本政府の政策決定に与える影響力は，争点ごとに異なっている．そこで，過去10年余りの対中政策決定における利益集団の影響力を分析するために，次の四つの事例を取り上げることにしたい．第一に，小泉首相の靖国神社参拝，第二に，東シナ海のガス田共同開発・境界画定交渉，第三に，餃子中毒事件，そして第四に，「尖閣ショック」である．「尖閣ショック」とは，2010年の中国漁船による海上保安庁への挑発行為に端を発し，その2年後に尖閣諸島の領有権をめぐって海上保安庁と中国海警局が対峙した一連の事件を指している．

　第一と第二の事例は，戦後日本が長らく向き合ってきた争点と関連している．それらの争点をめぐって，時に日本人の国民感情が強く表出され，あるいは戦後日本の国家アイデンティティが揺さぶられてきた．まず，第一の靖国神社参拝問題は，国家による戦没者の追悼方法をめぐって展開した．日本の保守派は，天皇の名において行われたアジア太平洋戦争の戦没者を顕彰することを目指してきた．靖国神社は，この運動の焦点となってきた．この戦争は大日本帝国による中国への侵略行為であり，日本は太平洋ではアメリカと戦火を交えた．小泉首相が，このような経緯から論争となる靖国神社を2006年の終戦記念日に参拝したことで，日中関係は悪化の一途をたどり，さらにはA級戦犯の合祀をめぐる論争が再燃した．それから7年後の2013年12月26日に安倍首相が靖国神社を参拝すると，再び議論が起こった．それにより，靖国神社の意義をめぐって，日本国内の認識と国際社会の理解の間には大きな溝があることが明らかになった．米国政府でさえ，安倍が意図的に周辺諸国との緊張を高めているのではないかと憂慮したのである．

　第二の事例，東シナ海の境界画定問題は，いまだ解決されていない．東シナ海の境界線をめぐる日中の対立は1970年代初頭に顕在化し，1978年の日中平和友好条約に帰結する日中国交正常化交渉でも取り上げられた．東シナ海において，日本は，漁業資源，海底鉱物資源，エネルギー資源の利用権などの海洋権益を有している．さらに日本は，日中両国の領海や排他的経済水域（EEZ）を国際法に基づいて画定するよう主張した．国連海洋法条約（UNCLOS）は，沿岸国の海洋権益を確定し，海域をめぐる紛争を解決しようとする新たな試みを代表するものである．中国は，尖閣諸島の領有権について譲らなかったばかりか，日本の主張する海洋境界線の解釈にも異議を唱えた．海底エネルギー資

源の共同調査に向けた交渉は行き詰まり，中国は日本の領海や周辺水域での海洋活動を活発化させ，両国の対立は激化した．日本における戦争の記憶をめぐる第一の事例と，東シナ海の海洋権益をめぐる第二の事例は，日中間の最優先課題に浮上し，かつてないほど明白な対立を引き起こした．

第三，第四の事例では，台頭する中国に対して日本国民が過敏に反応しており，そのことが日中外交の展開に強い影響を与えている様相が見えてくる．第三の餃子中毒事件の背景には，中国から輸入する食品に日本が依存を強めている状況がある．中国産の野菜や米の輸入量は拡大し続け，日本産よりも安価で手に入りやすいことから，日本の消費者に広く支持された．さらに，日本の食品加工業者が生産拠点を中国に移転したことも重要である．これにより，賃金や輸送コストを抑えて，より低価格で食品を日本で販売することが可能になったからである．2008年1月30日に発覚した餃子中毒事件によって，日本は食料供給における中国の役割を幅広く見直すことになった．しかし，中国の工場を日本政府が監督することには限界があり，日本の消費者の安全を確保するための国内手続きの不備も露呈した．

第四の尖閣問題は，戦後日中関係の当初から存在し，1970年代後半の国交正常化交渉でも両国の対立は顕在化していた．だが，今日この領土紛争は日本の国家アイデンティティの強力な象徴として噴出した．尖閣問題について関心が高まるのに伴い，漁師や運動家が東シナ海を渡ってこの無人島に上陸しようと試みたことは，これまでもあった．しかし，2010年9月に中国漁船による挑発行為が起こると，事態が一変し，日中両国間の緊張が急激に高まった．日本の領有権を主張するナショナリズム運動は，長い間ごく限られた運動家と地元の政治家のみで行われていた．だが，石原都知事が尖閣諸島の購入のための募金活動を始め，当時野党だった自民党が尖閣諸島への公務員の常駐を唱えたことで，この運動は急速に支持を広げていく．尖閣問題を棚上げしてきた日本政府の従来の方式は，もはや日本国内では機能しなくなっていた．日本の領有権防衛を声高に叫ぶ保守派の動きを抑えるには，政府による尖閣購入に踏み切らざるを得なかった．その上，この問題は国内政治上の利益をめぐる格好の的になった．政府の指導力に対する不満が募ることで，次世代の政治家はそこから戦術的優位を引き出したのである．

2. 解決策の模索

利益集団と対中政策

　四つの事例では，日本政府はそれぞれ異なった政策を採っており，それは関連する様々な利益集団の声を反映したものであった．しかし，四つの事例研究を通して，広く日本政治の変化についての洞察も得られる．日本政治においてナショナリスティックで反中国的な言説への支持が広がっているのか．台頭する中国の影響力を阻止しようと，真剣に主張する声があるのか．その声は高まっているのか．日本政府に中国政府との交渉での妥協を排することを求めるまで，日本国民の態度は変化したのか．あるいは，どの争点なら日本政府は妥協でき，逆にどの争点で妥協すれば国内の反発を招くのか．中国の台頭がいかなる衝撃を与えるかについて日本国内で合意は存在するのか．その合意があるとすれば，日本の行動にどう影響するのか．

　どの事例でも，中国は意図的に日本に損害を与えようとは行動していないし，また日本も中国に損害を与えることを狙った政策は行っていない．大まかに言って，これら四つの事例が紛争を生んだのは，明快な解決策が見えない問題だったからである．矛盾する利益を交渉で解決するのには妥協が必要である．これらの事例では，利益集団間で協力関係が形成されたり，広範な反中感情がよりどころを得たりすることが予測される．こうした事例こそが，日本政府に対し，中国に立ち向かい妥協を拒絶するよう求める日本国内の圧力がはっきりと見られるような事例であるはずである．それゆえに，これらの事例を通じて，日本で利益集団間の新たな提携関係が形成され，その提携関係の選択がとりわけ日本政府の中国側との交渉能力に影響を及ぼす可能性について洞察する手がかりが得られるのである．

　また，四つの事例とも，戦後日本の国家アイデンティティをめぐる議論を想起させるものである．靖国神社は，日本の国家的名誉を回復したい保守派のナショナリストと，日本国憲法に謳われる国民主権の擁護を説く戦後リベラリストとの間で，長年論争の焦点になっている．他方で，中国政府は，これとはやや異なる言説を発することが多い．中国の批判は，日本国民に対してよりも，日本の「軍国主義者」や「右翼」指導者に向けられている．いずれの側の議論においても，真の論点は，現代日本が戦前日本から変化したのか，変化すべき

なのか，という点にあろう．東シナ海の境界画定の問題も，また尖閣問題も，戦後日本の抑制的な安全保障政策や，軍事力によらずに外交や多国間交渉を通じて紛争の解決を図る戦後日本の対外政策の再検討を余儀なくさせた．食の安全に関する問題でさえ，食料自給をめぐる国内的論点と結びつき，また，日本は自由貿易体制にどれほど関与すべきか，外国産品へ市場をどれほど開放すべきかという論点にも関係している．これらの事例で，日本は従来の政策を転換せざるを得ないが，それは強大化する中国に敵対することや，反中政策を採用することには必ずしも直結しない．戦後日本外交の根幹は，武力行使の自己規制と，グローバルな自由貿易体制にあった．中国が台頭する中で，日本は，脆弱性を抱えるこの従来の外交方針をどこまで継続することができるのだろうか．それは，日本政府が，中国との交渉を通じて，自国の利益を守ることに成功するか否かにかかっている．

　最後に，中国の台頭によって日本でナショナリスティックな国民感情が高まっているとするならば，それは政治運動に展開し得るのか．もしそうなるならば，誰が主導するのだろうか．中国の影響力の増大がナショナリスティックな争点への注目を高めているとするならば，ここで検討する事例から，日本のナショナリストが支持を広げている証拠を見つけ出せるはずである．利益集団は，通常，特定の政策分野のみを活動の対象とする．だが，日本が中国との摩擦をくり返すことで，中国への反発という共通の目標に向かって多様な利益集団が結束することがあるだろうか．もしそうだとすれば，一つの政策分野で活動する利益集団は，他の政策分野で活動する利益集団と提携するネットワークを築いているはずである．日本の政策決定に影響を与えたい利益集団は，同じように日本政府に中国に対してより強硬な政策を取らせたい利益集団と共通の目標を見つけられたか．中国と協力するにせよ対抗するにせよ，日本政府の戦略が成功裏に実施されるには，それぞれの方針を先導する推進者と支持者が必要であろう．したがって，日本政府の対中戦略の基盤となる国内の利益集団が外交政策の成否を左右するだろう．ここで大事なのは，日本の対中戦略決定に関わろうとする利益集団と，自己利益の政府による保護を求めるにすぎない利益集団とを，まず区別することである．その上で，対中政策に関与する様々な集団がどのような関係を互いに取り結び，それを通じて対中認識の変化が戦後日本

2. 解決策の模索

政治の再編を引き起こすことがあり得るのかを検討することが必要だろう.

尖閣問題でも東シナ海の共同開発問題でも, 日中間の合意形成は困難に見える. だが, この対決ムードの下でも, 日中両国政府間には十分な妥協の余地があった. これまで注目されることはなかったが, 日本政府に対中政策の転換を求める国内の圧力が存在する. 過去 10 年以上にわたって, 日本政府では, 中国の台頭によりよく適応すべく新たな角度から政策の見直しが行われてきたのである.

1990 年代後半には, 日本では, 経済協力を重視して中国との政治的和解を進める従来の戦略について, 明らかに不満が高まっていた. 冷戦の終焉によって, 日中が置かれている地政学的文脈は, 日中平和友好条約が締結された 1978 年以降のそれとは全く異なるものとなったからである. 同時に, 日本は政治変動の時期を迎え, 自民党一党優位体制が崩壊した. この状況は対外政策にも波及し, 新たな論点が提起されることとなる. 日本は日中関係及び日米関係においてどのような外交目標を追求するのか. そして日本政府は中国に対して新たな戦略を構築し, 維持できる能力があるのだろうか.

このような論点がエリート層に共有される一方, 日本の国民は対中感情を悪化させていた. 中国の政策決定の影響に対し, 日本が脆弱となっているという国民の意識によって, 日本の政策決定は複雑さを増した. したがって, 日中両国が長期間協力した事例ではなく, 対立した事例こそが日本国内において中国の台頭とそれが日本政治に与える意味についての議論を促した. 本書の事例分析によって, 日本人は中国の台頭が日本社会に与える影響をいかに認識したのか, また日本の対中政策決定に様々な国内の主体がいかに関与したかについて, 考察を深めることができよう.

もちろんこれらの事例は, 未来への提言も示している. 日中両国政府が互いの脆弱さにうまく対処できるかどうかは, 日中関係の未来図を左右する. こうした事例から導かれるのは, 両国の利害は補完しあうより競合に陥るということだが, 未解決のまま放置されれば, 日本国民は不安を募らせ, 中国との対決姿勢を支持するようになる. したがって, 事態を適切に解決するには, 日本政府が国民を説得し, 中国と協力すれば日本の脆弱性は軽減できるということを示すのが, 何よりも重要であろう.

第2章 対中外交と利益集団

はじめに

　国交正常化から21世紀劈頭までの日中関係は，主に過去から受け継がれた長年の交流や，戦後における和解の模索によって規定され，地政学的観点はさほど重視されてこなかった．日本はアジアに属する国家としてのアイデンティティを持っているが，それは中国と文化的・経済的に交流してきた長く複雑な歴史によって培われてきた[1]．19世紀に，世界的な帝国主義の波がアジアに及ぶと，日本は西洋諸国に追いつくために開国することになった．だが，近代化した大日本帝国は対外膨張の野心を抱き，20世紀の幕開けとともに，中国との戦争に突き進んだ．西洋列強に追いつき追い越そうとした日本の野心が，日中両国を変えていった．様々な点で，日本の大国化は中国の犠牲の上に成り立っていた．

　アジアを支配しようとする日本の企図は失敗に終わり，おびただしい人命が失われた．そして，第二次世界大戦と占領期を経た後，20年以上もの間，日中間の外交関係は途絶えた．代わりに日中関係は経済活動を通じて両国の和解を促進し，中国経済の発展に日本が寄与することになった．だが，21世紀の初頭には，今度は中国が著しい経済発展を遂げ，日中関係はまた変化し始める．こうして新たなアジアの時代を先導する成功者として，中国も日本も，アジアや世界において大きな影響力を及ぼすようになった．

　日本は台頭する中国の姿をアジアや世界における日本の将来像と結びつけて見ている．すなわち，中国はいつの日か日本を経済面でも軍事面でも追い越すだろうと日本は予測しており，これによって日中関係のみならず，世界における将来の日本の地位や安全保障に関する不確実性が高まっている．はたして台頭する中国によって，日本の存在感には影が差すのか．そして中国が物質的な力と影響力を増すことが，日本に対して自己主張を強める傾向につながるのか．

また中国の影響力の増加により，長年続いた日米同盟は変容するのか[2]．多くのアジア諸国と同じく，日本もまたアジア太平洋地域の地殻変動に向き合っている．なぜならば，この変動によって，日本の経済的繁栄と安全保障が強く規定されるからである．日本政府にとって，これは理論上の問題にとどまらない[3]．まさに現在進行形で起きている政策問題である．中国との緊張関係は多岐にわたり，交渉は困難を増している．新しい中国と向き合う日本の経験を通して，日中関係に固有の特徴が明らかになり，それはアジアにおける国際関係の未来を考える基盤にもなるだろう．経済的・軍事的に台頭する中国に，日本がいかに対応するかによって，アジアの将来が決まるのである．

　また，多くの点で，日本での政策論議は，アメリカにおける議論を反映している．アメリカの中国専門家は，次のような警鐘を鳴らしてきた．アメリカの政策は，中国政府が未来を予測する際に大きな影響を与えることを，われわれは認識すべきだ[4]，あるいは，中国政府がアメリカの政策目標を精査していることをアメリカは理解すべきだ，と[5]．中国の野心については多様な解釈が存在し，アメリカの政策形成者は様々な提案を受けている．中国に「責任あるステイクホルダー」になるよう働きかけるという案もあれば，アメリカは「米中二強（G2）時代という幻想」に惑わされることなく，「強大化する中国に対抗す」べきだという案もある[6]．さらには，中国がいずれ優位になることを心配する人々は，過去における主要大国間の権力移行の力学から教訓を引き出そうとする．そこには無数の対立事例が存在し，戦争は不可避にも見える．中でも20世紀初頭に台頭したドイツがヨーロッパで自国の国益をひたすら追求した歴史は，現代アジアの政治と類似した事例としてよく引き合いに出されている．そして日本もまた，ヨーロッパ現代史からの教訓を引き出そうとし始めた．2014年1月の世界経済フォーラム年次総会（ダボス会議）では，安倍首相もこの動きに加わり，日中関係について述べるときに，現在の東アジアの緊張を，1914年の第一次世界大戦前にヨーロッパ列強が競合した状況になぞらえた[7]．

　中国の力が実際にいかに拡大しようとも，アジアの国々が中国の影響力をどのように認識しているかを注視する必要がある．それは，そうした認識が，アメリカの同盟国を中心としたアジア諸国がどのようにアメリカを認識するかにも影響するからである．たとえば，日本を含むアジア諸国にとっては，中国と

の対立は，米国政府と結び付きを強化する意味を持つ．しかし逆に，アメリカ
への接近を選択することが大きなリスクとなる国々もある．また，アメリカの
政策専門家が中国の行動を安全な方向に導こうと模索し続けている一方で，日
本の政策専門家は中国にはさほど影響力を行使できないと考え，米国政府の動
向に強い関心を寄せている．米中関係を「新型大国関係」と定義づけようとす
る試みに対して日本人が敏感に反応したことに代表されるように，日本政府は，
アメリカが中国の力の拡大をどこまで容認するのか，注視している．アメリカ
の対応によって，台頭する中国の影響に対する日本政府の判断が左右されるか
らである[8]．多くのアジア諸国にとって，この地域の国際関係とは，ただ中国
によってのみ一方的に規定されるものでない．むしろ，アメリカとその同盟国
が中国にどのように反応するかを，アジア諸国がいかに認識し，あるいは憂慮
するかによって，この地域の国際関係が規定されるのである．

　アジア諸国の中で，日本ほど鋭敏に中国の影響力の変化を感じている国はな
い．中国の経済発展によって，日本は投資と貿易の機会を獲得し，生産拠点の
再編を加速している．中国の消費活動が日本の生産活動の原動力になる状況は
今後も持続するであろう．政治的には緊張を抱えているものの，日本と中国は
自国の経済成長のために相互に依存しており，その関係に大きな変化は見られ
ない．だが，日中関係を規定する要因は，他にもある．たとえば，地理的に中
国に近接していることから，日本は中国軍の近代化に注目せざるを得ない[9]．
日本はアジア大陸の沖合にあり，その領海は朝鮮半島の目と鼻の先から日本西
南端の諸島にまで及んでいる．日本の領土から台湾まで飛行機でわずか30分
しかかからず，中国の沿岸都市には民間機でも1，2時間で到達する．軍用機
なら，もっと短時間であろう．また海上では，日本の漁船や他の民間船は，東
シナ海において台湾，中国，韓国の船と活動領域が重複している．こうした長
距離の海岸線を防衛するためには，海上保安庁をはじめとする海洋に関係する
省庁が相当な努力を払う必要がある[10]．そして，中国の海洋活動が活発にな
るにつれて，日本周辺海峡や東シナ海は，太平洋への通り道として，民間船と
軍用船が頻繁に通行する航路になっている．

　日中間の緊張を解く上で，外交的手段はまだ十分には機能していない．小泉
純一郎内閣期後半から，日中外交は最初の「凍結」期間を経験したが，その後

に日中両政府の指導者は日中関係を再定義し，両国の利害関係を調整しようとした．だが，この首脳会談でも，双方の不満は解消できなかった．福田・胡会談からちょうど2年後に勃発した尖閣問題により，「戦略的互恵関係」を築こうとする両政府の試みは短期間で頓挫した．

しかしながら，日中関係の行き詰まりは，中国経済の成長だけでは説明がつかない．今後も中国の経済成長が続くかどうかは依然として予測が立たず，全国民の生活水準を上昇させようとする中国政府の努力は不十分である．中国経済の発展にもかかわらず，現在ほとんどの中国人は，日本人が享受している生活水準よりもはるかに劣る暮らしを甘受している．2012年の段階で，中国の一人当たり国内総生産（GDP）は，日本の10分の1に過ぎない．また，深刻な環境問題により，中国人の健康と安全は脅かされている[11]．所得格差も依然として深刻な社会問題である．その上，中国の経済成長率の鈍化により，中国の人々が生活の質の向上を期待しても，ますます実現が困難になっている[12]．したがって，中国の指導者は国内に渦巻く不満に対して常に目を向けており，山積する国内問題が中国政府の国際的挑戦を一層複雑なものにしている．このように中国はグローバルな大国としての地位を確立したわけではない．だが今日，日本政府の対外政策形成者は，より強大な中国政府が日本の国益を脅かす勢力になることに強い懸念を抱いている．

1. 日中関係の新たなダイナミクス

2010年に中国が世界第2位の経済大国に躍り出たことは，日本の没落の兆候として広く受け止められた（図2-1）[13]．海外直接投資は東京・大阪を経ることなく，急成長する中国の都市部に直接向かうようになった．また中国の海外貿易は活気付き，2005年までに中国は日本の全貿易の20%を占める最大の貿易相手国となった[14]．さらに中国経済は，日本経済を変容させただけでなく，国際市場で日本経済を凌ぐようになった[15]．

このようにアジア太平洋地域における中国経済の台頭により，何十年も続いたこの地域における日本のリーダーシップの土台となった経済的結びつきは新たな挑戦を受けることになった．1960年代の高度成長期以来，日本はアジア

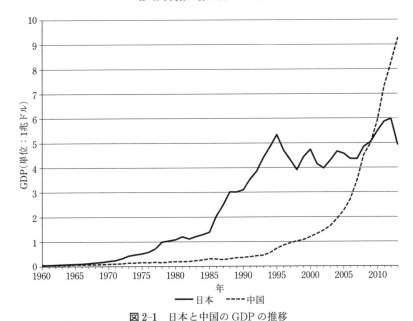

図 2-1　日本と中国の GDP の推移
データは名目 GDP（米ドル換算）（出典：世界銀行データカタログ，最終更新 2013 年 4 月 16 日）．

で勢力を拡大し続け，発展途上国の多かった地域に多額の貿易と投資を実施してきた．特に東南アジアの新興経済諸国に対して，日本企業はインフラを整備し，技術移転を促進してきた．そして，日本の「開発志向型国家」は，国家主導で経済発展を成し遂げたモデルとして，アジア諸国の模範になってきた[16]．1980 年代まで，日本はアジア経済の「雁行」モデルを牽引する先導役とみなされてきた[17]．また日本は，地域的機構を設立することを強く主張し，アジア太平洋経済協力会議（APEC）の設立に向けた動きや，後の ASEAN 地域フォーラム（ARF）の形成に際して，重要な役割を果たした．この地域の政治的機構の形成においても，同様に主要な役割を担おうとした．

しかし，1990 年代後半には，アジアにおける日本の存在感は低下し始める．これはちょうど中国がアジアの中核的な存在になり始めた時であった．それ以後，日本政府よりも中国政府が，アジアのダイナミクスに影響を与えるようになった．アジア諸国は，もはや日本政府に注目しておらず，むしろアメリカが台頭する中国の影響力に対抗し得るかどうかを注視している[18]．もはや日本

はアジアにおける優越的な存在とは見られていない．中国の周辺に位置する東南アジアの中小国は，外交的手段と経済的手段を組み合わせた「ソフト」バランシングを図りつつ，同時に東南アジア諸国連合（ASEAN）を基礎とする地域機構へ依存している[19]．もちろんアジア諸国は，自国の経済がますます中国との関係を深めていることも自覚している．したがって，大国であれ小国であれ，全てのアジア諸国は，アメリカやその同盟国と中国との間でどちらをとるのか決定を避けるヘッジ戦略をとっている．

　日本も，同様にヘッジ戦略をとっている．もともと戦後の初期から，日本政府にとって，日米同盟と対中外交を両立することは困難な課題だった．だが，この緊張関係は冷戦によって緩和されてきた．1978年の日中国交正常化に際しては，中国が市場経済に転換することによって，日本がアジア大陸との間で長らく築いてきた結びつきと，戦後の日米同盟との間でバランスを取ることが可能になった．しかし，その後に中国が経済発展を遂げ，グローバルな経済大国に浮上すると，日本外交は新たな圧力を受けることになる．リチャード・サミュエルズの表現を借りれば，日本は中国政府との協調による経済的利益と，日米安全保障体制への依存との間で，「二重のヘッジ」を追求してきたが，中国の台頭によってその戦略を見直そうという日本の対外政策専門家もいるようである[20]．また，日本の論調に一貫性を見出すマイク・モチヅキの分析によれば，対中関係における自律性と日米同盟の堅持を目指してきた日本外交の従来の目標が，中国の経済力の増大によって誇張されるようになっただけであるという[21]．主張の差異はあれども，サミュエルズもモチヅキも，日米関係と中国との緊密な関係の間に生じる緊張を指摘している．過去10年間，アジアでも，グローバルにも，中国へのパワーシフトが顕著になるにつれ，この緊張は大きな論争を引き起こすこととなった．

　だが，国内の利益集団が対外政策過程に関与しようと競い合うと，台頭する中国に対するヘッジ戦略は維持することが難しい．こうした利益集団は，中国の台頭の全般的な帰結に対応する戦略の論理からは独立して動く．これらの利益集団は，自身の経験に基づいて中国の台頭を認識し，そしてそれに反応して，政府の関心を引きつけようと積極的に主張する．つまりは，中国の台頭が日本社会に与える衝撃も，日本の対応を決める要因となる．このように，新たに登

1. 日中関係の新たなダイナミクス

場するグローバルな大国に適応しようとする国内政治過程を見失えば，地政学的変化に対応しようとする政府にかかる圧力を見落とすことになる．慎重に計画された政府の戦略は，国民感情や政治的機会によって容易に狂わされることがある．台頭する中国にいかに対応するかという日本の政策論議は，政策形成者が直面している国内圧力を度外視しているように思われる．

日本は，中国の経済的台頭に対する戦略的対応を打ち出し，その目的を官民で共有することができていない．たとえば，日本の経済界は，強固に中国との経済的相互依存を支持しており，日本政府が中国との外交面での妥協にますます慎重になっているにもかかわらず，日本の対中投資は拡大し続けている．もちろん外交官や政治指導者は，中国との協力を通して「ウィン・ウィン」の関係を築こうと主張しているが，日中間での相次ぐ争いによりつまずき，日中の利害はなかなか一致しないことが浮き彫りになった．続出する危機によって交渉は何度も中断し，近年には東シナ海の領土紛争をめぐって海上での衝突が生じたことで，日中関係は従来の協調外交では立ち行かなくなっている．かくして，経済的利益を共有しているにもかかわらず，日中両政府ともに政治的紛争を処理する有効な戦略を持たないのである．

日本が対中ヘッジ戦略を追求できないのには，国内の利益集団が深く関係している．過去には，中国との和解外交を支持する基盤が国内にあった．そして，中国との協調はそれ自体が目的であり，両国が親密な関係を作ることが日本の国益に最もかなうという理解があった．もっとも，戦後政治において，中国に厳しい姿勢を取るべきという意見も確かに存在した．ゆえに，戦時中の侵略と占領について中国に謝罪すべきかどうか，日本の保守派と革新派の間で意見の対立がある．また日本の政界と経済界は，全く異なるアプローチを中国に対して取ってきた．日本の国民もまた，過去を克服し和解を実現したいという願望と，未来志向の関係を構築したいという希望の間で引き裂かれているように思われる[22]．

対中政策をめぐる日本国内の議論は絶えず変化した．中国経済が成長し，日中関係が相互依存を深めると，中国国内の変化に適応しようとする日本外交を支持する国内の論調は変化してきた．そして，中国の経済的・軍事的台頭によって，将来的に中国がさらに攻撃的になる可能性が危惧されている．中国政府

は自らの戦略を「平和的台頭」と自称しているが，日中関係はますます悪化の一途をたどっている．

　そして，政治家や官僚などのエリート層のみならず，多くの利益集団が，対中政策に利害関係を有するようになってきた．依然として日本の財界人は，中国との緊密な関係を支持しているが，彼らの声は，激しい反中の声によってかき消される時がある．経済界は日本の対中政策を形作る中心的役割をまだ担っているものの，過去と比べてその影は薄れている．他方で，国内世論もまた中国に対して冷淡になっている．これには，日本経済の停滞も関係していようが，歴史問題や貿易問題をめぐって日中関係が緊張するにつれ，中国政府に対する日本国民の支持は弱まっている．そして，政策の対立をめぐる中国政府の日本批判により，中国の意図に不信感を抱く人々は増えている．こうして，日本の国内はますます物々しい雰囲気になり，中国と協調することの利点を主張することは難しくなっている．

　このように対中外交について日本国内の不満が高まった時期は，1990年代の日本の政治改革期と偶然にも重なった．そこでは，自民党の小沢一郎などの改革論者が，より競争的な政党システムを創ろうとし，政策論争を促す政権交代可能な政治を提唱した．これは，日本の有権者が投票を通じて「新しい日本」を創造する政権を選択することを目指した改革であった[23]．こうして人々の関心は政治改革に集中し，台頭する中国と対峙する役割は官僚の手に委ねられ，政治家たちは首尾一貫した対中戦略に大きな関心を示さなかった．多くの政党や政治家が権力を求めて争う中，自民党は連立政権のパートナーに，戦後政治における強敵である日本社会党（1996年より社会民主党に変更）を選び，その党首の村山富市が1994年に内閣総理大臣に就任した．村山首相は戦前日本の侵略について心からのお詫びの気持ちを表明し，イデオロギー的に長らく対立してきた歴史認識問題において，自民党と社会党の妥協を実現させた．しかし，これで戦後日本のイデオロギー対立が終焉したわけではなかった．

　以後，日本の政治はさらに不安定化し，小泉だけが唯一，日本の新たな戦略的位置を再検討するのに十分な長期政権を維持できた指導者であった．小泉は日中間の相互利益を促進するように中国政府に働きかけたが，他方で歴史問題の進展には成功しなかった．小泉の度重なる靖国参拝に中国の指導者は不快感

をあらわにし，小泉内閣が退陣する頃には日中外交は「凍結」状態に陥った．その後，2009年に自民党から政権を奪取した民主党は，中国との「互恵関係」を新たに築こうと試みたが，最終的には頓挫した．対中関係は不確実性の高い状態に陥り，日本の政治家は中国の新指導者との信頼関係を築けずにいた．過去40年以上にわたって，対中外交は和解への希望に支えられていた．しかし同時に，日本の対中政策は，日中関係を，過去の贖罪に基づくものではなく，互恵的な関係とすることに重点が置かれたものでもあった．

2. 和解から互恵へ

日本の対中関係の目標は，1978年の平和条約締結時と比べて大きく変化してきた．おそらく最も重要な最初の転換点は，冷戦の終焉であった．冷戦の力学こそ，日中国交正常化を決定づけた戦略的文脈であったからである．また中国経済が急速に成長したことで，中国は日本からの経済援助に依存しなくなった．さらに，両国民が歴史認識問題に過敏になり，日中双方でナショナリズムが過熱し，戦後の和解はもはや幻想にすぎないことが明らかになった．

多くの日中関係研究者が指摘する通り，この二国間関係は安定化を拒んでいるようにさえ見える．これまでも日中外交は円滑には進展しなかったが，両政府は国内の利益集団をまとめて政策協調を拡大してきた．ワン・ミンの研究によれば，「日中関係は1978年に頂点に達し，その後に協力した期間は1978年頃の友好関係の水準に達していない」[24]．そして，やがては，両国が「新たな宿敵」になるのは明白である，とされる[25]．日中外交にはなぜ困難が多いのか．その説明方法は多数あり，たとえばワンは構造的要因を解明し，田中明彦も日本の対外政策をアジアの構造的変化の中に位置づけている．日中関係を幅広く叙述してきた田中は，冷戦が終焉し，アジア地域主義が開花した時期こそ，日中関係が最も良好な瞬間であったと述べている[26]．

また，誰が，いかなる目的で，日中関係を管理していたかに注目する中国専門家もいる．彼らは，和解を目指した日中関係から，冷戦後の新たな戦略状況に応じて変化する日中関係への移行に注目し，両国関係の変化を捉える重要な枠組みを提示した．たとえば，国分良成は『日本の外交』全6巻（岩波書店）

の中で日中関係を分析し，それを 20 年単位で三段階に区分した．第一期
（1952～72 年）は，日中国交正常化以前の，日本政府が台湾にある中華民国を
承認していた時期を指す．第二期（1972～92 年）は，中国の市場開放後，中
国政府が日本を貴重な経済パートナーとみなした時期である．そして第三期
（1992 年～現在）において，中国は世界的な経済大国として台頭し，日本政治
は一党優位体制から長期にわたる政治的過渡期に移行した．国分によれば，中
国の台頭と日本政治の変化が偶然一致したことこそ，今日の日中関係を対立的
かつ予測不能なものにする要因とされる[27]．

　さらに，日中双方の国家アイデンティティの模索が複雑にからみあった歴史
的経緯をより重視する研究者もいる．中でも，日中関係史を概観した毛里和子
は，日中両国が，中国の近代化と日本の歴史問題への取り組みによって特徴づ
けられる特別な関係を築こうとする過程に，両国の異なる「戦後」概念が反映
されていることを見出した．また，最近では，中国の「反日」感情の起源を説
明しようとする中国専門家もおり，さらには，争点重視のアプローチを用いて
日中関係を分析する日本人研究者も多い[28]．しかしながら，これらの分析手
法の違いにかかわらず，ほぼ全ての日本の中国専門家が，20 世紀末までに，
日中関係が決定的な転換点に達したことに同意している．

　このように日本の国益が中国の挑戦にさらされるに伴い，新たな戦略的合意
が形成され始めた．これまでに，四つの観点から，日本の政策が再検討される
べきであると指摘されている．第一に，冷戦の終焉により，アジアにおける日
本の外交的役割の自己評価がどう変化したかである．冷戦下における東西陣営
という意味でも，また西洋の先進諸国とアジアの後発諸国との文化的相違とい
う点でも，日本は，中国と先進欧米諸国との中間に位置する戦略をとってきた
からである．第二に，経済的相互依存の意味合いの変化である．当初から日本
政府は，日中関係においては相互的な経済関係の構築を最も重視してきたが，
中国経済が台頭し，逆に日本経済が停滞すると，それは立ち行かなくなってき
た．逆に日本自身の経済成長見通しが中国経済と密接に結びつくようになり，
それにより中国政府の経済政策といった新たな要因に，日中間の経済関係は影
響を受けるようになっている．第三に，和解外交の限界を認識することである．
首脳外交や，戦争謝罪だけでは，戦前の日本の軍事行動に対する中国の批判に

終止符を打つことができなかった．そして第四に，1996年の台湾海峡危機によって中国が北東アジアで将来的に軍事力を行使する可能性が浮上し，日本の防衛政策形成者の懸念材料はさらに増えることとなった．

外交摩擦の克服を目指して

1970年代の国交正常化まで，日本と中国は冷戦によって分断されていた．国交正常化により，日本は，西側陣営諸国と，近代化するアジアの隣国との架け橋という役割を次第に見出していった．こうした中国との新しい関係は，1972年のニクソン大統領の歴史的訪中に続いて訪れる．アジアにおける冷戦の行方を決定づけたこの転換点で，中国の指導者は，日米両国との新たな関係を築く方向に大きく舵を切った．この地政学的変動を契機として，戦後日本にとって長年の懸案だった中国との和解が始まった．多くの日本人は，この和解の開始が遅きに失すると感じていた．

他方で，中国政府は異なる戦略的計算をしていた．中国指導部は，アジアにおけるソ連の影響力を抑えることを優先課題とみなし，ゆえにアジアにおいて覇権を確立しようとするいかなる試みをも阻止することに日本政府も同意するよう要求した．1974年に平和条約締結交渉は始まったが，翌年まで日本の交渉担当者は，この反覇権条項が条約批准の妨げになるとは認識しなかった．日本の指導者が危惧したのは，台湾の位置付けが交渉の障害になることだったが[29]，中国政府は台湾を交渉の議題から外すことを厭わなかった．1975年1月，日本政府が条約試案を作成し，それに対して国務院総理の周恩来は自民党の有力議員に自らの考えを伝えた．周の意見は，「反覇権」は中国の国家的政策であり，日中国交正常化によってソ連の「覇権的」野心を挫くことを期待するというものだった[30]．

この「反覇権」条項案を危険だと考える反対意見が，日本政府内の各方面から噴出した．まず自民党の親台湾派は，中国政府と対立している点では台湾と立場を同じくするソ連政府との関係悪化を懸念した．また外務省も，これにより日ソ関係が傷つき，北方領土問題の解決が阻害されることを危惧した．政府外でも，当時の革新勢力は，中国政府との関係改善を望む日本社会党と，ソ連政府との関係を維持したい日本共産党との間で二分されていた．しかし，最終

的には，自民党の親中派と，中国政府による「民間外交」が相まって[31]，三木武夫首相に政治的圧力がかかり，日本政府は「反覇権」という文言を平和条約に含めることに同意した．多くの人々にとって，これは従来の「等距離」外交からの後退を意味した．米ソ・中ソ対立を基軸とする当時の複雑な大国間政治に対処するために，日本政府が中国とソ連の双方に等距離で接してきた方針の修正につながるからである．だが同時に，平和条約が締結されていないことも，三木首相には，深刻な政治的ダメージとなっていた．日本の経済界や国民が中国との外交関係を待ちわびていたからである．

　日本が中国との国交交渉を始めたのは，沖縄返還という日米関係の歴史的瞬間のすぐ後のことであった．日本の占領期が終結した後も，沖縄は米軍統治下にあった．朝鮮戦争期には大規模な米軍基地が設けられ，その自由使用を認められた米軍は，占領を続けた[32]．ベトナム戦争が勃発し，在沖米軍基地が出撃拠点になると，沖縄本島では大規模なデモが起こり，ひいては日本全体での反戦運動が巻き起こった．1968年までには，日米両政府は沖縄返還交渉の開始に合意し，1969年のニクソン・佐藤共同声明によって正式に交渉に着手する[33]．返還対象の琉球諸島には，無人の小さな島々である尖閣諸島も含まれており，これが日中間の平和条約締結交渉において大きな争点となった．

　日米間での沖縄返還交渉に際して，まず台湾の中華民国政府が，続いて中国共産党政権が，米国政府に抗議した．当時，アメリカは中華民国と国交を有していたが，後に明らかになった通り，ニクソン政権はこの時，中国共産党政権との間で歴史的な国交交渉を開始する土台を築こうとしていた．1970年には，中華民国の駐米大使が，尖閣諸島に対する日本の領有権について，反対する旨を米国政府に表明した．その3ヶ月後には，中国の新華社通信が，尖閣諸島は（中国の一部である）台湾省に帰属し，したがって中国の領土であるとの声明を発した．これは中国共産党政権の公式見解として理解された[34]．これに対して，1971年3月15日に，駐米中華民国大使館は米国国務省に口上書を送付し，尖閣諸島に対する中華民国の領有権を主張した．

　この中華民国の主張は，以下の論拠に基づいている．（1）尖閣諸島と琉球王国（後に沖縄県として大日本帝国に併合）との境界線に関する歴史的記録．（2）大陸棚に続く沖縄トラフによって，尖閣諸島と琉球諸島とが隔てられてい

るという地理的特徴．(3) 台湾の漁民が尖閣諸島を漁場として利用してきた歴史．(4) 1895 年の下関条約によって台湾と澎湖諸島が清国から日本に割譲されるまで，日本政府は尖閣諸島を日本領土として主張してこなかった点．中華民国政府は，これらの点を指摘して，アメリカが沖縄返還の際に尖閣諸島を中華民国に返還するよう求めていた．このような中華民国政府による日米間の沖縄返還交渉に関する検討が行われたのは，ニクソン政権と中国共産党最高指導部の間で行われた秘密外交と，偶然にも時機を同じくしていた．

　1971 年 4 月半ばまでに，ニクソン大統領の国家安全保障担当補佐官のヘンリー・キッシンジャーは，国家安全保障会議（NSC）の上級部員であるジョン・ホルドリッジに，中華民国の主張に関する情報収集を指示した．当時のメモによれば，キッシンジャーはこの問題についてアメリカが「中立」を保つ方法を模索していたようである [35]．アメリカの歴代政権は，琉球諸島における日本政府の潜在主権に常に言及してきたが，ニクソン政権は新たに，琉球諸島の領有権の所在についてより曖昧な立場をとる政策を採用したのだった．7 月にキッシンジャーが初めて訪中した際，この問題について中国共産党指導部との間で交わされたやりとりの詳細は，機密のままである．だが，担当分野に関わりなく全ての大統領補佐官が，中華民国との関係を顧慮していたのは明らかだった．ニクソン大統領と佐藤栄作首相の間で沖縄返還協定書が調印される10 日前には，尖閣諸島の地位をめぐる問題が再び議論の俎上に載せられた．今度は経済問題担当の大統領補佐官が，中華民国の反対を鎮めるためには尖閣諸島の施政権をアメリカが保持することがアメリカの利益だと主張する．この時，アメリカは中華民国との間で繊維貿易をめぐる交渉を模索していた．最終的には，ニクソン大統領は尖閣諸島を含む琉球諸島を日本に返還するという協定内容を変えなかった．だが，アメリカの立場は，サンフランシスコ平和条約以来維持されてきた，日本の領有権を完全に支持する従来の立場から確実に後退し，尖閣諸島に関して日本・台湾・中国が領有権を主張しあう状況の最終的な解決を求めない，中立的な法的立場を新たに採ったのだった [36]．日本もまた中華人民共和国との国交正常化を受け入れたことで，その後の数十年間，尖閣問題は後景に退くことになった．

　次に日米の対中政策の違いが明らかになったのは，1989 年の天安門事件の

後であった．ニクソン政権期の現実主義的政策と大きく異なり，この事件は日
米両政府間の人権問題への対応の違いを浮き彫りにした．前中国共産党総書記
である胡耀邦の死を受けて天安門に集結した学生や市民に脅威を感じた中国共
産党政府は，軍隊と警察を動員してデモを武力で鎮圧した．それによって海外
から見た中国のイメージは，近代化しつつある国家というものから，権威主義
的な体制というものへと急転した．またそれは，欧米諸国の人権活動が中国の
反体制派を支援する時代の幕開けでもあった．欧米諸国は，中国政府が民主化
運動家を武力弾圧したことに対して制裁を課した．その1ヶ月後のG7アルシ
ュ・サミットでは，世界の指導者が厳しく「中国における人権を無視した激し
い抑圧を非難し」，「中国当局に対し，民主主義と自由に対する正当な権利を主
張したに過ぎない人々に対する行為を中止するよう」強く促した[37]．

　だが，欧米諸国と異なり，日本政府は対応をなかなか決められなかった．そ
の時まで，戦後の日本外交は，ほぼ全面的に，日本の経済成長と，他のアジア
諸国の経済発展の支援に傾注していた[38]．冷戦の展開は主に米ソ両超大国の
手に委ねられ，同盟国にはそれを支持する役割しかなかった．さらに日本の経
済成長により，アジアにおいて日本は指導的役割を担うようになった．日本の
高度経済成長はアジアで模倣され，中国もまた日本をモデルとした．こうした
アジア太平洋地域の経済成長は政治的自由化や民主化運動の拡大と結びつき，
フィリピンや韓国の独裁者は追放され，東南アジア諸国の非民主的政権に動揺
を与えた．このようなアジアの政治変動の中で，日本政府の対外政策と経済援
助政策は，ASEANの経済発展の支援に重点を置いていた．

　しかし，このような日本政府の経済的リーダーシップは，天安門に集結した
学生民主化運動家を中国政府が武力で弾圧した時，その限界を露呈した．同じ
く重要なのは，日本が中国の経済的近代化を強く支援してきたことにも，欧米
諸国が疑念の目を向けたことである．北京の中心部に学生デモと戦車が集結し
た衝撃的な映像が世界中に生中継されると，欧米諸国では激しい非難の声が巻
き起こった．欧米諸国は，中国指導部の人権侵害に抗議するために，即座に制
裁を課した．だが，日本政府は，過剰な懲罰的反応を慎むよう欧米諸国に釘を
刺し，制裁が中国の近代化の努力を後退させることを案じていた．その当時，
日本は中国にとって最大の援助国であり，日本の対外援助の約40%は中国に

2. 和解から互恵へ

向けられていた．二国間ベースでは，中国が海外から受け入れる援助の75%
を日本が供給し，これは第2位の援助国である西ドイツの10倍に相当した．
にもかかわらず，国際通貨基金（IMF）や世界銀行，そして主要な欧米諸国
は中国に対して，経済的・軍事的制裁を断行したのだった．

　日本政府の初期の対応は混乱した．宇野宗佑首相は国会で，学生の死は「人
道上の見地から容認しうるものでない」と答弁した．他方で，外務省の中では
意見が割れていた．中国が孤立しないように円借款を続けるべきだと論じる者
もいれば，日本政府は国際社会と協調して制裁に加わるべきだと主張する者も
いた[39]．6月末に，外務省は日本の意図を説明する3種類の異なる声明を用意
していた[40]．

　官僚と自民党は秋まで議論を重ねた．自民党内では，制裁への反対論が大勢
を占めていた．日中友好議員連盟会長で，自民党の有力議員である伊東正義は，
9月に北京を訪問し，鄧小平ら中国指導部と会談した．日中関係は米中関係と
同一ではなく，日本は制裁に加わるべきではないと，伊東は論じた．また伊東
は，1990年から95年までの5年間で8100億円に上る第三次円借款を実施す
るよう主張した[41]．しかし，大蔵省を始めとする関係省庁は，他国と協議し
て円借款を凍結に追い込んだ．だが，日本は，欧米諸国と中国の間での妥協を
模索する試みにも着手していた．1989年11月初旬に大蔵大臣が，円借款再開
は時期尚早であると表明した．

　日本国内の利益集団もまた対中円借款の再開を熱望した．経団連会長の斎藤
英四郎は，天安門事件をめぐって中国の人権状況が懸念されているにもかかわ
らず，中国への円借款凍結解除を政府に打診する意向を示した[42]．さらに，
同年末には，中山太郎外務大臣が中国の経済改革を継続的に支援することを優
先すべきだと提唱した[43]．日本が欧米諸国とともに中国に対し経済制裁を行
うことは，原理原則の問題にとどまらず，中国における日本の利害関係を根本
的に損ねるものであるとの声もあった．自民党の長老議員で，日中協会副会長
である後藤田正晴は，1990年1月に中国政府が戒厳令を解除した後，翌年4
月までに円借款を再開するよう提案した．日本政府内におけるこの論争は，ヒ
ューストンでの次回のG7サミットに向けた計画立案にあわせて90年夏まで
続いた．

最終的な決断に際しては，中国との特殊な関係が強く考慮された．中国と欧米諸国の溝を埋めようとする日本の努力は，1990年夏のG7サミットで終わりを迎えた．日本の外務省は，中国の近代化促進のため経済援助を続けるべきだと主張していた．さらに海部俊樹首相は，欧米諸国に対して，竹下登元首相が中国との間で円借款供与について約束しており，日本はそれを守る責任があると説得した．そして欧米諸国が中国への経済的・軍事的制裁を続ける中，日本は1990年11月2日に円借款を再開した[44]．中国との利害関係を日本は優先したが，これはアジアでは政治的原則よりも経済的発展が優先されるという考え方に基づくものでもあった．90年代初頭には，日本の指導者は民主主義や人権という理念を提唱することに積極的ではなかった．円借款再開の妥当性は，その後の数十年にわたる中国の行動によって検証されるだろう．

経済的相互依存の進展

こうした広範な地政学的変動以上に，戦後日中関係は，経済的・文化的な利益を主軸として発展した．経済的相互依存（と当時の日中経済の相補関係）によって，戦時中の日本の侵略や1945年の敗戦の傷跡は修復されると考えられた．戦後の和解は，日中両国民の強固な経済的・文化的な結びつきを通じて追求された．日中両国の経済的つながりは，国交正常化によって生み出されたものではない．その土台は，両国の国交が断絶していた時期にすでに築かれており，中国共産党指導部や中国国有企業との間で強固な経済関係を作ろうと，日本の様々な分野の人々が模索していた．1949年に中華人民共和国が建国された後，日本の財界人は政界指導者と連携し，あるいは独自に対中貿易の再開に取り組んでいた[45]．

この経済関係はかなりの部分，戦後日本の国内政治によって規定された．1949年に日中貿易を促進する四つの団体が結成された．これらは，新たに誕生した中華人民共和国に対して，日本が複雑な感情や利害を有していたことの表れであった．第一に，左翼の革新勢力と，小企業，それに中国革命にシンパシーを抱く知識人によって，中日貿易促進会が1949年5月に設立された．この団体は，中国の産業化を援助して，中国の人々を支援することを目標に掲げていたが，朝鮮戦争が始まり，鴨緑江を中国軍が渡ると，活動を縮小し，中国

2. 和解から互恵へ

との貿易のみに集中することになった．第二の経済団体である日本国際貿易促進協会は 1954 年に設立され，冷戦下の東西陣営を架橋する貿易の促進を目的とし，後に有力な財界人も加入した．第三に，日中輸出入組合が日本政府の支援を受けて 1955 年に設立された．この団体は，日本の競争的な市場と中国の国有企業による独占市場との相違を埋めることを目的とし，主に通商産業省が主導して，日本の貿易関係を調整するために設けたものだった．そして第四に，中日貿易促進議員連盟が，中国との貿易協定の交渉から調印までを取り仕切るために結成された．1949 年の設立時にはメンバーは 90 名程度だったが，10 年後には 360 名にまで拡大し，国会議員の約半数が加盟した．このように，国交正常化までに，中華人民共和国との経済関係を拡大しようとする知的・人的なネットワークや政治的支持が築かれていたのである．

　日中国交正常化後には，中国の長期的な経済計画の立案を支援するために，日本政府はこれらの経済ネットワークを活用した．1979 年の訪中時に大平正芳首相は，対中援助について日本の立場を次のように説明した．「（日本の経済協力が）貴国の 21 世紀に向けての建設のいしずえとなることを心から願っております」．さらに大平は対中経済協力の三原則を示した．第一に，軍事目的に使用される援助を日本は行わず，対中援助もその例外ではない．第二に，対中援助はアジアの他の国々，特に日本と密接な関係にある ASEAN 諸国との協力関係を損なうものではない．第三に，日中関係は排他的なものではない [46]．また 1979 年から政府開発援助（ODA）が本格的に始まり，4 期の五カ年計画が中国政府の経済計画と足並みをそろえて実施された．具体的には，1979 年から 1984 年に 3310 億円が，1984 年から 1989 年に 5400 億円が，1990 年から 1995 年に 8100 億円が，1996 年から 2000 年に 9700 億円が，日本政府からの円借款として供与された [47]．2001 年度からは単年度方式で実施され，1979 年から 2011 年までの総計で，日本は 3 兆 6500 億円を中国に供与し，その 90% 以上が円借款の形式をとった [48]．

　数十年にわたって，こうした援助は中国の市場経済への移行にとって不可欠であり，中国政府の五カ年計画を補完するものであった．1990 年代までに，対中 ODA は日本の全 ODA 予算のおよそ 10～15% を占めた．これは日本が中国の経済発展を優先課題としていた証拠であり，中国は日本の ODA 供与先

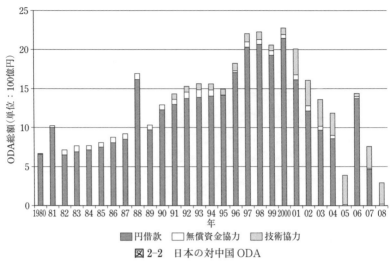

図 2-2　日本の対中国 ODA

データは日本の会計年度（4月1日〜3月31日）による（外務省ウェブサイト「国別援助実績」．出典は『外交青書』1980年版〜1993年版，『我が国の政府開発援助の実施状況に関する年次報告』1994年版〜1999年版，『政府開発援助（ODA）白書』2001年版〜2012年版．

の第1位か第2位にいつも入っていた．2007年まで日本は中国にとって最大のODA提供国であり，20年以上にわたって中国が受け取った全ODA額の50〜60％分を日本が供与していた[49]．しかし，中国経済の成長により，日本政府の経済援助の必要性は次第に減少した（図2-2）．それゆえに，2005年3月17日，町村信孝外務大臣が，2008年の北京オリンピックの時までに円借款を終了すると表明した[50]．2007年4月には，温家宝国務院総理と安倍晋三首相が共同プレス発表を出し，円借款が中国経済の発展に果たした「積極的役割」に触れた上で，中国側がこのことに対して感謝の意を表明した[51]．新規の対中円借款は2007年12月の支払いを最後に幕を閉じた．2008年5月に東京を訪問した胡錦濤国家主席は福田康夫首相に次のように述べている．「日本政府と日本国民が円借款などにより，中国の近代化を支えてくれたことに心から感謝する」[52]．

ODAの減少に伴い，日中間の貿易は拡大の軌道に乗り始めた（図2-3）．それに応じて，日本政府の関心は，中国の経済発展から，両国間の貿易紛争の解決へと変化した．他国と同じく日本政府も，国交正常化に向けたプロセスとし

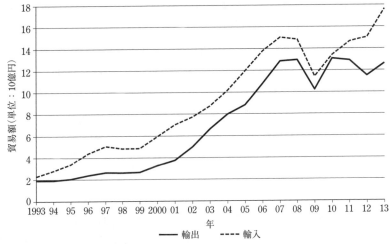

図 2-3 日本の対中貿易（1993～2013 年）
出典：税関ウェブサイト「財務省貿易統計」．

て，1974 年に中国政府に最恵国待遇（MFN）を付与した．しかし，1990 年代に中国製品の輸入量が急増すると，日本との一連の貿易紛争が生じた．90 年代中頃には，日本国内の生産者から日本政府に対して，日本国内市場における中国製品との競争からの保護を求める声が徐々に高まった．中国製の繊維製品は日本市場の 50％ 以上を占め，日本の生産者は輸入規制を政府に要求した．同様に，中国産の農作物の輸入も著しく増加し，日本の農家はさらにセーフガードを要求した．たとえば，にんにく，生姜，ネギ，生椎茸，畳表が，日本の生産者を脅かす中国からの輸入品の一部である．

2001 年 9 月に，中国が世界貿易機関（WTO）へ加盟することが決まると，貿易紛争を処理する手段は，日中の二国間交渉から，第三者による裁定に変化した．中国は日本からの輸入品に常に高関税を課していた．2001 年，中国が，日本からの自動車と携帯電話などの輸入に対して報復的な輸入特別関税措置をとると，自民党の農林水産物貿易調査会会長の中川昭一は，日本は WTO に申し立てると表明した[53]．日中両政府はこの問題について二国間協議を実施し，中国は輸入特別関税措置を停止した[54]．それにもかかわらず，中国は関税による自国産業保護政策を継続し，日本からの輸出はその障壁に阻まれていた．

2004年には，外国製半導体に対する中国の関税によって，米中間で深刻な貿易紛争が生じた．日本も再びWTOへの申し立てを検討し始めたが，米中が同年7月に問題解決に向かうと，日本も同様の解決策をとることにした[55]．しかし，日本は中国との貿易紛争に対応するためにWTOの紛争解決手続に結局は頼ることになり，アメリカや欧州連合（EU）もこれに同調した．2006年には，日本・アメリカ・EUの三者が，中国による知的財産権侵害を批判し，WTOの協議に参加した[56]．また2010年には，中国で産出されるレアアース（希土類）に中国政府が輸出規制を強めたことに対して，日本は同じようにWTOを介した解決手続を検討した．その後も続いた中国の輸出規制によって世界的にレアアース価格が高騰すると，日本はアメリカおよびEUとともに中国に対し，2012年3月にWTO協定に基づく協議要請を行った[57]．

　中国経済の成長に伴い，日本の民間投資家は，両国の経済協力においてより大きな役割を担うようになった．民間セクターにとって，対中投資のペースは，中国の産業発展の度合いに大きく依拠するものである．経済協力が始まった当初は，中国が計画を予定通り進めることができず，日本企業は損害を受けた．最初の日中長期貿易取決めは1978年に結ばれ，日中経済協会会長の稲山嘉寛（新日本製鐵会長）が日本政府の支援を受けて交渉したものだった．その目標はきわめて野心的であり，最初の10年間での日中間の輸出量を100億円と見積もり，さらにその2倍，3倍へと規模を修正していった．中国の発展を支援するため日本が円借款を供与することになり，日本企業はプラント建設その他の開発プロジェクトを実施する契約を結んだ．しかし，中国指導部が交代すると，前国務院総理の華国鋒が立てた十カ年計画（1976年～1985年）が見直され，中国政府は唐突に日本企業との契約を変更・破棄した．最も象徴的だったのが，経済協力に先鞭をつける形で1978年に締結した総額3980億円もの宝山製鉄所の契約破棄であった[58]．

　それ以後，日本企業は中国の経済政策決定に対して警戒を怠らなかったが，1990年代初期には，日本の対中直接投資は拡大の軌道に乗った（図2-4）．台湾や香港を拠点とする投資家とともに，日本人投資家は中国の経済成長の最大の支援者であり，中国の市場改革において決定的な役割を果たした[59]．日本の自動車メーカーを始めとする製造業者も対中投資を先導し，1990年代末ま

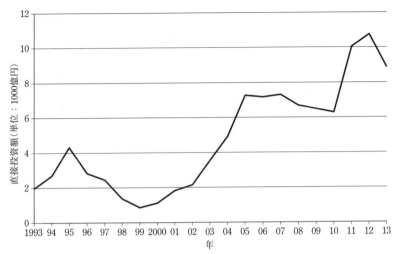

図 2-4　日本の対中直接投資（1992〜2013 年）
出典：財務省ウェブサイト「海外直接投資」「対外・対内直接投資」.

で，勃興する中国の消費市場に向けた生産に集中した．日本の海外直接投資は何度も様々な要因によって揺れ動く．円の切り下げや，他の市場動向によって海外直接投資は影響を受け，中国政府の経済政策決定もその変動要因の一つだった[60]．しかし，次第に中国市場の経済的魅力こそが，日本企業の投資決定にあたっての主要な原動力となっていった[61]．

和解外交の限界

このように日中間での経済協力は進展したが，戦前日本の侵略に対する中国人の記憶に政治的に配慮する必要性がなくなったわけではない．平和条約交渉にあたって，中国は日本による戦争被害の補償を日本に要求しなかった．毛沢東を始めとした中国指導部が補償を求めないとの決定を下したからである．しかし，この決定には異論がくすぶり続けた．日本も国交正常化後の経済協力を戦時の侵略行為の補償とみなすことを拒み，サンフランシスコ平和条約と中華民国との日華平和条約の二つが，戦後処理の法的根拠を与えるものであると強調した．だが，戦後日本が中国の近代化を支援したのは戦争被害の補償に代わるものだという印象はぬぐえなかった．日本の対中円借款の条件をめぐって日

中間に緊張が生じると，中国の指導者はこのような考えをさらに強めた．戦後日本との平和条約の条件を交渉した中国の指導者は，日本に賠償金を請求しないことが得策だと考えたが，その次世代の指導者は，日本の軍事的膨張が中国に与えた損失に言及することをためらわなかった．さらに，中国の市民も，日本の弁護士団や市民運動家の協力を得て，日本政府に対して補償を求めて提訴し始めた [62].

　1980年代には，日本の歴史認識について，中でも戦時中の日本の軍事行動の解釈について，中国で批判が高まった．歴史問題が日中関係を特徴づけ始めたのである．1982年，『朝日新聞』等が文部省による教科書の修正指示を報道する．一連の報道によって，教科書の内容をより「愛国的」にしたい保守派と，日本の侵略行為が与えた被害を描こうとするリベラル派の教育者や作家との間で，政治的な対立が起こった [63]．また1985年に中曽根康弘首相が靖国神社に公式参拝すると，中国は特に強く批判した．結果的に中曽根は翌年，物議をかもす靖国神社の参拝を見送った．これ以降，日中外交では，日本が中国の人々に与えた苦痛に対する謝罪と反省の念を表明することが不可欠になった．

　国家首脳の公式訪問は，日本が謝罪の念を表明し，歴史和解が新たな外交的関心事となる機会となっていた．しかし，1989年6月4日の天安門事件で中国軍の戦車がデモ隊を弾圧すると，中国は日本の「軍国主義」への言及を控えるようになった．日本は次期5年間の円借款（1990〜95年度）の交渉を停止していたが，これは欧米による対中制裁要求を緩和するのに役立った [64]．もともと国家首脳の相互訪問というアイディアは同年4月に浮上しており，李鵬国務院総理が天皇の訪中の可能性に言及していた [65]．1年後には，日本はまだ経済協力交渉を再開していなかったが，江沢民総書記は円借款再開の交渉を促し，日本との良好な関係が中国にとって重要だと述べた [66]．その夏までに，江は天皇訪中を歓迎すると発言していた [67]．1990年7月のヒューストンG7サミットで，日本政府は対中円借款を再開すると宣言したが [68]，翌1991年，中国政府高官は，1992年の日中国交正常化20周年を記念する天皇の訪中を日本政府にくり返し要請した．

　当初，日本人は天皇の訪中について複雑な感情を抱いていた．訪中が中国でどのように受け止められるかは，もちろん慎重に検討すべき問題であった．

2. 和解から互恵へ

1992年2月，駐日中国大使の楊振亜は，日本記者クラブでの記者会見で，日本人の懸念を払拭しようとして，訪中は日中関係を「新たな段階」に引き上げる「歴史的功績」となるだろうと述べた．さらに続けて，「中国は礼儀を重んじる国であり，外国の指導者を困らせるようなことは決してしない」と発言した．だが，楊は，「両国の不幸な一時期の歴史に対して（天皇陛下が）態度表明を行えば，中日両国民ともに自然なことと思う」とも述べた[69]．同年3月には，李国務院総理が演説の中で訪中の可能性について言及し，日中の「最高指導者」の相互訪問が重要であると指摘した[70]．また，1992年夏には，訪中に対する日本国民の心理的障害は取り除かれたようだった．『日本経済新聞』の世論調査では，訪中を約70％が支持し，反対は17.7％にとどまった[71]．8月25日，内閣は訪中を承認した．

天皇と皇后は，1992年10月下旬に中国を訪問した．人民大会堂で楊尚昆国家主席が天皇・皇后と会見し，次いで国家主席主催の晩餐会に招待した．その席で天皇は，最初に日中関係の長い歴史について言及した．それは，7世紀から9世紀にかけての特使の派遣にまで遡り，中国に留学した若い日本人が帰国後に中国の文化や知識を日本に伝えた交流に触れたものであった．そして日本が中国の文化や歴史を尊敬してきた長い歴史を指摘した上で，天皇は，若い中国人の日本への留学をはじめとする両国の交流を賞賛した．それから天皇は，日中戦争について，「我が国（日本）が中国国民に対し多大の苦難を与えた不幸な一時期」と表現して，「深く悲しみとする」気持ちを表明した．続けて，日本国民は，決して戦争をくり返さず，平和国家を再建したと述べた[72]．翌日以降，天皇は中国各地を視察し，万里の長城，中国科学院，故宮博物院，西安，上海，西湖などを訪問した．全体として，天皇の訪中は成功に終わり，日中両国民に概ね好意的に受け止められた[73]．

しかし，この訪中の返礼として中国首脳が日本を訪問するまでには，6年間の時間を要した．最終的には1998年11月に，江沢民が国家主席として初めて訪日する．だが，天皇の訪中と異なり，江主席の訪日は，中国との関係強化に対する日本国民の支持を広げられなかった．それどころか，日本の対中感情は急激に冷え込み，特に中国政府に対する不信感が募る一方であった．この訪日は，天皇の訪中と同じく，政治的会合を含む5日間の旅程であり，その中には

工場や農家を訪問して日中の経済関係を強化し，在日中国人や日本人学生と対話する機会も設けられていた．

　しかし，この訪問は出だしから躓いた．天皇・皇后主催の宮中晩餐会において，江主席が日本の戦時中の軍国主義を非難する発言をしたためである．このスピーチは日本中にテレビ中継され，多くの日本人にとって，江の口調と発言内容は，天皇に対してきわめて失礼な振る舞いに映った[74]．その後も江の旅程はあと3日間残っていたが，その間，日本国民が江の姿をテレビで見ることはほとんどなかった[75]．訪日の終盤には，両国の外交官は日中協力の課題を整理した共同宣言を発表したが，江の訪日の負の遺産はその後しばらくの間，日中関係に暗い影を落とすことになった．晩餐会での江のスピーチは，そのちょうど1ヶ月前に金大中韓国大統領が行った融和的なスピーチと対照的だったために，なおさら大きな衝撃を与えたのかもしれない[76]．金大統領は従来とは明らかに異なる方針を取り，20世紀に日本が韓国を植民地化したという苦難を，何世紀にもわたって日韓両国が歴史を共有してきたという広い文脈に位置付けようとした．今日から振り返れば，1998年の江沢民の訪日は，日中間でくり返し生じる緊張関係と，日中外交の「凍結」の幕開けを示す出来事となった．

台湾海峡危機

　冷戦終結後，台頭する中国が北東アジアの安全保障にどのような役割を果たすのかについて，日本では関心が高まった．そして1990年代には，アメリカと同盟国を巻き込んだ一連の危機が北東アジアで発生した．第一の危機は，1993年から94年にかけての北朝鮮核危機である．これ以後，北朝鮮政府による核拡散とミサイル開発にいかに対応するか，北東アジアで議論が続くこととなる．中国が北朝鮮の核開発を支援したとの疑いもあったが，中国の台頭と関連して日本が最も注目した事件は，1996年の台湾海峡危機であった．まず同年3月の台湾総統選挙に向けて，中国大陸からの独立を求める声が高まり，彭明敏を擁する民主進歩党は，国民党政権が台湾の独立国家としての地位を長い間追求してこなかったと批判した[77]．中国政府は，この選挙戦が従来の「一つの中国」政策に影響することを懸念し，台湾の独立を阻もうとする動きを強

めていく．1995 年 7 月，中国は台湾の独立を阻止すべく，ミサイルを発射態勢に移した．これを受けてアメリカのビル・クリントン政権も台湾海峡に空母機動部隊を派遣して，台湾を防衛するアメリカの意思を表明するに至る．最終的に中国と台湾の睨み合いは解消されたが，日本政府は，台湾に対して武力行使も辞さない中国の姿勢に，朝鮮半島以外にも北東アジアでの武力紛争の可能性があることを痛感した．

　さらに，この危機によって，北東アジアの軍事バランスの変化も明らかになった．いずれの事件も，日本の安全保障を直接脅かすものではなかったが，これによって，北東アジアの安全保障情勢の急変に際して，日本は同盟国であるアメリカと協力するに十分な軍事的な態勢と能力があるのか，という新たな疑問が生じることとなる．中国の軍事能力の増強は，いくつかの点で日本の防衛政策立案者の関心を呼んだ．第一に，中国が核戦力を近代化させたことはアメリカの拡大抑止への挑戦となり，この地域にとって深刻なリスクとなった．中国政府が核実験の実施に固執したことは，中国の核兵器の近代化を憂慮した日本が対中 ODA を停止するに十分であった．1995 年 3 月と 8 月の 2 回にわたって中国が核実験を行うと，日本は 1995 年 8 月に中国への無償資金協力の大部分を削減する措置をとった．これにより，1994 年度に 77 億 9000 万円だった供与額は，翌 1995 年度には 4 億 8000 万円にまで削られた[78]．

　第二に，台湾の独立運動に対する中国の反応を見て，日本政府は北東アジアにおける中国の意図への警戒を強める．もちろん冷戦初期にも中国は台湾の国民党政権と軍事的に対峙しており，当時起きた二度の危機に際しては米国政府も十分な対応を示した．しかし，これら初期の台湾海峡危機は米中国交正常化以前の出来事であった．それゆえに，1996 年の台湾海峡危機では，アメリカの台湾防衛へのコミットメントが試されただけではなく，1970 年代からの中国との外交関係における「一つの中国」政策もまた試されたのであった．中でも，核兵器製造能力を含む中国の軍事力の増強に対して，アメリカや，中国に隣接するアジア諸国は関心を強める．台湾への拡大抑止のコストが高まる一方で，中国政府との関係を通じてアメリカが得られる利益は 1950 年代と比して飛躍的に増えていたからである．また，日本の防衛政策形成者にとって 1996 年の台湾海峡危機は，中国の国益を損なう政治変動が台湾で起きたら，中国政

府が武力行使も辞さないことを示すにとどまらない．それはまた，急成長する中国の軍事力に対して，北東アジアの防衛にコミットするアメリカがいかに対応するか，初めて公の場で試された事件でもあったのである．1996年の『防衛白書』は，次のように，日本政府の関心を表現している．これは，中国の軍事力の「量的」な増強から，「質的」な向上への転換である，と[79]．

　そして第三に，東シナ海およびその周辺海域で中国の海軍力が増強されたのを目の当たりにし，1990年代末までには，日本政府は自国の南西方面の防衛が不十分であると明確に認識した．もともと冷戦期の大半を通じて，日本は北方防衛を重視していた．1980年代にソ連の太平洋艦隊に対する圧力を増強すべく，日本は北海道周辺水域の防衛を強化し，西太平洋に海上自衛隊を配備する．これはソ連海軍の太平洋への出口を封鎖する上で，重要な役割を担っていた．そして冷戦期を通じて日本の南西諸島を防衛する主たる役割を果たしたのは，沖縄に駐留する米軍であった．しかし，中国が東シナ海における空軍力と海軍力を増強すると，日本政府は自衛隊による南西方面の防衛が不十分であると認識するようになった．

　北朝鮮核危機と台湾海峡危機によって，日本の軍備について新たな疑問が生じると，米国政府は日米同盟が有事対応を本格的に計画していないことに憂慮を深めていった．日本国憲法の制約により，米軍と自衛隊は統一された作戦計画を有さず，北大西洋条約機構（NATO）や米韓同盟と異なり，共同運用に関する規定もなかった．さらに在日米軍と自衛隊の一連の演習以外には，日米が紛争や危機に際して取るべき共同行動の具体的検討もほとんど行われなかったのである．そこで台湾海峡危機の直後から，これらの問題を是正するために日米同盟の準備態勢を更新する日米共同研究が始まった．1978年にも同種の日米政策協議が日本政府の発案で着手され，そこで作成された最初の「日米防衛協力のための指針（ガイドライン）」で日本を防衛する両国の役割と使命が明示された[80]．そして1990年代に北東アジアの安全保障上の緊張が高まると，日米両政府はこの日米同盟のためのガイドラインを見直す必要性を認識することとなった．

　日本政府が，軍事行動に対する長年にわたる制約の緩和に踏み出したのは，主として朝鮮有事に対応することを目的としていた．だが，日本の防衛政策形

成者は，中国の方が日本の防衛戦略に対する一層深刻な課題であるととらえていた．より広い観点から見れば，北東アジアの有事への対応にアメリカを深く引き込むことは，日本単独で北朝鮮に対処するよりも理にかなっている．それ以後，日米の防衛協力の枠組みを再検討する日本の努力は，主に「周辺事態」に焦点を当てて行われた．台湾海峡危機は，日本にとって，日米ガイドラインの再検討をアメリカと協議する契機となり，また日米の防衛協力を支える新法制を成立させる政治的刺激にもなった．こうして1997年に日米両政府は協議を終え，新たな日米防衛協力のための指針（新ガイドライン）を公表した[81].

　しかしながら，日本政府は依然として，中国が日米同盟をどう見ているか，注視していた．当時のメディア報道によれば，新ガイドラインを制定した理由について，日本国内では解釈が大きく分かれた．たとえば，加藤紘一自民党幹事長が1997年7月に北京を訪問して，後に国家主席となる胡錦濤や，国防部長，外交部副部長といった中国の指導者と会合したが，その中で加藤は，新ガイドラインは中国を念頭に置いて制定されたのではなく，むしろ朝鮮半島を主として意図したものだと強調したという[82].　しかし，その1ヶ月後，今度は梶山静六内閣官房長官が，テレビ朝日のインタビューでこの加藤の見解を公然と否定した．中国での加藤のコメントは，日本で物議を醸し，国民の批判さえも招いていたが，これに対して梶山は，「周辺事態」とは地理的な概念ではないとする政府解釈を表明し，「当然ながら，中台間の紛争も新ガイドラインで想定されるシナリオである」と明言した．その上，新ガイドラインを朝鮮半島だけに限定すると実質的には日米同盟を制限することになると述べ，さらに日本政府は他国の内政に干渉する意図は全く持たないが，台湾に対する中国の武力行使については深く憂慮していると，梶山は論じた[83].

　このように新ガイドラインについて日本国内で議論が続く中，北朝鮮が新型の中距離弾道ミサイルを発射し，それが日本上空を通過する事件が起きた．この1998年9月のテポドン発射は日本を震撼させ，日本の防衛に関する新たな議論を引き起こした．政治家が日本独自の情報収集能力の向上を訴える一方で，防衛政策形成者は弾道ミサイル防衛システムの構築に関する日米協力を主張した．このミサイル防衛システムは，ロナルド・レーガン政権が，大気圏外で敵ミサイルを迎撃する「スターウォーズ」計画を提唱して以来，日米両政府間で

長らく論じられてきたものだった．だが，北朝鮮のミサイル発射によって，ミサイル攻撃に対する日本の脆弱性は白日のもとにさらされた．1980 年代に米国政府が提案したハイテク兵器による防衛システムにかつて反対した人々でさえ，今や北朝鮮や中国の弾道ミサイル能力の向上という脅威に日本が直面していることを痛感するに至ったのである．もちろん，中国の核戦力も懸念材料だが，北朝鮮政府が日本に対して剥き出しの敵意を示したことで，多くの日本人は長距離ミサイルから日本を防衛する手段をとる段階に来たとの確信を強めた．

　1999 年には，国会で新ガイドラインを実施するための周辺事態法案を審議する中，中国を対象とするかどうかが最重要の争点となった．新ガイドラインに関する特別委員会は，台湾有事が日米の防衛計画に含まれるべきか否かについて様々な専門家を参考人として招致した．賛成論者は台湾有事が日本の安全保障に与える影響を強調し，反対論者は中国と台湾の特殊な関係に焦点を当てた．他方で，高村正彦外務大臣と野呂田芳成防衛庁長官は，「周辺事態」は地理的概念ではなく事態の性質に応じた概念であるとくり返し説明し続けていた．要するに，日本政府は日米の防衛協力に関して制限を加えることを拒んだのである．こうして新ガイドラインに関連する三つの法律が改正・制定され，中でも最も重要な周辺事態法（「周辺事態に際して我が国の平和及び安全を確保するための措置に関する法律」）は，政府に対し，必要な際には国会の事前承認なしに，自衛隊が後方支援や救難活動も含む米軍との共同行動を実施する権限を与えた [84]．

　また，アジア太平洋の地域主義を推進する日本の役割も，1990 年代に変化を遂げた．日本が経済的リーダーシップを握り，それはアジア諸国の経済発展，また APEC を通じた地域経済協力進展の原動力となった．1992 年，日本政府は，安全保障問題を共通して話し合う地域安全保障機構を創設しようとする ASEAN の努力を強力に支援した．このように，当初は日本政府の支援を得て成立した ASEAN を中心とした多国間地域協力枠組みは，10 年後，中国が影響力を振るう新たな舞台へと変貌する．

3. 変容する中国論

　中国の経済的・軍事的台頭に対応するために日本の政府機関が様々な政策的調整に取り組むにつれて，対外政策目標に関する日本国内の議論も変化の兆しを見せた．

　戦後の長きにわたって，対中政策は主に政治家個人と財界人の手に委ねられていたようだった．しかし，国交正常化をめぐる議論においては，政党勢力が舞台中央に躍り出た．平和条約の文言について自民党内の意見は二分され，保守派の親台湾勢力に対し，中国政府との国交正常化を主張する勢力も力を伸ばしていた．また，平和条約締結後には，和解外交をめぐって自民党内では再び意見が割れた．野党の中では，日本社会党が密接な日中関係の構築を提唱し，また1970年代に国政で存在感を増した公明党も強固な親中国派であり，この両党は戦後の平和憲法と対中和解外交を強く支持していた．日中関係に影響を与える第二の勢力は，財界人である．中国との経済関係の後退を何度か経験したにもかかわらず，日本企業の経営者たちは中国との友好関係から生じる経済的利益を歓迎し，それゆえに一貫して中国との緊密な外交関係を推進した．

　時の経過に伴い，国内の利益集団は変化し，イデオロギー的立場や商業利益によって政策が動かされることは少なくなった．中国が次第に日本の利益に複雑に関わるようになったからである．中国政府に好意的なリベラルと，共産主義政権に批判的な保守勢力が対峙する状態は次第に変化し，日本の政策決定において中国の存在は重要であるという認識が広く共有されるようになった．リベラルはアジア地域主義の一環としての対中協調政策を指向し，保守勢力は日米同盟を強化し中国の影響力に対抗することを目指しているが，保守・リベラル双方ともに日本の未来にとって中国が重要だと認識するようになったのである．

　また1990年代には，政界の外部でも対中政策に関する利益集団に変化が生じた．日本国民の中国に対する認識は変容し，新たな利益集団と，より複雑な中国観の存在が顕在化するようになった．少数派だが声の大きい戦闘的なナショナリストは，中国に対して敵対的な態度を示し，日本の和解外交を批判し始

める．それによる最も顕著な変化は，日本の財界が中国との協力関係の強化を躊躇するようになったことであろう．中国経済の発展は必ずしも日本の財界の利益に負の影響を与えていないとしても，中国の意図への不信感が日本国内で募ることで，中国との協調を主張することは政治的にデリケートな性質を帯び，率直な物言いの財界指導者たちの中には，右翼から望まぬ注目を浴びてしまった人もいた．

政治家，政治改革，中国政策

　日本の政治改革は，対中関係を含む日本外交に多大な影響を与えた．1993年の小沢一郎の離党によって，自民党は衆議院で過半数割れした．これにより，1955年以来の自民党一党優位体制が終焉し，日本は再び連立政権の時代を迎えることになった．中国の戦略的攻勢を官僚などの政策形成者が憂慮し始めた時，日本の政治家は，政策決定における影響力の強化を求めて競っていた．1990年代は，日本政治の流動化によって，政治指導者の個性や野心に多くの関心が集まり，中国の台頭に集中的に取り組むことは難しかった．

　それにもかかわらず，日本の政治改革は，イデオロギー色の薄められた対中政策を行う基盤を形作った．対中政策は長い間，1955年体制下の保革対立が顕在化する中心的争点だった．日本社会党によって代表される革新勢力は中国政府との和解と対米依存の軽減を提唱した．対照的に，反共産主義の自民党は，冷戦期に日米同盟の強化を主張し，日本が戦時中の侵略行為について中国に謝罪し続けなければならないという考えには抵抗した．仮に中国への謝罪をくり返すにせよ，どれほど日本が中国の要求を受け入れるべきかについても，自民党内には幅広い意見が存在し，中国共産党政権や，そのアジアにおける野心を懸念する声も強かった．他方で，加藤紘一のように，中国侵略の糸口となった戦前日本の過ちを認め，中国との和解を推進することに積極的な勢力も存在した．

　1994年，自民党と社会党が連立政権を形成し，社会党の村山富市が内閣総理大臣に就任したことで，こうした戦後のイデオロギー対立の後退は明白となった．村山は，中国や韓国との和解を強く訴え，中国に対する日本の戦争責任を最も明確に政府の声明の中で打ち出した．

わが国は，遠くない過去の一時期，国策を誤り，戦争への道を歩んで国民を存亡の危機に陥れ，植民地支配と侵略によって，多くの国々，とりわけアジア諸国の人々に対して多大の損害と苦痛を与えました．私は，未来に誤ち無からしめんとするが故に，疑うべくもないこの歴史の事実を謙虚に受け止め，ここにあらためて痛切な反省の意を表し，心からのお詫びの気持ちを表明いたします．また，この歴史がもたらした内外すべての犠牲者に深い哀悼の念を捧げます[85].

　この村山談話は日本政府の公式見解となり，その後，保守・リベラルを問わず，全ての政権が村山談話を戦時中の侵略に対する公式の謝罪として継承してきた[86].だが，こうした中国に対する公式の謝罪によって，日中対立の全てが解決したわけではない．その3年後，中国の江沢民国家主席は，天皇の前で，日本は十分反省していないと難詰した．

　小泉純一郎が内閣総理大臣の座にあった5年間（2001-2006年）は，中国との一連の対立と，中国国内における反日的な市民運動の噴出によって彩られた．小泉が中国政府との対立を拡大させた張本人であるとみなされる一方で，その後継者たちも同様の問題に直面した．日中関係を好転させようとする彼等の努力は，功罪入り交じる結果となる．小泉後の首相である安倍晋三，福田康夫，麻生太郎の3人は，日中関係を何とか修復しようとしたが，いずれも自民党の政治家であった．

　日本政府は，どの程度まで，台頭する中国と交渉し，中国が日本国内に与える影響を緩和し，中国の地域的・グローバルな大国化に対応できるのか．これらを規定するのは，中国の行動のみではない．日本政府の政策決定を左右する日本国内の反応にも，目を向ける必要がある．過去10年間に日中が対立した重要な事例を注意深く検討することで，対中政策に関与する日本の利益集団が過去よりも一層入り組んでいる状況が浮き彫りになる．財界や政界に親中派の勢力が依然として存在する一方で，反中国政策を主張する個人や利益集団も同じく存在している．外交官や政治家は戦略的影響力を増大させる中国と協力する新たな構想を練っているが，他方で日本の国民は現在の中国指導部との提携

にますます不信感を強めている.

日中関係に関する日本国民の態度は，中国の選択と日本の政策の双方に左右される．多くの日本人が，日本の経済的苦境を憂慮し，日本政府が国益を守れないことを懸念している．日本社会に対する中国の影響力の増大に適応しようと日本政府が努力している時，日本が脆弱性を抱えていることが日本国内の不満を高める原因となりつつある．

財界による対中協調論の限界

日本の民間セクターは戦後日中関係の中核的役割を担い，その大部分が中国政府との友好関係の維持を一貫して支持した．日本の二大経済団体である経団連と経済同友会の双方とも，中国における商業利益に基づく分析と提言をしばしば行っている．また個々の企業も日本の対中認識に影響を与えており，商社と製造業は中国市場に広範に関わっている．

政治家は中国政府との関係改善のために財界指導者を頼ることがしばしばあり，それは特に歴史問題が日中関係で議論を招いた時には顕著だった．たとえば，2003 年に小泉内閣は，経済同友会の代表幹事の小林陽太郎（富士ゼロックス会長）に，日中関係を好転させるための新たな構想の検討を委ねた [87]．同年に小泉首相と胡国家主席によって新日中友好 21 世紀委員会（小林が日本側座長）が設置され，2008 年に日中両政府に報告書が提出された．この日中両政府の外部専門家によるアウトリーチ活動は，小泉首相の靖国参拝をめぐる対立を受けて発足したものだった．政府間の外交関係を後押しするためにこの友好委員会は活動したが，小泉の退陣後にも報告や政策提言は続けられた [88]．また，政府の対中外交を支援した日本の財界指導者は他にもいる．直近の例は，2010 年に民主党政権によって駐中国大使に任命された伊藤忠商事前会長の丹羽宇一郎が挙げられる．

中国における日本の経済的利益は巨大だが，日中の政治対立をいかに解決すべきかについて財界指導者の見方は一致していない．財界指導者は小泉首相の靖国参拝が日中関係を損ねることを憂慮し，その影響を軽減しようとした．たとえば，今井敬経団連会長（新日本製鐵会長）は，靖国神社の代替追悼施設を検討する懇談会に参加した [89]．また今井の後任の経団連会長の奥田碩（トヨ

タ自動車会長）も，小泉首相の靖国参拝に反対を表明し，再考を強く促した[90]．奥田は胡と小泉をつなぐ最も重要な仲介者として広く知られており，日中関係が困難な時期にも度々中国を訪問して胡と会談した人物である．ところが，奥田の後を継いだ御手洗富士夫（キヤノン会長）は異なる手法をとった．靖国問題は「日本国内の政治問題」であり，財界指導者が口を挟むべき問題ではないという小泉の意見に，御手洗は共鳴したのだった[91]．

　対照的に，経済同友会は小泉の靖国参拝に一貫して公然と反対した．たとえば，経済同友会代表幹事の北城恪太郎と小泉首相が，記者会見の場で，政治問題に対する財界指導者の発言をめぐって異なる見解を述べた有名な出来事があった[92]．2006年5月9日，経済同友会は日中関係の提言書を発表し，内閣総理大臣の靖国参拝を控えるよう強く促し，日本の安全保障上からも日中両国民の対立よりも共栄が望ましいと論じた[93]．しかし，小泉首相はこれに続く記者会見において，その提言に対し，「商売と政治は別だ」と真っ向から反論した[94]．

　財界指導者が日中関係を好転させるための提言を出したことは注目を集め，ナショナリズムを掲げる少数の右翼団体からの脅迫さえ引き起こした．2004年9月，新日中友好21世紀委員会の小林座長が，首相の靖国参拝によって中国の人々の心情を傷つけるべきではないと発言した後，小林の自宅前に右翼団体が押しかける事件が起きた[95]．2005年1月には，そこから2本の火炎瓶が見つかり，警察はこれを右翼団体メンバーによる犯行と見なした[96]．また1月19日に小林が銃弾入りの封筒を受けとると，財界指導者は協調行動をとった[97]．経団連会長の奥田碩は，「この種のテロ行為は許しがたい．今後も続くならば，我々は政治問題に発言できなくなる」と発言した[98]．

　また，2010年に民主党政権下で駐中国大使に任命された丹羽宇一郎（前伊藤忠商事会長）にも，別種の政治的圧力が加えられた．2012年に尖閣問題が激しさを増していた時，ロンドンに拠点を置く『フィナンシャル・タイムズ』のインタビューの中で，丹羽大使は東京都知事による尖閣購入計画に対して意見を述べた[99]．東京都の購入計画は日中関係に「きわめて深刻な危機」をもたらし，両国の経済関係にも多大な影響をもたらすと警鐘を鳴らしたのである．しかし，この発言によって，野田佳彦内閣は即座に日本のメディアから非難さ

れた. 藤村修内閣官房長官が, 丹羽大使の発言は「個人的見解」に過ぎず, 日本政府の立場ではないと打ち消しに回り, 同日に玄葉光一郎外務大臣が丹羽大使に書面で訓告した[100]. 国内の批判にあわせて自民党も丹羽大使を批判し, 即時辞任を要求した. 言うまでもなく, 石原都知事もこれに同調し, 丹羽を「大使の職務を果たしていない」と批判した. この年末, すでに大使を辞していた丹羽は『朝日新聞』のインタビューを受け, 石原都知事の計画には尖閣諸島の一部に桟橋を建設するということが含まれていたと述べ, もしそれが実行された場合, 日中間で深刻な事態を引き起こしかねないという懸念を日本政府へ伝えようとしたと, 発言の真意を説明した.『フィナンシャル・タイムズ』のインタビューを介して日本政府に情報伝達を行わなければならないと丹羽が感じたという事件は, 政府内での丹羽の孤立と, 国内の激しい政治的圧力に対処することの難しさを示したものである[101].

ナショナリスト

　財界による中国論と対極に位置するのが, 中国から距離をとり, 中国に依存しない日中関係を唱える保守派のナショナリストである. こうした人々の多くは反共産主義で, 中国共産党に批判的な人々だが, 日本が自立することを望み, 中国に追従するという考え方に苛立っているだけの人もいる. さらに, 少数だが危険な反中右翼が存在し,「外国の」影響力に追従しすぎていると目される人々に対して脅迫や暴力を行使する. 既述の通り, 政治家や財界人を含む指導者たちが中国とのより緊密な協力関係や和解を提唱すると, 彼等は爆弾による脅迫や物理的危害を受けることがあった.

　財界人への脅迫や暴力に加えて, 右翼運動家は中国との友好関係を支持する政治家にもその矛先を向けた. こうした暴力行為の最も顕著な例は, 2006 年 8 月 15 日に, 加藤紘一元自民党幹事長の山形県内の自宅と事務所が放火された事件である. 同月 29 日, 山形県警は, 放火現場で自分の腹部に刃物を突き刺した状態で発見された男を逮捕した. 犯行を自供した男は, 二つの小さな右翼団体のメンバーで, その一つは尖閣問題での過激な活動に関わっていた大日本同胞社であった. しかし, 男の逮捕後, 大日本同胞社の会長は, 彼の行為は同社の理念や使命とは全く無関係で, 彼が単独で行ったものだと主張した[102].

最終的には，小泉首相がこの言論抑圧を図る暴力とテロ行為を批難したが，同時に小泉は日本のメディアがナショナリズムを煽っていることも批判している[103].

　このような周辺的な右翼団体に加えて，新たなナショナリストが主張を強めている．彼等は中国政府に不満を抱くだけではなく，日本政府が国益を守れていないと認識して政府に失望している．この新たな集団には，中国による日本の国益侵害に対して強硬な態度をとるように呼びかけ，チャンネル桜のようなメディアやブログなどでデモを促したり，声を上げたりする政治家や文筆家，その他の著名人が含まれる[104].　新たな反中ナショナリストは，日本政府が中国に毅然とした対応ができないことに批判の矛先を向ける傾向があり，彼等の活動は歴史問題や防衛問題をめぐる日中対立に端を発している．またこれらの保守的なナショナリストは日本の政治変動からも多くの機会を得た．だが，対中政策に関して言えば，彼等は民主党政権を批判したのと同じように，自民党政権も攻撃する．そしてツイッター（Twitter）などのSNSを日本の政治家がさかんに利用することで，個々の政治家がこれらの新たなナショナリストと連携できるようになった．チャンネル桜は定期的に国会議員を出演させ，また個々の政治家もブログやツイッターを使って，インターネット上で次々に反中的な言論活動を展開している．

硬化する対中世論

　こうした集団に加えて，日本の世論も，対中政策論における重要性を増している．過去10年間，日中摩擦が激化するにつれて，中国が自らの生活に与える影響を認識する日本人は増加した．一般の日本人の中国認識は，日本政府が自分たちの利益を保護する能力への信頼感と深く結びついている．

　10年ほど前から日中両国民の相互認識を測る世論調査が行われているが，その結果は注目すべきものである．日本人は徐々に中国に不信感を抱くようになり，否定的なイメージを抱くようになっている．2005年から行われている非営利組織・言論NPOと中国日報社の日中共同世論調査によれば，中国に対して否定的な態度を示す日本人の比率は，2005年の37.9%から2013年の90.1%へ2倍以上に増えている．日本に対して肯定的な印象を持つ中国人の

比率もさらに下がり，特に 2012 年から 13 年にかけて急速に低下した．日本に否定的な感情は，2012 年 6 月には 64.5% だったのが，2013 年 8 月には 92.8% にまで急増している．これらは懸念すべき傾向である[105]．

　日本の世論は日本政府の対中外交の成果についても不信感を抱いている．たとえば，2008 年には，日中両政府が関係改善に向けて活発な外交を行っていたにもかかわらず，半数以上の回答者が，中国に対し否定的な印象を持っていると述べている．こうした中国不信は，中国政府に対する懸念に基づいているようである．かつて中国を嫌う理由として多く挙げられたのは，社会主義や共産主義といったイデオロギーであったが，次第に中国政府の「全体主義」（一党独裁）や「覇権主義」を懸念する人々が増えている[106]．また，2012 年 9 月の尖閣諸島購入をめぐる日中対立後に行われた 2013 年 8 月の世論調査では，中国に否定的な印象を持つ日本人の比率が初めて 9 割を超えたが，その主たる理由はもちろん尖閣問題であった[107]．

　1990 年代，日本の政策形成者は，中国の台頭によって，日本の経済，外交，安全保障における選択が難しくなると認識するようになった．戦後日本が追求してきた近隣諸国との和解の模索は困難になり，国家首脳の訪問によって世論を変えようとする手法の限界も露呈した．それでも，日中両政府は新たな日中関係を共に模索しており，日本の政策形成者は，過去の戦争責任について謝罪することの比重を減らし，未来指向の互恵関係に資する新たな構想を探し求めた．

　中国から協調的な外交を引き出すことに失敗したことは日本国内での犠牲を伴った．中国の意図に対する日本国民の認識は変化し，またそれに連動して日本の脆弱性への理解も変わり，これが日本国内の様々な政治主体や政治的主張に影響を及ぼした．日本政府を批判する政治的主張や，時には政府関係者による自己批判は，中国と協調するための共通の土台を探すことよりも，むしろ中国にいかにノーと言うかに移行しつつあった．

第3章　旧帝国軍人の戦後

はじめに

　2012 年末，自民党が 3 年ぶりに政権に復帰すると，靖国問題が再燃した．靖国神社の支持者として知られる安倍晋三首相は，前の第一次内閣時に靖国神社を参拝できなかったことへの遺憾の意を表明した．翌 2013 年 4 月，麻生太郎副総理が靖国神社を参拝した．新内閣の政府高官による参拝は中国と韓国の批判を招き [1]，特に韓国の尹炳世外交部長官は訪日予定を直前でキャンセルして抗議の意を表明した [2]．

　同年夏，終戦記念日が近づくと，中国や韓国との関係は再び緊張する．日本国内では安倍首相が靖国を参拝しないか憂慮する声が高まり，米国政府やアジア諸国から安倍首相に対して，日本やアジアの安定のために参拝を中止するように水面下で働きかけがなされていた [3]．結果的に安倍は参拝を控え，側近を通じて玉串料を奉納するにとどめた [4]．しかし，68 回目の終戦記念日の 8 月 15 日，3 人の閣僚が参拝し，その一人は「よその国」から内政干渉されることではないと，報道陣の前で発言した．102 名の国会議員と，17 万 5000 人の日本人（前年から 1 万 4000 人の増加）が，同じ終戦記念日に参拝した [5]．

　秋にも，安倍が参拝するのではないかとの観測が流れた．安倍首相の靖国参拝は，過去の首相参拝と比べても，外交的影響が大きいとみられた．安倍政権の成立以前より，日中関係は 2012 年の東シナ海での領土紛争によってすでに冷え込んでいたからである．日韓関係も円滑さを欠く状態にあり，従軍慰安婦問題や捕虜の強制連行問題に対する追加の補償を求める裁判が多発するなどしていた．このように緊迫した中，靖国神社や歴史問題について強い信念を持つ安倍政権が誕生したことで，北東アジアの緊張がさらに高まるのではないかという不安が広がる．安倍は，中国の習近平国家主席と韓国の朴槿恵大統領にそれぞれ会談を呼びかける一方で，中国と韓国が対日批判で連携することを阻止

できなかった．韓国政府は日本の保守派を名指しして，歴史の「正しい理解」なくして北東アジアの地域主義は進まないと公然と批判しており，日本政府は強く懸念していた[6]．このような状況下で，2013年12月26日，安倍は突然，靖国神社を参拝した．日本国内も国際社会も，誰もが唖然としたのは言うまでもない．中国政府と韓国政府が即座に反応したのは予想通りだったが[7]，今回は初めて米国政府も安倍首相の行動に「失望」したと公言することになった[8]．

　日本の保守派の歴史解釈に中国人と韓国人が抱いている不満は，1980年代以後の日本の東アジア外交を規定するようになっている．ただし，日本の政府高官による靖国参拝は，この歴史問題の一部にすぎない．1945年の敗戦以来，日本の戦争責任に関する議論の中心に位置したのが，靖国神社である．ダグラス・マッカーサー元帥の占領軍が起草した日本国憲法は，神道を国家から分離し，天皇の地位を日本国の象徴に改めた．だが，この改革を快く思わない日本人は多い．それゆえに，いわゆる「東京裁判史観」に対抗しようとする人々にとって，靖国神社は結節点となっている．彼らの批判の矛先は，アジア太平洋戦争の責任者を裁いて，20世紀前半における日本の過ちを非難した極東国際軍事裁判に向けられている．

　日本人の間でさえ，靖国神社については意見が割れている．しかしながら，諸外国が日本の戦没者慰霊のあり方を制約しようとすることに苛立つ日本人は少なくない．2001年4月に自民党総裁選に勝利した小泉純一郎は，衆議院において，「真心を込めて」戦没者を表敬するために靖国神社を参拝する意向を表明した．小泉の靖国参拝公約は，総裁選の勝因となった[9]．野党からは，閣僚の靖国参拝は政教分離を定めた憲法20条に違反するという批判が上がったが，小泉は首相の参拝は憲法違反ではないと明言した．

　小泉の総裁選公約に対して中国社会では批判の声が巻き起こり，日中関係は大きく傷ついた．中国外交部の孫玉璽広報官は，「過去に日本の軍国主義者が犯した侵略の歴史を，日本政府と指導者がいかに認識し，それにどう対処するかがわかる中心的争点は，靖国参拝という問題である」と警鐘を鳴らした[10]．この声明は，小泉の靖国参拝は軍国主義を支持する行為だという中国政府の解釈を表明するものに他ならない．また，唐家璇外交部長は，中国を訪問した自

民党・公明党・保守党の国会議員団に対して，日本の侵略で被害を受けた中国とアジアの人々は，小泉首相の靖国参拝を決して許さないだろうと伝えた[11].新任の武大偉駐日大使も，最初の表敬訪問の場で，小泉首相に中国人の強い不満を直接ぶつけた[12].だが，小泉首相の靖国参拝は止められなかった．政権にあった5年間，小泉は毎年，靖国神社を参拝し，中国指導者との公式会談の実現はますます遠ざかっていった．2005年末，中国政府は日中指導者の直接対話は「実現不可能」であると公言し，重要なアジアの多国間協議の場は「中国とアジアの人々の感情を著しく損ねた」小泉の靖国参拝によって失われたと批判した[13].

中国政府による批判に加えて，毎年組織された大規模なデモを通じて，小泉の靖国参拝に対する中国人の怒りは表明された．小泉は中国に配慮して8月15日の参拝を避けたが，ほとんど効き目はなかった．2001年夏には，清華大学に集った学生が日本大使館に抗議声明を手渡し，白紙に描かれた日の丸に火を付けた．また，南京大虐殺記念館には日本，中国，韓国の学者と地元の人々が集まり，8月13日の小泉の靖国参拝に抗議した．デモは年を追うごとに拡大し，2005年には中国の日本企業や日本大使館・総領事館を襲撃するに至った[14].中国メディアの小泉への反感は2006年に最高潮に達し，小泉は「正しく歴史を認識できなかった」として集中砲火を浴びた．

しかしながら，小泉は第二次世界大戦の犠牲者に対する深い哀悼の念を何度も表明してきた．小泉の意図は，日中双方にとって戦争の惨禍が甚大であったという点で，中国と合意することを目指すものだった．北京の南西15kmにある中国人民抗日戦争記念館を訪問した時，小泉は「侵略によって犠牲になった中国の人々に対し心からのお詫びと哀悼の気持ちをもって，いろいろな展示を見させていただきました」と発言している[15].小泉は北京の盧溝橋を訪れた最初の保守政治家であり，村山富市に続いて内閣総理大臣として戦後二番目に同地を訪問した[16].大戦の戦没者の慰霊について中国との外交的バランスを模索した点で，小泉の態度は戦後の自民党指導者と類似していた．だが，小泉が謝罪しても，靖国参拝に対する中国人の懸念は払拭されなかった．

旧帝国軍人の遺族に向けた総裁選公約を重視する一方で，小泉は中国の同意を得ようとして試行錯誤を重ねた．小泉の意思決定が中国の対応に影響された

のは間違いない．小泉が礼服をまとって靖国神社を公式参拝したのは，政権を離れる数週間前の 2006 年 8 月 15 日であった．靖国問題は後継の安倍晋三に引き継がれ，第一次安倍内閣は日中の緊張緩和を模索することとなる．

1. 争点――首相の靖国参拝をめぐって

1982 年，旧帝国軍人の遺族や天皇・皇后が参列する政府主催の，靖国神社から切り離された全国戦没者追悼式が閣議決定に基づき開かれた．また天皇の名の下に戦死した人々を表敬することをめぐる政治的論争を回避するために，靖国を参拝する政治家は長い間，春と秋の大例祭での訪問にとどめていた．こうした私的参拝は占領軍の指令を起源としており，日本の主権回復後も続けられたものである．したがって，靖国参拝にこだわる小泉の姿勢は，戦後政治の文脈ではやや時代錯誤的に映った．しかし，隣国からの批判を十分に予想した上で靖国参拝を続けた小泉は，それ以前の政治指導者とは異なる態度を維持することになった．

小泉の参拝は，次の三つの要素によって論争を招いた．第一に，保守派の不満である．靖国参拝の正統性を確保したい保守派は，中国による批判は内政干渉だと反発した．第二の要素は，Ａ級戦犯の合祀である．そして第三に，旧帝国軍人とその家族をどのように国家が支援すべきか，という未解決の政策課題である．靖国神社が日本の戦争責任と密接に関連しているのは言うまでもない．またＡ級戦犯合祀問題が表面化したことで，日本のアイデンティティは大きく揺らいだが，1970 年代に起きたこの危機は，偶然にも日中国交正常化交渉と同時期に顕在化した．21 世紀には，靖国神社は戦没者を慰霊するだけの施設にとどまらず，20 世紀の日本が歩んだ歴史に対する外国からの批判を拒絶する施設になっている．

占領期の靖国神社

戦後の靖国神社をめぐる日本国内の議論は，その存続に反対する外国からの意見に大きく規定された．占領軍は戦争と天皇制を賛美するあらゆる組織を戦後改革の妨げとみなしており，戦後の靖国神社は占領軍によって新たに位置付

1. 争点——首相の靖国参拝をめぐって

け直されることになった.

　靖国神社には明治維新以後の戦役での死没者の霊魂が祀られている. 国家統治者に尽くした戦没者の神聖な霊魂は, 精神的報酬として神々になると神道では考えられ, 1869 年の設立後, 靖国神社に祀られた日本人は 246 万人以上に達している. 20 世紀半ばの戦没者が大多数であり, 210 万人の「大東亜戦争」での戦没者, 19 万 1250 人の中国大陸での戦没者, そして 1 万 7176 名の満洲事変での犠牲者が祀られている [17].

　終戦から間もなく極東国際軍事裁判所が設けられ, 大日本帝国によるアジア侵略の責任者が裁かれることになった. ドイツのニュルンベルク裁判と同様に, 直接責任者である国家指導者は A 級戦犯として認定され, 何百人という日本人が裁判にかけられた. これは日本を「非軍事化・民主化」しようとする占領政策の最初の一手であった.

　日本の帝国主義の象徴であった靖国神社は, この非軍事化政策の対象になる. 1945 年 8 月 30 日にマッカーサー元帥が厚木飛行場に降り立った直後から [18], 日本政府は大日本帝国軍の解体と植民地支配の幕引きに取りかかった [19]. もっとも緊要かつ早急に着手すべき課題は中国大陸での戦後処理であり, 8 月 15 日から日本政府は 660 万人の在外日本人の引揚げに優先的に取り組んでいく [20]. 引揚者は満洲・朝鮮半島・中国などアジア全域に残されており, 半数が軍人で, 残りは植民地経営のために動員された民間人であった. ソ連に抑留された軍人や, 帰国時の混乱で中国に取り残された幼い子供などの民間人が, 日本にいまだ帰国できずにいた.

　マッカーサーは天皇の歴史的地位について敬意を表する一方で, 神聖不可侵な統治者としての天皇の役割は失われたことを占領直後に宣言した. 1945 年 9 月 27 日, マッカーサーは昭和天皇とアメリカ大使館で会見した. 背の高い軍服のマッカーサーの横に, 背の低い正装の昭和天皇が並んでいる写真が撮られ, 権力の所在を日本国民に知らしめるものとして公表された [21]. 靖国神社は国家神道と軍国主義と天皇の三つが結びついた施設であり, 占領改革の対象になるべき存在であった. しかし, 天皇との結びつきによって, その存続が最終的に維持されることになる.

　占領下で大日本帝国を解体する試みは, 先行きが不透明で混乱を伴う大改革

だった．だが，組織が解体されていく時でさえ，陸海軍は昭和天皇に敬意を表し，戦没者の慰霊を進めていく．軍人追悼施設である靖国神社は主に陸海軍によって管理され，特に陸軍が運営の主導権を握っていた．終戦後，陸軍は復員業務に取り組み，戦没者への対応を優先課題としていた．だが，陸海軍は1945年11月30日付で解体されることになっており，さらに占領軍は国家神道の廃止を模索していた．靖国神社の先行きは不透明であった．他方で，復員した人々は帰国できなかった戦没者を慰霊することに義務感を抱いており，国家に奉仕した戦没者に天皇から労いの言葉が贈られることを切望した．こうして，靖国神社と陸軍の間で，未曽有の規模の戦没者にどう向き合うかをめぐって，厳しいやりとりが交わされた．双方とも陸海軍の解体前に急いで行動すべきだという点で一致しており，1945年11月20日に戦没軍人を弔う大規模な式典が開かれる運びとなった[22]．連合国最高司令官総司令部（GHQ）職員や昭和天皇の他，幣原喜重郎内閣総理大臣，下村定陸軍大臣，米内光政海軍大臣などの閣僚，50名の陸軍部隊長，24名の海軍司令官，それに40人の高級官僚と1100人の有爵者が出席した．全ての参列者が民間服だったのは，進行中の民政移行を世に知らしめるためであった[23]．その後，占領軍は天皇や日本の指導者に靖国参拝を禁じた．さらに時を経てから，「私的」参拝のみが米国政府に許可されることになる．

　靖国神社は戦後日本から除去されるべきものの象徴的存在であった．神社が象徴する天皇支配・国家神道・軍国主義的衝動が融け合って，日本を戦争に向かって歩ませたからである．終戦後，日本政府はすぐに再編され，占領政策の委員会が組織された．最初に軍人の引揚げ計画を立案する役を担ったのは陸海軍であった[24]．1946年6月，占領軍の指令によって，旧陸海軍省員からなる復員庁が新設され，そこに二つの復員局が置かれた．1年後に復員庁は廃止され，旧帝国軍人の引揚げ業務は，文民組織の厚生省の所管となる[25]．厚生省の外局として設置された引揚援護庁が，旧帝国軍人とその家族に関する全ての業務を担当した．1952年に占領が終わる頃には，引揚援護庁は大部分の引揚げ業務を終えていた．旧帝国軍人のほとんどが本国に帰還し，行方不明者の調査は打ち切られ，ソ連に抑留された旧日本軍捕虜の集団引揚げも完了した．こうして引揚援護庁はより小さな内局に改組され，旧帝国軍人とその家族を支援

1. 争点——首相の靖国参拝をめぐって

する業務を続けていった.

GHQ が靖国神社の閉鎖を当初考えていたにもかかわらず, 靖国は占領改革を生き延びた. 占領軍は, 戦争記念施設として特殊な地位にある靖国神社は天皇への忠誠心を植えつけて戦争を美化する危険な施設であると見て, 様々な制約を課していった. 1945 年 12 月 15 日付の指令では, 国家神道の関連団体の解散を命じ, また 1947 年 5 月 3 日に施行された日本国憲法の 20 条は政教分離の原則を定めた 26). これが神道施設である靖国神社を国立追悼施設とすることに反対する原則になったのは言うまでもない 27).

1952 年に日本が主権を回復すると, これらの戦後処理の是非を再検討する機会が生まれた. 極東軍事裁判の判決について国会では議論が起こった. そして, 判決は無効にならないだろうという結論に達したものの, 極東軍事裁判で有罪判決を受けた人々は日本の法律の下では処罰されることも差別待遇を受けることもなく, 日常生活に自由に復帰できた. またアメリカが起草した日本国憲法は, かつての大日本帝国と決別して新たな民主主義国に生まれ変わったことを明確に示しており, 戦前への回帰に反対する人々から幅広く支持された. 政教分離を定めた 20 条および国際紛争を解決する手段としての武力の行使を禁じた 9 条が, この転換を象徴する条文であった.

しかし, 靖国神社は戦後も生き残った. 1952 年から厚生省は旧帝国軍の戦死者名簿を作成し, 靖国神社が完全な合祀祭を実施できるように, B 級・C 級戦犯の名簿も渡すことを決定した. だが, 14 名の A 級戦犯の名簿はしばらく厚生省内にとどめ置かれ, 靖国神社に渡されたのは 1966 年 2 月 8 日であった. それから約 10 年後に, 靖国神社は A 級戦犯の合祀を決める. これは秘密裏に実施され, 1992 年に合祀の責任者である宮司が公表するまで, 合祀決定の経緯と責任の所在は不明のままであった. さらに 10 年以上経った後, A 級戦犯の合祀を受けて昭和天皇が靖国参拝を止めたことが, 昭和天皇側近の日記によって明らかになった 28).

旧帝国軍人に関する業務は日本政府が直接従事し, 靖国神社に合祀される人々を認定する責任は政治家ではなく官僚が負うことになった. 戦犯の合祀, そして戦犯を戦後いかに追悼するかという問題に関して最も論争的な決定を下した主体は, 厚生省引揚援護局である. この文民組織が, 靖国神社の合祀対象

者について神職と協議する課題を担った[29]. 戦前には陸海軍が天皇のために戦没した人々を認定していた. だが, 戦後には文民組織がこの責任を引き継いだ. もっとも, こうした軍事組織から文民組織への移行は, 名義上のものに過ぎなかった. 厚生省引揚援護局には, 旧帝国軍人が配属されていたからである. 最初の引揚援護局長には, 前身の引揚援護庁の次長であった田辺繁雄が任命された. その下で実務を担当したのは, 旧陸軍の美山要蔵と旧海軍の初見盈五郎である[30]. 旧帝国軍人である彼らは, 戦前に靖国神社の合祀者名簿を作成した組織に連なる人物と見られていた[31].

　靖国神社は, 昭和天皇と密接な関係を保ち続けた. 日本国の象徴という戦後日本の天皇の新たな地位は, 天皇のために戦死した人々を慰霊することを妨げるものではなかった. だが, 1970年代末には昭和天皇は靖国参拝を止めた. それは, 靖国神社をナショナリズムの焦点として復活させようとする人々が, 日本政治に登場したからであった.

政策的課題

　第二次世界大戦を経験した退役軍人を保護する国家的政策は, どの国でも大きな政治的論争を呼び起こす領域である. 国家は退役軍人とその家族を財政的に支援し, 戦没者を追悼しようとする. 戦後日本は, 日本国憲法の下で, 政軍関係を再定義し, 国家と神道を明確に分離した. これにより, 靖国神社をめぐる議論が起こり, 外国の要人は靖国参拝を控えるようになった. 戦後初期から, 日本の旧帝国軍人の地位はデリケートな外交問題になっていた. しかし, 靖国神社に関するより大きな懸案が1970年代末から顕在化する. 日中国交正常化後, 日本の戦没者の慰霊のあり方は複雑な外交問題に拡大し, 混迷を深めていった.

　戦争で日本人のほとんどが, 家族や友人, 愛する人を失った. 数百万人の死者の多くは, 軍や政府に属さない民間人であった. さらに, 広島と長崎への原子爆弾の投下を経て, 戦争や軍事力に関する国内世論は大きく変化した. したがって, 国際紛争を解決する手段としての武力行使を禁じた憲法の規定を変えようとする日本人はほとんどいない. 保守派の中には押し付け憲法であるとして不満を持つ人々もいるが, 日本人の多くは武力の行使と防衛力の増強を自己

1. 争点──首相の靖国参拝をめぐって

抑制する日本国憲法の理念を支持している.

冷戦の進展に伴い，アメリカの対日政策も変化した．朝鮮戦争の勃発後，日本政治は東西冷戦対立の影響を強く受け，アメリカは日本の再軍備に関心を抱くようになった．サンフランシスコ平和条約にあわせて，日本の領土への米軍の継続的駐留を可能とする日米安全保障条約が結ばれ，1954年には日本の防衛に任務を限定した自衛隊が創設された [32]．自衛隊は，旧陸海軍と異なり，国際紛争を解決する手段としての武力を行使しないことを規定した憲法9条に基づく新たな防衛力であった．戦争で家族を失った日本人は，自衛隊に複雑な感情を抱くことになった．戦時中の軍事指導者の行動に対する感情的わだかまりを抱く日本国民は多く，その国民感情は以後の国内政治論議において複雑さを増していった.

日本政府は旧帝国軍人に関して複数の政策的課題に直面する．第一に，旧帝国軍人とその家族への財政支援が，最も切迫した課題であった [33]．終戦直後，日本全体が経済的に困窮したが，特に軍人の夫を戦争で失い，遺されることになった妻や子供たちは，国家的支援を全く得られなかった．日本が経済的に復興すると，その救済を唱える全国団体が設立された．こうして旧帝国軍人やその家族に支給される恩給が関心を集めるようになった．ここに第二の課題として，戦後の自衛隊の地位をめぐる問題が新たに加わる．国民の多くは，旧帝国軍とつながりの深い自衛隊に両義的な心情を抱いており，自衛隊の殉職者の慰霊方法はこうした国民感情に配慮せざるを得なかった．靖国神社への旧帝国軍人の合祀及び護国神社への自衛隊員の合祀の取り消しを求める訴訟が起こったことも，政府の行動を制約した．そして第三に，1980年代までの日本の歴代政権は，中国からの抗議が増加の一途を辿る中，戦没軍人及び殉職自衛官をいかに追悼するか，困難な舵取りを迫られた．1978年以後，日中関係は日本外交の最優先課題の一つであり，良好な日中関係が大きな経済的利益を生んでいた．それにもかかわらず，政権与党の自民党の中でさえ，対中政策をめぐる議論が続いていた．その亀裂を最も深める争点は，戦争の記憶をめぐる問題であった.

2. 利益集団と運動家

　靖国神社をめぐる政府の政策に影響を及ぼしてきた国内の利益集団は，いくつかの世代にまたがっている．そこには，戦後に日本政治を立て直した戦争体験世代から，小泉首相の靖国参拝後に勃発した論争に加わった新世代まで含まれる．特に日本遺族会と自民党は，靖国をめぐる論争に影響を与え，小泉が靖国参拝を決断する際に重要な役割を果たした．しかし，靖国にこだわった小泉内閣期に，彼らの活動は強まっておらず，むしろ弱体化したように見える．今日，この二つの団体は，首相の靖国参拝をさほど熱心に支持しているわけではない．旧帝国軍人とその家族が靖国への支援を弱めるのにつれて，その代弁者となってきた団体の活動も縮小しつつある．

日本遺族会

　戦没者遺族団体である日本遺族会は [34]，1947 年に日本遺族厚生連盟として設立された．150 万人が加入し，当時としては日本で最大規模の組織であった．都道府県支部を備えた全国団体の日本遺族会は，占領期に旧帝国軍人やその遺族への恩給が廃止されたことに応じて組織され，1952 年以後は全国規模の組織となった．組織の目標としては，第一に，国の礎となった英霊の顕彰，第二に，戦没者遺族の福祉の増進，が定められた [35]．

　戦後初期に多くの遺族会員は，この第二の目標に関心を抱いた．数百万人の遺族を支援する団体として，日本遺族会は戦後政治で独特な地位を占めることになる．主権回復後，日本政府は占領期の恩給に関する法律を見直し，新たに戦傷病者戦没者遺族等援護法を制定し [36]，高度成長期の 1963 年から，戦没者等の妻に対する特別給付金を支給し始めた．この給付は「夫を失ったことによる精神的痛苦を慰藉するため」に行われ，遺族会の記録によれば，1963 年に 20 万円，1973 年に 60 万円，1983 年に 120 万円が日本政府国債で支給されたという [37]．

　戦没者遺族への財政支援を拡充してきたのが自民党政権であり，戦没者遺族の利益を主張してきた中心的団体が日本遺族会であった．戦没者等の妻に対す

る特別給付金が設置された4年後の1967年，大戦の戦死者の父母と祖父母に対する同種の給付金が設けられ，5年償還国債で支給された．「子や孫を失った痛みは年々深くなる」という遺族会の主張により，5年ごとに給付額は増加した．遺族会の記録では，1967年の10万円が，1973年の30万円，1978年の60万円，1983年の120万円へと増加し続けたことが記されている．さらに，終戦20周年の1965年には，恩給やその他の政府支援の受給資格を満たさない戦没者の子や兄弟姉妹に対する特別弔慰金が設けられた．1965年に3万円，1975年に20万円，1985年に30万円が，いずれも10年償還国債で支給されている[38]．

日本遺族会と自民党は緊密な関係にあり，旧帝国軍人の家族のための陳情が絶え間なく続いた[39]．1980年代までには，遺族会は旧帝国軍人に関する政策形成過程に根深く関与するようになっていた．だが，戦後初期には，遺族会と日本政府はしばしば対立し，政治的な抗議活動も顕著であった．吉田茂首相の自宅前で座り込みが頻発し，靖国神社で戦没者の妻によるハンガーストライキも頻繁に実施された．遺族会は困窮していた戦没者遺族を率先して支援し，見過ごされてきた彼らの苦境について政府が関心を強めるようにデモをくり返した．

一人を除いて，遺族会の歴代会長は皆，職業政治家である．中には大臣経験者も含まれる（表3-1）[40]．1950年代から衆議院議員を務める長谷川峻は，遺族会会長として寄稿した遺族会の40年史の序文において，「誰が日本の敗戦を予想しただろうか」と問い，遺族会の社会的役割について主張している．

遺族会は，旧帝国軍人に関係する政策団体として重要であると同時に，自民党の主要な集票組織としての政治的役割も担ってきた．1970年代初頭まで遺族会は自民党議員の当落を左右する有力な団体であり，潤沢な政治資金を持つ日本医師会や，農家の集票機能を有する農協と並んで，三大圧力団体の一つであった[41]．選挙戦のたびに戦没者の妻たちが圧力を持続的にかけていたことは，自らの政治的影響力を強く自覚していた証であろう．たとえば，1972年11月8日，200人の国会議員に面会するために，靖国神社境内の土俵には5700名もの戦没者の妻たちが集結した．その場で各議員が戦没者に哀悼の意を捧げると，彼女たちは一人ずつ立ち上がって体験談を語り出した．遺族会婦

第3章　旧帝国軍人の戦後

表 3-1　日本遺族会歴代会長

任期	氏名	経歴
1948–1953	長島銀蔵 [a]	貴族院議員 参議院議員
1954–1961	高橋龍太郎	貴族院議員 参議院議員 通商産業大臣
1961–1962	安井誠一郎	新潟県知事 東京都知事 衆議院議員（自由民主党）
1962–1977	賀屋興宣	貴族院議員 衆議院議員（自由民主党） 大蔵大臣 法務大臣
1977–1985	村上勇	衆議院議員（自由民主党） 郵政大臣 建設大臣兼北海道開発庁長官
1985–1992	長谷川峻	衆議院議員（自由民主党） 労働大臣 運輸大臣 法務大臣
1993–1995	橋本龍太郎	衆議院議員（自由民主党） 厚生大臣 運輸大臣 自由民主党幹事長
1996–2002	中井澄子	初の遺族会内部昇任者
2002–2012	古賀誠	衆議院議員（自由民主党） 運輸大臣（1996–1997） 自由民主党幹事長
2012–2015	尾辻秀久	参議院議員（自由民主党） 厚生労働大臣 参議院副議長

a　長島銀蔵は初代かつ唯一の日本遺族厚生連盟の会長であり，同連盟が
　のちの日本遺族会となる．
出典：『朝日新聞』，『日本経済新聞』，『読売新聞』，『毎日新聞』などの新
　聞資料をもとに作成．

人部長の藤田美栄（当時 94 歳）も，かつて中国大陸で夫を失っていたが，こ
の会合が非常に活発だった理由として「結局，政治家の先生方は来月の衆議院
選挙で投票してもらう必要があるのよ」と報道陣に語っている．戦後に選挙権

を得た日本の女性たちが政治的に影響力を持つようになったことは敗戦の一つの利点であると藤田は言う[42]. このように戦没者の妻たちは，手強い政治的勢力であった.

1990 年代に遺族会は，自民党にとってますます重要な存在になった. 自民党政権も安泰とは言えなくなり，党内の候補者間での票の奪い合いがさらに熾烈になったからである. 自民党は集票組織である利益集団に支えられる政党になっており，1999 年 9 月の自民党総裁選前に自民党が実施した調査結果によれば，党員・党友の 70% 以上がそれらの支持団体に属していた. 党員が 10 万人を超す 11 の団体のうち，10 団体が小渕恵三首相の総裁再選を支持する派閥に属する参議院議員の強い影響下にあったことも見逃せない[43]. 組織票の重要性が明らかになったため，総裁選の規約も改正されている. 自民党総裁を目指す政治家にとって遺族会の支持は首相の座に就く近道であり，2001 年の総裁選での小泉の勝利は遺族会からの得票が大きく寄与したものであった.

自民党と首相の靖国参拝

自民党政権は，靖国神社を旧帝国軍人の国立追悼施設とすることに熱心であった. だが，戦前の国家神道に由来する靖国神社を国立追悼施設にする構想に反対する国民の声は強く，自民党内にも反対論があった. そこで，すでに事実上行われていた靖国神社の活動への政府の支援を合法化し，国庫から資金を提供するための法律の制定が試みられた. 1960 年代に自民党は靖国を国立追悼施設にする靖国神社国家護持法案を提出したが，野党や宗教団体からの反対にあった. 特定の宗教法人が国家に支援されたり，特別扱いされたりすることを阻止しようとする動きであり，政教分離を定めた憲法 20 条がこうした自民党の試みを阻む論拠になった. 四度提出された法案は毎回否決され，1974 年の最後の法案も大差で否決された. 政府が靖国を財政支援する手段も与えられなかった.

そこで自民党は新たな方針を打ち出した. 1975 年，三木武夫首相は，国内の反対論を乗り越えるための新たな戦略として，靖国神社を参拝する. 靖国の公式参拝は国立追悼施設化に代わる自民党の拠り所となった. 特別な法的地位を付与できなくても，国家指導者が定期的に公式参拝すれば，靖国神社は事実

上の国立追悼施設として正統化されることになる．この取り組みは，3年後に，穏健な指導者である福田赳夫が内閣総理大臣として記帳して参拝したことでさらに拡大する．ただし，福田内閣は当初，この参拝が合憲であると主張することは控えた．安倍晋太郎内閣官房長官は参議院での審議で，国務大臣も私人として靖国神社を参拝する権利を有していると答えた上で，執務時間外であっても警備上の理由により公用車を利用しなければならない閣僚が，執務時間外に公用車を利用しても，また記帳にあたり肩書きを付しても，私人の立場を離れるものではない，という政府としての見解を伝えた[44]．

　ところが，その直後に世論の風向きが一変する．1978年8月の福田首相の参拝から2ヶ月後に，靖国神社がA級戦犯14名を合祀した．この合祀決定の経緯が明らかになったのは近年のことである．長年にわたって，この決定には疑惑の目が向けられてきたものの，靖国神社と皇室は緊密な関係を築いていたため，あまりにもデリケートな問題ゆえに議論が避けられてきた．靖国の幹部は戦没者の追悼施設としての役割を主張し，厚生省など日本政府も事実上，共謀関係にあった．したがって靖国神社は，単なるイデオロギー対立の場所にとどまらない存在だったのである．戦争責任をめぐって世論が分裂する中，靖国神社の神職は密かに戦没者を合祀していた．しかし，1970年代末にA級戦犯合祀の報道がなされると状況は一変した．昭和天皇までもが合祀決定に不快感を示し，松平永芳宮司に責任があると考えていたことが，宮内庁職員や側近の日記によって後に明らかになっている．

　しかし，当時は十分な報道がなされず，靖国神社も日本政府もA級戦犯の合祀について公式な声明を出すことはなかった．その後，1979年4月19日付の『朝日新聞』で合祀が明らかになる．14名の戦犯の名誉回復という政治的動機に加えて，日本政府の支援もこの決定の背後にあったと広く考えられていた．だが，この合祀に表立って関与しようとするものは当時，誰もいなかった．

　自民党も合祀の責任を問われることはなかった．実際に，1992年に靖国神社の松平宮司が合祀は自ら下した決定であったと説明している．1978年に宮司となった松平永芳は，元海軍将校で戦後は陸上自衛隊で勤務した経験を持つが，神道の専門教育を修めた人物ではない．父親の松平慶民は戦後初期に宮内大臣を務めていた．後年に松平永芳は，若き日に彼の父親が「赤旗を押したて

2. 利益集団と運動家

て皇居に入り込んでくる群集」に苦慮した姿を見て，海上自衛隊ではなく陸上自衛隊を選んだと語っている．天皇を守るために「海の上でプカプカ浮かんでいる」ことよりも陸上勤務を選んだというのである．1992年に松平は『諸君！』の手記で，A級戦犯の合祀決定を次のように説明している．

私は〔宮司〕就任前から，「すべて日本が悪い」という東京裁判史観を否定しないかぎり，日本の精神復興はできないと考えておりました．それで，就任早々書類や総代会議事録を調べますと，……合祀は既定のこと，ただその時期が宮司預りとなっていたんですね．私の就任したのは〔昭和〕53年7月で，10月には，年に一度の合祀祭がある．合祀するときは，昔は上奏してご裁可をいただいたのですが，今でも慣習によって上奏簿を御所へもっていく．そういう書類をつくる関係があるので，9月の少し前でしたが，「まだ間にあうか」と係に聞いたところ，大丈夫だという．それならと千数百柱をお祀りした中に，思いきって，14柱をお入れしたわけです．……その根拠は明白です．昭和20年8月15日に天皇様のご命令によって，われわれは一切の交戦行為をやめた．しかし，むこうが撃ち込んできたときは，応対せよという但し書がついていたんです．ソ連が15日以降に千島列島に上陸したので応戦したのはその例で，相当な戦死者が出ています．9月2日にミズーリ号での調印があり，占領行政が始まる．……〔サンフランシスコ平和条約の〕発効は翌27年の4月28日……です．……〔昭和28年の戦傷病者戦没者遺族等援護法の一部改正により〕いわゆる戦犯死亡者も一般の戦没者と全く同じ取り扱いをするから，すぐ手続きをしなさいという通知を厚生省が出しているんですね．それまでの，いわゆる戦犯の遺族は，まったく惨めな思いをしていたんです．……国際法的にも認められない東京裁判で戦犯とされ，処刑された方々を，国内法によって戦死者と同じ扱いをすると，政府が公文書で通達しているんですから，合祀するのに何の不都合もない[45]．

　靖国神社の全ての神職が，この松平の見解を支持しているわけではない．実際に合祀に明確な反対も表明されている．それにもかかわらず，靖国神社は14名のA級戦犯を分祀する提案をするには至っていない．

当初，自民党は毎年の公式参拝を正統化しようという取り組みを控えることはしなかった[46]．『朝日新聞』の報道後も，1980年8月15日に，鈴木善幸首相が閣僚数名を伴って参拝する．同年11月17日，宮沢喜一内閣官房長官が，衆議院で，政府は国務大臣としての資格で靖国神社に参拝することは支持していないと答弁した．しかし，宮沢は合憲か違憲かについて政府見解を示すことなく，憲法上の問題を理由にして閣僚たちに参拝を控えるように促すにとどめた[47]．

鈴木首相は1981年と1982年にも参拝した．1982年3月31日の衆議院法務委員会では，坂田道太法務大臣が，日本国憲法は首相や閣僚の靖国参拝を明確には禁じていないと発言する．春季例大祭中の4月22日には，竹下登前大蔵大臣の率いる約200名の国会議員が参拝した．同年8月15日，鈴木首相と大半の閣僚が参拝したが，公式参拝か私的参拝かについては明言を避けた．首相や閣僚による毎年の参拝は定期的にくり返され，広く受け入れられているように考えられた（表3-2）．

しかし，これに中国の指導者が関心を寄せるようになる．1982年9月1日，中国共産党中央委員会主席の胡耀邦は，第12回全国代表大会（党大会）で，日本の中に「過去の侵略を美化する」動きが近年見られることを憂慮していると発言した[48]．2ヶ月後，鈴木善幸の後任として中曽根康弘が首相となると，中曽根の靖国参拝が予想されたことから日中関係は緊張した．中曽根は中国共産党指導部との強固な関係を有していたものの，閣僚による靖国参拝は「違憲の疑いなしとしない」という見解を自民党が受け入れている状況を改めたかったからである．靖国参拝に関する中曽根の主張は，憲法を改正して，自己抑制的な戦後政治を総決算したいという政治的立場と通じていた．自民党は安全保障政策や憲法改正について強硬な立場をとるようになっており，過去の歴史に対する反省に終止符を打ちたいと考える人々は，首相の公式参拝を課題に掲げていた．こうして中曽根は，1983年8月15日に，全20名の閣僚中14名を伴って靖国神社を参拝した．

当時，中曽根には党内の強い支持があった．首相と閣僚の参拝のみならず，金丸信会長率いる「みんなで靖国神社に参拝する国会議員の会」から140名以上の国会議員も参拝した[49]．戦没者追悼施設としての靖国の意義を自民党は

2. 利益集団と運動家　　　　　69

表 3-2　首相の靖国参拝

首相	年	月日
三木武夫	1975	4 月 22 日
三木武夫	1975	**8 月 15 日**
三木武夫	1976	10 月 18 日
福田赳夫	1977	4 月 21 日
福田赳夫	1978	4 月 21 日
福田赳夫	1978	**8 月 15 日**
福田赳夫	1978	10 月 18 日
大平正芳	1979	4 月 21 日
大平正芳	1979	10 月 18 日
大平正芳	1980	4 月 21 日
鈴木善幸	1980	**8 月 15 日**
鈴木善幸	1980	10 月 18 日
鈴木善幸	1980	11 月 21 日
鈴木善幸	1981	4 月 21 日
鈴木善幸	1981	**8 月 15 日**
鈴木善幸	1981	10 月 17 日
鈴木善幸	1982	4 月 21 日
鈴木善幸	1982	**8 月 15 日**
鈴木善幸	1982	10 月 18 日
中曽根康弘	1983	4 月 21 日
中曽根康弘	1983	**8 月 15 日**
中曽根康弘	1983	10 月 18 日
中曽根康弘	1984	1 月 5 日
中曽根康弘	1984	4 月 21 日
中曽根康弘	1984	**8 月 15 日**
中曽根康弘	1984	10 月 18 日
中曽根康弘	1985	1 月 21 日
中曽根康弘	1985	4 月 22 日
中曽根康弘	1985	**8 月 15 日**
橋本龍太郎	1996	7 月 29 日
小泉純一郎	2001	8 月 13 日
小泉純一郎	2002	4 月 21 日
小泉純一郎	2003	1 月 14 日
小泉純一郎	2004	1 月 1 日
小泉純一郎	2005	10 月 17 日
小泉純一郎	2006	**8 月 15 日**
安倍晋三	2013	12 月 26 日

出典：『朝日新聞』,『日本経済新聞』,『読売新聞』,
『毎日新聞』などの新聞資料をもとに作成.

強調し，野党の批判にもかかわらず，公式参拝を合憲とする立場を再び表明しようとした．翌年，内閣も「閣僚の靖国神社参拝問題に関する懇談会」を発足させ，国民的議論を促した[50]．中曽根は世論の支持が次第に増えていると信じて，1985年には再び靖国神社を参拝することにした．

　自民党は，毎年公式参拝を続けてきた成果を高らかに示すつもりでいた．しかし，終戦記念日の数日前から，靖国神社の周辺では緊張が高まっていた．200人の警官が警備のために動員され，参拝を支持する人々は「万歳」，「ありがとう」と叫び，反対する人々は「中曽根，帰れ」という罵声を飛ばした．靖国神社は，戦没者を静粛に追悼する場所ではなく，激しく喧しいデモがくり広げられる舞台と化していた．参拝後に中曽根は待ち受ける報道陣に対して参拝の動機を説明しようと努め，拝礼や拍手をする，お祓いを受ける，お神酒に口をつける，などの宗教的行為は全く行わず，日本の慣例の範囲内で参拝したため，憲法違反ではないと主張した．

　中曽根は参拝前に合憲性の問題について内閣法制局に諮問した上で，宗教的行為を控えれば，憲法20条の政教分離原則には違反しないと考えていた．中曽根は戦没者の慰霊を内閣総理大臣として行うべきという信念を持ち，公式参拝を避けたこれまでの首相を批判していた人物である．従軍経験があり，直属の部下や兄を戦争で失っている．首相の参拝を求める遺族会青年部のハンガーストライキに心を動かされたと中曽根は後に語っており[51]，靖国神社は戦没者の追悼にふさわしい場所であると固く信じていた．中曽根が意識していたのは，中国や韓国からの批判的な視線ではなく，日本国憲法に体現される戦後改革を支持する日本国内の人々であった．中曽根が鎮めようとしていたのは首相の公式参拝は憲法違反であるという国内の批判であり，外国からの批判ではなかった．

　しかし，中曽根でさえ，1985年の公式参拝後の中国からの厳しい批判を受けて，それ以後の靖国参拝を断念した．占領下の押しつけ憲法であると長年主張し，極東軍事裁判によるA級戦犯認定を公然と批判してきた中曽根であっても，次年度以降の靖国参拝を見送ることを選んだのである．1985年8月14日，中国政府は，中曽根首相が靖国参拝を行えば日本の侵略の被害者であるアジアの人々の「感情を著しく損ねる」ことになると警告していた[52]．参拝後，

2. 利益集団と運動家

中国共産党の指導部はこの警告をくり返した．姚依林国務院副総理は中曽根を公然と批判し，中曽根と親しかった胡耀邦総書記も，「中国人民の感情を傷つけた」と日本社会党の訪中団に語っている[53]．

翌 1986 年 8 月 14 日，後藤田正晴内閣官房長官は，首相と閣僚の靖国参拝を見送ることを発表し，次のように公式声明を発して理由を説明した．

　　戦後 40 年という歴史の節目に当たる昨年 8 月 15 日の「戦没者を追悼し平和を祈念する日」に，内閣総理大臣は，気持ちを同じくする国務大臣とともに，靖国神社にいわゆる公式参拝を行った．これは，国民や遺族の長年にわたる強い要望に応えて実施したものであり，その目的は，靖国神社が合祀している個々の祭神と関係なく，あくまで，祖国や同胞等のために犠牲となった戦没者一般を追悼し，併せて，我が国と世界の平和への決意を新たにすることであった．これに関する昨年 8 月 14 日の内閣官房長官談話は現在も存続しており，同談話において政府が表明した見解には何らの変更もない．

　　しかしながら，靖国神社がいわゆる A 級戦犯を合祀していること等もあって，昨年実施した公式参拝は，過去における我が国の行為により多大の苦痛と損害を蒙った近隣諸国の国民の間に，そのような我が国の行為に責任を有する A 級戦犯に対して礼拝したのではないかとの批判を生み，ひいては，我が国が様々な機会に表明してきた過般の戦争への反省とその上に立った平和友好への決意に対する誤解と不信さえ生まれるおそれがある．それは，諸国民との友好増進を念願する我が国の国益にも，そしてまた，戦没者の究極の願いにも副う所以ではない．

しかし，将来的な首相の参拝については，後藤田は結論部分で含みをもたせた．

　　繰り返し明らかにしてきたように，公式参拝は制度化されたものではなく，その都度，実施すべきか否かを判断すべきものであるから，今回の措置が，公式参拝自体を否定ないし廃止しようとするものでないことは当然である．政府は引き続き良好な国際関係を維持しつつ，事態の改善のために最大限の

努力を傾注するつもりである[54].

　この参拝見送り決定に，靖国神社は日本の最高政治指導者の承認を受けるに
ふさわしいと考えていた人々は不満だった．翌15日，日本遺族会の長谷川峻
会長は，「中国のいわれなき内政干渉に屈したその行為は天人ともに許さざる
もの」という抗議声明を発した．さらに長谷川は，遺族職域組織に所属する
16万余名の離党をはじめ，いかなる事態が生じようとも，その責任はすべて
中曽根首相にあると直言した[55].

　結局，遺族会は離党という脅迫を実行に移さなかった．だが，遺族会は，中
曽根が中国に配慮して遺族会を裏切ったことに刺激され，以後の自民党指導部
との関係を慎重に考慮するようになった．中曽根の参拝見送りは日中関係の一
つのエピソードであるとともに，日本の保守派にとっては，ナショナリストと
して有名な保守派エリートの中曽根でさえ，中国からの批判に屈した事件とし
て記憶された．これ以降，遺族会は，後継の自民党指導者が靖国に参拝する意
思があるかどうか，注意深く監視するようになった．10年以上経って首相に
なった小泉純一郎は，公式参拝の問題を再び浮上させ，中国の批判に屈した過
去の清算に取り組むこととなる．

　2006年8月15日，20年以上の時を経て，首相の公式参拝が実現した．これ
は遺族会や日本の保守派にとって勝利を意味した．モーニング姿の内閣総理大
臣が，靖国神社の神職の傍らで天皇のために命を落とした人々を追悼している
写真は，内外の議論を呼び起こすこの施設を日本のナショナリズムの象徴とし
て正統化しようとする半世紀間の努力が頂点に達した瞬間に他ならない．小泉
首相の靖国参拝は，戦後史上，最も国民の支持を集めたものとなった．靖国を
国立追悼施設とするべきかどうかについては国民の意見は分かれたが，中国に
「毅然と立ち向かう」小泉の意思については支持する声が大多数であった．

　日本の歴史認識論争に対して，中国は厳しく批判した．しかし，首相の靖国
参拝をめぐる日中の外交摩擦の度合いは，時と場合によって濃淡があった．た
とえば，1975年8月15日に三木武夫首相が参拝した際，前年に日中関係を完
全に正常化する平和条約の交渉を開始したばかりだったにもかかわらず，中国
政府も中国メディアも全く関心を向けなかった．三木が「私的」参拝に徹した

ことが中国の批判を和らげたことは明らかである[56].

　だが，1985年8月15日の中曽根首相の靖国参拝に対して，中国の反応は強硬だった．保守派のナショナリストとして有名な中曽根が，モーニングをまとい，戦没者を顕彰するという意図を誇示して靖国神社を参拝したことで，日中関係は傷ついた．その後，中曽根は靖国参拝を断念せざるを得なかった．これは軟弱な日本が中国の批判に屈したことだと捉えられ，日本の保守派は苛立ちを強める．これに対し，小泉首相は中国の批判を意に介さず，無関心な様子にすら映った．たとえ盟友のジョージ・W. ブッシュ大統領が参拝を控えるように忠告しても，小泉は参拝を明言し，いかなる外国からの批判にも毅然と立ち向かうことを宣言した[57].

　小泉の首相就任時の論争は決して目新しいものではなく，21世紀初頭の中国による批判はかつての日本敗戦直後の占領軍による批判とよく似ていた．占領から半世紀を経ても日本の戦争責任の問題は完全には解決しておらず，しばしば人々の感情が沸き上がり，政治的な意見の相違が浮き彫りになっている．歴史認識をめぐる保革対立が存在するが，真の争点は，日本が過去の侵略を謝罪する必要があるかどうかにあった．1992年の天皇の訪中を受けて，日本では戦後和解を支持し，過去の侵略を謝罪することに賛成する意見が増えた．また，時の経過のみならず，1990年代の政治変動により，冷戦期の保革対立は弱まり，両陣営間で妥協する余地が生じた．1993年に下野した自民党は，1994年に長年の敵対勢力である日本社会党との連立政権に踏み切った．社会党党首の村山富市が自社さ連立政権を組織し，1995年に戦前日本の侵略行為をはっきりと謝罪する公式声明を発した．村山談話は近隣諸国への「お詫び」を明示した文書であり，自民党の中にはそれを厳しく批難する声も存在する．

　小泉は低迷していた自民党に新たな支持者をもたらした．小泉のリーダーシップによって自民党は人気を回復し，公明党と連立政権を組みながら，2005年の衆議院議員選挙では単独過半数の議席を獲得した．小泉政権の終盤には連立与党で衆議院の3分の2以上の圧倒的多数を占めた．しかし，靖国参拝問題という国内世論を分裂させる争点があったことも見逃せない．与党公明党は小泉首相の靖国参拝に反対していた．1998年に自民党や社会民主党の出身者により結成された民主党も，靖国参拝に反対する立場を当初から表明していた．

3. 靖国をめぐる新たな政治力学

　2001年に登場した小泉首相は，20年前の中曽根首相の頃とは異なる方向に自民党を導くことになった．中曽根は中国の激しい圧力に直面し，1980年代には定例化しつつあった首相の靖国参拝を控える決定を下した．これに自民党の保守派は長らく不満を募らせていた．また中国が日本は「軍国主義へ回帰」しているとしてさらに厳しく非難するようになったことに，多くの日本人は困惑し，違和感を抱いた．その中には靖国神社に批判的な人々も含まれている．だが，靖国神社についてどのように考えるかをめぐって，国内世論は分裂したままだった．

小泉の計算

　靖国を参拝するという小泉の公約は，個人的信念と政治的野心の両方が明らかに投影されたものだった．2001年2月，小泉は報道陣を引き連れて鹿児島県の知覧特攻平和会館を訪問した．ここは，映画「ホタル」で主演の高倉健が特攻隊の生き残りを演じたことで有名になった場所である．小泉は当時，大派閥の森派の会長として，世論の批判に苦慮していた森喜朗内閣を支えていた．同会館で，アメリカの本土上陸を防ぐために特攻隊に参加した青年の手紙や写真を見て，小泉は涙を流したとされる．この訪問が，1985年の中曽根首相の参拝から16年続いた参拝中止という沈黙を破る触媒として機能したとする報道もあった[58]．

　靖国参拝の公約によって小泉は政権を獲得したと一般には考えられている．だが，靖国に参拝しようとする小泉の意思は，5年間の政権担当を通じて徐々に固くなっていったという明白な証拠もある．初めのうちは，小泉首相は戦没者の追悼が日本で必要であることについて中国政府の理解を得ようとしていた．政権1年目の小泉は，総裁選での公約に固執することなく，靖国参拝に批判的な人々に歩み寄った．中国の指導者との接触を試み，2001年10月には日中戦争の発端となった盧溝橋を訪問する．小泉は中国人民抗日戦争記念館を訪問して献花をし，日本の侵略によって「犠牲になった中国の人々」に対する「お詫

3. 靖国をめぐる新たな政治力学　75

び」と「哀悼」の意を表明した [59]．この発言に続いて，小泉はテロ対策での日中協力の必要性を述べて，日中両国の和解を図った．結びの言葉では，日本と中国がより強固な関係を築く上で過去の戦争が障害になるべきではないと論じ，「日中の友好関係を今の日米のような強力な友好関係にしたいと心から思っております」と踏み込んだ [60]．しかし，小泉と会見した江沢民国家主席は，戦犯もまつられている靖国神社に日本の指導者が参拝すれば深刻な問題となり，過去の「軍国主義」に回帰する行為に他ならないと明言している [61]．

　靖国参拝の公約をめぐって日本国内で意見が割れたことで，小泉はどのように参拝すべきか，慎重に検討した．政権1年目には8月15日の参拝を回避することで，日本軍に命運を左右された中国の人々の理解を得ようとした．6月23日の沖縄全戦没者追悼式と8月15日の千鳥ヶ淵戦没者墓苑訪問後の全国戦没者追悼式において，小泉は戦争に至った過去には決して戻らないことを固く誓った．盧溝橋の訪問時と同じく，小泉は戦没者の追悼は過去への復帰を意味しないことを再確認しようとしていた．メディアは小泉の一連の努力を戦没者の「鎮魂の旅」と命名した [62]．

　それにもかかわらず，小泉は靖国神社の参拝を控えることはなかった．靖国参拝に対する外国の批判にも，時に苛立っていたようである．2002年4月，駐日韓国大使が靖国参拝による関係悪化を警告した翌日に，小泉は靖国を参拝する [63]．中国の唐家璇外交部長は，中国を訪問していた自民党の野中広務元幹事長と古賀誠前幹事長に，8月が平和であるよう個人的に望んでいると述べた．2002年は遺族会発足50周年にあたり，会長の古賀は，公には，中国の日本への干渉は好ましくないとの見解を表明していた．だが，報道によれば，唐と会談した古賀は，遺族会会長として，また「一人の政治家として」，靖国を参拝するかどうか慎重に考える必要があると感じたという．小泉は熟慮を重ねた結果，8月の靖国参拝を見送った．

　中国政府との歩み寄りの兆しも徐々に見えてきた．小泉は8月15日の参拝を避け続け，他の日に参拝した時にも非常に穏健なコメントを発していた [64]．2003年5月のサンクトペテルブルクでの日中首脳会談では，新日中友好21世紀委員会の設置について合意し，10月のバンコクでのアジア太平洋経済協力会議（APEC）で胡錦濤国家主席は，「日中両国の友好的な協力関係を促進す

るために日本と協働する」と述べた 65). 翌 2004 年 11 月のサンティアゴでの
APEC でも，胡は，日中国交正常化以後，32 年間にわたって日中両国は多く
の成果を達成してきたと述べ，それは「両国の政府や指導者，各界有識者が数
世代にわたって絶え間なく努力してきたことの結果である」と発言した 66).
だが，日本の指導者による靖国参拝が「日中関係が困難に陥る根本的原因」で
あるという警告も付け加えている.

　しかし，結局，靖国神社は戦没者の追悼にふさわしい施設であると説得しよ
うとする小泉の取り組みは，中国の指導者にはほとんど効き目がなかった. 確
かに，中国の犠牲者だけでなく，日本の戦没者も追悼すべきことは中国も認め
たようだった. だが，旧帝国軍と深く結びついている靖国神社を参拝すること
は，決して容認できなかった. 小泉の靖国参拝をめぐって日中外交は動揺し，
やがて機能停止に陥った. 2005 年 4 月のジャカルタでのアジア・アフリカ首
脳会議では，胡錦濤は論調を一変し，「現在の日中関係は困難な局面に直面し
ており，両国の指導者が真剣に対応する必要がある」と訴えた 67). それでも
やはり小泉は 2005 年 10 月に靖国を参拝する. もっとも，服装や行動は控えめ
で，公式声明を出さず，記者会見も開かなかった 68). しかし，これらの配慮
は中国の反対論を鎮める効果を全く持たず，小泉政権の間，日中外交は停滞し
続けることになる.

　首相在任最後の年に，小泉は 8 月 15 日の靖国参拝を決断した. 後知恵で言
えば，小泉政権は終始，安定していたように見える. しかし，同時代的には，
小泉が掲げた広範な政策目標と，自民党と日本政府を構造改革しようとする取
り組みをめぐる政治的対立を見るに，小泉政権が 5 年間も続くことは自明では
なかった. それゆえに，2005 年に小泉が突然の衆議院解散に踏み切った際に
は，自民党が野党に転落する可能性もあった. メディアは 8 月 15 日に小泉が
参拝するか毎年注目していたが，実際にこの日に参拝するという選択肢が検討
されたのは政権末期の 2006 年だけに限られていたようである. 小泉内閣がい
つまで政権の座にとどまれるか定かではなかったことを踏まえれば，靖国参拝
が小泉の最優先課題であったとは考えにくい. 小泉は他の選択肢も探っており，
無宗教の国立追悼施設を新設する案を内閣に検討させていた. これは自民党内
からも強く主張されていた案であった.

代替施設案

　無宗教の国立追悼施設を建設し，日本の指導者や海外の要人が表敬できるようにする構想は，靖国神社をめぐる政治的対立を解決する方法として長らく考えられてきた．代替施設を作る最初の機会は，無名戦没者の追悼という現実的な問題によって生じた．靖国神社は無名戦没者を受け入れておらず，日本政府はその追悼方法を考えなければならなかった．1959年，千鳥ヶ淵戦没者墓苑が建設され，今日も追悼施設となっている．1963年には，天皇・皇后と閣僚が参列する全国戦没者追悼式が毎年8月に政府主催で実施されることが決まった．1982年4月13日，鈴木善幸内閣は8月15日を「戦没者を追悼し平和を祈念する日」と定めることを閣議決定した．全国戦没者追悼式は，靖国神社と道一本隔てた日本武道館で開かれることになった [69]．

　1985年に中曽根首相の靖国参拝に対して激しい抗議運動が起こると，自民党は靖国に代わる国立追悼施設を真剣に検討し始めた．自民党内部でさえ，A級戦犯合祀問題に不快感が強まっていた．だが，代替施設の建設が必要だと人々に痛感させたのは，中国や韓国との緊張関係であっただろう．中曽根内閣の藤波孝生内閣官房長官はA級戦犯の合祀問題について自民党内で議論を始めたが，結論には到達できなかった．その後，小渕恵三内閣の野中広務内閣官房長官が，代替施設案を模索し始めた．1999年8月，野中は記者会見において，A級戦犯を分祀して靖国神社を無宗教の「純粋な特殊法人」とする案を示している．

　小泉首相は当初，外国の要人が訪問できる新たな追悼施設を作る案に前向きだったようである．2001年8月13日に小泉首相が靖国神社を参拝すると，予想通り，中国と韓国の国民は猛反発した．そこで福田康夫内閣官房長官は，すぐに代替案を探し始める．12月14日，戦没者の追悼をめぐり外交的緊張が生じる状況を打開するために，福田の下に私的諮問機関「追悼・平和祈念のための記念碑等施設の在り方を考える懇談会」が設置され，次のように告知された．

　21世紀を迎えた我が国は，来年〔2002年〕，「日本国との平和条約」〔サンフランシスコ平和条約〕発効50周年を迎えることもあり，これを機会に，何

人もわだかまりなく戦没者等に追悼の誠を捧げ平和を祈念することのできる記念碑等国の施設の在り方について幅広く議論するため，この際，内閣官房長官において高い識見を有する人々の参集を求め，この問題に関して懇談会を開催することとする[70].

懇談会委員は，元琉球大学学長などの学識経験者や，経団連会長などの有識者であった．懇談会は10回開催され，夏までには作業を終えるために少人数の作業部会で検討が重ねられた．懇談会の出した結論は，誰もがわだかまりなく訪問できる追悼施設が必要であるが，新たに作られるべき追悼施設は靖国神社などの他の施設を代替するものではない，というものだった．2003年3月，懇談会委員と面会した小泉首相は，新たな追悼施設案を支援する準備があったようである[71].

しかし，閣外では，この報告書に対して厳しい批判が起こっていた．自民党内には，この提言について深刻な不一致が生じる．遺族会も強く反対した．古賀誠前幹事長が会長を務める遺族会は，靖国神社を形骸化する新施設案に反対する声明を発した．この年，小泉は靖国参拝を1月に実施し，なるべく批判を招かないようにしていた．7月には参議院選挙が控えており，選挙前に遺族会の反発を招かないように自民党は留意した．

2004年1月に小泉が靖国を参拝すると，過剰な注目を浴びることを望まない小泉の意図に反して，国内外で批判の声が起きた．そこで，代替的な追悼施設について真剣に検討すべきだという意見が高まった．連立与党の公明党は靖国問題を好ましく思っておらず，自民党内にもそれに同調する声があった．2004年1月6日，公明党の神崎武法代表は，日本政府が速やかに代替施設の建設に踏み切るべきだという意見を表明した．野党民主党の菅直人代表も，代替施設案を提唱した．また，韓国政府と中国政府も小泉の靖国参拝に反発し，駐日韓国大使は誰もが訪問できる追悼施設を作るように日本政府に促した[72].

しかし，小泉は靖国参拝を継続する意向であり，たとえ新たな追悼施設が建設されてもその意思は揺らがなかったであろう．したがって代替施設案では，首相の靖国参拝に対する韓国や中国の反発が収まる見込みはなかった．代替施設案への支持集めに奔走した福田の努力は，こうして水泡に帰すことになる．

2004 年 1 月 6 日の記者会見で，福田は新たな追悼施設を日本政府として建設しないという決定を明らかにし，「せっかく造っても石を投げるような人がいるような状況ではいけない．世論の理解が進んだ時に造るべきだ」と述べた [73]．後年，福田は当時を振り返り，今日までこの案は歴代内閣によって「棚上げ」されており，機が熟するのを待っていると語った [74]．

遺族会のジレンマ

小泉首相の靖国参拝について，遺族会の内部には様々な意見があった．8 月 15 日に参拝するという小泉の公約は，2001 年には実行できそうになかった．そもそも，遺族の大半は，靖国参拝をめぐる政治的論争に違和感を拭えなかった．小泉の公約について激しい論争が行われたために，靖国問題が解決に向かうどころか，むしろ悪化すると思われたからである．翌 2002 年，こうした状況を受けて，遺族会の内部から，含みを持たせた新たな提案がなされた．新たに遺族会会長に就任した古賀誠前自民党幹事長は，同年 8 月 9 日付の『朝日新聞』のインタビューで，小泉首相の靖国参拝について遺族会は懸念していると述べた．終戦記念日を前にして，このインタビューの中で，古賀は A 級戦犯の分祀案について特定の立場にあるわけではないと断った上で，仮に A 級戦犯の遺族の中から自身の先祖の分祀を願う声が上がった場合，靖国神社はそれを拒絶できないだろうとの見解を表明した [75]．

このいわゆる自発的分祀案のように，遺族会の会員の中から，靖国神社が戦没者を政治的に利用することへの懸念が表明されたことは，これが初めてではない．1985 年には，同じような取り組みが A 級戦犯の遺族の一部によってなされている．A 級戦犯の遺族にとってさえ，この問題は様々な意見が噴出する難問であった．具体的には，A 級戦犯である板垣征四郎元陸相の息子である板垣正（当時，自民党参議院議員）が，14 名の A 級戦犯の合祀を取り下げることを，遺族会と靖国神社に説いていた．これは，靖国神社に祀られる対象を決める権利は，神社にあるのか，それとも遺族にあるのか，という議論を呼び起こすことになった．2002 年の『朝日新聞』のインタビューで，古賀は自発的分祀案の理解を深めるために，板垣正から 1985 年当時の状況を教えてもらいたいと発言している [76]．古賀も旧帝国軍人の父を持ち，多くの遺族と同

じように靖国参拝が政治的対立から切り離されることを個人的に望んでいた.
古賀は,天皇が再び参拝して,彼の父親を含む戦没者を追悼することを望んでいた[77]. 遺族会の中からA級戦犯合祀について異なる意見が表明されたことで,靖国問題の行き詰まりは打開するかに見えた.

だが,靖国神社の神職が,自発的分祀案に反対した. 神社側との緊張関係が高まり,古賀は靖国神社の総代を辞職する. 遺族会会長と靖国神社の幹部間の対立は,長らく靖国が国立追悼施設として広く受け入れられることを目指してきた提携関係の綻びを露わにした. 靖国参拝をめぐる議論は長期化し,小泉首相は終戦記念日に参拝する機会を逸していく. そして小泉は2006年9月の自民党総裁任期満了に伴い首相を退任する意向を表明した. それ以後,小泉の後継者について,2006年夏まで議論が白熱した. 最有力候補の安倍晋三内閣官房長官には,その保守的な言動を不安視する声が党内にあった. そこで,安倍の対抗馬として,より穏健な福田康夫元内閣官房長官を推す動きもあった[78]. また,小泉が8月15日に靖国を参拝するかについて,報道が過熱する. 終戦記念日に参拝するという公約を果たす機会は,この2006年にしか残されていなかったからである.

小泉の靖国参拝に関心が集まる中,2006年7月20日,『日本経済新聞』の一面に「A級戦犯 靖国合祀 昭和天皇が不快感」という大見出しが躍った[79]. 『日本経済新聞』は数日にわたって元宮内庁長官の富田朝彦のメモについて報じ,昭和天皇との間の会話内容について国民の関心を強く集めた. 富田の妻が保存していた書類の中からこのメモは見つかり,昭和天皇が靖国参拝を止めた理由を明らかにした私的な会話が記録されていた[80]. 昭和天皇が松平永芳によるA級戦犯の合祀に強い不快感を示したというのである. 昭和天皇と香淳皇后は合祀前の1975年11月以来,靖国を参拝しておらず,今上天皇も即位後に一度も靖国を参拝していない[81].

『日本経済新聞』の報道で日本中に衝撃が走り,小泉の靖国参拝をめぐる議論が高まる絶妙のタイミングを狙って機密情報を流した人物に疑いの目が寄せられた. それを受けて,富田メモの信憑性を検討する専門家の研究会が組織された. 実際には,このメモはすでに日本政府の中では真実だと見なされてきたことを裏付けたにすぎない[82]. 昭和天皇がA級戦犯合祀後,靖国参拝を止め

た事実自体が，合祀への不快感を示すものであろう．また，合祀決定への松平宮司の関与は，彼が発表した手記からも自明であった．つまるところ，松平は宗教的信仰に基づいて行動する人物ではなかった．国立国会図書館が公開した『新編靖国神社問題資料集』では，合祀に関わる意思決定過程は明らかになっていない．誰がA級戦犯を合祀するという決定の責めを負うべきなのか，それは結局，靖国の過去をめぐる物語の脚注一つ分程度の重要性しか持たない．むしろ重要なのは，広く戦争責任という問題に対して，戦後日本において意見が分裂する状況が続いていることであった．占領軍と極東国際軍事裁判所によって戦犯が認定されたものの，日本人が自らの手によって戦争責任を追及する作業を行っておらず，こうした責任追及によって自分自身の戦後の生活をどう方向づけるべきかについても決断していないのである．

　小泉の参拝決定についての議論や批判にもかかわらず，2006年8月15日にモーニング姿で小泉が靖国神社の参拝を実行すると，その賛否の一点に集中していた論争は一挙に拡散した．首相在任中の参拝はこれまでの経緯から容易に予測でき，かつ終戦記念日に行うという公約を実現する機会はこの2006年しかなかった．参拝した小泉の写真は，全ての日本の新聞の一面を飾った[83]．中曽根と同じく，拝礼や拍手といった神道の儀式は省かれていた[84]．だが，群衆やメディアが周囲を取り巻く中，小泉は堂々かつ粛々と歩を進めた．世界中が小泉を見つめ，ほぼ全ての日本人の視線も小泉に注がれた．翌月，戦没者遺族への公約を果たした小泉は政権を離れた．しかし，小泉の公約実現はより大きな意味を持った．敗戦から60年以上を経て，日本の戦争責任に関する議論の幕が上がることになった．それは，戦争体験を持たない世代の大半が，個人的理由や政治的理由によって関与に二の足を踏んでいた論争であり，長年の懸案であった論争でもあった．

拍車がかかる 2006 年の靖国論議

　小泉は靖国神社をめぐる世論の分裂を無視していたわけではない．日本国憲法の政教分離原則を意識していなかったのでもない．靖国問題が日本外交にもたらす帰結を考えなかったのでもない．とりわけ，日中関係の緊迫については自覚していた．

靖国をめぐる議論が白熱する中で，中国が及ぼした影響は看過できない．中国の国際的な影響力が高まるにつれて，日本は戦没者を追悼することと外交関係に配慮することのバランスを取ることが難しくなっていった．透明性を欠いたＡ級戦犯の合祀は，靖国神社が戦没軍人の追悼にふさわしい施設として認知されることを望む人々の主張に必ずしも合致していなかった．また，この合祀決定は日中国交正常化交渉時になされ，日中両国の激しい感情を呼び起こした．日中両国が条約締結交渉を開始した1970年代末までに，Ａ級戦犯の名誉を回復させようとする動きが日本では始まっていた．戦争責任について日本社会が相矛盾する感情を抱いていることに自覚的になった時，靖国神社の代替案がようやく検討され始めた．この過程で中国が日本の歴史認識について不満を表明したことにより，代替施設案の前途は不鮮明になった．外国からの圧力こそが，日本の決定に強い影響力を持ち，天皇のために戦死した人々を追悼する取り組みを制約したのである．

　終戦記念日に公式参拝するという小泉の選挙公約は，日本で本格的議論を促すきっかけになった．靖国神社をめぐって様々な語り口が存在する中，最も興味を引く論点は，戦後日本が政府の意思決定を情報公開していかに透明性を高めているかという問いである．1978年のＡ級戦犯合祀は，単なる戦争責任の問題にとどまらず，悪意ある陰謀という過去の亡霊を呼び起こした．それは，戦前期の政変や宮中工作，ひいては日本の民主主義の挫折を招いた陰謀に似た雰囲気を漂わせる．小泉の単刀直入な意思表明が，戦前日本の亡霊たちを蘇らせたようであった．

　小泉は同時に，日本の政策決定に対する中国の影響力の増大に対して，きわめて現代的な対応をとっていた．同時に，多くの日本人の目には，中国政府が国際世論を反日的にしようと画策していると映っており，それを許容しがたいと考える人々の声にも小泉は向き合っていた．1985年の中曽根首相の靖国参拝に対して中国政府が反発したことや，その後に中曽根が靖国参拝を避けたことで，日本の政治家は中国の反応を慮って戦没者の追悼をなおざりにしていると，多くの日本人は考えるようになった．それゆえに，長らく靖国を支援してきた利益集団にとって，小泉の公約は靖国問題での中国の介入に終止符を打とうとする取り組みだと解釈された．小泉政権期に靖国をめぐる長年の論争が山

場を迎え，靖国の存在感が増大することを危惧する声がある一方で，最大の争点は，靖国神社の日本国内における位置付けではなく，中国の影響力の増大に対する危機感であることが，この論争を通じて明らかになった．

　2001年から2006年にかけて小泉は靖国を6回参拝した．毎年の終戦記念日には，公約通りに小泉首相が公式参拝するかどうか，メディアで憶測が飛び交った[85]．自民党や遺族会は，国民の関心を広く集めるために議論を展開しており，小泉が公約の履行を先送りするたびに，緊張と感情の高まりが生じることになった．これらの期間，自民党と遺族会会員と靖国神社幹部の間の提携関係は試練にさらされた．自民党内では長年の意見の対立が再び浮き彫りになり，遺族会の中でも首相の靖国参拝が最善の戦略なのかどうかをめぐって見解の相違が顕在化した．

　国内の靖国論議は，合憲性が争われた裁判の判決からも影響を受けている．靖国に関する訴訟では，個人の合祀手続きが長らく注目されてきた．多くの日本人遺族と，後から原告に加わった韓国人の遺族が，宗教上の理由などで靖国神社の霊璽簿への記載を拒んだからである．しかし，靖国神社は，一度合祀された英霊の分祀は不可能であると主張した．また全国の地方裁判所では，自衛隊員の家族が護国神社への合祀に反対し訴訟を起こした．さらに小泉首相の参拝後には，その合憲性を問う訴訟が相次ぎ，2004年から2006年にかけて7件以上の裁判が行われた．そのうち5件は地方裁判所（大阪2件，福岡1件，千葉1件，松山1件）で，残りの2件は高等裁判所（東京1件，大阪1件）で審理されている．2005年9月30日，大阪高等裁判所は，原告への権利侵害を否定した上で，小泉首相の靖国参拝は憲法20条3項に違反しているという判決を下した．

　さらに貿易問題をめぐって反目を深めた日本と中国の間には大きな緊張が生じた．中国在住の日本人に対する暴力事件が多発し，両国指導者の会談では緊迫した空気が流れ，日中関係は冷却化する一方であった．小泉の靖国参拝だけが日中関係が停滞した原因であるわけではないが，それが日中両国で格好の注目の的となり，争点になったことは明らかである．

中国と靖国神社

　1980年代から，靖国神社に対する中国の感情が，日本の戦没者追悼をめぐる国内政治で重要な役割を果たすようになった．その頃から，日本の保守派による首相の靖国参拝を正統化しようとする試みに対し，中国政府が反対を表明し始める．1985年の中曽根首相の靖国参拝に対して中国は強く反発し，日本人の国民感情は揺り動かされた．中曽根自身も第二次大戦で命を落とした人々のための参拝という初志を貫徹することはなかった．だが，小泉が靖国参拝を公約にする頃には，日本人の国民感情は変化していた．中国政府は日中が共有できる大局的な理念を見出すことなく，靖国問題について批判するのみであり，日本の世論の反発を招いた．日本人は「軍国主義の復活」という度重なる非難に嫌気がさしており，中国の批判をものともしない小泉を支持した．数ある争点の中，小泉がなぜ靖国問題に軸足を置いて中国と対決したのかを正確に突き止めることは難しい．しかし，最も重要なのは，小泉が靖国問題で中国と対決することを選んだ事実そのものである．

　保守派の一部は，台頭する中国に人々が不安を募らせている状況に，ナショナリズムを呼び起こす好機を見出した．靖国神社を支持することに直接的な利害関係を有する人々にとっては，靖国への関心を広める好機だったことは言うまでもない．靖国神社の遊就館には，戦前日本を現代的かつ魅惑的に描き直す歴史修正主義，大和魂の賛美，また20世紀の軍国主義を歴史決定論から説明するきわめていびつな感覚が示されている[86]．小泉が中国に対して新たなナショナリスティックな反応を示したことで，靖国神社の大衆迎合的な解釈が，近代史に疎い若い世代の心に響いていることが明らかになった．小泉とその構造改革論への支持は，靖国問題だけに限られない多様な理由によって急上昇し，2005年に自民党は圧倒的多数の議席を獲得した．これにより，保守派は，靖国神社をめぐる長年の政治課題を実行に移すための政治的基盤を得ることになった．

　しかしながら，靖国問題に関する小泉の立場は，自民党内でも独特であり，主流派とは距離があった．福田康夫内閣官房長官などの他の閣僚は小泉の強い思い入れを共有しておらず，小泉自身も自分の立場が党を代表していると主張することはなかった．2006年の論争では，保守派への国民の支持が強固でな

いことが明らかになった．安倍晋三を例外として，小泉の後継者はいずれも靖国問題から距離を置き，多様な解決策を提唱していたからである．靖国神社が鼓舞する新たなナショナリズムに共鳴する安倍も，2006年に首相になると，小泉後を見込んで日中の外交官の間で準備されていた日中和解構想を実現に向け動かし始めた．安倍が靖国参拝について「行くか行かないかについて言及しない」との姿勢を中国政府に示したことで，靖国問題をめぐる政治対立を日中両国は回避することができた．

　靖国に対する中国の批判は日本国内の靖国論議に影響を与えているが，おそらく中国政府が望むような帰結には至っていない．むしろ，中国による批判や，中国人による暴力的なデモに対して，神経を尖らせている日本人が増えている．靖国神社の歴史修正主義的な史観を受け入れる人々の増加は，この文脈を踏まえなければ理解できないだろう．日本国民は中国に反発し，特に中国政府への反感を募らせている．

　中国政府は日中「凍結」の原因を小泉個人に帰したため，小泉が政権を離れるとすぐにあらためて和解を模索した．その時には，日中関係を規定するものは，歴史問題だけにとどまらず，より大きな情勢の変化となっていた．たとえば，農産物や資源などの貿易問題や，海洋をめぐる緊張，北東アジアにおける中国の野心などによって，日中関係には新たな競争のダイナミクスが生じていたのである．

4. 靖国神社の未来

　靖国神社のために活動する人々は，旧帝国軍人やその家族だけに限られない．遺族会にかつての勢いはなく，遺族会に経済的利益の代弁を求める遺族も今はわずかである．戦争体験世代の人々は次第に少なくなってきている．だが，遺族会は依然として自民党の最大の支持団体の一つであり，遺族会のために働く国会議員を支援するために会員を動員できる．10年前までは13万7000人の自民党員を擁する遺族会は，党員輩出団体の中で第7位の規模にあった[87]．しかし，郵便局員，歯科医師，看護師などの新たな利益集団が長い歴史を持つ遺族会の2倍近い党員を擁し，遺族会の存在感に影を落としている[88]．

86 第3章 旧帝国軍人の戦後

　靖国をめぐる議論は，依然として戦犯の位置付けを中心に展開されている．投獄されていた戦犯の命運は，主権回復から数年後に，国会で法的には確定した．サンフランシスコ平和条約 11 条に基づき，戦犯の処遇について日本政府は極東軍事裁判を構成した諸国の政府と協議する必要があった [89]．中でもアメリカは戦犯赦免・仮釈放委員会を設置し [90]，1952 年から 60 年代初頭にかけて戦犯の仮釈放，釈放，恩赦を決定して，日本政府を支援した [91]．だが，戦争責任を負うべき主体は一体誰なのか，という難問が残っていた．小泉の靖国参拝をめぐる議論に見られるように，この問題については，小泉の退陣後も国内世論は分裂したままである．

　表面的には保守派の歴史修正主義への人々の支持が復活し，靖国神社の位置付けについての議論を支えているように見える．しかし，世論調査の結果では，日本の世論に生じた深刻な亀裂は埋まらないままである．小泉も明確な判断を下していたわけではないようであり，終戦記念日の公式参拝は 2006 年まで回避された．しかし，靖国参拝を公約にした小泉によって，戦争責任についての日本の議論は新たな段階に引き上げられた．多くの日本人が避けてきた長年の宿題について公の場で議論しようとする動きや，小泉の決定を日本政治史の文脈で議論しようとする動きが，日本中で増えている．それゆえに，戦前日本に関して複数の異なる解釈が存在し，世論の支持獲得を競っている．保守系と革新系をそれぞれ代表する『読売新聞』と『朝日新聞』の論説責任者が，戦争責任について意見を戦わせたこともあった [92]．たとえば，保守系の『読売新聞』の渡邉恒雄主筆は，ずっと棚上げされてきた，戦前日本を破滅的な戦争に突入させた責任は誰にあるのかという問題の是非を問う論考を執筆した [93]．

　靖国神社を国家的な追悼施設として承認させようと望む勢力は，確実に衰勢に向かっている．遺族会の会員は高齢化し，会員数が減少している．その子孫は，ナショナリズムの鼓吹を望んでいない．小泉後の自民党総裁選で遺族会が支援した候補者は，靖国参拝を約束する人物ではなく，靖国問題を最も解決しそうな指導者であった．保守派の安倍晋三でさえ，2006 年の首相就任後には中国との外交関係を最優先課題とし，靖国参拝への個人的思いを封印した．1年後の 2007 年に安倍の後継総裁を選ぶときには，遺族会は新たな国立追悼施設を提唱していた福田康夫を支持した．対抗馬の麻生太郎は靖国神社を非宗教

法人化して国立追悼施設とする構想を掲げていた．さらに 2008 年の自民党総裁選では，新世代に属する石破茂と石原伸晃が靖国を参拝しないことを明言し，靖国参拝を公約に掲げたのは小池百合子だけだった．また小泉内閣後には参拝する閣僚は少なくなり，安倍は靖国神社に共感していたが，安倍内閣の閣僚のうち，靖国に参拝したのはわずか 1 名だけだった．在職中の終戦記念日に参拝した閣僚は，福田内閣が 3 名，麻生内閣は 1 名にとどまっている．

2009 年夏の政権交代で，靖国参拝をめぐって大きな賭けに出るような政治は終焉を迎えたように見えた．靖国神社の公式参拝を支持しない民主党の鳩山由紀夫内閣と菅直人内閣では，終戦記念日に政務官 3 名が参拝したが，参拝した閣僚はいなかった [94]．しかし，民主党の 3 人目の首相となった野田佳彦は，かつて小泉首相に対して提出した質問主意書によって，中国や韓国から不安視されていた．2005 年 10 月，野田は A 級戦犯に関する小泉首相の曖昧な発言について問いただした．野田は，A 級戦犯は戦争犯罪人ではないと主張し，この点について政府の立場を明確にするよう求めた [95]．このように極東軍事裁判で起訴された人々の国内法上の立場を擁護した発言によって，野田首相は靖国神社に同情的ではないかと推測されたわけである．実際に菅内閣の財務大臣在任時には，野田は靖国参拝について明言を拒んでいた．だが，野田は内閣総理大臣としての立場を明確にした．民主党代表に選ばれた後の 2011 年 9 月 2 日，野田は靖国参拝を支持しないとする民主党の立場を再確認した上で，この問題は国際情勢を考慮すべきであると発言した．また 2005 年の質問主意書は政治家個人として提出したものであり，政府の法的な立場を確認するためだったと説明した [96]．

世代の移り変わりが，靖国をめぐる政治に変化をもたらしている．戦没者の追悼を強く求めてきた遺族が少なくなることで，戦後政治における靖国の位置付けは縮減している．今日，靖国のために活動している人々は，戦没者の子や孫の世代である．確かに，選挙戦のために靖国問題を利用する保守派もいるが，ほとんどの人は A 級戦犯合祀を表立って支持していない．靖国神社を最も熱心に支援してきた遺族会でさえ，首相の参拝については首尾一貫していない．

だからこそ，靖国神社は，歴史問題で外国から批判されることに反発する人々にとって，依然として不満を結集させる存在である．自民党の若い世代に

は，保守派としての自らの信用を高めるために靖国神社を利用する人が多い．
中国や韓国が戦前日本を批判することに不快感を抱く人々は，靖国神社に集結
し続けている．2012年末に政権復帰を果たした安倍晋三は，靖国をめぐって
再びナショナリズムを高めることができる可能性を示した．2013年4月，麻
生太郎副総理が靖国を参拝すると，韓国の尹炳世外交部長官は東京訪問をキャ
ンセルした．また自民党の国会議員168名が，かつてない規模で足並みをそろ
えて靖国を参拝した[97]．2013年12月，安倍自身が参拝すると，中国政府と韓
国政府が激しく批判し，米国政府とも緊張関係が生じた．日本と北東アジア諸
国の関係が悪化するにつれて，靖国をめぐる新たなナショナリズムは大きなコ
ストを伴うようになっている．その上，地政学的変化によって，日本のナショ
ナリズムは戦略的リスクとなった．それゆえに，靖国神社は単なる戦没軍人の
追悼施設にとどまらず，日本の保守政治家が新たな挑戦を試みている象徴とし
て，内外の注目を集めているのである．

第4章　東シナ海の境界画定

はじめに

　2013年8月1日，首相官邸を訪れた山本拓の表情は厳しかった．山本は自民党の資源・エネルギー戦略調査会長であり，中国政府への毅然とした対応を安倍晋三首相に迫っていた．中国が東シナ海で新たに建設中のガス田採掘施設を速やかに解体させ，日本の主張する中間線付近での既成事実化を阻止するよう，山本は強く求めていたのである[1]．この1ヶ月間，こうした中国の行動に日本政府は悩まされていた．菅義偉官房長官は，5年前の日中両国の合意に「一方的に」違反する行為だとして，中国政府を公然と批判した[2]．外務省も正式の抗議をくり返していた．だが，この時すでに日中関係は領土紛争によって再び悪化しており，今回の単独行動を示す新事実の発覚によって，日本政府の苛立ちは強まる一方だった．日中両国が東シナ海の境界を画定することは困難になるばかりだったからである．

　長年にわたって，中間線付近での中国のガス田掘削に，日本は悩まされてきた．最初に中国が着手したのは，2005年のことである．これは排他的経済水域（EEZs）の定義が日中間で異なっていることを明らかにした．日本の提案する中間線を中国政府は受け入れておらず，両国の排他的経済水域が東シナ海上で重複している．それにより大きな損失が生じているのは明白だった．確かに2008年には，中国が東シナ海での資源共同開発に合意した．しかし，それを実行に移す条約は，いまだに日の目を見ていない．2013年の日本政府の抗議に対しても，中国政府は，東シナ海の資源採掘について日中双方が合意した基本原則など存在していないとの立場を示した．東シナ海やその周辺で共有されるべき利益について，日中両国の定義は依然として大きく隔たっているようである．

　2013年7月17日，ロイター通信によってさらに状況を悪化させる事態が報

じられた．国有企業の中国海洋石油総公司が新たに七つのガス田開発を計画し，そのうちの二つは中間線付近に位置していると報道されたのである[3]．8月20日に香港で開かれた記者会見で，『日本経済新聞』の記者がこの計画について質問したところ，中国海洋石油総公司の幹部は返答をはぐらかした[4]．このように，今日，日中海洋境界論争に関する記事の見出しは，東シナ海における潜在的エネルギー資源をめぐる問題によって占められている．

　以前は，漁業関係者の利益が，日中交渉の争点であった．東シナ海の北部水域では，日本と韓国のトロール漁船が，マグロなどの遠洋漁業を行ってきた．また，その南部水域では，日本と台湾の漁業関係者がしのぎを削ってきた．当初は沿岸に留まっていた中国の漁業も，中国国内での魚の需要の増加や，漁船の大型化を受けて，その活動領域を東シナ海へ広げていった．今や中国のトロール漁船の操業範囲は，日本・台湾・韓国の海岸にまで接近している．それゆえに，東シナ海において漁船の事件や事故が生じると，これら4カ国の政府が抗議し，既存の漁業協定は慎重に再交渉されてきたのであった．

　これに対し，現在の最重要争点は，東シナ海の潜在資源を将来いかに利用するかという問題である．日本は排他的経済水域を幅広く主張するのに対し，中国はすでに海洋資源や海底資源の採取に大きな投資を始めている．また，この水域は日中だけでなく韓国や台湾も共有している．4カ国はいずれも海底に埋蔵されているはずの石油やガス田の開発権を唱え，各々が警戒監視活動を展開している．この海上には，各国の沿岸警備隊，漁業関係者，海底資源管理者，そして海軍がひしめき合っている．潜在資源を実際に採掘して利益にできるかどうかはさておき，各国の海上戦力の増強によって，それぞれが正当だと主張する海洋の境界が東シナ海で競合している状況が緊迫度を増しているのは間違いない．

　さらに，長年の領土紛争の存在によって，日本の境界画定の主張はますます複雑化している．尖閣諸島をめぐる領土紛争は，海洋の境界をめぐる論争と，今や連関している．なぜならば，中国は自国の大陸棚を根拠として排他的経済水域を主張しており，中国側の大陸棚の外部にある尖閣諸島は，東シナ海での広範な日中対立においてその重要性を高めているからである．日中両国の政府間交渉では東シナ海の資源に関する合意に到達できず，日中の経済的利益は悪

影響を受けてきた．そこに，尖閣諸島の防衛を叫ぶ政治運動家が新たに参入する事態が生じているのである．

1. 争点──海洋権益をめぐって

　日本は，東シナ海問題について，長らく周辺諸国との二国間交渉を通じた解決を模索してきた．ところが，1996 年に日中両国が国連海洋法条約を批准し，海洋の境界をめぐる前提条件が変化すると，日中両政府は自国の排他的経済水域について，立場を大きく異にする[5]．東シナ海を挟んで日本と中国は 360 海里しか隔たっていないため，双方が自国の海岸線から 200 海里以内を排他的経済水域とすることはできない．そのため，国連海洋法条約によれば，両国の海洋の境界は外交交渉によって決まることになる．日本は，東シナ海をおおよそ二分割する中間線を提案している．これを中国は拒否し，異なる議論を提示している．すなわち，自国の権益は大陸棚の端まで及ぶというのである．この主張によれば，中国の排他的経済水域は尖閣諸島の近海にまで広がり，日本の主張する排他的経済水域に大きく食い込むこととなる．

　両国の相違を一層複雑にしているのは，1970 年代初頭にさかのぼる領土紛争である．日本は尖閣諸島に対する領有権を主張してきた．しかし，1971 年に，中国と台湾はそれに反対した．したがって，1978 年の日中平和友好条約に至る交渉過程では，日中両政府は最終的に「合意しないことに対する合意」を結ばざるを得なかった．この不一致に対処するための公式として，訪日した鄧小平が述べた以下の発言は，今もよく知られている．「我々中国はこの島を釣魚島と呼んでいる．だが，あなた方日本人は，これを別名で呼ぶ．中国と日本が，この問題で異なる立場を取り続けているのは事実である．そして，この問題をしばらくの間，たとえば 10 年間，棚上げしても問題ない．この問題を解決できる共通の言語を見つけられるほど，我々の世代は賢くない．次の世代はもっと賢いはずであり，皆が受け入れられる解決策を確実に見つけ出すであろう」[6]．このように，鄧小平をはじめとした中国指導部は日中関係全体の進展を目指したのであり，最優先課題は経済であった．日本政府も，中国との関係強化を優先し，領土紛争による摩擦を最小限に留めようとしたため，尖閣問

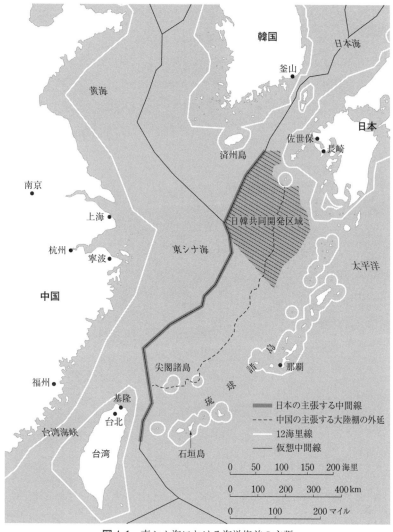

図 4-1　東シナ海における海洋権益の主張
出典：米国国防総省国家地球空間情報局．原図作成：マーティン・ヒンツェ．

題を重視する勢力が関与する余地はなかった．1975年に日中両政府が結んだ漁業協定では，係争中の領土やその周辺水域の問題は棚上げされた．水深の深い尖閣周辺水域でのエネルギー開発も，技術的に困難だと当時は考えられてい

1. 争点——海洋権益をめぐって

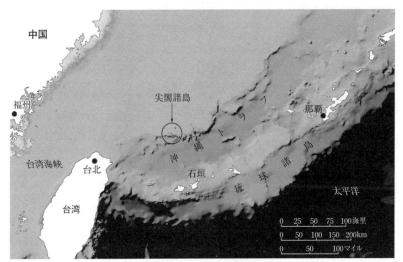

図 4-2　東シナ海の地形図
出典：Google Earth. 原図作成：マーティン・ヒンツェ.

たこともあって棚上げされ，外交関係の平和的な樹立が優先された．

しかし，1990年代半ばに新たな国際海洋体制が成立すると，東シナ海における境界をめぐる議論に，この海域の領有権争いという新たな論点が浮上し，問題は一層複雑化した[7]．国連海洋法条約により新たに排他的経済水域と沿岸国の資源利用権が設定されたため，日中の海洋の境界をどう画定すべきかをめぐる議論は新たな局面を迎えたのである（図 4-1）．日本は国連海洋法条約の推奨する中間線に基づく解決を提起したのに対し，中国は自国の大陸棚上水域の権利を主張している（図 4-2）．やはり重大な利害を有する台湾は，国連が国家として認めていないため，国連海洋法条約を批准できずにいる．

日中両国は，1990年代末から，自らの主張を基礎づけるための海洋調査や海底探査活動を拡大している．大陸棚上の権利を主張する中国は，日本の領海近くまで自国の調査船を派遣している．さらにこれに留まらず，多様な集団が中国政府の唱える境界に沿って活動しており，漁船，さらには人民解放軍の軍艦の姿も散見されるようになった．

日本でも，関係省庁が調査を進めている．国連海洋法条約の批准後，文部科学省が海洋と海底の調査を，また経済産業省が海底探査をそれぞれ拡張した[8]．

第4章　東シナ海の境界画定

表 4-1　日本の海洋調査船

機構・省庁	船舶の目的	隻数
海洋研究開発機構（文部科学省）	調査	4
	有人調査（潜水）	1
	海洋調査研究	1
	深海掘削	2
	支援	1
計		9
資源エネルギー庁（経済産業省）	三次元地震探査	1
	海底調査	1
計		2
水産庁（農林水産省）	漁業調査	2
	漁業管理	6
計		8
水産総合研究センター	調査	8
計		8
環境省	清掃	2
	清掃と油の回収	8
	調査，観察，清掃	2
計		12
気象庁	調査	8
計		8

出典：国立研究開発法人海洋研究開発機構（JAMSTEC）ウェブサイト「研究船・探査機」，独立行政法人石油天然ガス・金属鉱物資源機構（JOGMEC）『アニュアルレポート 2012』，水産庁ウェブサイト「水産庁所属船舶」，国立研究開発法人水産研究・教育機構ウェブサイト「漁業調査船・練習船」，環境省ウェブサイト「水・土壌・地盤・海洋環境の保全」，気象庁ウェブサイト「海洋気象観測船による海洋・海上気象観測資料」．

農林水産省も，東シナ海を含む日本周辺水域の水産資源調査を指揮している[9]．海洋権益を担当する全ての省庁に，調査船の改良・拡張のための予算が付き，日本の海洋調査能力は向上したのだった（表 4-1）．

尖閣諸島／釣魚島

中国の海洋活動が活発化したことで，日中の領土紛争に焦点が当たることとなった．国連海洋法条約を批准する以前，日中両国は，東シナ海の水産資源とエネルギー資源に関する交渉対象から，北緯 27 度線より南側の尖閣諸島周辺領域を除外していた．双方が尖閣の領有権を唱える状況をあえて未解決のままとすることで，両国の紛争を回避しようとした．そして北緯 27 度線より北側

1. 争点──海洋権益をめぐって

の領域における利害対立には交渉の余地があったため，資源をめぐる対立や領土紛争は，日中両政府によりうまく管理されていた．

だが，日本国内では，尖閣問題に対する関心が薄れることはなかった．1978年の日中平和友好条約締結交渉の最終局面にあっても，条約の文言をめぐって自民党内で意見が大きく割れていた．それゆえに，外務省は，国交正常化の枠組みから尖閣の領有権論争を切り離すよう強い圧力にさらされた [10]．1978年5月，中国漁船団が尖閣諸島に接近したことで，事態はさらに悪化した．条約交渉における中国の意図について過敏になっていた自民党内から，憂慮の声が噴出した [11]．鄧小平と園田直外相が北京でこの領土紛争の解決について交渉したが，成果は乏しかった．佐藤正二駐中国大使は，中国外交部の幹部に対して，日中提携による相互利益と，日中共同声明の精神を尊重することの重要性を指摘し，尖閣問題を国交正常化交渉から切り離すよう求めた．かくして，1978年10月，問題の解決を次世代に委ねるという前述の鄧小平の有名な発言に帰着したのであった [12]．日本政府は，問題を棚上げするという鄧小平の意見に同調したわけではなかったが，それに公然と異議を唱えることもなかった．

日中国交正常化交渉は，沖縄返還交渉と同時期に行われた．それゆえに，尖閣問題や日中平和友好条約をめぐる交渉は，日米同盟と連動する争点だったことに注意しなければならない．アメリカが沖縄の施政権を放棄したのは，1972年5月15日であった．その4ヶ月後，日中両政府によって国交正常化の意欲を表明する歴史的な日中共同声明が発表されたが，ここでは領土紛争について全く言及されなかった．交渉の焦点は，中国における唯一の合法政府として中華人民共和国を日本が承認することにあったからである [13]．この後，平和条約が締結されるまでの6年間の国交正常化交渉でも，同じような状況が続くこととなった．

沖縄返還に伴い，日本政府は，沖縄との関係を再構築する必要があった．1952年に発効したサンフランシスコ平和条約の第3条に基づき，沖縄返還までアメリカはその行政権を維持していた．しかし，1971年の沖縄返還協定の締結に先立つ数年前から，琉球政府は施政権者の移行についての検討を開始し，尖閣諸島の行政管轄権を再び主張するための予備調査を実施していた．尖閣諸島は石垣市に属しているため，1969年5月10日，石垣市は管轄自治体として

現地調査を行い，尖閣諸島に行政管轄標識を設置する．翌1970年8月，まだアメリカの施政下にある琉球政府によって，尖閣諸島は琉球政府の領域として地図に記載された．

その1ヶ月後，台湾の船が尖閣諸島に青天白日満地紅旗を掲げるという事件が発生する．尖閣諸島は台湾領だと主張する台湾水産試験所船員の行動を受け，琉球政府は日米両政府の了承のもと，台湾国旗を撤去した．1971年4月20日，台湾は正式に尖閣の領有権を主張した．中国政府もこれに続き，1971年12月30日，初めて尖閣の領有を唱えた．この時，日中間の領土紛争におけるアメリカの関与について，中国政府が初めて抗議したことも重要である[14]．

日本政府は中国にほどなく反論し，1972年3月8日に，以下の声明を発した．第一に，日清戦争中の1895年に，日本は尖閣諸島の領土編入を閣議決定している．当時，尖閣諸島は清国の支配が及んでいる痕跡がない無主地であった．第二に，日清戦後の下関条約で日本が割譲を受けた領土（台湾・澎湖諸島）に尖閣諸島は含まれていない．したがって第三に，戦後のサンフランシスコ平和条約で日本が放棄した領土に尖閣諸島は含まれない．もともと日本領である尖閣諸島は，沖縄返還協定によって日本の施政権が回復される領土であった．第四に，中国の主張には国際法に基づく論拠が全く欠如している．中国が尖閣諸島を台湾の一部と考えていなかったことは，アメリカの施政下に置かれた地域に同諸島が含まれている事実に対し，従来なんら異議を唱えなかったことからも明らかである．その上，中国の地図にも，尖閣諸島が日本領であると明記されている[15]．

こうした尖閣の領有権争いは，国連海洋法条約が発効したことで激化する．国連海洋法条約発効以前，領海は国家の海岸線から12海里以内と定義されていた[16]．だが，国連海洋法条約によって排他的経済水域が拡張されると，尖閣問題には新たな重要性が付与された．那覇から南西410 kmの地点にあるこの無人島は，大陸棚の外部水域にある．その尖閣諸島の位置ゆえに，東シナ海における自国の主権的権利を主張しようとする日本・中国・台湾にとって，尖閣諸島は貴重な標識なのである．

こうして日本政府の内外で尖閣諸島に対する関心が高まり，特に最も強硬に領有権を主張すべきだという声は，自民党の内部から上がった．ナショナリス

トは，領土紛争を自分たちの活動の格好の焦点ととらえ，尖閣をめぐる政府間の妥協に反発した．日中両政府はナショナリズム運動を抑え込んできたが，1990年代には日本・中国・台湾の各民間団体の活動が盛んになる．その中には，漁民やナショナリズム運動家に加えて，中華人民共和国から逃れようとする自称「難民」も含まれていた．

拡大する中国の海洋活動

国連海洋法条約の批准によって，中国は日本の周辺水域における利権の拡大を試み，日本も海域の管理に対する認識を徐々に改めていった．しかし，排他的経済水域を設定する新たな国連海洋法条約の意義を日本が検討しはじめるのには，数年間かかった．2000年5月，排水量4420トンの延氷型中国船が日本周辺で目撃されるまで，日本の排他的経済水域における中国の海軍力拡張に，日本政府はほとんど関心を払っていなかったようである．

この中国船の活動によって，日本のメディアは中国の意図に対する疑義を抱き大きく報道した[17]．2000年8月の日中外相会談で，海洋活動における事前通報制度の策定が合意されたのを受けて，谷野作太郎駐中国大使が，楊文昌外交部副部長に対して，日本の排他的経済水域での監視活動の中止を要請した[18]．その数日後には，別の中国船による調査活動について，川島裕外務次官が陳健駐日大使に正式に抗議し，両国による事前通報制度交渉が急がれた．10月に会談した森喜朗首相と朱鎔基総理の合意によって，200億円の対中円借款が支払われる2001年3月末までに，この制度を完成させることが目指された．こうして2001年2月13日に，「近海」における海洋活動を実施する2ヶ月前までに，調査目的やその詳細，場所や時間などの情報を相互に提供する事前通報制度の運用開始が，日中両国間で合意された[19]．

また，2000年に新たな日中漁業協定が発効し，日本の海域は中国や台湾の漁民にとって格好の漁場であり続けた．国連海洋法条約の批准によって排他的経済水域が拡張すると，漁民の行動も変化したため，それを監視する漁業協定も更新されることになった．日本の排他的経済水域で確認された中国漁船は，1998年の6099隻から，2004年の16355隻へと飛躍的に増えた（表4-2）．だが，日本の領海で確認された中国漁船は，1998年の1893隻から，2004年の390隻

表 4-2　日本の管轄海域における中国漁船

年	確認 （領海）	確認 （排他的経済 水域）	立入検査 （領海）	立入検査 （排他的経済 水域）	検挙 （領海）	検挙 （排他的経済 水域）
1998	1,893	6,099	62	0	3	0
1999	1,951	17,638	34	2	3	0
2000	561	9,981	50	16	11	3
2001	249	10,460	2	7	0	6
2002	346	7,621	53	3	0	0
2003	274	23,604	72	0	0	0
2004	390	16,355	19	2	0	0
2005					0	0
2006					0	0
2007					1	0
2008					0	1
2009					0	1
2010					1	0
2011					3	3
2012					0	1
2013					0	3

出典：海上保安庁『海上保安白書』平成 10 年版〜平成 12 年版，『海上保安レポート』2001 年版〜2013 年版.

へと大きく減少している．それゆえに，海上保安庁が立入検査を実施する船舶数も減り，中国人漁師の検挙数も少なくなった．

　新たな日中漁業協定が発効した 2000 年，海上保安庁は日本の領海と排他的経済水域における中国漁船に対して，66 件の立入検査を行い，船員 14 名を検挙した．だが，これは例外的に高い比率を示したものであり，それ以後，検挙された中国人漁師はほとんど見られず，2007 年に領海で 1 名が，2008 年と 2009 年に排他的経済水域で各 1 名が検挙されたのみである．だが，2010 年の中国漁船事件以後は，検挙者は再び増加へと転じた．海上保安庁の記録によれば，2003 年から 2013 年にかけて同庁が検挙したのは，韓国や台湾の船舶が多く，中国のものは比較的少なかった（表 4-3）．また水産庁の記録でも，中国よりも韓国の船が，より多く拿捕されている．2001 年から 2013 年までの間に拿捕された韓国船は 175 隻であり，中国船は 50 隻に留まっている（表 4-4）．

　さらに深刻な問題は，日本の排他的経済水域において中国の海洋調査船が発見される事件が増えていることである（表 4-5）．中国が日本周辺水域を調査していることに関心が集まる中，2003 年 10 月 19 日，鹿児島県のトカラ（吐噶

1. 争点——海洋権益をめぐって　　99

表 4-3　海上保安庁による外国漁船の検挙隻数

国籍	水域	2003	2004	2005	2006	2007	2008	2009	2010	2011	2012	2013	合計
韓国	領海	2	0	3	0	3	0	0	0	0	0	0	8
	排他的経済水域	3	5	5	2	1	0	0	0	2	5	3	26
	計	5	5	8	2	4	0	0	0	2	5	3	34
中国	領海	0	0	0	0	1	0	0	1	3	0	0	5
	排他的経済水域	0	0	0	0	0	1	1	0	3	1	3	9
	計	0	0	0	0	1	1	1	1	6	1	3	14
ロシア	領海	0	1	0	1	0	0	0	0	0	0	0	2
	排他的経済水域	0	0	0	0	0	0	0	0	0	0	0	0
	計	0	1	0	1	0	0	0	0	0	0	0	2
台湾	領海	2	1	0	0	0	0	1	1	0	0	2	7
	排他的経済水域	0	0	2	2	0	1	0	1	1	1	1	9
	計	2	1	2	2	0	1	1	2	1	1	3	16
その他	領海	0	2	0	1	0	0	0	0	0	0	0	3
	排他的経済水域	0	0	1	0	0	0	0	0	2	0	2	5
	計	0	2	1	1	0	0	0	0	2	0	2	8
総計	領海	4	4	3	2	4	0	1	2	3	0	2	25
	排他的経済水域	3	5	8	4	1	2	1	1	8	7	9	49
	計	7	9	11	6	5	2	2	3	11	7	11	74

出典：海上保安庁『海上保安レポート』2004 年版〜2013 年版.

表 4-4　水産庁による外国漁船の拿捕件数

国	2001	2002	2003	2004	2005	2006	2007	2008	2009	2010	2011	2012	2013	合計
韓国	17	25	23	14	9	8	11	18	12	13	11	5	9	175
中国	3	12	12	5	2	1	1	2	3	1	0	2	6	50
ロシア	0	1	0	2	0	0	0	0	0	0	0	0	0	3
台湾	1	0	0	7	5	1	1	0	2	5	1	4	4	31
その他	0	0	0	1	0	0	0	0	0	0	0	0	0	1
合計	21	38	35	29	16	10	13	20	17	19	12	11	19	260

出典：水産庁ウェブサイト「漁業取締り関連データ」.

第4章　東シナ海の境界画定

表4-5　東シナ海における中国調査船

年	日本の排他的経済水域への侵入が確認された船舶数	特異行動 [a] を確認された船舶数
1997	4	4
1998	16	14
1999	33	30
2000	24	20
2001[b]	13	5
2002[c]	12	4
2003	11	9
2004	14	15
2005	2	0
2006	19	4
2007	11	1
2008	8	2
2009	11	1
2010	22	3
2011	19	8
2012	[d]	5

a 「特異行動」という言葉は，事前通知なしの行為や事前通知に記されたのとは異なる行為，たびたび日本の領海に侵入した船を指して海上保安庁が用いる．

b 2001年に，日中両国は科学調査の目的で相手国の沿岸海域付近に船を派遣する際には互いに事前通知することに合意した．両国は同年2月にこの合意の運用を始めた．

c この数には，合意にしたがい日本の排他的経済水域に侵入した全船舶数は含まれない．事前の通知がなかったか，あるいは事前に提供された情報と実際に船がとった航路が異なる場合を示している．この数には，海上保安庁が巡視船と哨戒機のどちらかあるいは両方を派遣し侵入船舶の方向転換を迫った事例と日本政府が外交ルートを通じて侵入に抗議した事例が含まれている．

d 中国調査船による日本の排他的経済水域内への侵入が確認された合計数は海上保安庁の『海上保安レポート』に記載されていないが，特異行動を受けた数（5隻）は記載されている．代わりに，2013年版には，2012年9月から2013年3月までのあいだに，尖閣諸島付近の日本の排他的経済水域内に侵入が確認された中国船の数についての特集が組まれている．それによると，船が日本の領海に侵入した113回を含め，侵入回数は述べ405回に及んでいる．2014年版には領海・排他的経済水域いずれへの侵入回数も載せていないが，中国船による尖閣諸島付近の日本の排他的経済水域侵入についての特集を拡大している．そのため，2013年の侵入件数についてはこの表には載せていない．

出典：海上保安庁『海上保安レポート』1998年版～2013年版．

喇）列島周辺の日本領海で音響測深中の中国船が発見され，日本国内では中国に対し毅然とした態度をとるべきとの声が上がった [20]．これは2001年に合意された事前通報制度の手続きを無視して行われた活動であったため，日本政府内でも，中国の海洋活動をより包括的に規制する政策が必要との声が高まった．

　さらに，中国による東シナ海の天然ガス採掘活動が，問題を複雑化している．東シナ海には貴重なエネルギー資源が埋蔵されている可能性があるが，これまでは技術的制約や費用の問題により，十分に開発されてこなかった．各国政府

の委託を受けた国際石油会社による調査が始まっているものの，大陸棚下の深海に資源が埋蔵されているため，その収益は限られていた．この問題に関して，2003 年に日本政府は，日中両国の海岸線から等距離に「中間線」を引いて，東シナ海をまさに二分割するよう提案した．一方，中国は，大陸棚の自然延長に基づいて自国の排他的経済水域を主張していた．これによれば，琉球諸島南端の沖縄トラフと呼ばれる長さ 1398 km の深海海溝付近まで，中国の排他的経済水域は広がることになる．日本の中間線案は，中国の採掘活動を加速させたのかもしれない．中国が中間線近傍の海底ガス田の開発を開始し，その採掘活動が中間線を越えて日本が排他的経済水域を主張する海域にまで侵食していたのは（図 4-3），日本が中間線案を公表してから間もなくのことだったからである．

2004 年 6 月，中川昭一経済産業大臣は，中国による白樺（中国名「春暁」）ガス田採掘への対抗措置を発表する．このガス田は中間線からわずか 4 km の中国側の海域に位置しており，中国は日本側海底にあるガスを「ストローで吸い取っている」という中川の形容は言い得て妙であろう[21]．同年 10 月の政府間対話において，中国政府はガス田に関する新たな情報を提供することを拒み，また中国の会社が日本水域での採掘権を得たとの報道があったが，これも否定した．中川はこの中国の対応を厳しく批判し，積極的な対抗措置を断固として取るべきだと論じている．そして，日本との合意を得ずに中国が資源採掘を続けるならば，日本も白樺ガス田の採掘に踏み切るだろうと宣言した上で，中川は日本の石油会社に採掘を許可した[22]．

だが，白樺ガス田の低い採算予測は，その活動に十分見合うだけの誘因たりえず，さらに中国の軍事的対応の危険性を憂慮して，石油会社は採掘に慎重であった．2005 年 7 月 14 日に帝国石油は，正式な試掘権は得たが，採掘チームの安全確保が懸念材料であるため，採掘に着手する前に日本政府と協議を重ねる意向であるとするプレスリリースを発表した[23]．日本の石油会社 4 社（帝国石油，石油資源開発，芙蓉石油開発，うるま資源開発）による試算では，東シナ海の天然ガス埋蔵量は 1 億 8000 万バレル相当が見込まれた．これは開発プロジェクトとしては少量であり，たとえばサハリンでは，二つのガス田で 95 億 2000 万バレルと推定されている[24]．しかし，日本の石油・ガス産業にと

第 4 章　東シナ海の境界画定

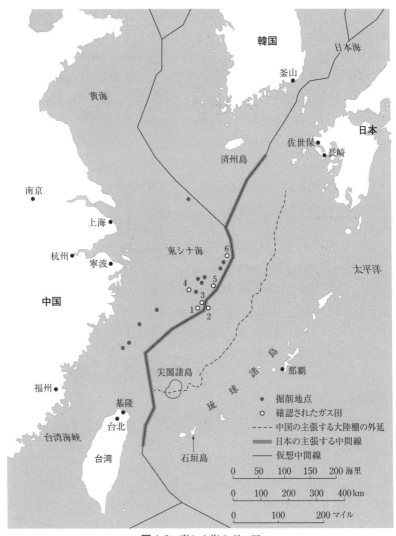

図 4-3　東シナ海のガス田
1.（日本語名）白樺／（中国語名）春暁　2. 楠／断橋　3. 樫／天外天　4. 平湖　5. 桔梗／冷泉　6. 翌檜／龍井
(出典：米国防総省国家地球空間情報局，2011 年 7 月．原図作成：マーティン・ヒンツェ).

っても，中国が日本の海岸線付近の海底から望みのままに資源を採掘するという考えは受け入れがたかった．こうして日本は海洋政策に対する戦略的アプローチを調整し始めた．資源開発は日中が利益を共有していることを両国ともに

認めている領域である．それゆえに，日中両政府が利益を共有する方法を交渉することは，東シナ海において日本と中国のそれぞれの民間団体が直接的に対峙するのを回避する手段なのである．

政策的課題

日中両国の主張する海洋領域の相違と，それぞれの考える海洋領域において何が合法的活動かについての理解の相違とが，日中間の衝突を生まないように，戦後初期から日中両政府は大きな外交的エネルギーを費やしてきた．

両国の外交官が直面した問題の一つ目は，尖閣諸島／釣魚島をめぐる領土紛争である．平和友好条約の交渉時から，これは双方ともに妥協が難しい問題であった．当時の政治指導者は，事態を前進させる唯一の手段として，この領土紛争の解決先送りを決意する．それにより，日中両国はそれぞれこの諸島の周辺水域の問題に触れることを避けるようになった．領土問題の棚上げは，両国政府がその解決を重要視しないという共通理解の下でのみ機能する暫定的な解決策にすぎない．

これまでは，東シナ海の地形と，採掘が技術的に難しかったことによって，中国の調査活動は制約されていた．しかし，韓国と日本の企業によって，一部の海底については調査や分析がすでに行われている．最近では，日中両政府が，未調査の海域の共同開発構想について議論を重ねてきた．だが，その合意形成は困難であろう．中国はこの共同開発計画に含まれるガス田開発に独自に着手しており，この構想は日中両国の対立の原因にすらなっている．

二つ目の問題は，新たな国際海洋法の枠組みにあわせて，日本政府が海洋政策の見直しを余儀なくされたことである．1990年代半ば，国連海洋法条約の発効により，日本はこの新たな場で，中国に対して中間線に基づいて東シナ海を分け合うことを提起できるようになった．だが，これは同時に，中国が大陸棚を論拠として排他的経済水域を沖縄周辺にまで拡張する要求も可能にするものであった．このため，1990年代末より，中国は日本周辺水域での調査測量に傾注することになる．

1996年の国連海洋法条約の批准後，日中両国は海底の地形調査や科学的評価に積極的に取り組み[25]，東シナ海に集う調査船の数は増え続けた．また，

日本の主張する中間線のすぐ西側で，中国が油田とガス田を建設し始めた．日本が国連海洋法条約の違反になりうると抗議したのは言うまでもない．中国はこうした活動の詳細や目的に関するデータの提供を拒んだため，日本は中間線の東側でガス田の探査を独自に始めた．外務省によれば，この探査は 2005 年 6 月まで続いたという [26]．その後に日中両政府による協議が始まった．ここで中国政府から資源の共同開発の提案が出されたものの，それは日本の主張する中間線と，中国政府が大陸棚の終点だと主張する沖縄トラフの間の地域を対象とするものに留まった．両国の主張は隔たっており，この時も海洋の境界について合意できなかった．

　中国との交渉で成果を生み出せなかったため，日本は国連海洋法条約 74 条 3 項に基づく主張を展開した．この条項は，境界画定の紛争当事者が論争の「最終的な合意への到達を危うくし又は妨げ」得る行為を禁じており，中国の開発活動は停止されるべきだと日本は主張した．中国の協力が得られない中，日本は国連大陸棚限界委員会への延長申請の準備を進める．2008 年には，両国は最終的に共同開発に合意したかに思われたものの，それを実施するのは困難であった．同年 11 月，日本は，200 海里を超える大陸棚について，科学的観点から国連大陸棚限界委員会に情報を提出した [27]．これを受けて，中国も 2009 年 5 月に自説を補強するデータを提出した [28]．

　そして三つ目に，日本政府は，日本国内からの圧力にも対処せざるを得なかった．ナショナリストは，日本の尖閣諸島への実効支配を明示すべく，上陸を試みるなど活発な活動を展開している．地元自治体は尖閣諸島の積極的利用を望んでいるが，こうした運動家集団は中国を強く批判する一方で，尖閣問題を抑制的に処理してきた日本政府も手厳しく非難する．

　日本政府は尖閣問題に抑制的に対処しようとしてきたが，この戦略のさらなる錯綜をもたらしたのが，台湾や香港，中国の民間の運動家である．これらの運動家が尖閣周辺水域に上陸を試みる度に，日本の運動家は日本政府に対する苛立ちを募らせていった．東京から遠く離れた沖縄の地元政治家や運動家は，尖閣問題を棚上げした 1978 年の妥協を破棄するよう中央政府に要望しており，尖閣問題が全国的な注目の的になるよう様々な活動を行った．たとえば，魚釣島への灯台の設置は，日本の領有を既成事実化しようとする象徴的活動であり，

日本政府に行動を促す意図で行われたものである.

2. 利益集団と運動家

　国連海洋法条約をめぐる法的議論を理解できる日本国民は少なく，法解釈を
めぐる中国との対立に関して日本国内で市民活動が広がることもなかった. し
かし，排他的経済水域の管理の生み出す経済的影響について，強い関心を示す
人々は多い.

　中でも二つの商業関係者への影響は甚大である. 第一に漁業関係者であり，
彼らは中国政府に日本側との緊密な協議の実施を長らく求めてきた. 漁業関係
者による中国政府への働きかけは，まだ日中間に公式の外交関係がなかった
1950 年代初頭に始まる. その後，日本の漁業は著しく変化し，現在では日本
の労働人口に占める漁業の割合は大幅に減少した. 漁師数の減少と近隣諸国と
の漁獲競争の結果，現在の漁業交渉は，商業よりも政治的活動としての要素が
強まっている.

　第二に，石油やガスの業界団体も，東シナ海海底の潜在的エネルギー資源を
めぐって重要な役割を果たしてきた. 国連が地質学者らによる調査団を派遣し
た後，韓国と台湾による合同調査が行われ，大量の炭化水素資源が海底に埋蔵
されている可能性が指摘された. まだ成果は出ていないが，日本と韓国は共同
開発事業に取り組んでおり，また東シナ海中間線付近は未調査であり，資源の
発見が期待されている. しかし，深海を掘削して石油やガスを採掘する技術的
困難により，この事業は商業的利益を生み出す状況には至っていない. これに
加えて，これまで日中両国が共同開発事業を実施できていないという事実は，
健全な日中関係無くして，東シナ海問題の協調的な解決方法がないことを示す
ものだといえよう.

　さらに，尖閣諸島に対する日本の領有権を誇示し，中国への対決姿勢をとる
ことを求める運動家や論客の広がりも無視できない. もともと尖閣諸島は私有
地であり，世間の注目を集めるものではなかった. だが様々な人や団体が尖閣
に注目したことで，今や尖閣問題は日本の対中海洋政策の主要課題の一つにな
っている. 右翼の政治家や運動家にとって，尖閣問題は反中論を展開する格好

の舞台であった．1978 年の日中平和友好条約の締結後，日中両政府は交渉による領土問題解決を図ったが，尖閣問題に関心を持つ日本の各種団体は，尖閣問題を日本政治の中心的論点にしようと働きかけていた．漁業関係者，石油・ガス会社，ナショナリストといった利益集団は，日本の海洋権益をより毅然とした態度で守るよう日本政府に求めたのである．

東シナ海の資源交渉

　東シナ海で日中の漁船が摩擦を引き起こす危険性については，国交正常化よりもはるかに以前から，両国の民間の漁業団体による取り組みが行われてきた．この非政府間対話に日本の漁業関係者が寄せた希望は，中国による突然の攻撃や接収をやめさせることにあった．たとえば，1950 年 12 月 7 日に，東シナ海西部海域を航行中の以西底引き網漁船・第 10 雲仙丸が，中国船から突如銃撃された．これと同じ月に，中国は 4 隻の日本船を拿捕する．翌年も拿捕は続き，2 月に 7 隻，3 月に 9 隻，4 月に 4 隻，そして 5 月に 2 隻の日本船が，領海侵犯，沿岸漁業の妨害，スパイ疑惑などで捕まっている [29]．朝鮮戦争中の中国による拿捕は，北東アジアでの冷戦の進展によるものだとの見方が日本では一般的であった．

　占領下にあった戦後初期，日本の漁師は，中国に捕捉された日本船を救出するために，アメリカの占領軍に訴える必要があった．そのアメリカが台湾政府と国交を結んでいた事実が，事態をさらに複雑にした．中国共産党と血なまぐさい内戦の最中であった蔣介石率いる国民党政権をアメリカは支持し，1949年に中国共産党が中国本土を掌握してもその承認を拒んでいたからである．日本の漁業団体が中国政府との直接交渉ができるようになったのは，それから 3年経った 1952 年に占領期が終わった後のことである．日本の漁業団体は，企業団体による非公式の民間貿易協定の締結にならって [30]，類似の交渉方法を採用した．まず，大日本水産会，全日本海員組合，日本遠洋底曳網漁業協会の代表者が協議して，中国政府に紛争解決のための対話を呼びかける書簡を作成した．翌年には，日中両国の漁業関係者間の対話に向けた機運が高まっていく．中国の周恩来国務院総理が，日本の国会議員と学者による訪中団に対して，漁業問題を話し合う必要を説き，北京で両国の漁業代表者団と面会することを提

2. 利益集団と運動家

案したのである.

日中の漁業関係者による第1回の会合は，1955年1月13日に北京で開かれた．これに先立って，日本では日中漁業協議会が設立されている[31]．この会合では，東シナ海を日中の漁師が共有する基本枠組みが合意された．中国軍管轄領域から遠く離れ，また中国の排他的な沿岸漁業地域の外側に位置する海域に，日本の漁師も水産保護ルールに則って漁業を営める六つの漁区を設置することが決まった．同年6月13日に発効したこの協定は，1年ごとの更新で2回以上延長された．日中漁業協議会の訪中代表団の狙いは，中国との摩擦に直面する日本の漁師を支援することにあり，それを実現したこの協定は，中国政府も受容できる条件を満たしていたからである．とはいえ，この協定によって，漁業に関する事件とその対処について，予測可能性が増大したことは間違いない．

しかし，1957年6月に政治介入が行われる．熱心な台湾支持者の岸信介首相が，中国大陸の共産党支配からの解放を唱え，中国政府との直接交渉を禁じたのである．ただでさえ希薄な日中関係は，この共産党の大陸支配への岸の敵対的姿勢によって阻害され，第一次日中漁業協定は実質的な終焉を迎えた．だが，漁業ルールが未整備の東シナ海や黄海での操業の危険性を案じた日本の漁業関係者は，中国政府に協議再開を促すように訪中議員団などに陳情した．1963年1月，日中漁業協議会の平塚常次郎会長が中国と新たな会合への合意に漕ぎつけた．そして北京に派遣された訪中代表団によって，1965年に第二次日中漁業協定が結ばれる．この協定は，日中両政府間で外交関係が正常化するまで約10年間持続することになる．

この公式の漁業協定には，両国政府の大きく異なる見解が反映されていた．たとえば，日本の漁師は，中国沿岸の広範囲で操業を制限されていた．しかし，1972年の田中角栄首相による歴史的な北京訪問ののち，日中両政府は漁業協定見直しの予備協議を始め，1974年5月には，日本の水産庁と中国農林部水産局の代表者間での正式な交渉が開かれる．これまでの民間対話と同じく，両政府間の合意形成も難航した．漁業協定の対象から中国の三つの軍事海域を除外したいとする中国の要望と，両国が共同で実施する規制手続きの内容が，日中間の争点であった[32]．自国の軍事・防衛事項を決定し，立入禁止区域を設

定することは主権的権利だと中国が主張したのに対し，一方的かつ恣意的に海洋の利用を禁止する中国の行為は，公海での航行の自由を定めた国際法に違反していると日本は批判した．

　漁業規制の手続きをめぐっても，日本と中国の見解は異なった．水産庁は，水産資源を保全するため，従来の民間団体間の合意を継続することで，漁業が可能な海域や船舶数，漁期の規制を続けるべきだと考えた．だが，中国は船舶数や漁期の制限に加えて，船舶の馬力も制限するよう主張し，さらに日本の漁師にも開かれていた水域を魚類保護の名目でさらに限定するよう要求した．日本の漁船に著しく不利益な手法だとして，日本政府がこれに強く抗議したのは言うまでもない．両国が合意に達するまでに，3期120日間にわたる真剣な議論が交わされた．

　1975年12月に発効した日中漁業協定は，黄海と東シナ海の大部分に適用されたが，尖閣諸島をめぐる領土紛争を避けるため，北緯27度線以北の東シナ海に限定されることになった．協定本文には両国の「合意しないことへの合意」も記され，その附属書には中国からの除外範囲の要望など，日中の相違点が言及されている．この除外範囲を日本は公式に認めたわけではないが，漁業資源の保護のため，指定水域での漁を差し控えるよう努めるという覚書が作成された．また第4条でも，日中間水域での安全な操業に配慮する責任を両国の漁業団体に負わせた覚書が言及されている[33]．

　日中両政府の妥協に基づく日中漁業協定は更新を重ねた．だが，国連海洋法条約の批准によって，日本は東シナ海での漁業資源の利用法を再検討しなければならなくなる[34]．この条約は1982年に採択されたが，すぐに東シナ海での激しい議論を呼び起こしたわけではない．だが，1996年に中国と日本が批准すると，様々な漁業関係者間の利害調整が不可欠になった．日本，中国，韓国が排他的経済水域を重複して宣言し，日中両政府は受容できる漁業活動について新たに合意することを目指して議論し始めた．

　もっとも，東シナ海の水産資源への依存度を日本は減らしている．東シナ海は戦前には日本の重要な漁場であり，戦後の漁業政策もこの重要性を踏まえていた．しかし，東シナ海での漁業資源は減少し続けており，過去30年に日本の漁獲量に占める割合は大きく落ち込んでいる．2008年の日本の総漁獲量は

437万トンであり，東シナ海でとれる漁獲量はその 12.2% にすぎない．1979年の 947万 7000トンの半分以下に減っている．漁船数も激減し，1979年に 32万 5739隻あった登録船は，2008年には 18万 5465隻に減少した．東シナ海の漁場にあたる日本南方海域で操業する漁船は，鹿児島県の登録船 6446隻と沖縄県の登録船 3035隻をあわせても，1万隻に満たない．かつて主力であったトロール漁業は，東シナ海での操業からほぼ撤退し，太平洋や他の外海に多くが移動している．東シナ海で網漁を行う日本船はわずか 35% で，漁獲量も 18万 6266トンに留まる．残りはもっと小さな漁船による釣り漁であり，公海まで行かずに日本沿岸において，鮪，鯛，鰹，鯖，鰯，真鰺，甘鯛，河豚などを釣り上げている[35]．

　さらに，日本の漁業関係者が，日本経済に占める割合はきわめて小さい．1979年に 46万 7790人いた漁業従事者は，2008年には 22万 1910人にまで減っている．そのうち，自営業者は 14万 1000人にのぼり，多くは 60歳以上である．もっとも，他の海域よりも東シナ海で働く漁師が多いことも指摘できよう．東シナ海と接する海岸地域や，小笠原諸島や琉球諸島の海岸地域には，産業化の遅れた共同体が残っており，長らく生計の手段を漁業に依存してきた．農林水産省の試算では，2008年の漁業従事者 21万 1810人のうち，東シナ海で操業したのは約 25% である．東シナ海での漁業収益は，操業の複雑さに見合うものではなく，日本の全漁業売り上げのうち，東シナ海で生じた収益はわずか 10% にすぎないのだが[36]．

　今日，中国沿岸で日本船はほとんど操業していない．したがって，中国沿岸で日本の漁師が不当な扱いを受けたとして日本政府が抗議することもめったにない．むしろ，中国の漁船に対する海上保安庁の対応について，中国政府が日本に抗議している[37]．さらに，東シナ海における日本の漁場や海洋の境界に異議を申し立てる漁師は，他にも存在する．たとえば，台湾の漁師が操業する水域は日本の漁師とほぼ同じ南西水域であり，中国の漁師よりもしばしば強硬な態度をとっている[38]．

　今日では日本が東シナ海の漁業資源について中国に異議を申し立てることは減り，代わりにガスや石油に関する主張が増えている．日本と隣接する二つの中国（中華人民共和国と台湾）との海域における緊張が高まったのは，潜在的

な海底堆積物の存在が明らかになった 1960 年代末のことである. 当時, 日本の尖閣諸島領有に初めて異議を申し立てたのが台湾だった. 空前の二桁の成長率で急速な経済発展を遂げた日本が世界中で石油を探し求めたことは, 国際的な注目の的になった [39].

1968 年, 日本, 韓国, 台湾からなる多国籍調査団が, 国連アジア極東経済委員会に支援されて, 東シナ海と黄海の地球物理学調査を実施した [40]. 1 年以上たって公表された調査結果では, 東シナ海の大陸棚にかなりの量の石油とガスが埋蔵されていると述べ, 次のように論じられている.「台湾と日本の間にある大陸棚は, 世界で最も豊かな油田の一つになる可能性が高い」(下線著者). しかし, 科学者たちは以下のように続けている.「軍事的, 政治的要因はもとより, 今回の短期調査で得た程度の地質学的知識すら欠けているこの海域は, 世界でも有数の未掘削の大陸棚になっている」[41].

この調査結果を受けて, 日本, 韓国, 台湾の各政府はいずれも資源開発を検討し始め, 民間石油会社に試掘を委託した [42]. 中東の油田に匹敵するという見通しが日本政府を強く刺激したのは言うまでもない. 佐藤栄作首相は科学者や沖縄の専門家を集めて, 日本の方針を話し合う懇談会を立ち上げた [43]. 日本政府による沖縄水域の調査結果は, 当初は有望であり, 深さ 2.4 km の海底に, 144 km から 240 km に及ぶ範囲で, 豊富な石油資源の所在を示す沈殿物が確認されたという報道もあった [44]. 沖縄県が日本で最も石油を産出する県になり得るという期待に, 沖縄の人々も胸を膨らませていた.

これと同時に, 日本政府は近隣諸国との共同開発への関心を明らかにした. 尖閣諸島の領有権については議論しないが, 大陸棚に関する交渉は歓迎すると宣言し, 韓国政府や台湾政府との協力に期待を示した. 1971 年 12 月 21 日には, この 3 ヶ国の銀行家や財界指導者が東京に集まり, 佐藤首相の実兄の岸信介元首相を議長とする会合が開かれた. 同年 12 月 30 日, 日本の共同開発案に強く抗議した中国は [45], 明の時代にまでさかのぼって, 尖閣諸島の領有権を主張するようになる.

中国は, 日本政府と共謀しているとして, 米国政府にも批判の矛先を向けた. この時, 沖縄返還が近づいていたが, 戦後に米国政府が施政権を行使した領域の中に尖閣諸島は含まれており, その一部は米軍基地の爆撃訓練場として使わ

れていた [46]. それにもかかわらず, 1971 年 12 月に, 中華人民共和国が尖閣領有を初めて主張した際, 米国政府は立場を明示しなかったのである. その年の 3 月 15 日, すでに台湾が尖閣に対する領有権を主張することを明らかにしていたが, これについて台湾政府とニクソン政権の間では十分な意思疎通がなされていた. 当時, ニクソン大統領とヘンリー・キッシンジャー大統領補佐官は中国政府との秘密外交を追求しており, ただでさえ複雑な外交戦略を, 尖閣問題がさらに複雑にするのは明らかだった. それでも, 尖閣問題を議論する上で, 米国政府が最も重要視していたのは台湾との関係だったのは間違いない [47].

尖閣諸島周辺で石油探査が行われ, 日本, 台湾, 中国の間で領有権争いが拡大し, 地域紛争の火種になることをアメリカ国務省は危惧した. そこで, 1971 年 4 月に, 国務省報道官から衝撃的な声明が発表された. 中国から米国への警告は増加の一途を辿っており, 緊張の高まりによって拿捕される危険が増しているため, 石油探査中のアメリカの石油会社に対して, 関与は「賢明ではない」と指導したのである [48]. 4 月 9 日, パシフィック・ガルフ社は, 台湾との契約に基づく調査船を撤退させた [49]. また, 米国政府にはアメリカ国内からの圧力がかかっており, アメリカ国内の中国人と中国系アメリカ人によって, 尖閣問題を訴える全米規模の抗議活動が広がっていく. 4 月 10 日と 11 日に, アメリカの主要都市でデモが起きている. 彼らの怒りは, 中国人の利益を侵害していると見なす日本政府と米国政府だけでなく, 中国人の利益を正しく保護できないとして, 台湾政府にも向けられた [50]. このデモを受けて, 蔣介石は自国の駐米大使に訓令を発し, ニクソン大統領に尖閣問題を提起するよう指示した [51].

小さな私有地をめぐるナショナリズムの高まり

日本のナショナリストは, 日中国交正常化において日本政府が中国に過度に妥協したと考えており, 中国や台湾との尖閣諸島をめぐる領土紛争に苛立ちを募らせてきた. 日中平和友好条約の交渉に際し, 台湾をめぐる緊張関係が生じたことは, 条約交渉を複雑化させ, また尖閣周辺水域における中国漁船の活動に対する疑念を高めることになった.

尖閣周辺水域において, 初めて中国の船舶をめぐる事件が起きたのは, 1978

年のことである．4月12日早朝，那覇に本部を置く第十一管区所属の海上保安庁巡視船「やえやま」から，尖閣諸島付近の日本領海に中国漁船が侵入したとの報告があった．「やえやま」は退去警告を発したが，当該中国漁船は重火器で応酬し，「ここは中国の領土だ」という看板を掲げ，海洋の境界付近の航行を続けた．日本政府は直ちに中国大使館に抗議し，日本領海からの退去を要請したが，中国大使館は1971年の中国政府の声明を引用し，尖閣諸島は中国の一部である台湾省に属していると応じた．

　この中国漁船の侵入事件を受けて，日本では，中国政府の意図の解釈をめぐって議論が錯綜した．北京を訪問した社会民主連合の田英夫代表らは耿飈副総理と面会し，この事故は不慮の出来事だという説明を受けた．しかし，偶発的事故という中国政府の説明を，自民党の保守派は信じられなかった．この時期は日中国交正常化交渉の重要局面にあたり，中国は領土問題で日本を試していると多くの自民党議員は認識していたからである．福田赳夫内閣は，政府の国交正常化交渉を不安視する党内保守派の厳しい視線にさらされていく[52]．こうして，尖閣問題は自民党内の亀裂を深め，党内の主導権争いを激化させることになった[53]．

　日本政府内では，いろいろな噂が飛び交っていた．「中国の古い友人」として名の通った園田直外相は事前に情報を得ていたのではないかと示唆するものもあった．他方で福田首相の支持勢力の一部は，中国漁船の活動には隠された目的があると疑っているとの報道もあった．中には，この大漁船団は，実は台湾の「解放」を想定した水陸両用の上陸演習だという説すらあった．当時の報道によれば，漁船団には300隻以上の艦船が加わっており，通常の漁業活動には使われない燃料移送船も含まれていたからである[54]．また，尖閣諸島に上陸できる中国の能力を誇示する狙いだったと見る人もいた．さらには，中国政府はアメリカに台湾放棄を促したのであり，中国の行動を大きな国際政治の文脈で把握すべきだという匿名の「自民党有力者」の見解もあった．中国政府が試したのは，福田内閣ではなく，米国政府の北東アジア政策であるというこの予測は，この時期，台湾政府がソ連に台湾海峡の通航を初めて許可したという状況を背景としていた．中国は，台湾の行動が北東アジア地域の戦略バランスを複雑化させていることをアメリカに理解させたかったのであると，中国政府

2. 利益集団と運動家

の動機を推測したものであった.

　事件発生後,自民党は国交正常化交渉を引き続き支持したが,同時に尖閣諸島に対する実効支配を強化することを選択する.4月20日の記者会見で,安倍晋太郎内閣官房長官は,中国漁船の侵入への対抗手段を党内で検討していると述べ,かつて沖縄の漁師が避難場所として使っていた港を改修し,灯台を建設するなど,尖閣における施設の整備について言及した[55].また,中曽根康弘も,自身が会長を務める自民党外交部会で,尖閣問題への態度を決めずに国交正常化交渉を進める政府の方針に反対する意向を表明した[56].中国との交渉に慎重な姿勢を保ってきた中曽根は,尖閣諸島の実効支配を政府が誇示することを強く求めていく.このような尖閣への実効支配に対する懸念から,日本政府は,尖閣諸島最大の島である魚釣島にヘリポートを建設することを決定した[57].

　その間にも両国の外交当局による条約交渉は進み,1978年8月,日中平和友好条約は締結された.しかし,尖閣諸島をめぐる緊張がおさまることはなかった.沖縄開発庁によって,ヘリポート建設計画は具体化していった[58].また,海上保安庁も,地方自治体の調査団を送迎するために,ヘリポートを利用したいと考えていた.石垣島と尖閣は約170km離れており,天候によって海路では6〜10時間かかる.尖閣周辺の波は高く,荒天の冬季には上陸不可能になる.ヘリコプターで移動できれば,尖閣諸島への経路は安定する.海上保安庁は,燃料タンク等の設備を欠いた暫定的なヘリポートでも十分だと見込んでいた.

　1979年3月31日,魚釣島の調査を完了した海上保安庁は[59],ヘリポート建設計画を公表したが,翌日,中国政府は直ちにこれに抗議した[60].これを受けて,海上保安庁は建設計画を断念し,尖閣への海路での経路を再開する.その後,数十年にわたって,日本政府が中国を刺激する尖閣の実効支配の強化策をとることはなかった.この傾向は,日本周辺における中国の海洋活動が増加し,尖閣諸島をめぐる新たな議論が生じるまで続くこととなる.

　地元の漁業関係者も,尖閣の灯台建設を働きかけていた.そして,石垣島の漁師と協力して,右翼団体の日本青年社に属する運動家が,航路標識建設に関する申請書を那覇の第十一管区海上保安本部に提出した.航路標識の許可申請

は，速やかに許可されるのが通常であるが，尖閣問題の特殊性に配慮した第十一管区海上保安本部は，これを東京の本庁に回送する．その1年後，島の所有者の許可を得て日本青年社が魚釣島に建設した灯台は，石垣市によって正式に登録されたと日本で報じられる[61]．その後，日本青年社はその灯台を国際登録するよう，海上保安庁に働きかけていった．

こうした日本青年社の活動に，台湾と中国の双方から非難の声が上がった．台湾の李登輝総統は台湾政府が対抗措置をとると述べ，中国外交部の報道官は，灯台建設は中国の主権を侵害するものであるとして日本政府に活動の取締りを要求した[62]．日本青年社の活動は台湾と香港の運動家も刺激し，その抗議活動と尖閣周辺水域への侵入を招いた．海上保安庁は，その後10年間にわたって，台湾と香港の抗議活動への対処に追われることになった．

1996年7月14日，日本青年社が尖閣諸島に再上陸する事件が起きる．7人のメンバーが北小島に上陸して，夜通しで新たな灯台を建設したこの事件は，周辺諸国の感情を再び刺激するものであった．台湾政府と中国政府が今回も抗議したのみならず，台湾の漁業関係者も，東部と北部の漁業団体が協力して200隻以上の漁船を8月初旬に尖閣へ派遣することを計画した．対する日本青年社は，この新しい灯台を航路標識に登録するよう海上保安庁石垣支部に要請し[63]，さらに石垣市議会議長も，海上保安庁は台湾の主張に反論すべきだと訴えた．2日後，今度は台湾のテレビレポーターが上陸する事態が生じる．これを日本政府が黙認していると見た中国政府と中国メディアは，その取締りを日本政府に要請している．香港のメディアも尖閣上陸を試みたが，海上保安庁によって阻止された．9月だけで，メディアと運動家による尖閣上陸の企ては，合計4回に及んだ．

日本，台湾，中国それぞれの運動家の応酬が報道されると，各国で領土紛争への関心が高まった．そして，新たに様々な集団が，抗議活動と主権要求の高まりに注目していった．人民解放軍機関紙の『中国国防報』には，尖閣諸島に対する中国の領有権を主張し，日本を批判する論説が掲載され[64]，香港では日本に対する抗議集会が開かれた．そして所有者の許可を得た日本青年社は，灯台改修のための再上陸許可を海上保安庁に請求した．

尖閣諸島の所有者が許可した日本青年社の活動を日本政府が止めるのは難し

2. 利益集団と運動家

く，そのことは中国政府にも伝達されていた．9月13日の記者会見で梶山静
六官房長官は，私有地への灯台建設について政府は賛否を明らかにする立場で
はないと発言し，今後の状況を見守っていくと述べた．しかし，中国との協議
を踏まえ，9月25日の会見では，日本青年社の請求を保留するとの日本政府
の立場が表明されることになった．その翌日には，香港の運動家を乗せた貨物
船が尖閣水域で海上保安庁に制止された後，5名の運動家が尖閣への遊泳を目
指して水中に飛び込んだ．海上保安庁が救助を行ったが，1名が溺死し，数名
が八重山の病院へ緊急搬送されるという結果になった．死亡したのは運動家の
リーダーであり，香港では追悼集会が開かれ，2000人が集まった．日中両政
府は尖閣問題の沈静化を試みたが，ナショナリズムが高まる状況を抑えること
は難しかった．

　日本政府の困難は，尖閣諸島が私有地であることに起因していた．所有者の
一族は尖閣諸島に上陸する権利を有しており，日本青年社はこの一族と関係を
築いていた．この関係の詳細は明らかではないが，これが日本青年社の尖閣諸
島への上陸を可能にしていた．さらに懸念すべき事態は，尖閣諸島が運動家の
手に売却されることであった．その場合，尖閣の管理権を日本政府は全く主張
できなくなるからである．

　尖閣の所有権は，日中国交正常化の前後に移転された．雑誌『現代』の
1972年6月号には，明治以来，尖閣を所有してきた古賀家の古賀善次のイン
タビューが載っている．沖縄在住の古賀は当時79歳であり，古賀善次の父，
辰四郎が19世紀後半に尖閣諸島を開拓し，商業目的で使用した経緯と，設置
されたばかりの沖縄県庁が尖閣の領有権に関心を抱いたことについて，次のよ
うに語っている[65]．古賀辰四郎が尖閣の三つの無人島の発見を報告してから
11年後に，明治政府はこれを日本領として宣言した上で，古賀に開拓の対価
として30年間の賃借権を付与する．古賀は採取した海鳥の羽毛とグアノ（鳥
糞）を用いて多様な事業を行った．また，古賀が魚釣島に建設した鰹節工場は，
200名の地元民の生計を支えていたという．古賀は，尖閣諸島を「海鳥の宝
庫」と表現している．羽毛製品はヨーロッパで売れ，グアノは台湾で肥料とし
て用いられた．その当時は，15トン以下の船舶が停泊可能な船着場も存在し
ていた．1918年，古賀辰四郎は63歳で死去し，彼の息子の古賀善次が事業を

受け継ぐ. それから8年経ち, 30年間の賃借権の期限が近づくと, 古賀善次は尖閣諸島を購入したいと日本政府に請願した. こうして1932年, 魚釣島, 久場島, 北小島, 南小島の四島が, 古賀家の私有地になった.

　古賀善次の死後, 尖閣の所有権をめぐる政治運動はますます活発になる. 善次と妻の花子には子供がいなかったため, 親友の栗原家に, 尖閣諸島を売却する約束をしていた. まず善次の存命中に北小島と南小島が売却され, さらに1978年3月に死没した善次から花子が相続した魚釣島も, 同年4月25日に, 結婚式場や不動産業を営む実業家の栗原国起に売り渡された. その栗原家から, 尖閣諸島を購入しようとする試みが行われてきた. 1988年に古賀花子が死去した後, 自民党議員の石原慎太郎が栗原家に購入を持ちかけたと, 1990年に『毎日新聞』が報じている[66]. また, 日本の石油関係者からの申し出を栗原家は明かしている. 栗原家がこれらに応じなかったのは, 尖閣諸島がいつの日か中国の手に渡るのを危惧したためであった. 尖閣諸島を本来あるべき姿で保存したい古賀善次の意志を[67], 栗原家は尊重したといえよう. それゆえに, 日本政府の尖閣諸島に対する管理は, 栗原家が尖閣諸島を所有し続けている事実に依存することとなった.

　1996年の台湾海峡危機に伴う軍事的緊張によって, 日本政府の不安は一層高まった. 10月1日から3日にかけて, 尖閣北西の水域において人民解放軍の東海艦隊が軍事演習を実施すると, 台湾はその監視目的で海軍を派遣した. 報道によれば, 日中両政府はそれぞれ, 尖閣問題について活動している集団に対し, その沈静化を図ったようである. 10月3日, 日本青年社の顧問が拳銃保持の容疑で逮捕された. また中国共産党も尖閣周辺での抗議活動を規制する内部通達をこの時にも発したと『読売新聞』は報道している[68]. しかし, それから数日のうちに, 台湾, 香港, マカオから50隻の船が尖閣に接近し, 魚釣島に上陸した4名が台湾国旗と中国国旗の両方を掲げる事件が起きた. 日中両政府がこの事態の悪化を防ごうと努める中, 日本青年社の衛藤豊久会長が, 日本外国特派員協会で記者会見を開き, 尖閣諸島における灯台建設は東シナ海の安全な航行を確保するためであり, また本来は日本政府が灯台を建設し, 日本固有の領土を奪取しようとする活動を防ぐべきだと主張した. その翌日, 航空自衛隊の幹部によって, 警告が発せられる. 上空から尖閣上陸を試みる台湾

の運動家には，領空侵犯への対応と同じ措置をとるという通知であった．この一連の事態は，それから10年以上経ったのち，今度は中国とより深刻な軍事的対峙を引き起こす事件の前触れとなる出来事であったといえよう．

激しさを増す運動家の行動に対し，日中両政府の公式の声明は，それまでの両国の立場を実質的に全く変化させないものだった．中国政府は，尖閣問題の棚上げに合意した方針を遵守するよう，日本政府にくり返し要求した．しかし，日本政府の立場は，棚上げの合意などおよそ認めておらず，そもそも領土紛争の存在を完全に否定するものである．台湾や香港の運動家の行動が激化するにつれ，日本国内では，尖閣を毅然として防衛するよう日本政府に求める声が高まっていく．日本政府は，尖閣諸島の所有者に決定を委ねつつ，中国を刺激しないように日本青年社の活動を抑えていた．だが，その10年後には，この微妙なバランスは維持し難くなっていた．中国の運動家が日本の尖閣支配に異議を表明するようになり，また日本の運動家が島の所有者に直に接触して，日本政府の統制をかいくぐろうとしたからである．

3. 新たな政策枠組みをめぐる交渉

日中両政府間で領土紛争を管理することが徐々に難しくなる一方，両国の外交当局は国連海洋法条約にも対応することを迫られた．1990年代半ばに国連海洋法条約を批准すると，日中両国は，海洋権益を規定する新たな枠組みと，相手方の主張に反論するため新たな論拠も得た．この条約で排他的経済水域が認められたことで，東シナ海の境界を画定するには日中両政府間の交渉が必要不可欠となり，資源をめぐる競合は必然的に日中対立へと拡大することになった．国連海洋法条約の批准によって，過去の漁業利益をめぐる二国間の妥協を維持するのが難しくなり，また海洋資源をめぐる新たな摩擦が生じた．さらには，この中国との対立に対処するため，日本政府は海洋政策を再検討することになる．両国の摩擦が高まると，日中両政府は資源の共同開発計画を模索し，一度は合意に漕ぎつけたが，この合意を実行に移すことはできなかった．

海洋基本法の成立

2004 年 2 月 4 日，自民党外交調査会の海洋権益に関するワーキングチームと，超党派の海洋議員連盟の合同会議は，海底資源などの海洋問題を日本の将来を左右する重大な要素と位置づけ，包括的な海洋政策の創出は「国家的プロジェクト」であるべきだとの提言を発表した [69]．海底資源をめぐる競合は排他的経済水域の管轄権に依るものであるが，中国政府は，日本が主張する東シナ海中間線の設定に反対し，日本領海に近接する大陸棚に至るまでの海域を中国の排他的経済水域とする主張を展開している [70]．

中国と同じく日本も周辺水域の海底について地形調査を新たに実施し，2004年度予算には前年度比 7 倍増の調査費がついた．日中両国ともに，自説を補強する科学的データを集め始めていた．国連海洋法条約には，大陸棚に相当する地形があれば，排他的経済水域の 200 海里制限が拡張される論拠になるとの規定があり，2009 年 5 月までに，地形調査の資料を提出することが沿岸国に求められていたからである．

日本の海洋戦略が整備されていったのは，複雑な国連海洋法条約に対応するためでもあったが，それ以上に，中国との関係によって促進されたという面が強い．日本では，周辺水域における中国の行動に対する憂慮の念が高まっていたのである．尖閣諸島の領有権奪還を唱える抗議活動に加わる中国の運動家が増加の一途を辿り，さらに 2004 年 3 月 24 日，中国の運動家が尖閣諸島に上陸すると，日本国内の警戒感は急速に高まった．これは中国人が尖閣諸島に初めて足を踏み入れた出来事であった．魚釣島に上陸した 7 人は海上保安庁によって逮捕されたが，中国政府は抗議し，運動家に危害を加えないよう日本政府にくぎを刺した．これに対し，小泉純一郎首相は法に則るのが「法治国家」の正当な行動だと述べて，この逮捕を承認した上で，2 日後に彼らを中国に強制送還することにした [71]．

同じ年に中国が二度目の領海侵犯を行い，この不審な行動に日本のメディアの報道は過熱した．11 月 10 日，日本の領海内において，中国の漢級（091 型）攻撃型原子力潜水艦を海上自衛隊が発見する．これほど日本に近い場所に中国の原子力潜水艦が出現したことに日本国民が憤慨したのは言うまでもない．人民解放軍の意図は依然として不明だが，宮古列島と石垣島の間を中国の潜水艦

3. 新たな政策枠組みをめぐる交渉

が潜航した事件を受けて，日本では新たな海洋戦略を定める立法措置を求める声が強まっていく．領海侵犯の発覚後，小泉首相は大野功統防衛庁長官に海上自衛隊の出動を命じる[72]．これは，戦後日本で海上警備行動が発令された二度目の事例であった[73]．1日以上かけて海上自衛隊は中国の潜水艦を探知し，最終的には浮上させた．この事件はメディアによって過熱気味に報道され，海上自衛隊と中国海軍双方の行動は日本のテレビで生中継された．国際法上，外国の潜水艦が他国の領海を潜航する行為は敵対的意図の兆候とみなされる．この事件は，日本の防衛態勢を意図的に見きわめようとするものではないかと，軍事アナリストは中国に疑惑の目を向けていった[74]．

日本の周辺水域で日中の摩擦が拡大し，尖閣諸島をめぐる感情的対立が抑えきれなくなりつつある状況を案ずる日本人は少なくない．日本財団および笹川平和財団を率いる笹川陽平もその一人である．笹川の支援を受け，自民党政務調査会は日本の海洋戦略構築に着手した．それを指揮した武見敬三参議院議員は，1994年に国連海洋法条約が発効し，日本が1996年に批准して以来，日本では海洋問題への取り組みがほとんど行われておらず，隣国よりも著しく遅れていると指摘する[75]．武見は，他の自民党議員や官僚も交えて，既存の海洋権益に関する研究を重ねていく．武見の見るところ，日本政府の惰性こそが問題を生む原因であった[76]．

縦割り行政も，海洋戦略が欠如していた一因であった．いくつもの官僚機構が，それぞれ異なる観点から海洋政策を担っている．海洋政策を扱う省庁は四つに分裂し，それぞれに海洋政策の異なる領域を管轄しており，単一の機関が日本の戦略的利益を統括しているわけではなかった[77]．たとえば，外務省が東シナ海のガス田について中国と交渉する時でさえ，外務省には必要な科学的知識が提供されていないことがある．これらの官僚機構を束ねる政治的リーダーシップの欠如も武見は指摘したが，彼の最も強い批判は外務省の意識の欠如に向けられた．隣国の，特に中国との敏感な問題について，外務省が過剰なまでに配慮しているのが失敗の原因だというのが，武見の分析であった[78]．

中国の海洋活動の増大は日本政府の戦略展望を大きく変化させ，政策革新を提唱する取り組みが多方面に広がっていった．武見敬三の海洋権益に関するワーキングチームは，海洋権益関係閣僚会議を設置する提言を，発足から数ヶ月

で取りまとめた．2005年11月18日，日本財団関連団体が安倍晋三内閣官房長官に独自の政策提言を提出している．外務省によるガス田協議の行き詰まりを受けて，自民党の海洋政策特別委員会は2006年内の海洋基本法の制定を求めることで合意した．2006年4月24日，石破茂衆議院議員と，海洋法専門の栗林忠男慶応大学名誉教授が共同座長を務める海洋基本法研究会が発足する．6月29日には公明党も高野博師を座長とするプロジェクトチームを設置した．

　超党派で幅広い支持を得た海洋基本法の立法化は，すぐに国会で承認された．12月6日，自民党の海洋政策特別委員会（石破茂委員長）は次の通常国会での法案提出を決め，太田昭宏公明党代表や多くの政府関係者が賛同した．12月19日には，民主党の前原誠司を含む16名の議員団が支持を表明する．翌2007年3月27日，自民党，公明党，民主党の各国会対策委員長が超党派での法案提出に合意し，同年4月3日に衆議院を通過した[79]．ただし，温家宝国務院総理の訪日中の関係悪化を避けるため，参議院での法案通過は遅れた[80]．

　海洋基本法の六つの原則は，新たな海洋立国という構想に基づいている．

- 海洋の開発及び利用と海洋環境の保全との調和
- 海洋の安全の確保
- 科学的知見の充実
- 海洋産業の健全な発展
- 海洋の総合的管理
- 国際的協調[81]

「新たな海洋立国」を実現するこの計画は，国家戦略として形成されたものである．海洋政策を担当する新たな部局が首相官邸に設置され，海洋政策担当大臣も任命された．基本法を実行に移す新たな構想も2008年に作られ[82]，翌2009年に公表されている．さらに，海賊行為を取り締まり，日本の領土を保護・管理する法案も策定されていった．

達成困難な日中合意

　2006年，小泉純一郎総理の退陣とともに，日中外交の和解が模索され，東

3. 新たな政策枠組みをめぐる交渉

シナ海に関する議論も新たな段階に至る.「戦略的互恵関係」を求める新たな外交構想によって, 東シナ海やその海洋資源について再検討する政治的要請が生じたからである. 2007 年 4 月, 訪日した温家宝国務院総理に対して, 安倍晋三首相は日中双方が受容できる東シナ海の共同開発案を新たに提起する. それにあわせて, 東シナ海のどの海域が日中協力に適した場所か, 中国による白樺／春暁ガス田採掘にいかに対処するか, などを検討する指示が, 外交当局に発せられていた.

日本政府内の雰囲気は楽観的だった. 温総理の訪日は大成功を収め, 日中の友好を温は国会演説で強力かつ説得的に表明した. 1 年後の 2008 年に北京オリンピックを控えていたこの時が, 長らく日中が手詰まりに陥っている東シナ海交渉を打開する最善の好機であっただろう. しかし, 政治的和解の最高潮だったこの時でさえ, 日中両国が受容できる資源開発案を具体化するのは困難であり, 日中の一致点を探そうとする試みがくり返されたものの, 断続的な進展が見られたに留まる[83]. 東シナ海の境界画定交渉が進まない中, 白樺／春暁ガス田の開発を停止するよう求める日本政府の中国に対する長年の圧力は, 効果が見られなかった. さらに, 日本政府の抗議にもかかわらず, 中国の採掘施設を警備するために中国軍艦が配備されていた. それゆえに, 日本政府は, 日中共同開発案を提起した. その狙いは, 海洋権益に関する両国間の解釈の相違を顕在化させることなく, 国連海洋法条約をめぐる解釈が確定するまで, 全ての資源開発を停止することにあった. だが, 中国政府が採掘の中止に否定的だったのは明らかである.

このような状況にもかかわらず, 2008 年 5 月の胡錦濤国家主席と福田康夫首相の東京会談によって, 一つの合意が形成された. 東シナ海の海底資源開発について日中両政府が共通の利益を初めて見出したのである. 胡錦濤の訪日によって良好な状態に戻った日中関係が合意形成を促した. これを弾みとして, 国連海洋法条約に基づく対立を超えて, 日本と中国が東シナ海で協力する構想を支える政治的了解が形成できるようになった.「平和・協力・友好の海」と称された東シナ海は, 日中が新たなエネルギー資源を共同で開発したり, すでに存在が確認されている白樺／春暁ガス田などを共に利用したりする海域になるはずであった.

胡・福田会談から数週間後に，日中の協力構想を具体化する実務作業が始まった．会談から1ヶ月後の2008年6月18日の共同記者会見の場で，高村正彦外務大臣と甘利明経済産業大臣が日中合意の詳細を明らかにした[84]．具体的には，中国の白樺／春暁ガス田開発に日本企業の参加が認められる見通しとなったが，それ以上に関心を集めたのは，東シナ海の北部水域であった．そこには価値ある炭化水素資源が埋蔵されていると考えられたからである．日本は中国による白樺／春暁ガス田開発に抗議していたが，豊富なエネルギー資源が見込まれる北部水域に商業的な狙いがあった．国連海洋法条約批准以来，日中両国が対立関係にあった過去10年間を踏まえれば，この日中共同開発という政治的業績が重大な成果だったのは言うまでもない．

日中合意の対象は，日本の主張する東シナ海の日中中間線に沿った二つの地域に及んでいる．白樺／春暁ガス田について，中間線の日本側において日本が行う投資や事業を中国は容認した．また，中間線の日本側に採掘用の坑井を日本が設けた場合，中国企業の参加が原則的に認められた．東シナ海で最も深い海域の北部水域ではまだ開発用の採掘が始まっておらず，日中は協力して資源の埋蔵可能性を調査し，共同開発することで一致した．深海の採掘には莫大な資金を要し，日本の技術と投資が不可欠となる．だが，資金コストを上回る期待をこの共同開発案に寄せる人もいた．このように多大な努力によって実現した日中合意にもかかわらず，福田内閣は中国に譲歩しすぎだという批判を国内で浴びることになる．胡・福田会談の成果について，日本の世論は賛否相半ばしていたからである．

2008年5月12日に発生した四川大地震によって，胡・福田会談の外交的成果はかすんでしまった．胡錦濤国家主席が中国に帰国した直後の大地震によって，6万5000人以上の中国人が犠牲となった．福田首相は日本の援助隊を迅速に組織し，胡主席は日本の救援部隊と後方支援部隊の中国入りを直ちに許可する[85]．日本と中国はそれぞれ日中協力の外交的利点について自国民の理解を得られずにいたが，胡・福田会談を経て，二人の国家指導者はこの大災害時に協力して対応できた．

2009年秋に民主党政権が発足した際，日中共同開発案を具体的に実行する協定はまだ結ばれていなかった．そして，白樺／春暁ガス田で中国が再び採掘

を始めたと日本のメディアが報じると，日本人の対中感情は悪化した．2010年1月，岡田克也外務大臣と楊潔篪外交部長の会談は，東シナ海問題をめぐり緊迫したものになった[86]．同年9月，尖閣諸島の周辺水域で中国のトロール漁船が海上保安庁の2隻の巡視船に衝突する事件が生じ，民主党政権と中国政府はさらに厳しい関係になる．2008年の日中合意に基づく議論に復帰するように，日本政府は中国政府に要請し続けた．しかし，共同開発問題以外の要因によって日中関係は緊張し，これによって共同開発案の具体化は道半ばでの挫折を余儀なくされたのである．

尖閣諸島の賃借

　日本政府は私有地である尖閣諸島の実効支配を1990年代末から強化していた．それまで長きにわたり，私有地である尖閣諸島の法的地位は広く知られていなかった．日本政府は，従来，世論の注目を集めないように尖閣問題を処理してきたが，香港や台湾の運動家の侵入により尖閣諸島が注目されると，日本では，従来の方法に対する懸念が高まっていく．海上保安庁は長年にわたって巡視を行っていたが，沖縄の地元職員は尖閣諸島をひっそりと訪れざるをえなかった．それゆえに，自分たちの代弁者として日本青年社による灯台建設を支持する地元の人々は多く存在した．そこには，漁業関係者に加えて，日本政府は尖閣への影響力をもっと明示すべきだと考える人々も含まれている．

　私有地の島々に対する日本政府の実効支配を物理的に強めることは，大きな意味を持つ挑戦であった．五つの島々のうち，大正島はすでに日本の国有地となっていた．またアメリカが爆撃訓練場として使用していた久場島は，沖縄返還以来，日本政府が賃借してきた経緯がある[87]．沖縄返還時，さながら米軍施設のように扱われていたこの島の所有者は，日本政府と土地を賃貸する契約を結んだ．この契約により，アメリカはこの施設を使用できる許可を得たように見えるかもしれないが，事実は異なっている．その後，久場島の所有者は3回替わっており，現在の所有者は軍事施設としての使用に抗議して賃貸契約の更新を拒んでいるからである．それにもかかわらず，防衛省は久場島の法的支配を続け，賃借料を支払っているのが実情であった[88]．

　そして2002年に，他の三つの私有地，すなわち魚釣島，南小島，北小島の

法的地位が変化した．中国の圧力が拡大する中，従来からの「ソフト警備」は不十分だと考えた日本政府は尖閣諸島の実効支配強化を試みたと，『読売新聞』は報じている[89]．日本政府は，中国が東シナ海に進出する中で尖閣諸島が台湾や中国の利害関係者の手に渡ることを恐れ，所有者との協議に乗り出したのである．所有権者の栗原家はこの3島を政府に賃貸することに合意し，内閣官房との調整を経て，総務省にその予算が配分された．2002年4月から年間2256万円の賃貸借契約が始まり，2006年には賃料が10％増しの2450万円になる．こうして，尖閣諸島はなお私有地であったものの，栗原家と日本政府の間の賃貸借によって，日本の実効支配を危険に晒しうる第三者に売却される懸念は払拭された[90]．また，日本政府が尖閣諸島の支配を続ける意図が中国に明示されることになった．興味深いのは，栗原家との交渉が，北朝鮮の不審船引き揚げ交渉と，ほぼ同時期だったことである．中国の排他的経済水域で北朝鮮の艦船が沈没した事件によって，東シナ海の不安定化に対する日本の懸念は高まっていた．その上，日本に敵意を持つ勢力が自国政府に尖閣購入を促しかねないことへの懸念もあり，日本政府と栗原家の交渉は粛々と進んでいった．

　日本と中国は，東シナ海での対立をまだ解決できていない．日本は採掘技術と開発構想を有しているが，中国と資源の共有に合意できていない．とはいえ，海洋境界線に起因する領土紛争があり，国内の運動が高まり，外交当局が結んだ合意を維持しがたい状況になっていても，日中両国が立場の相違を埋めようとする交渉自体が阻害されてきたわけではなかった．

　鄧小平が，日中両国が神経過敏になる尖閣問題を次世代に棚上げしてから，東シナ海をめぐって日中両国は何度も交渉を試みた．しかし，中国との交渉によって問題が解決できると信じている日本人は現在ごくわずかである．東シナ海における領有権を拡大しようとする中国に対し，日本は妥協を拒む姿勢を強めているからである．それにもかかわらず，日本の外交当局は中国との交渉を主張し続けている．その交渉事項には，白樺／春暁ガス田に加え，未交渉の北部地域も含まれていよう．

　世界中の海洋領域と同じく，東シナ海での排他的経済水域をめぐって，日中両国は異なる立場を表明している．国連海洋法条約によれば，解釈の対立は当事者の二国間協議で解決されるべきだが，日中両政府は妥協案を見出すことが

できていない．管轄海域と公海を区別する国連海洋法条約という新たな国際法に照らして，日本と中国はそれぞれ自国の海洋権益を位置づけようと独自の取り組みを行っている．海上保安庁が沿岸警備の主役を務めるとともに，日本は漁業活動や調査活動を活発に行っている．対照的に，中国の海洋警備機関は，公安部辺防管理局海警総体（海警），交通運輸部海事局（海巡），農業部漁業局（漁政），海関総署（緝私局・海関），国家海洋局（海監総隊・海監），と多岐に分かれていた．2013年，これらを一部統合した中国海警局が新たに設置されている．

　中国海軍の増強によって，地理的に近接する日中両国の軍事組織が頻繁に，そして空前の規模で衝突しうる危険性が増しており，東シナ海におけるルール作りは新たな段階に突入している．日本の周辺水域における中国海軍の影響力の拡大は，日本の政策形成過程も大きく変えていった．ほぼ10年間かけて，日本の政治指導者や官僚は国連海洋法条約の影響を把握し，東シナ海で中国と対抗するためのより一貫した海洋戦略を創出した．また，日本政府における強いリーダーシップの存在が，領有権をめぐる国内論争を指導するために必要であった．たとえば，小泉首相は，海洋の境界を無視する中国人運動家を法的に取り締まり，尖閣周辺での中国の影響力拡大を抑える一方で，過度に事を荒立てることなく逮捕者を本国に送り返す手はずも整え，日本のナショナリストを沈静化させる大きな成果を収めた．しかし，2009年に政権を奪取した民主党には，それは困難であった．翌2010年，国交正常化以来，最も深刻な外交危機に日中関係は直面する．中国トロール漁船の船長の挑発行為をめぐる緊張によって，中国政府との交渉による解決が困難である状況を，民主党政権は内外に露呈するに至った．

　2008年に東シナ海をめぐる合意を具体化できなかった日中関係は，2012年に再び困難に直面する．2010年の中国漁船事件後，アメリカが尖閣防衛の意思を再表明し，日本の実効支配に中国政府が挑むことの危険性は増大した[91]．また，共同資源開発にむけた信頼醸成が放棄されたことは，将来にわたって影響をもたらした．信頼関係の消失に加え，東シナ海の海洋問題を話し合う実績を欠いた日中関係は急速に悪化していった．こうした意思疎通の欠如により日中関係はさらに暗転し，2012年9月，日中の領土紛争が両国民の感情を急速

に悪化させると，尖閣周辺で軍事衝突に転じかねない海上でのにらみ合いが生じる．年末までに日中関係は本格的な危機を迎え，これは日本の海洋基本計画の修正を促した．海洋環境を保護する能力に加え，海上の警備・防衛力の強化が求められ，「海に守られた国」から「海を守る国」への転換が，新たな計画で謳われているのである[92]．

第5章 食の安全

はじめに

2013年7月30日，中国の食品工場に臨時従業員として勤めていた呂月庭が餃子に毒物を混入させた罪を法廷で認めた．呂夫婦が働いていた天洋食品工場は，河北省石家荘にあった．中国の地方裁判所に外国人の新聞記者や外交官が傍聴に訪れた異例の裁判だった[1]．3時間の審理ののち，英字新聞『チャイナ・デイリー』には，無期懲役ではなくとも，懲役10年以上の刑が下されるだろうという匿名の裁判官の発言が載った[2]．呂の犯行は，日本人被害者が出たことで発覚した．2007年末から2008年初頭にかけて，この工場で製造された冷凍餃子に呂が有機リン化合物を注入してから1ヶ月以上経った後，千葉県と兵庫県で合計10名の中毒患者が発生したのである．

法廷で容疑を認めた呂は被害者に謝罪した上で，低賃金や，産休に入った妻へのボーナス未支給に対する不満を明かした．この事件が日中関係を悪化させたのは言うまでもない．中国警察が呂を逮捕するまで2年もかかり，かつて呂が成都で混入した毒物によって別の3名の被害者が出ていたことも判明した．しかし，呂の犯行は，日本への反感によるものではなかった．呂の証言によれば，中国での労働条件への不満が動機であったからである．2014年1月20日，石家荘中級人民法院は，呂に無期懲役を言い渡した．食の安全に対する中国人の不安の高まりを反映した判決であった[3]．

この事件は，中国経済との相互依存を深める日本経済の脆弱性を露呈した．貿易指標や投資指標が示すように，中国市場への日本経済の依存は増すばかりである．中国市場での事業取引が日本企業の利益に直結しており，日本の製造業は中国の中産階級の消費に好機を見出している．その一方で，日本の消費者もまた中国の生産者と深く結びついている．中国企業との合弁事業による日本製品が増加しているからであり，その製品の質と安全の監視は，日本での注意

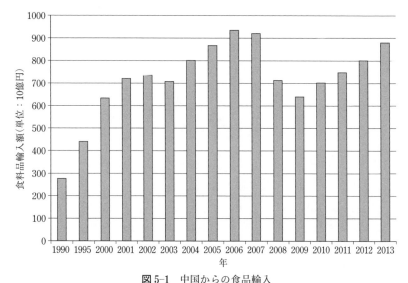

図 5-1 中国からの食品輸入
1990 年と 1995 年のデータは比較のため加えてある (出典:税関ウェブサイト「財務省貿易統計」).

深い製品管理と,中国政府による製品管理の安全性に関する規制体制の二つに依拠している.このように,経済的相互依存関係は,不安だけでなく利益も生み出している.

この緊張関係が最も明白に現れているのが,食の安全をめぐる問題である.日本の商社は,国際市場において穀物等の輸入をめぐって中国企業と激しく競争している.他方で,より印象的なのは,日本への食料供給において中国の農家や食品加工合弁会社が果たす役割の増大である.餃子中毒事件が発生した 2008 年に一時的に落ち込んだものの,過去 20 年にわたって中国への日本の食の依存は着実に増え続けた.中国からの食品輸入総額は 3 倍になり (図 5-1),輸入総量に占める中国産食品の比率も約 14% まで倍増した (図 5-2).日本の食料輸入先を 1990 年と 2007 年で比べると,中国からの輸入量の増加は群を抜いている (図 5-3)[4].これはアメリカからの比率の急落に伴った現象である.また,日本の消費者がより安価な加工食品を好むようになったのも,日本の食品加工業者が生産拠点を中国に移すきっかけをもたらした.このように,コストと利便性の両面で日本人の食のあり方が変化するにつれて,中国が「日本の

1. 争点——冷凍餃子の輸入をめぐって

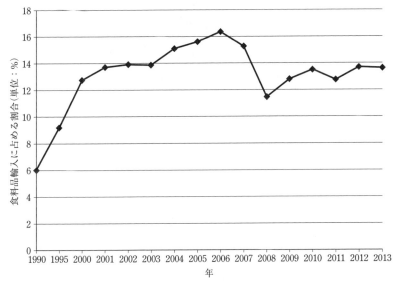

図 5-2　中国からの食品輸入が食品輸入全体に占める割合
1990 年と 1995 年のデータは比較のため加えてある（出典：税関ウェブサイト「財務省貿易統計」）．

台所」になっている．日本が食料の輸入先として中国への依存を深めている一方で，日中両国は世界市場で食料の調達をめぐって競い合う関係になっている[5]．

1.　争点——冷凍餃子の輸入をめぐって

2008 年，中国への食料依存の負の側面が突如として明らかになった．1 月 5 日，兵庫県高砂市の一家で，冷凍食品「中華 de ごちそう　ひとくち餃子」を食した 3 名が，直後に体調の異変を訴えた．3 週間後，千葉県市川市では「CO・OP 手作り餃子」を食べた母親と 4 人の子供が中毒症状を呈した．さらに千葉市でも同様の事件が起きていた．これらの商品はジェイティフーズが輸入したものであった．一連の冷凍餃子による深刻な有機リン中毒事件の被害者は全体で 10 名に及んだ．病院での検査結果と，千葉・兵庫両県警による冷凍餃子の残品と包装の調査により，有毒物質のメタミドホスが検出された．中国や発展途上国で広く使われている安価で毒性の強い殺虫剤であり，この混入は

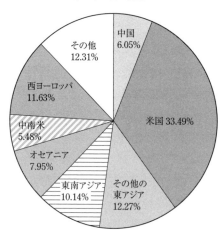

a

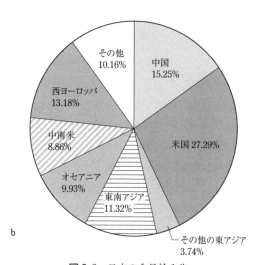

b

図 5-3 日本の食品輸入先
(a) 1990 年, (b) 2007 年 (出典:税関ウェブサイト「財務省貿易統計」).

故意によるものである可能性が濃厚だった.

　メタミドホスは世界保健機関 (WHO) によって「有毒性の高い化学物質 (区分 1b)」に認定され, 人間が摂取すれば激しい下痢や嘔吐, 腹痛を引き起

こす．その二種の冷凍食品の販売元はジェイティフーズだが，製造元はどちらも中国の天洋食品だった．1月30日，ジェイティフーズは冷凍餃子と包装からメタミドホスが検出されたと発表し，同じ天洋食品の工場で製造された23種類の冷凍食品の自主回収を始めた．他にも，加ト吉と味の素冷凍食品がこの工場の製品の自主回収に着手した．さらに厚生労働省は，大阪市のニッキーフーズ・ニッキートレーディング社が中国から輸入した冷凍肉まんからもメタミドホスが検出されたことを公表した[6]．

2月3日，内閣府で日中両政府が対応を協議した[7]．中国国家質量監督検験検疫総局（AQSIQ）と，厚生労働省・農林水産省の職員がこれに参加した．2月5日，北京を訪問した日本の調査団はAQSIQ輸出入食品安全局長の王大寧と面会し，事件解決に向けた日中両政府の協力について直ちに合意した[8]．調査団は天洋食品の工場にも立ち入っている．2月6日，AQSIQ副総局長の魏伝忠は，日本人か中国人かはわからないが，日中関係を損なうことを狙った何者かが故意に毒物を餃子に混入した可能性があると述べた[9]．

だが，中国政府が食品安全の問題を真剣に受け止めたのは間違いない．2月15日，AQSIQは中国の輸出企業を大規模に捜査すると宣言した．検査の焦点は殺虫剤や食品添加物の管理と利用に置かれていた．同月末の『日本経済新聞』の報道によれば，中国政府が輸出検疫を強化したことで日本への食料輸出には遅れが生じていた[10]．3月初めには，中国政府は有毒物質を購入した個人も取り締まり，毒物混入事件を防止しようとした．3月上旬の全国人民代表大会では餃子中毒事件が審議され，記者発表もなされた．3月6日，河北省幹部は省内の工場で有毒物質混入がなされた可能性を公に否定した．3月10日，中国農業部は日本へ輸出される野菜や魚介類を含む中国の農産物の安全性を強調した[11]．

この間，日中両国は高官協議を続けていた．G8蔵相会議に出席した額賀福志郎財務大臣は，事件解決と再発防止について協力することを，中国の謝旭人財務部長と合意した．2月21日，東京で福田康夫内閣総理大臣と唐家璇国務委員が会談し，食の安全を確保するための中長期的な日中協力について話し合った[12]．この時期，日中両政府は日中関係の信頼回復を図っており，2008年5月には胡錦濤国家主席の訪日が予定されていた．これは中国国家主席による

10年ぶりの訪日であり[13]，2006年9月の小泉内閣の退陣後から2年間かけて重ねてきた日中関係の再定義へ向けた外交努力の頂点になるはずであった．だが，餃子中毒事件への日本国民の抗議の声により，慎重に積み上げられてきた日中和解の努力は，崩壊の危機にさらされた．

結果的には首脳会談は成功裏に終わり，この事件は数多くある争点の一つとして言及されるに留まった．2008年5月7日，「戦略的互恵関係」を打ち出した日中の共同声明では，食の安全についてごく簡単に触れられている．「貿易，投資，情報通信技術，金融，<u>食品・製品の安全</u>，知的財産権保護，ビジネス環境，農林水産業，交通運輸・観光，水，医療等の幅広い分野での互恵協力を進め，共通利益を拡大していく」（下線著者）[14]．しかし，日本国内の高い関心を背景に，日中首脳の個別会見でも論じられることになり，新たな構想を実行するために両指導者から発表された70個の項目のうち，49点目に「双方は，両国国民の生命・健康を守るために，協力を一層強化していく．双方は，このたび発生した冷凍加工食品の中毒事案につき，一刻も早い真相究明のため，日中双方で捜査」[15]という表現が盛り込まれた．質疑応答の中で，胡錦濤国家主席は，次のような意見を明かした．

　ギョウザの問題に関しまして，中国政府は，食品の安全を高く重視し，国民の健康を高く重視しています．中国政府は，この事件に対し，真剣かつ突っ込んだ調査を行いました．その調査の状況に関しては，中国の関係部門は，すでに日本側の管理部門と十分な意思疎通を行いました．次のステップとしては，両国の管理部門は，引き続き調査を継続し，特に協力を強化し，1日も早く事件の真相を解明するように努力してまいります．

福田首相も記者会見の最後で次のように答えている．「ギョウザの問題ですが，これは中国側も捜査を一層強化するということでございますので，日中双方で，この捜査と協力を更に強化していこうという考え方であります」[16]．

だが，8月上旬の『読売新聞』の報道で，天洋食品河北省工場の冷凍餃子によって，日本人以外にも4人の中国人が中毒症状に陥っていると伝えられた[17]．これらの新たな事件は6月にすでに報告されており，ここでもメタミ

ドホスが検出されていた.『読売新聞』のニュースが東京をかけめぐった翌日,
高村正彦外務大臣は,1ヶ月前に中国政府から事件について通知を受けていた
が,犯罪捜査のために公表を控えるように要請されていたことを明らかにし
た [18].民主党議員が外務省アジア大洋州局の職員から受けた説明によると,
北海道洞爺湖サミット初日の 7 月 7 日に,中国政府は日本政府に対し通知を行
うとともに,公表しないよう要請した.外務省は捜査中であることを理由に中
国の要請に従うよう上申し,首相官邸も同意したようである [19].8 月中旬,北
京を訪問した高村外相は戴秉国国務委員,楊潔篪外交部長と会談し,事件の速
やかな解決に合意した.

犯罪捜査

事件解決に向けた外交努力の一方で,捜査を担当する日中の警察機関は何度
も障害にぶつかった.事件直後から兵庫県警と千葉県警がそれぞれ捜査に着手
しており,被害の拡大を防ぐために警察庁は捜査会議を招集し両県警による共
同捜査を推進した [20].警察庁は中国の警察機関との捜査協力も取り仕切り,2
月 21 日と 22 日に東京で中国国家公安部員と協議した.その数日後に北京で開
かれた両機関の幹部会議では,捜査協力として証拠品を交換する合意が結ばれ
る.警察庁はメタミドホスの捜査結果を提出する代わりに,天洋食品の工場労
働者の供述調書を提供することを求めた [21].4 月 12 日,餃子に毒物が混入さ
れた時期を特定できないまま,警察庁は捜査を打ち切った [22].

餃子が中国の工場で製造され天津港から横浜港に配送されるまでの全ての過
程が捜査の対象になった.千葉で発覚した二つの中毒事件の原因となった餃子
は,この経路で輸送されたものであった.また,兵庫のケースでは,横浜から
大阪に運ばれたのち,兵庫へ配送されたことが確認された.警察の調べによれ
ば,餃子本体や包装から検出されたメタミドホスの純度は低く,日本国外で混
入された可能性があった.そして,日本国内の規制はきわめて厳しく,メタミ
ドホスを混入することは不可能であったと,警察庁は考えていた [23].事件後
に日中の警察が互いに訪問したのはそれぞれ二度に及び,捜査状況に関して協
議を重ねた.中国政府は,中国国内での犯行だという日本の主張に対し,何も
証拠が見つかっていないと反論していた.

捜査は 2010 年まで続き，日中双方の捜査は行き詰まった．だが他方で，食の安全を確保するための信頼醸成の外交努力も行われた．2009 年 9 月に発足した民主党政権は，消費者保護行政の強化を推進していた．制度設計では自民党と意見を異にした民主党だが，自民党政権と同じく事件の解決を望んでいた．それゆえに，10 月に北京で開かれた日中韓首脳会談に際して，鳩山由紀夫首相は温家宝総理との間で，「日中食品安全推進イニシアチブ」を創設し，食の安全に関する高官協議を行うことで合意した 24)．食の安全は 11 月の日中韓三国の保健大臣会合でも議題になり，保健・衛生問題の速やかな通知，事件発生後の速やかな対応などが合意された 25)．

外交的協力関係の進展にもかかわらず，日本のメディアでは，中国政府が事件への関心を失ってきているのではないかと憂慮する声が高まった．2010 年 3 月，河北省幹部が，新たな捜査結果は何も出ていないと記者会見で述べ，中国公安部の管轄する捜査は他国から侵害されるべきではないと発言したことを『読売新聞』が伝えている．この発言は，捜査の実質的な打ち切りを意味しているのでは，という疑念が日本で生じたのは言うまでもない．また河北省の天洋食品工場を他に移転して，犯行が疑われる現場を隠蔽しようとする計画も立てられていた 26)．

そのような中，2010 年 3 月 26 日，新華社通信が中国人容疑者の逮捕を報じた 27)．翌 4 月，警察庁と中国公安部は東京で 2 日間，協議した．中国警察に拘留された臨時従業員の呂月庭は容疑を認め，給与や待遇に不満を抱いていたと供述した．毒物混入に使われた注射器が押収され，犯行を裏付ける目撃証言も得られた．さらに中国公安部は兵庫と千葉の事件についても呂を起訴することで日本側と合意したと報じられ 28)，8 月 10 日，呂は実際に起訴されるに至った 29)．このように中国政府の捜査終結には，事件発生から 2 年以上もかかったのである．

2010 年 5 月，長妻昭厚生労働大臣は中国の AQSIQ 局長と東京で会合し，日中食品安全推進イニシアチブ覚書を結んだ．この覚書は，両国の国民の健康の保護と食品安全水準の向上を目的に掲げ，食品，添加物，器具等の安全分野において，適切な法律や基準の設定，捜査手続きや技術協力，有害物質・疾病・毒物や残留物の規制手段など，様々な情報を共有する枠組みが設けられる

ことになった[30].

中国食品の安全性への疑念

日本の食品輸入業者が受けた被害は深刻だった．中国から輸入される食品の安全性について不安の声が高まり，市場はそれに即座に反応した．中国産の野菜の輸入は減り，ニンニクや生姜などの国産野菜の販売量が増加した．国産の豚肉の価格も高騰した．日本の食品業者が当惑したのは明らかである．輸入管理の不手際に起因する事件も次々に発覚し，米に殺虫剤が残留していた事件や中国産の鰻，フグやアサリを国産と偽装した事件が相次いで発生した．世界的な食料価格の高騰も，日本の食料供給体制への不安感を募らせた．飼料価格の値上がりにより牛乳の価格が上昇し，原油価格の高騰によって農家や漁師の負担は増していた．

原料と加工食品の両方において，中国からの輸入に大きく依存している状況を目の当たりにして，日本の消費者は衝撃を受けた．また中国で乳製品から化学物質のメラミンが検出される事件が発生し，中国の消費者がこれを厳しく批判していた．これにより，中国食品は安全ではないという見方が日本ではさらに強固になった．日本の食品業界で次々に中国産食品による事件が起きたことで，消費者の不信感は回復できないまでに強まっていた．2008年秋には，中国の工場で製造され，ニチレイフーズが販売したインゲン豆から基準値を上回る農薬のジクロルボスが検出され，食品業界に向けられた疑惑の目は一層厳しくなった．

この事件が発覚したのは，中国が食の安全管理を改善しようとし，日本の消費者の信頼が上向きかけた時だった．農林水産省の月例統計によれば，中国産野菜の輸入量は餃子中毒事件後に激減し，2008年2月には前年度比33%減の2万8000トンに，3月には前年度比49%減にまで減少した．だが，6月には回復の兆しを見せ，9月の輸入量は前年度からわずか3%減に戻っていた．こうした信頼回復は，日本の食品業界が中国の生産拠点や農場の監視を強化した取り組みによるものが大きかった[31].

政策的課題

　餃子中毒事件は日本の政策的課題をいくつも浮き彫りにした．第一に，中国警察との合同捜査の法的枠組みの整備である．これは，食の安全に直結するものではないが，最も切迫した課題であった．日本の警察は，犯罪行為が発生した時に日中両国の警察機関が捜査協力する公的メカニズムが欠如していることを長年憂慮しており，中国人や国際犯罪ネットワークの関与が疑われる事件の捜査のためには，日中両警察の協力を必要としていた．日本に住む中国人が増えるにつれて，警察に逮捕される中国人の数も増えている．2008 年には在日外国人人口の 40％ を中国人が占め，他国出身者を圧倒していた．中国人が関わった事件を警察が捜査する機会は増え，2002 年の在日外国人による犯罪の 36.5％ が中国人の犯行であり，逮捕された外国人の 40％ が中国人であった．この比率は 10 年間でほぼ変化していない（表5-1）．

　2003 年までは，日中の警察機関の相互協力は，主に東京の中国大使館付警察官との定期的な協議という外交チャンネルを通じて行われていた．しかし，2004 年から，警察庁と中国公安部の職員は，年に 5 回，直接の協議を始めた．2005 年には，捜査と起訴の協力を緊密にする刑事共助条約（MLAT）を起草することを，日中の警察機関は合意した．2006 年には日米 MLAT が，2007 年には日韓 MLAT が発効しており，2008 年 1 月の餃子中毒事件によって日中 MLAT の交渉は急速に進展した．2008 年 5 月，日本は日中刑事共助条約（刑事に関する共助に関する日本国と中華人民共和国との間の条約）を国会で承認し，8 月 29 日に中国も批准した[32]．

　しかし，警察庁は，餃子中毒事件だけに留まらず，日本で起きた食の安全に関する他の多くの犯罪にも取り組まねばならなかった（表5-2）．食品衛生法の違反や食品の産地等偽装表示，その他の不正競争防止法の違反などによる検挙事件は 2008 年だけで 37 件もあり，検挙者は 91 名であった．このうち，16 件の 57 名の検挙者は食品の産地等偽装表示の罪に問われ，統計を取り始めた 2002 年以降で最多の検挙数だった．これらには中国からの輸入食品に関する犯罪も含まれ，中国産の鰻を日本産と偽った事件や，検疫所の検疫官には釣り用の餌であると偽って輸入した牡蠣を食品として店頭販売した事件があった．どちらも日本企業による偽装であり，検挙されたのは日本人である[33]．中国

1. 争点──冷凍餃子の輸入をめぐって

表5-1 来日外国人の検挙者数の推移

年		2003	2004	2005	2006	2007	2008	2009	2010	2011	2012
合計	件数	40615	47128	47865	40128	35782	31252	27836	19809	17272	15368
	人数	20007	21842	21178	18872	15914	13885	13257	11858	10048	9149
中国	件数	16708	16950	17006	14170	12611	12430	12572	7231	7839	6483
		41.1%	36.0%	35.5%	35.3%	35.2%	39.8%	45.2%	36.5%	45.4%	42.2%
	人数	8996	9259	8691	6978	5353	4864	4812	4657	4010	3719
		45.0%	42.4%	41.0%	37.0%	33.6%	35.0%	36.3%	39.3%	39.9%	40.6%
ブラジル	件数	4819	7281	7183	4518	7696	4750	4013	2819	1572	1205
		11.9%	15.4%	15.0%	11.3%	21.5%	15.2%	14.4%	14.2%	9.1%	7.8%
	人数	1224	1322	1298	1348	1256	1091	988	730	593	599
		6.1%	6.1%	6.1%	7.1%	7.9%	7.9%	7.5%	6.2%	5.9%	5.9%
トルコ	件数	5496	7478	6914	4504	940	77	121	53	58	49
		13.5%	15.9%	14.4%	11.2%	2.6%	0.2%	0.4%	0.3%	0.3%	0.3%
	人数	170	128	139	129	90	62	62	47	55	51
		0.8%	0.6%	0.7%	0.7%	0.6%	0.4%	0.5%	0.4%	0.5%	0.6%
韓国	件数	2973	3207	3176	3585	3631	2711	2588	2318	1181	1658
		7.3%	6.8%	6.6%	8.9%	10.1%	8.7%	9.3%	11.7%	6.8%	10.8%
	人数	1793	2063	2013	2151	2025	1600	1641	1394	1071	1007
		9.0%	9.4%	9.5%	11.4%	12.7%	11.5%	12.4%	11.8%	10.7%	11.0%
コロンビア	件数	1289	1013	1905	2234	562	1124	723	375	87	62
		3.2%	2.1%	4.0%	5.6%	1.6%	3.6%	2.6%	1.9%	0.5%	0.4%
	人数	284	207	183	151	88	79	49	51	20	35
		1.4%	0.9%	0.9%	0.8%	0.6%	0.6%	0.4%	0.4%	0.2%	0.4%
フィリピン	件数	1569	1745	1986	2152	2036	1673	1503	1159	1058	938
		3.9%	3.7%	4.1%	5.4%	5.7%	5.4%	5.4%	5.9%	6.1%	6.1%
	人数	1333	1637	1791	1922	1807	1490	1357	1128	1035	789
		6.7%	7.5%	8.5%	10.2%	11.4%	10.7%	10.2%	9.5%	10.3%	8.6%
ベトナム	件数	936	954	1073	1342	1473	1789	1714	1764	1749	1430
		2.3%	2.0%	2.2%	3.3%	4.1%	5.7%	6.2%	8.9%	10.1%	9.3%
	人数	718	713	778	842	806	789	876	799	716	661
		3.6%	3.3%	3.7%	4.5%	5.1%	5.7%	6.6%	6.7%	7.1%	7.2%
ペルー	件数	877	915	1079	832	630	709	674	564	710	371
		2.2%	1.9%	2.3%	2.1%	1.8%	2.3%	2.4%	2.8%	4.1%	2.4%
	人数	573	576	582	527	463	478	477	402	330	256
		2.9%	2.6%	2.7%	2.8%	2.9%	3.4%	3.6%	3.4%	3.3%	2.8%
タイ	件数	831	864	982	778	600	521	484	422	270	251
		2.0%	1.8%	2.1%	1.9%	1.7%	1.7%	1.7%	2.1%	1.6%	1.6%
	人数	699	761	790	702	570	490	431	363	256	232
		3.5%	3.5%	3.7%	3.7%	3.6%	3.5%	3.3%	3.1%	2.5%	2.5%

出典：警察庁「来日外国人の主な国籍別検挙状況の推移（平成15〜24年）」『警察白書』平成25年版.

第 5 章　食の安全

表 5-2　食品安全に関する犯罪（2006〜2008 年）

時期	詳細	警察庁による対応
2006 年 5 月〜2007 年 10 月	食肉製造加工会社が県外産の鶏肉を「比内地鶏」と表示し，11 の小売業者から約 6300 万円をだまし取った．	2008 年 5 月から 6 月にかけ，1 法人と 6 人を詐欺罪と不正競争防止法違反の疑いで検挙した．
2007 年 11 月	水産物輸入販売会社が 400 キログラムの牡蠣のむき身を輸入し，毒性検査の費用負担を逃れるため釣りえさ用であると申告したが，実際には小売業者に食品として販売した．	2008 年 2 月，1 法人と 1 人を食品衛生法違反（輸入届出義務）の疑いで検挙した．
2007 年 10 月〜12 月	水産加工会社が 470 キログラムのとらふぐの肝臓を適法な検査を受けないまま販売した．	2008 年 4 月，1 法人と 1 人が食品衛生法違反（不衛生食品等の販売等の禁止）の疑いで検挙された．
2007 年 12 月〜2008 年 1 月	有機リン系農薬メタミドホスを含有する冷凍餃子による食中毒事件が 3 例発生した．	さらなる事案の発生を防ぐため，千葉・兵庫の両県警は警察庁の監督下にこれらの事案の広報を行うとともに共同捜査を実施した．警察庁は真相究明のため中国国家公安部と情報交換を行った．
2008 年 2 月〜4 月	水産物輸入販売会社が中国から輸入した約 15 トンの鰻のかば焼きについて故意にラベルを偽装し，「愛知県三河一色産」と表示した．	2008 年 11 月から 12 月にかけ，3 法人と 8 人が不正競争防止法違反の疑いで検挙された．

出典：警察庁「特集：日常生活を脅かす犯罪への取組み」『警察白書』平成 21 年版．

食品の輸入量の増加と，その規制の緩さが，この種の食品表示ラベル偽装の温床になったのは言うまでもない．

　餃子中毒事件が突きつけた第二の課題は，日本の食品輸入の安全確保である．この事件は日本の食の安全規制が不十分だったことを露呈した．輸入品の監視，特に食品を輸入する日本企業の監視を強めて，輸入食品にも国産品と同じ安全基準を課すことが，最重要課題になった．だが，輸入食品の比率が増えるにつれて，原産地を特定して監視する作業はますます困難になっていた．中でも，次の二点が難しい問題だった．まず，この冷凍餃子のように，中国で加工された食品が日本に輸入される際の検査は，抜き取り検査に留まっていた．次に，食の安全を担当する役割を担うのは複数の行政機関に分かれ，それらを架橋する規制政策も仕組みも存在しなかった．

　第三に，日本の消費者は，事件そのものに加えて，中国での生産と配送のず

1. 争点——冷凍餃子の輸入をめぐって

さんな管理体制に衝撃を受けた．中国における食品生産に対する日本の投資が急速に拡大したことがいかなる意味を持つのか，日本の消費者の認識も，食品加工業者の意識も，どちらも不十分であった．1980年代半ばに日本企業は中国での食品生産の提携先への出資を始めた．1984年3月にサントリーが発表した中国での合弁事業が，日本の食品加工合弁事業の先駆けであった．これに続いて，6月に三菱商事と食品商社のヤマダが中国での合弁事業への出資計画を明らかにし，浙江省での食品加工センターの建設に着手した[34]．11月には丸紅と丸紅食料が中国の事業への出資を発表し，日本に冷凍して輸入されるイチゴの生産に取り組むことにした[35]．翌年春に公表された九州物産商事による事業は，日本の水産物加工技術を中国の工場に供与して，日本へ製品を逆輸入する水産物を製造する計画であった[36]．中国企業との日本の合弁事業は1990年代までに急速に拡大し，2008年には200以上の日本の食品会社が中国で生産を行っていた[37]．

これらの合弁事業の結果，日本では中国産食品の消費量が増え続けた．だが，外食産業においても，また家庭内においても普及していった加工食品についても，その原料や製造条件に関する情報は消費者にほとんど伝わっていなかった．それゆえに，餃子中毒事件を受けて，日本の消費者は中国産食品の購入を控え，販売量は落ち込み，中国からの輸入が急減したのである．

中国産食品の安全性を憂慮したのは日本人だけでなく，中国の消費者も自国の安全規制の改善を求めるようになった．餃子中毒事件から半年余りたった2008年9月，甘粛省で16人の乳児が腎臓結石と診断されるという痛ましい事件が明らかになる．彼らはいずれも河北省の三鹿集団が製造したメラミン入りの粉ミルクを飲んでいた．プラスチック製造でよく使われるメラミンは，人工的にプロテインを増加させる目的で牛乳などの食品製造で用いられたが，腎臓や泌尿器に影響することがあり，特に乳児が摂取するのは危険であった．この事件で捜査されたのは三鹿集団によるメラミンの乱用であったが，他にも合成食品添加物として使用していた中国の企業は21社に及ぶことが判明した[38]．

被害にあった乳児は5万4000人以上に及び，中国の孫政才農業部長が4名の死者が発生したことを明らかにすると，9月には国際的な注目を集める事件に発展した[39]．9月18日，WHOの発表により，6240名以上の乳児の腎臓結

石と，その 3 名の死亡が伝えられた．最初に発病した正確な日時は不明だが，中国衛生部によれば，2008 年 3 月には中国の製造会社のもとに苦情が寄せられていたという [40]．9 月 22 日，WHO は被害者数を修正し，4 万人が医療措置を必要とし，1 万 2900 人が入院したことを明らかにした．その後，被害の範囲はさらに拡大し，さらに 12 月 1 日には，中国衛生部は，30 万人近くがメラミンの含まれた粉ミルクを摂取していたと発表している [41]．事件後，多くの人々が起訴された．2 名が死刑を執行され，1 名が執行猶予付きの死刑判決を受け，3 名が無期懲役に，2 名が懲役 15 年に処された．李長江 AQSIQ 局長など複数の政府幹部が辞職を余儀なくされた．事件への注目が集まっていた 9 月 20 日，厚生労働省は，日本の食品製造業者と食品輸入業者に対し，中国産乳製品の在庫の安全性を確認し，これから輸入する牛乳へのメラミン検査を実施することを要請した．9 月 22 日には検査対象を拡大し，事件発覚前に輸入された牛乳にも実施するように求めた [42]．だが，同様に重要なのは，日本の消費者を保護するという政策基調の変化である．このメラミン事件は，中国産食品が適正に規制されておらず危険であるという日本の消費者の意識を，さらに強めることになった．

2. 利益集団と運動家

　餃子中毒事件が日本人の中国認識に大きな影響を与えたことは，日本の世論調査から明らかだった．言論 NPO と中国日報社の共同世論調査が毎年行われており，事件のあった 2008 年と，その後の 2009 年と 2010 年の結果によれば，中国に対する日本人の信頼感は，餃子中毒事件から大きな影響を受けているようである．中国に良くない印象を抱いている多くの日本人は，「食品の問題等の中国政府の対応に疑問があるから」という理由を挙げている [43]．事件から時間が経過した 2012 年になっても，中国産食品の安全性に不安を感じていると答えた日本人は 92.8% に及んでいる [44]．このように日本国民が中国に対して不信感を強めていることは重要である．だが，より注目すべきは，この事件が通常は外交問題と関係を持たない日本国内の多くの利益集団に影響を及ぼしたことであろう．

日本の食品産業

日本の製造業のうち，食品産業は約 10% を占める．そこには，畜産業や漁業のほか，製パン業，飲料製造業，その他の食品加工業も含まれる．日本の食品産業も中国企業との合弁事業を通じて生産を拡大しており，この点で他の製造業者と変わりはない．1990 年代に日本の経済成長は鈍くなり，日本の消費者が安価な食品を求めだすにつれて，中国の農業生産者や食品加工業者との合弁事業が増えていった．

日本政策投資銀行調査部課長だった小森正彦は，このような合弁事業の増加の理由として，日本人の食生活の変化と，中国人の食の多様化を指摘している．日本の食品産業による中国への直接投資は，1990 年の 13 億円から 2005 年には 249 億円にまで拡大した．餃子中毒事件が発生した 2008 年段階で，中国には 212 の食品加工会社と 15 の農業会社があり [45]，その大部分は東部沿岸の省に集中していたと，小森は分析している．とりわけ日本の合弁事業が集中していたのは，上海市（59 社）のほか，山東省（47 社），広東省（21 社），江蘇省（19 社）である（図5-4）．

また日本の商社は食品貿易の中心的存在であり，中国の食品加工業への関与を強めている [46]．たとえば，長らく中国の食品業者への投資を続けている伊藤忠商事は，食品安全管理やトレーサビリティ制度への投資を通じて，餃子中毒事件の発生した後の中国市場で著しく有利な立場を築いている [47]．2008 年 11 月，伊藤忠は，中国と台湾での食品製造・流通最大手である台湾系コングロマリットの頂新ホールディングスへの出資を行った．2010 年には，アサヒビールと協力して，頂新ホールディングスとの提携を強化する．伊藤忠は，食品安全管理を含む品質管理ノウハウを提供することで，中国と台湾における頂新ホールディングスの食品製造・流通事業との連携を深めた．さらに伊藤忠は，アジアやオーストラリアを含む国際市場での戦略的拠点として中国での事業を拡大しており，中国の経済成長がこれからも持続し，消費への支出も強固であり続けるだろうという期待を抱いていた．すなわち，事業展開の場としてだけではなく，自社の将来的な成長を牽引する戦略として，中国での需要の膨張に投資したのである．

図 5-4 日本の中国との食品合弁企業 (2007～2008 年)
合弁企業のほか，日本の食品会社も中国国内に 31 の代表事務所を設置している．北京 6 か所，広東 2 か所，香港 2 か所，遼寧 3 か所，山東 5 か所，上海 13 か所である（出典：21 世紀中国総研編『中国進出企業一覧　非上場会社篇』2007-2008 年版，蒼蒼社，2007 年．同様の地図は小森正彦『中国食品動乱』東洋経済新報社，2008 年，96 頁にもある．ただし小森はデータを異なる方式で集計している．原図作成：マーティン・ヒンツェ）．

　餃子中毒事件で大打撃を被ったのは大商社ではなく，中国から加工食品を輸入する日本の食品会社であった．ジェイティフーズの親会社である食品製造業最大手の日本たばこ産業（JT）は，その衝撃をすぐに痛感した[48]．事件が発覚した後の 3 月初頭の記者会見で，木村宏社長は，冷凍食品の中国への生産委託を減らし，自社工場での品質管理基準を厳格化することを公表した．だが，中国での食品生産を全て中止することは不可能であると，木村社長も認めざるを得なかった．JT も他の日本の食品加工産業も，原料調達を容易にし，人件費も抑制できる利点を，中国での生産に見出していたからである．その上，日本の食品会社は中国の冷凍食品工場に大きなインフラ投資もしていた[49]．5 月には JT などが中国での冷凍食品の生産を縮小することを公表し[50]，品質や

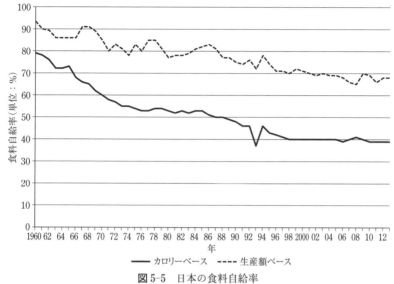

図 5-5　日本の食料自給率

会計年度による数字である（出典：農林水産省ウェブサイト「食料自給率の部屋」．各比率がどのように計算されているかについて詳しくは，農林水産省ウェブサイト「よくわかる食料自給率」2013 年 11 月）．

工場の管理を厳格化するなど監視体制を強化する食品会社もあった．たとえば，監視カメラを設置したマルハニチロや，新たな衛生管理チームを設置した味の素冷凍食品などである[51]．消費者の信頼を失ったジェイティフーズは加ト吉との合併に踏み切り，東京の食品開発センターを全面改修した．この取り組みは，低価格化と食の安全確保の両立を目指す中で，消費者の信頼を回復する一か八かの試みであると，ジェイティフーズの幹部は語っている[52]．

「食料自給」と食品輸入

餃子中毒事件は日本の食料自給体制に関する広範な議論を呼んだ．農林水産省は長らく食料自給率の引き上げを提唱しており，戦後日本の農業補助金は自国民への食料供給能力を向上するという観点から正当化されてきた．その一方で，日本の食料輸入は増え続けている．特に 1980 年代の GATT ウルグアイラウンド後の貿易自由化によって日本の農業保護は縮減し，日本の消費者はより安価な輸入品を入手できるようになった．さらに 1990 年代には，国産食品を

好むと広く信じられてきた日本の消費者が，日本経済の低迷を受け，より安価
な輸入食品を好んで購入するようになった．この間，カロリーベースで食料自
給率を計算していた農林水産省は批判を受けて，生産額での統計に移行させた
が（図5-5），どちらの指標でも日本の自給率は減少傾向を示している．

　日本への食品の輸入を最前線で担当するのは農林水産省である．だが同時に，
農林水産省は国内農業を支援し強化する責任も負っている．内閣府は，食料自
給率50%の確保を長年の政策目標として掲げてきた [53]．貿易自由化と農業改
革をめぐる議論が白熱する中，農林水産省の政策は近視眼的な農業保護に留ま
っている．安全で，安定した食料供給体制を確保することよりも，国内の農業
を強化することが優先されているからである [54]．

　しかし，農林水産省が日本の農業を守るという政策目標には疑問も付されて
いる．農林水産省による食料自給率の計算方法には問題があり，また食料自給
率を左右する変数は政府が統制できるものではない．たとえば，2011年のカ
ロリーベースの食料自給率は，本質的には前年から変化していなかったが，気
象条件により生産量が増えた小麦の比率の増加によって影響を受けた．米の需
要は東日本大震災後に一時的に増加したものの，間もなく落ち着いた．さらに，
福島第一原発の炉心溶融事故によって，放射能汚染という新たな変数が登場し
た．放射能汚染によって水産物の生産は落ち込み，需要が減少した野菜と牛肉
は価格が低下し，生産量が減少した．農業の一大生産地である東北地方が地震
と津波に襲われ，日本の食料供給は甚大な影響を受けることになった [55]．

　日本の食料輸入の増加に伴い，輸入品を監視する法的な枠組みは，海外の提
携先を監督する日本の食品産業を通じて行わざるを得なくなった．日本の食品
産業は厳しい食品安全規制と衛生規制に従っているが，厚生省がこの国内基準
に基づいて外国産の食品を独力で監視するのは困難であった．1988年から40
社の食品会社が集まって，輸入食品の安全性を向上させる方策を話し合う自主
勉強会が始まっていた．そうして発足した日本輸入食品安全推進協会には，商
社，食品製造業社，流通業社が加盟し，1992年には厚生省により社団法人と
して認可された．その時点で加盟企業は80社に及んでいた．加盟企業の元従
業員を職員とするこの協会は，業界を監督し，新設の規制要件についての勉強
会や説明会を実施し，厚生労働省の検査官と工場単位の食品安全管理者の交流

2. 利益集団と運動家　　　145

を促進するための重要な結節点になっている[56].

消費者運動

　食の安全は，戦後日本の消費者運動にとって重要な争点であった．パトリシア・マクラークランの表現を借りれば，食の安全は「消費者の利益を日本的に定義する上で」主導的な役割を担ってきたのである[57]．戦後日本の消費者運動を扱う彼女の研究書は，食の安全を求める戦後日本の消費者運動家たちの取り組みを描き，食品表示ラベルの設定，合成食品添加物や殺虫剤などの使用規制，ポストハーベスト農薬を用いた輸入品の禁止，などの事例を分析している．だが，彼女の研究成果に基づけば，1970年代と80年代の食品添加物をめぐる消費者運動は，規制緩和を進める中曽根康弘内閣の新自由主義政策に正面からぶつかることになった．厚生省が支持したのは，厳しい安全規制を求める消費者運動ではなく，費用対効果の高い生産性を追求する食品産業であった．

　餃子中毒事件の当事者が，消費者の食の安全のために設立された日本生活協同組合連合会だったのは皮肉というほかない．2007年には生協（CO・OP）組合員は2468万7000人であり，その商品の79.5%が496ある生協で小売販売されている．小売販売の売り上げの53.7%を占める生鮮食料品と24.8%の食料雑貨品が有力な商品である．こうした地域社会に根ざした小売販売は，店舗，宅配，カタログ販売を通じて展開され，全国に配送システムがある（売上額の上位10店舗は，神戸，札幌，東京，神奈川，埼玉，宮城，千葉，京都，トヨタ，パルシステム東京である）[58].

　生協の餃子による甚大な中毒被害が生じたことで，日本人が口にする食品が経済的効率を重視して作られている現状が露呈した．手軽に準備できる冷凍食品や加工食品は家庭で重宝されるため，それらを好む日本人が多い．多くの世帯で食される冷凍餃子は，中国で主に生産されている．品質にこだわる生協においても，長い間文化として考えられてきた国産食品への嗜好よりコスト意識が勝ったのである．

　生協の事件への対応は，迅速かつ徹底していた[59]．ジェイティフーズとは対照的に，単に中国での外部委託を減らすだけでなく，事件を防げなかった生協の管理システムを組織内で集中的に見直した．有効な危機管理システムを構

築するために，生協連は原因究明と再発防止策を検討する外部の専門家による
検証委員会を組織した．全 6 件の事案を調査した検証委員会は，生協の対応は
不適切だったと認定する．たとえば，2007 年 10 月と 11 月の別の三つの事案
では，冷凍餃子から異臭がするという情報が東北地方の生協には寄せられてい
た．いずれも包装には損傷が見られず，配送過程での問題とみなされた．だが，
この時にもっと慎重に調査されていれば，その後の事件発生は防げたはずであ
る．さらに生協は消費者に対し何ら注意喚起をしなかった．警察の捜査が行わ
れるまで会員生協は生協連への報告を怠り，他の生協への情報伝達は遅れた．
これらを踏まえ，生協はフードディフェンス（食品防御）という概念を新たに
取り入れ，今後のシステム改善に活かそうとした．これは，食品供給の安全確
保を促進するために，国際社会やアメリカの取り組みを参照したものであった．
このように，餃子中毒事件を通じて，従来から発生していた食品添加物や化学
肥料の誤飲といった事案だけに留まらず，新たにテロリズムや悪意ある犯罪か
ら食の安全を防衛する必要性が認識されるようになったのである．

　生協連の検証委員会は，会員生協へのヒアリングを含めて事件を詳細に調査
し，全国で実施すべき改善策を提示した．これが食の安全に関する中央政府の
議論を促すことになった [60]．2008 年 7 月 28 日，日本生協連会長の山下俊史は
福田康夫首相に意見書を提出した [61]．福田首相はこの時，日本の消費者保護
を優先的な政策課題にしようと改革していた．

　事件の再発防止策を論ずる際，定評ある消費者団体の主婦連合会（主婦連）
も重要な役割を果たした．あらゆる消費者問題に取り組んできた主婦連は，食
の問題に関心を抱く中小の市民団体と協力して，食の安全に関するセミナーや
勉強会を開催してきた．事件発生後，消費者保護の促進を目標にして，主婦連
は日本政府に対応を求めた．著者とのインタビューに応じた主婦連事務局長の
佐野真理子は，食の問題は当初から日本の消費者運動の重要なテーマであった
が，食品輸入の拡大に伴い，産地や製法を消費者がよく知らないことに消費者
団体は気付くようになったと語っている [62]．国産食品の生産量の減少を佐野
は危惧しており，この問題は日本経済の構造的変化がもたらしたより大きな課
題のほんの一部だと見ていた．

　日本の食料供給における最優先事項は，コストと配送である．たとえば，生

2. 利益集団と運動家

協は長い間，食品の原料について最大限の情報を消費者に提供していた．しかし，スーパーマーケットに似てくるにつれて，生協もまた食の安全の問題と無縁ではなくなっていった[63]．佐野によれば，餃子中毒事件によって食の安全に関する議論が起こる前から，食品表示ラベルの偽装問題がすでに噴出しており[64]，日本経済の変化にあわせて消費者運動の主たる対象を変えるべきだという警告が消費者運動に向け発せられていた．それゆえに，事件の後，主婦連はすぐに品質表示ラベルの適切な貼付を強調し，輸入食品の原産地を企業に明示させるように日本政府に要求したのであった．

　大規模化した食品生産では経済的効率が重視され，海外からの食品輸入が増加するのにあわせて，消費者運動の関心は食品の表示と広告に集まるようになった．政府が消費者行政機関の新設に向けて動き出すと，佐野はその権限と目標に関する審議において重要な役割を担い，新機関が諮問する消費者委員会の委員を務めることになった．他にも，消費者関係の諮問委員会で委員を務めた人や，製造物責任法の制定に関与した人物，かつて偽装事件を起こした雪印の社外取締役を務めた消費者団体のメンバーなど，様々な専門家が委員に就任した．消費者運動の専門知識や経験に基づいて，この委員会では最初の数年間，真剣な議論が交わされていたと，佐野は語っている[65]．

　公衆衛生問題に第一義的に関わる主体は，消費者と生産者の間に位置する地方自治体である．餃子中毒事件では，東京都の対応が鍵を握った．食品安全の危機管理が問われたこの最初の事件に，東京都は直ちに介入した．事件が発覚したのは兵庫県だったが，冷凍餃子を輸入したのは品川区の企業であったからである．東京都の職員は，事件発覚後には輸入者であるジェイティフーズへの立ち入り調査を行った．事件に関わる全ての餃子が同一の敷地内から出ていることを確定すると，東京都は厚生労働省に通知した上で，この餃子を食べないように消費者に注意を喚起した．東京都では，一人の犠牲者も出ていないのである．さらに，小売店で販売された冷凍餃子を東京都が無作為抽出で検査しても，メタミドホスは全く検出されなかった[66]．

　その後，厚生労働省は全ての地方自治体における食品安全問題の責任者の連絡先リストを作成した．これにより，東京都は初めて他の自治体と直接に協議できるようになった．東京都の担当者である中島英雄（福祉保健局健康安全部

食品監視課食中毒調査係長）は，類似した食中毒事件の発生時にいつでも対応できるように，携帯電話を持つようにした．食中毒の発生時に日本の企業は地方自治体にすぐに連絡しなければならず，また野菜に散布される農薬によって中毒事件が発生した際，医師と病院は日本医師会に通知する義務がある．餃子中毒事件を踏まえ，今では食品を加工する工程も地方自治体の監視下に置かれることになった．

東京都民が輸入食品を不安視し続けたため，東京都は輸入加工食品の原産地表示ラベルを適切に貼付するように推奨した．2008年2月には原産地と加工地の両方がわかる表示ラベルの貼付について，東京都は検討するようになる．日本農林規格（JAS）から独立した表示法を定める条例の必要性が話し合われ，冷凍食品を扱う大企業から意見を集めていった[67]．2008年3月27日，消費者代表や学識経験者を集めた東京都消費者生活対策審議会が招集され，都民からのパブリックコメントが募集された．この委員会は4月30日に次の提言を行っている．第一に，冷凍加工食品の三つの主要な原料（肉，野菜，魚介など）の原産国を表示すること．第二に，原産国の情報を包装上に記載できない時には，製造者はホームページや店頭に情報を掲載するか，顧客対応窓口の電話番号を掲載して情報を開示すること．これらは，生鮮食料品について表示を義務付けたJAS規格にならって，冷凍加工食品の原産地と製造地を表示することを義務付けた規制であり，全国に先駆けて東京都が制定したものであった．

餃子中毒事件に際して東京都が果たした役割は決して無視できない．1300万人が暮らす日本最大の都市であり，都内に食料生産施設がほとんどないため，食品の輸入に頼る部分がきわめて大きい．それゆえに，東京は消費者の食の安全に対処した経験が豊富である．比較的よく整備された検査を実施しており，残留農薬の検査のみならず，チェルノブイリ原発事故後に放射能検査を行ったこともある．東京都の食品検査の現場にいる寺村渉（福祉保健局健康安全部食品監視課輸入食品・有害食品担当）は，日本政府による輸入食品の監視を補完する東京都の重要な役割について著者に語っている．日本政府の無作為抽出検査は輸入食品の約10％を対象としているが，残りの90％が安全だと信じられる理由はない，それゆえに東京都は食の安全の確保に積極的に取り組んでいると，寺村は述べる[68]．確かに食の安全を守る法的枠組みを形成する責任者は

日本政府である．だが，中島英雄係長は次のように東京都の役割を説いている．
「東京はもっぱら消費者から成る地域であり，消費者の政策的影響力は強い．
したがって，東京都は，国の法律によって対応できない政策を独自に展開でき
るのです」[69]．

3. 法規制の調整

　中国で製造された冷凍餃子が，日本の著名な二つの組織を介して流通し，日
本で複数の食中毒事件を起こした．中国警察の捜査によって，これは残留農薬
による偶然の事故ではなく，意図的な行為であることが明らかになった．日本
と中国には警察が捜査協力する協定がないため，協力は限定的となり，捜査は
遅れた．捜査の遅れは国民感情を逆なでし，日本の消費者は中国からの輸入農
産物の購入を控えた．何ヶ月たっても，さらには何年たっても，事件の決着は
見られず，反中感情がくすぶっていった．

　この事件により，日本政府の消費者保護政策・制度の欠如が明らかになった．
縦割り行政であり，それらを架橋して輸入食品を規制する政策枠組みが存在し
なかった．日本の企業は，中国産食品の安全を，実質的に自分たちで確保しな
ければならない状態であった．日中間に緊張を走らせた餃子中毒事件は，食の
安全のための法規制を改善するよう日本政府に迫る国民的圧力も強めたのであ
る．

　福田康夫内閣はこの事件において三つの対応をとった．第一に，最優先事項
として，中国政府と協力して原因究明に取り組み，食の安全管理を統括する仕
組みを整備した．第二に，農産物や加工食品の輸入規制を強化し，輸入業者へ
の新たな指針を作成した．第三に，消費者保護を担当する政府機関を設置する
立法を急いだ．これは事件の直接的な帰結とは言いがたいが，消費者行政を一
元化するための措置であった．

日本の食品安全規制と中国の食品製造者

　2008年の餃子中毒事件により，輸入食品に対する日本の規制監督が，長年
脆弱なものであることが露呈された．中国産食品の事件が生じる以前から，食

の安全は日本政府の喫緊の課題であったため，すでに食料供給の監督体制は改革されていた．牛海綿状脳症（BSE）や食品表示ラベルの偽装問題などが頻発し，2003年に食品安全基本法が制定された．また，1947年に作られた食品衛生法は，日本企業が製造した食品が，日本国内で流通することを前提に，食品の取扱規制を定めたものであったため，リスク管理の強化や食料供給の監督強化に向け，2003年に同法は改正された．

食品安全基本法では，輸入食品に関しても日本の衛生基準や安全基準を遵守することを食品業者の責務として課した．法令を遵守する第一義的な責任は食品業者にあり，厚生労働省は工場施設への立ち入りや食品の無作為抽出検査を通じて監督する．また，同法は厚生労働省による食品監視を規定し，新たに食品安全委員会が内閣府に設置された．これらの改革を貫く理念は，消費者利益の観点から食の安全を監督する責務を合理化することだった．以前は官僚支配が非効率的な監督と利益相反のもとになっていた．たとえば，畜産を奨励する農林水産省が飼料の検査も担当していたため，検査が甘くなっていたことが，BSEの流行後になって発覚した[70]．

海外の工場で日本の法令の遵守を徹底させることは容易ではなかった．中国の工場による定期的な現場検査に依存せざるを得ず，現場の管理は取り決められた基準に委ねられていた．このことは，中国の多くの企業にとって，日本の生産方式に適合させるために設備を一新することを意味した．伊藤忠商事で食料カンパニープレジデントを務めた渡邊康平は，中国の提携先である龍大食品集団が，日本の生産機械を購入して日本の品質管理技術を導入することが，食の安全確保のための最善の保険だったと述べている[71]．

餃子中毒事件を受けて，厚生労働省は輸入食品と外国産加工食品の監督を強化する安全指針を制定した．2008年6月に新たに公表された「輸入加工食品の自主管理に関する指針（ガイドライン）」は，「輸入加工食品の輸出国での原材料，製造・加工，保管，輸送等の各段階における日本国と同等の安全性の確保とその確認が求められている」（下線著者）と強調している[72]．ここでいう「各段階」とは，次の四つである．

・輸出国政府による監督等

3. 法規制の調整

- 原材料の受け入れ段階
- 製品の製造・加工段階
- 製品の保管・輸送・流通段階

　また，食品の衛生上の問題が発生した際の回収や廃棄措置の手順も，指針には記されている．この新たな指針は，日本の食品製造者や輸入業者が海外の製造者と契約する際に文書で確認する義務を規定した．日本の輸入業者は，駐在員を設置し，現地で調査や試験検査を指揮することを求められるようになった．

　餃子中毒事件は，日本の食品安全行政の改革をもたらしたが，これには前例となる事件が存在する．2008年の指針の策定時には，1987年の流通食品への毒物の混入等の防止等に関する特別措置法が参照された．この法律は，グリコ・森永事件を受けて制定されたものである．1984年3月，江崎グリコの社長が自宅で誘拐され，江崎グリコと森永製菓の商品に手当たり次第に毒物が混入された．「かい人21面相」を名乗る犯人グループの脅迫に国民の関心が集まった事件であった．警察は28件の毒物混入事件を殺人未遂事件として捜査を行い，1985年から87年にかけて日本企業を脅迫した410件の模倣事件を捜査した．このため，食品の配送過程で毒物を混入する犯罪をもっぱら対象にする新たな措置がとられるようになった[73]．

　2008年の指針を実施する主体は，もちろん日本の企業であった．その指針を解説して普及させるのに，日本輸入食品安全推進協会が尽力した．餃子中毒事件に伴う法規制の変更点を同協会が日本企業に解説する際，この指針が拠り所となった[74]．この指針の内容はその後も拡張され，中国の政策の変化や，新たに発生した事件への警告などが順次盛り込まれている．同協会は2011年に公益社団法人となり，創設時の2倍以上の93社が所属するようになった．大手の食品会社での勤務経験のある鮫島太常務理事は[75]，現行の法律が今日の食品輸入を規制するのに十分であるかどうかが，日本の真の課題だと指摘する．日本政府は現行法に基づいて日本の食品会社を認可するが，多くの小規模な貿易会社は政府に登録される法的義務を有していない．貿易会社が政府の検査を受けるのは輸入の届出を行う時に限られており，貿易会社の施設は検査対象に含まれていない．それゆえに，日本の最大の政策課題は，日本の全ての貿

易会社に自主規制を促すことにあると，鮫島は主張する[76].

　日本の食料供給に意図的に損害を与える行為をいかに防ぐかは，2008年の指針だけでは対応できない根深い問題である．この点で食品業界の足並みは揃っていない．故意による餃子中毒事件の発生を受けて，食品業界は食品製造過程における監視強化を様々に検討して，政策論議に関与した．この指針は，HACCP（ハサップ，危害分析重要管理点方式，もしくは危害要因分析に基づく必須管理点方式）という食品安全を確保する国際基準を中核として作成された．アメリカで発達したこの基準は，危害をあらかじめ分析した上で，重要な管理点を定める衛生管理の手法であり，主要な食品業者がこれを実践していると，鮫島は述べる[77].だが，より広い目標としての「食の安全を守る」ことには，食品工場での従業員の監視などの侵入型モニタリングが含まれるべきであり，日本でこれを行うにはかなりの抵抗がある．「犯罪行為を防止するために全ての人を疑うことは，日本式の管理法と相容れないでしょう」と，鮫島は指摘する[78].日本政府と食品業界が，食の安全を守るためにより厳格な対策を取るかどうかは今のところ不明である．現段階では食品業界は厚生労働省の新たな規制に賛同しており，中国で事業展開する大手の食品会社は，中国の提携先に日本の規制に従うように求めている．だが，中小企業には，海外での現地検査を実施する余裕がないのが実情である．

食の安全と消費者庁

　餃子中毒事件に対する日本政府の対応は，統一性を欠き，遅きに失したという批判を浴びた．福田首相は事件後の2008年2月に対策に着手し，食品危害情報総括官を内閣府と三つの省内（厚生労働省，農林水産省，文部科学省）に設置した．食の安全に関する情報収集の責任者である総括官は毎月会合を開き，情報の共有と更新に努めた．消費者保護行政の責任者であった内閣府国民生活局長が会議の事務局を務めたが，事件発生時には司令塔として機能していなかった．縦割り行政の枠を超える権限を付与されておらず，職員数も十分ではなかったからである．

　福田内閣は，危機管理の担当者として，内閣府の食品安全委員会事務局員の他，この三つの省のスタッフを招集した[79].この食品危害情報安全総括官会

3. 法規制の調整

議が, 消費者保護を最優先課題として強調した緊急対応マニュアルを完成させたのは, 1ヶ月後であった. そこには, 政府の対応の迅速化と, 国民への速やかな最大限の情報提供が掲げられている. それなのに, 中国産餃子に関する情報が国民に伝達されるまでに, 約1ヶ月というあまりに長い時間がかかったのである[80].

　日本政府の次なる対応は, 食の安全や他の消費者問題に専心する一元的な消費者行政機関の形成である. 餃子中毒事件その他の問題が発生し, 政府は消費者保護への対応をより強く求められた. 餃子中毒事件発生以前の 2007 年 11 月, 製造物責任が問われる事件の多発によって, 自民党は消費者問題調査会（野田聖子会長）を発足させた[81]. 2008 年 1 月 4 日, 中毒事件発生より数週間前, 福田首相は関係する諸官庁の管轄下に置かれている消費者行政を一元化するとの意向を明らかにした. 餃子中毒事件によって消費者行政機関の設置論は進展し, 事件への対応のために開かれた閣議から数日後の 2 月 6 日に, 町村信孝内閣官房長官が消費者行政推進会議の開催を発表した. 佐々木毅座長（学習院大学教授）の他, 10 人の専門家が参加することになった. これは, 消費者行政機関を統合する試みに他ならなかった. 餃子中毒事件に対し政府一丸となって対応できないことに福田首相は衝撃を受け, 同日に岸田文雄沖縄北方対策担当大臣に国民生活担当大臣を兼務させた.

　餃子中毒事件の発生により, 消費者行政機関の制度設計は前倒しせざるを得なくなった. 消費者行政推進会議はすぐに提言をまとめるよう迫られ, 町村官房長官も事件を受け議論を早めていることを認めた. 福田首相も性急に事を運ぶのは好ましいと思っておらず, 記者団に対してもっと長い時間をかけて取り組めればと語っていた[82]. また, 2 月 12 日に行われた第 1 回消費者行政推進会議の冒頭発言で, 福田首相は餃子中毒事件の発生を受け, 再発防止策の重要性を認識したと述べた[83]. 政府の対応を改善するには, 中央政府と地方自治体での情報共有が不可欠だった. 中央政府の省庁間での情報伝達が非効率的だったのみならず, 地方自治体が中央政府との情報伝達を有効に行えていなかったからである[84]. さらには, 必ずしも全ての地方自治体に消費生活センターが設置されているわけではなかった. 都道府県庁には設置が義務付けられているが, 市町村には設置する法的義務はない. センターは名目上市町村・都道府

県行政機関の一部であるため，地方自治体の予算で運営される．センターは消費者からの苦情を直接受ける政府の第一の情報窓口でありながら，職員数や行政的支援は予算的制約を受けていた．

政府による消費者保護への信頼を低下させたのは，餃子中毒事件に留まらない．中国とは関係のない事件も頻発し，日本製品の回収を招くことが多かった．たとえば，こんにゃくゼリーを飲み込んだ高齢者や子供が死亡した事件や，パロマ製ガス湯沸かし器による一酸化炭素中毒事件，プールの吸水口の欠陥による子供の死亡事件が発生した．2008年5月19日，福田首相はガス湯沸かし器事件とこんにゃくゼリー事件の被害者家族と面会した．両事件をめぐって訴訟が起こり，遺族は消費者保護の強化を政府に強く訴えるロビー活動を展開していた [85]．

福田首相は，消費者問題を重要課題として取り上げ，政府の対応を合理化しようとした．消費者問題の「司令塔」となる一元化された行政機関を創設しようとする福田首相の関心は，中国との食の安全管理だけに留まるものではなかった．消費者行政推進会議の参考に供するために，3月末に福田首相は行政機関を新設する試案を作成した．5月末に推進会議が修正を加え，6月13日に取りまとめが発表された．2009年までに他の機関から独立した消費者庁が設置されることになった [86]．

だが，消費者庁及び消費者委員会設置法に基づき新設された消費者庁は，食の安全を守る十分な権限を有していなかった [87]．消費者行政推進会議の取りまとめでも，食品安全委員会を独立組織として維持することが提唱された．食品や医薬品の安全性を監督する任務の科学的性質上，独立性を保つ必要性があるという論拠により，この委員会は内閣府に設置された．9月末には，消費者庁の設置法案と関連法案が国会で審議されることが決まった．法案では，消費者行政を一元的に推進するための強力な権限を消費者庁に付与することになっていた．野党議員は内閣府から完全に独立した組織の設置を提唱しており，2009年春の国会審議では自民党と民主党は合意に至らなかったものの，消費者行政を合理化する必要については両党間に大きな齟齬はなかったといえよう．

消費者庁の規模は，消費者保護機関関係者が望んだ巨大組織よりも小さなものに留まった [88]．初年度にあたる2010年度には，職員は202名しかおらず，

予算はわずか 89 億 2000 万円であった[89]．2012 年度でも他の省庁より依然として小さな組織であり，消費者担当大臣は兼任で，消費者問題について内閣で強い指導力を発揮することは難しくなっている．職員数は 270 名に留まり，予算も 90 億 4000 万円しかない．たとえば，2012 年度の経済産業省の職員数は 8582 名，予算額が 4 兆 8300 億円であり，また厚生労働省には 3 万 2485 名の職員が在籍し，32 兆 900 億円の予算が割り振られているのと比較すれば，消費者庁の小ささは一目瞭然だろう[90]．

　それでも，餃子中毒事件を契機として，この新たな消費者行政機関が設立されたという事実に変わりはない．2009 年 1 月 29 日，福田首相の後任である麻生太郎首相が出席した消費者行政推進会議の最終会合では，次のような要約がなされている．「ちょうど 1 年前に中国産冷凍餃子の事件が起こり，また，その後，メラミンのミルクへの混入などが起こるなど，中国からの輸入食品への不安が生じ，国産への需要が高まったが，そうすると国産食品に偽装問題が相次いで起こった．そうした状況において，現状では，食の安全を消費者の立場からしっかりと考えてくれる役所がない」[91]．冷凍餃子の輸入をめぐる論議によって，食の安全に関する日本の政策が変わっただけでなく，消費者の利益を保護する政府機関の新設が促されたのである．

食の安全と中国の消費者

　餃子中毒事件によって，食の安全を守るための日中両政府の協力関係も変化した．日本の食品加工会社と中国の合弁先の間で拡大する相互依存に対処すべく，新たな政策メカニズムが形成されていった．だが，事件後にまず着手されたのは，食の安全の確保ではなく，国境を越えた犯罪捜査協力であった．すでに述べたように，日中刑事共助条約を受けて，日中両国の警察は，捜査協力や正式起訴時の証拠取得などで密接に連携することになった．双方に利益をもたらすこの協力には，日中両政府内でほとんど反対がなかった．

　食の安全のための協力関係を確立するまでには，より長い時間を要した．事件解決まで，日本側で主として対応した官庁は外務省であった．2008 年 1 月に事件が発覚してから，2010 年に中国政府が容疑者の逮捕を日本政府に通知するまでの間，外務省は中国指導者との高官会議のたびに食の安全問題を提起

した．2008 年 11 月 13 日には，外務省のホームページの「外交政策（保健・医療）」という欄に「『食の安全』問題」というページを立ち上げたことを，橋本聖子外務副大臣が発表している[92]．それに続いて，食の安全問題を専門に担当する公式の役職も在外公館に設置した．

しかし，2010 年 5 月 31 日に，日中両政府は，食の安全問題における具体的かつ実践的な協力方法を見出すに至った．長妻昭厚生労働大臣と王勇 AQSIQ 局長が出席した日中食品安全推進イニシアチブ第 1 回閣僚級会合において，日中食品安全推進イニシアチブ覚書が締結され，2010 年度の行動計画が合意されることになった[93]．この覚書には以下の四つの目標が掲げられている．第一に，双方は，食品等の安全に関し，WTO/SPS 協定（衛生植物検疫措置の適用に関する協定）並びに両国の国内法令及び規則に従い，食品等の安全に関する協議及び協力の枠組みを構築する．第二に，双方は，食品等の安全に関し，本覚書に基づく協力の進捗に係る議論，評価，行動計画の策定等を目的として，閣僚級（副大臣等を含む）会議を 1 年に 1 度，日本国又は中国で交互に開催する．第三に，双方は，食品等の安全に関し，関係法令，規則及び基準，その他の手続き等の情報を日本語及び中国語で交換する．第四に，双方は，食品等の安全に関し，閣僚級会議において，本覚書に基づく協力の進捗に係る議論，評価並びに主要な懸念及び関心事項の解決のための行動計画を策定する．

餃子中毒事件によって，中国人労働者と中国人消費者が日中関係に影響を及ぼしていることも浮き彫りになった．石家荘中級人民法院での裁判の中で，呂月庭は，消費者に危害を加えるつもりはなく，天洋食品工場の管理者の関心を引きたかったと，犯行の動機を供述した[94]．臨時従業員だった呂は，15 年間同工場で勤務しながら，正規従業員よりはるかに少ない給与やボーナスしか得られず，より安定した職に就きたかったと述べていた．工場の管理者に宛てて，餃子に毒物が混入されていることを伝える手紙を，呂は匿名で三度も送っていた．食の安全に関する深刻な危機と，日中関係の新たな緊張を引き起こした事件は，中国北部の食品工場内の人事管理の問題に端を発していたのである．事件後に天洋工場は閉鎖され，1300 人が失職し，550 万元（約 9400 万円）の損失を出した．しかし，呂に有罪判決が下されても，日本の食料供給が中国への依存を深めている現状への日本人の信頼感は深く傷つけられたままであった．

3. 法規制の調整

日中食品安全推進イニシアチブは，中国人消費者の認識にも変化を促した．食の安全に関して，より厳格な規制が必要だと考える人が増えたからである．日本の食品製造における高い品質管理基準を中国の食品産業に導入させることで，日本企業は食の安全問題を解決する役割をこれまで担ってきた．だが，2011年の東日本大震災は，マグニチュード9.0の大地震，大津波，福島第一原発の炉心溶融事故という「三重苦の災害」を日本にもたらした．これにより，中国の消費者が日本産食品の安全性への懸念という新たな問題に，日中両政府は直面することになった．中国産食品に対する信頼確保の取り組みが，今では日本から輸入された食品の安全性に対する中国人の不安を解消する取り組みへと，方向転換を余儀なくされている．

2010年まで日本は毎年450億円相当の農産物を中国に輸出してきた[95]．輸出品には，高付加価値の米や酒の他，都市部の中産階級に好まれる高品質の製品が含まれた．日本貿易振興機構（JETRO）の統計では，2001年には日本の食品輸出の6%弱を占めるに過ぎなかった中国への輸出は，2006年には約14%へと飛躍的に伸び，その後は上下しつつ，2010年に約11%となっていたが，この比率は東日本大震災後に急落する．日本は世界で最も強固な食の安全管理体制を保持してきたという評価は崩れ，食の安全問題に関心を強めていた中国の消費者は，日本産食品に大きな不安を抱いた（図5-6，図5-7）[96]．

2011年3月19日，日本政府によって，福島第一原発の付近で作られた一部の食品が基準値を超える放射性物質を含んでいると公表されると，外国政府や国際機関は日本産食品の危険性について一斉に警鐘を鳴らした．3月21日，WHOは，福島第一原発の事故後に一部食品から基準値を超える放射性物質が検出されたことについて「深刻な問題」との見解を述べ，中国AQSIQは，自国の地方政府に対して日本から輸入した食品の放射能検査を求めた．その2日後，厚生労働省は福島第一原発付近で栽培された11種の野菜を食べないよう呼びかけた．中国も福島など5県からの食品輸入を禁止し，4月8日にはその対象を12都県に拡大した．

これに対し，日本政府は過剰反応を控えるように外国政府に要請した．4月8日，水産庁は日本で販売される魚の安全性を強調し，福島第一原発の近海で獲れた魚は市場に出回っていないと説明した．また，枝野幸男内閣官房長官は，

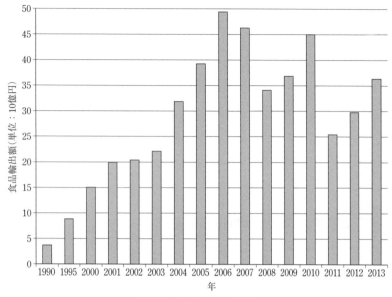

図 5-6 中国への食品輸出
1990年と1995年のデータは比較のため加えてある（出典：税関ウェブサイト「財務省貿易統計」）．

福島の一部地域以外で生産された牛乳とホウレン草に関する出荷制限を一部解除したことを発表した．中国政府は 3 月 11 日以前に製造された日本食品の輸入を許可することで合意したものの，報道によれば日本食品は税関に留め置かれていた．5 月 5 日，鳩山由紀夫前首相と北京で会談した習近平国家副主席は，原発事故に関して日本からの正確な情報提供を要請した．5 月 22 日には菅直人首相と温家宝国務院総理が東京で会談したが，その際に温は禁輸対象の県を限定することに合意し，乳製品，野菜，海産物以外については，放射能検査は不要であるという考えを示していた．

だが，実際には中国は同年 11 月まで日本食品の輸入制限を緩和しなかった．その間，野田佳彦首相や関係閣僚から，5 月の禁輸緩和の合意を守るように中国政府に働きかけが重ねられた．10 月，北京に赴いた枝野幸男経済産業大臣は温家宝国務院総理や陳徳銘商務部長と会談し，輸入再開について議論した．11 月 12 日には小宮山洋子厚生労働大臣が支樹平 AQSIQ 局長と会談し，日本食品に対する輸入制限の解除を強く求めた．最終的には，11 月 24 日，日本政

3. 法規制の調整　　　　　　　　　　　　　　　　　　159

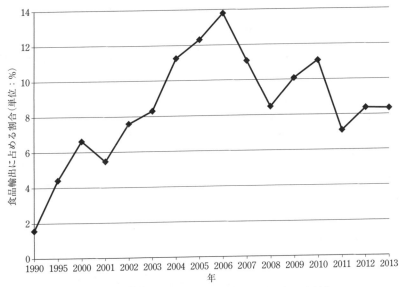

図 5-7　中国への食品輸出が食品輸出全体に占める割合
1990 年と 1995 年のデータは比較のため加えてある（出典：税関ウェブサイト「財務省貿易統計」）．

府が原産地証明書を発行するという条件付きで，加工食品や酒，調味料を含む日本食品の輸入禁止を実質的に解除することを，中国は日本に通知した．しかしながら，福島周辺の 10 県で作られた食品については，輸入禁止措置は続くことになる．

　中国政府が禁輸の解除に消極的だった理由は明らかにされていない．しかし，『チャイナ・デイリー』の記事によれば，中国政府が強く意識していたのは，中国の消費者が食の安全を不安視していた状況だったという．2008 年のメラミン事件を受けて，2009 年 2 月の全国人民代表大会常務委員会では食品安全法が採択され，輸出入食品検査機構が 31 省，218 地区，312 県に設けられた．同法に基づき 2010 年 2 月には食品安全委員会が設置され，李克強国務院副総理が主任に任命された．食の安全を脅かす事件が相次いだことを受け，2011 年にはさらに管理が厳格化されている．日本が「三重苦の災害」に見舞われる直前の 3 月初めに，中国人民政治協商会議第 11 期全国委員会の第 4 回会議において，趙啓正報道官は，食品汚染を防止するために食の安全に関する事件を

刑事罰の対象に拡張するという警告を発した[97]. 食品犯罪や, 食品製造の監督不行き届きに対して科せられる中国の刑罰は, 厳しさを増している. こうした中国国内の雰囲気は, 中国政府が独自に日本食品を検査する能力に不安を感じていることの表れであるという.

しかし, 東日本大震災後に日本産食品の安全性を不安視していたのは, 中国人だけに留まらない. 日本産食品の輸入制限を発表した国は, インド, ロシア, シンガポール, 韓国, ブラジル, カナダ, チリ, 欧州連合 (EU) など, 世界中に及んでいる. 放射能汚染について世界中に戦慄が走り, 日本産食品の売り上げは大きく損なわれた. その後, 1年以上にわたって, 日本政府は日本の食品に対する輸入制限を緩和するように主張し, 貿易差別を停止させる法的な支援を世界貿易機関 (WTO) に要請することになった.

震災後の日本産食品に対する中国の不安を和らげる場として, 日中食品安全推進イニシアチブが浮上した. 第2回閣僚級会合において, 中国側が解決を求める関心事項として, 日本の放射性物質汚染に関する最新情報の通報が盛り込まれていた[98]. この時, 中国政府はまだ日本産食品の禁輸解除を完全には同意していなかったものの, 餃子中毒事件後に設置された情報伝達に関する協議の枠組みが, 日中両国の綿密な意見交換を可能にした. このイニシアチブは両国の保健福祉担当官による定期的な会合を定めており, 中国における食の安全に関する議論を日本国内に伝える上で重要な役割を担っていたことは疑いない.

しかし, 最大の皮肉は, 日本の消費者が大震災後に外国産食品への関心を強めたことであろう. 原発事故後に水や米その他の食品の放射能汚染への恐怖によって, 日本産食品の製造・供給システムの安全性に対する日本の消費者の認識は様変わりしたからである. 日本政府と東京電力による炉心溶融事故の影響についての説明が不信感を招き, 消費者の行動にも飛び火した. 日本の消費者は中国産の米への需要を高め, 大手スーパーも仕入れを増やした. 日本のメディアでは, この現象は原発事故による国産米の価格高騰の結果だと報じられたが, 消費者が中国米を選んだのには低価格だけでなく安全性も影響していたようである[99]. いずれの動機にせよ, 日本の食品会社が震災後に中国への投資と同国での食品製造を加速させたのは間違いない.

中国での米の生産は広く関心を集める領域である. 多くの企業が, 中国での

米の生産と買い付けに関心を持っているが，これは中国の消費者への販売のみならず，将来的な日本への輸出をにらんだものであった[100]．震災の翌年には，日本の米の生産者と小売業者は中国に強い関心を抱いており，4月8日には住友商事が中国で100万トン以上の米の生産に着手すると発表した．「生産履歴を厳格に管理する日本の手法を持ち込んで」行われる事業である[101]．たとえば，日本の農家も中国での米の生産を検討しており，ブランド米の海外生産を検討し始めた農家が『新潟日報』で取り上げられた．コシヒカリやひとめぼれ，あきたこまちといった名高い品種が，中国で試験的に栽培されており，中国の農業組合との合弁事業による日本米の生産拡大が注目を集めている[102]．食の安全に関する中国人の不安は続き，日本の消費者の国産米に対する信頼さえも揺らいでいる中，食料生産拠点としての中国に対する日本の依存はさらに強まっている．

第6章　島嶼防衛

はじめに

　2010年9月，2隻の海上保安庁巡視船と，中国のトロール漁船が海上で衝突するという重大な事件が発生した．これにより，日中間で深刻な外交危機が起こり，尖閣問題をめぐる新たな対決の幕が上がることになる．トロール漁船「閩晋漁5179」の詹其雄船長は，尖閣諸島沖の日本領海内を操業中に海上保安庁に発見されたが，退去警告を無視し[1]，逃走を図った．巡視船に並走されると，まず巡視船「よなくに」に衝突し，次に巡視船「みずき」に接触する．最終的には「閩晋漁5179」に乗り込んだ海上保安官によって，船舶は拿捕され，船長と船員も逮捕された．負傷者は出なかったものの，船体と乗員が拘束されて石垣島に護送されるほどの危険行為であり，船長は公務執行妨害に問われた[2]．

　この事件は重大な外交問題へとすぐに発展する．日本政府は船長を勾留し，起訴する方針を打ち出した．これに対し，中国は船長の勾留を非難し，過去の慣例からの逸脱だと主張した．事件が長引き，詹船長が起訴されるとの見込みが強まると，中国政府は外交圧力を強めていく．ニューヨークにおいて，温家宝国務院総理は日本を厳しく批判し，船長が釈放されるまで中国は厳しい態度をとることを示唆した．これを受け，ヒラリー・クリントン米国務長官は，日本の尖閣諸島に対する管轄権を侵害する行為は日米同盟の対象であると再確認した．日中双方の首都から遠く離れた島嶼部をめぐる日中両国の対立は，これまでは二国間の対話を通じて事を荒立てずに解決できていた．ところが，この事件においては，戦後初めて日中両国は対決姿勢を明確に打ち出し，世界各国に自国を支援するよう訴えることを選んだのであった．

　急速な危機の拡大に日本政府内で衝撃が広がった．それ以上に衝撃的だったのは，この危機に関する日本人の理解そのものであった．のちに「尖閣ショッ

ク」と呼ばれるようになったこの事件によって，日中関係が急速に悪化しており，また中国の行動が予測不能となり，さらには敵対的な行動も取るようになれば，どのような事態が起こり得るのか，誰の目にも明らかとなったからである．中国漁船の船長と海上保安庁の間に起きた個別の事案に留まらず，これをはるかに超える大きな政策的課題を日本は認識せざるを得なかった．この10年間，日中間で事件や摩擦がたびたび起きたが，小さな出来事が深刻な危機へと瞬く間に拡大する様をこの事件ほど如実に示したものはない．事件後に日本政府は尖閣諸島の管理方法の変更を余儀なくされ，それが日中間のさらなる紛争の拡大を招くことになる．

　外交的課題として日本で広く認識されていた尖閣問題は，今や安全保障上の難題となった．日中両政府は，東シナ海の境界画定に関する共通基盤の形成を試みたが，最終的には失敗に終わった．国連海洋法条約に基づく中国の主張は，尖閣諸島に関する従来の日中両政府の了解を変えていった．1992年に制定された中華人民共和国領海および接続水域法には，尖閣諸島は中国の領土の一部であると明記されている[3]．

　2010年の漁船事件は，日本と中国による二国間の紛争解決が困難になっていることを浮き彫りにした．両国の意思疎通は困難を極め，中国のさらなる威圧的行為を緩和し，止めさせるために，日本はアメリカを頼らざるを得なくなっている．そもそも，この種の事故が外交危機に転じていくとは，かつては考えられていなかった．韓国の海上警備艇との間で，中国の漁民が一触即発の状態になった事案はあったが，日本の領海警備活動に対して中国の漁船が挑発した前例は，ほとんどなかったからである．2010年の事件は中国人船長の誤った判断による例外的行動であり，船長が当時，酒に酔っていたという疑惑もある．その真偽のほどはともかく，この事件によって，東シナ海が船舶のひしめき合う危険な海域になったことが明らかとなった．

　この危機への政治的対応は，世界中の関心を集めた．日本政府と米国政府は，中国政府の激烈な反応に驚かされた．しかし，反日感情が急速に燃え広がったのと同じく，その後に危機はすばやく終息する．日本政府は船長を釈放し，本国へ送還された船長は英雄として迎え入れられた．

　2012年，さらに厳しい対立が，尖閣諸島をめぐって発生する．これを引き

起こしたのは，尖閣購入をはじめとする日本の政策であった．2010年の漁船事件を受けて，石原慎太郎東京都知事をはじめとするナショナリズム運動家は，尖閣諸島の領有権擁護を旗印に結集していく．こうした人々に尖閣諸島が売却され，日中関係がさらに悪化することを防ぐため，野田佳彦内閣総理大臣率いる日本政府は尖閣諸島を所有者から購入する方針を固める．しかし，これは日中関係に大混乱をもたらすばかりだった．中国全土でデモが起き，尖閣諸島に対する日本の実効支配に挑むため，中国政府は準軍事的な巡視船を派遣する．従来，尖閣問題は，政府間で管理可能であり，また日中双方のごく少数のナショナリストのみが関心を持つものに過ぎないと認識されてきた．だが，2010年，尖閣問題は日中両国の主要な争点になった．尖閣防衛という小さな争点が，本土防衛という安全保障上の大きな目標に絡み合っているのが，日本の現状である．

1. 争点──中国の挑発と尖閣防衛をめぐって

　2010年と2012年の二つの尖閣危機によって，日中関係の悪化は国際的な注目を集めた．しかし，日本国内では，2010年の漁船事件こそが，台頭する中国に日本政府が十分に向き合えているかという疑念が噴出する契機になった．日中両政府の対立は日本の世論に深い衝撃を与え，安全保障について深刻な不安が呼び起こされた．

　中国人船長が逮捕されてからの中国の反応は，迅速かつ峻烈なものであった．事件発生当日の9月7日と翌8日，中国外交部は丹羽宇一郎駐中国大使を呼び出し，また9日に船長が送検されると，翌10日，楊潔篪外交部長は丹羽大使を再び呼び出して，船長の釈放を要求している．11日には，この事件を理由として中国は東シナ海の共同開発交渉を一時中断すると宣言する．これに対し，13日，日本政府は船員の釈放と漁船の返還を決め，16日には，海上保安庁を主管する前原誠司国土交通大臣が石垣市に赴いて，巡視船の被害状況を視察する．そして3日後の19日，石垣簡易裁判所は，船長の10日間の勾留延長を決定した．

　ここで突如，日中間の緊張は高まることになる．翌20日，中国河北省の軍

事管理区域に侵入したとして，4人の日本人の身柄が拘束された．4人は，日本陸軍が遺棄した化学兵器の処理作業のために中国に派遣されていた株式会社フジタの社員であった．翌21日，中国外交部の姜瑜報道官は，ニューヨークで予定されている国連総会の開催期間中は，温家宝国務院総理と日本の指導者が会談するのに適切な時期ではないと記者会見で述べた[4]．ニューヨークを訪問中の温は，在米華人の指導者と会見し，中国人船長の「即時無条件」釈放を日本政府に求め，強硬姿勢を示した[5]．

　他方で，外務大臣に就任した前原誠司は，国連総会にあわせてヒラリー・クリントン国務長官と会談する．この会談では，中国漁船事件についても協議されたと共同通信は報じたが，国務省の報道官は，領土問題についてアメリカは特定の立場を取ることはないと述べるにとどまった[6]．しかし，米軍幹部の口からより重要な発言が飛び出した．国防総省の記者会見で，アメリカは「同盟国としての責務を果たす」と明言した[7]．戦後初めて，日中両国は尖閣問題における自国の立場について第三国の支持を取り付けようとしたのである．

　そして中国政府のさらなる圧力によって，この危機は新たな局面を迎えていく．外交当局が打開策を話し合っている最中の9月24日に，大畠章宏経済産業大臣が記者会見を開いた．大畠は，中国のレアアース（希土類）の対日輸出が停止されたという報告が複数の商社から上がっていることを明らかにし，同時に中国商務部が禁輸措置を否定していることにも言及した[8]．また，『ニューヨーク・タイムズ』の中国特派員が，日本へのレアアースの輸出を中国政府が削減しようとしているという情報を伝えた[9]．高品質の電化製品などで利用されるレアアースの供給量で世界全体の約97%を中国が占めている（ただし埋蔵量は30〜40%に留まっている）[10]．日本の約3万トンの需要量は世界全体の20%を占め，その9割を中国からの輸入に頼っていた[11]．

　中国のこの経済制裁は，最終的には広範な影響を次第に及ぼすことになるが，当初は禁輸の規模や厳格さは不明であった．10月19日，「乱開発からの保護」を理由に，中国政府は2011年のレアアース輸出量を30%削減する見込みだと，『チャイナ・デイリー』が報じた[12]．翌週に蒋耀平商務部副部長と東京で会談した大畠は，レアアースの輸出正常化をくり返し求めた．11月13日，アジア太平洋経済協力会議（APEC）の首脳会談にあわせて，国家発展改革委員会の

1. 争点——中国の挑発と尖閣防衛をめぐって

張平主任と大畠は横浜で会談した．2時間半に及んだこの会談は経済産業省が主導したものであり，張主任は，事態を「近いうちに適切に解決する」と述べた．19日，漁船事件以降初めて，レアアース問題について「改善の兆し」が見られるという回答が27社中16社から寄せられたという経済産業省の調査結果が公表される[13]．また12月初めには，前週までに確認された21件に加え，その週にはさらに10件の荷動きがあったことを大畠は明かした．中国税関で依然として滞っている貨物もあったが，経済産業省と協力して中国政府も問題解決に取り組んでいた[14]．こうして12月末までに，中国からのレアアース輸出はおおむね通常の扱いに戻った．

レアアース禁輸に加えて，中国政府は4人の日本人の身柄を拘束することで日本にさらに圧力をかけた．日本，アメリカ，中国の各首脳が顔を合わせた国連総会中の9月24日，那覇地方検察庁の鈴木亨次席検事が，詹其雄船長の釈放を発表する．翌25日，中国で身柄を拘束されている日本人との面会を外務省は許可された．船長の釈放を受け，中国外交部は事件に関して謝罪と賠償を日本に要求したが，菅直人首相はそれを拒絶している．それどころか，27日，仙谷由人内閣官房長官は，2隻の巡視船の損害賠償を中国に請求する方針を明らかにした．そして3日後の9月30日，4人のうち，3名が釈放された．

外交摩擦は収束しつつあったが，日本政府は危機管理に失敗したと国内の厳しい批判を浴びることになる．政権を批判する野党は，海上保安庁が撮影したビデオの公開を求め，10月13日の衆議院予算委員会で那覇地検にビデオの提出を求めることを議決した．菅内閣への政治的圧力が強まり，5日後，内閣は応じることを決めた[15]．衆議院予算委員会は秘密会でのビデオ視聴に合意し，11月1日に6分間にまとめた事件映像が開示される．映像を見た予算委員会委員がメディアにコメントを発すると，このビデオを国内法手続きの証拠として非公開にした政府の決定に対する批判はさらに増えた．中国人船長の目に余る違法行為のビデオを日本国民や世界に向けて公表し，事故の責任の所在を明らかにすべきだと多くの予算委員は主張した．

のちにYouTube（ユーチューブ）にこのビデオが流出した時，対中政策をめぐる日本国内の深刻な亀裂が表面化する．中国政府との交渉を通じて日本の国益を守ろうとする政府の戦略を批判する人々にとっては，ビデオを公表しな

いという菅首相の方針は，中国政府に優位な立場を占めさせるだけだったからである.

　この間，中国では反日デモが頻発し，10月16日からの数日間に，成都，西安，鄭州などで発生した．これが，日中関係をさらに緊張させ，日本の対中政策を複雑にしたのは言うまでもない．中国政府は拘束していたフジタ社員の最後の1名を10月9日に釈放していたが，菅首相はこの抗議デモが発生し在華邦人が被害を受けていることについて遺憾の意を表明した．この遺憾の意は，10月19日に，丹羽大使から楊外交部長に伝えられている．反日デモは10月23日からの数日間にも起きていた.

　また中国政府は，前原誠司新外務大臣に強く反発した．事件発生時に国土交通大臣であった前原は，9月17日の内閣改造によって外務大臣に就任する[16]．10月18日に参議院で，前原は，中国の対応は「きわめてヒステリックなものだ」と批判した．そして，21日には，1978年の国交正常化時に鄧小平が提唱した，尖閣の領有権問題の棚上げには合意していないとの認識を示した[17]．これに対し，中国の胡正躍外交部部長助理は反論し，「外交指導者が使うべきでない極端な言葉を使った中国批判」を前原外相が行っていると批判した[18]．10月24日には，日本の領海と排他的経済水域で操業する中国漁船が海上保安庁によって再び発見され，外務省は中国に再び抗議を申し入れた.

　日中関係が緊迫状態にあった10月末，クリントン国務長官と前原外相がホノルルで会談した．10月27日の共同記者会見では，尖閣諸島と日本の防衛に関する米国政府のコミットメントが，クリントン国務長官から改めて明確に示された．「尖閣諸島は，日本の安全保障にアメリカが広くコミットする日米安保条約第5条の適用対象である．日米同盟は世界で最も重要な同盟の一つであり，アメリカは日本国民を防衛する義務を負っている」[19]．この日米同盟の再確認は，日本に安心供与を行い，東アジア諸国に日米同盟の緊密さを示すものであった．鳩山由紀夫内閣期には，日米同盟は困難に直面したことがあった．米軍の普天間飛行場をめぐる不一致により，日米両政府間で摩擦が生じたからである．東アジア諸国は日米両国の政治的緊張を懸念し，オバマ政権はアメリカから距離をとって中国に接近しようとする鳩山内閣のアジア重視外交を不安視していた[20]．日米同盟が日本の安全保障に持つ意味をめぐって，日米両国

は約1年にわたって互いに不満と不信感を募らせたが，クリントン国務長官がアメリカのコミットメントを再確認したことで，これに終止符が打たれたのである．

日本に対する中国の行動には，世界中の視線が注がれた．経済制裁と中国滞在中の日本人の逮捕という二つの手段は，もし尖閣周辺でさらに深刻な対決が生じれば中国は軍事力を行使するのではないかという見方を強めることになった．中国の圧力に苦しむ日本の姿に，アジア諸国は驚きを隠せなかった．最有力の経済的パートナーである日本に対してさえ，中国政府がこのように振る舞うならば，より経済規模の小さな国々との紛争時にも同様の戦術をとる可能性が高いからである．しかし，日本国内のメディアや政治家は，これをアジア全体の問題というよりも，他ならぬ日本の問題ととらえた．多くのアジア諸国や，あるいは世界中で，中国の失策が注目されていたのとは対照的に，日本国内では，日本の指導者が非難を浴び，制度の欠陥が指摘され，政策の不備が批判されていった．

軍事衝突には至らなかったものの，この漁船事件が尖閣問題をめぐる日中関係を敵対的なものに変えたのは間違いない．過去には，この種の事件は日本の法律で取り締まられたとしても，違反者を起訴する動きは見られなかった．たとえば，2004年に中国人運動家が尖閣に上陸した際，海上保安庁に逮捕された人々は日本で起訴されずに中国に強制送還されている．しかし，今回，最終的に船長を釈放して起訴を差し控える決定が下されたことは，弱い立場にある日本が中国の圧力に屈したとの印象を強めることになった．

この事件を受けて，三つの観点から，日本の政策への疑問が呼び起こされた．第一に，日本の海上防衛政策に衝撃を与えた．第二に，日中間のいわゆる「政経分離」の原則が揺らいだ．そして第三に，中国との深刻な危機に対して日本政府は有効に対処できるかという長年の疑念が再び提起された．これらの三点はいずれも，中国の台頭が戦後日本の安全保障に与える影響に関する不安が投影されたものである．

日本の海上防衛力

島国日本の防衛は，二つの能力に依存している．すなわち，海洋の境界を巡

回・監視する能力と，日本経済を支える国際貿易のシーレーンを確保する能力である．日本に供給されるエネルギーの96％と食料の60％を海外に依存しており，国際貿易が日本経済を支えている．日本列島は北海道，本州，四国，九州の4島と，琉球諸島，小笠原諸島などの6847個の離島から成り，海岸線の延長は3万5000kmに及ぶ．領海と排他的経済水域の面積は世界第6位の447万km^{2}である[21]．

日本の海上防衛力の担い手は，海上保安庁と海上自衛隊である[22]．領海と排他的経済水域を警備する海上保安庁は，2000年4月までMaritime Safety Agencyと呼ばれ，今はJapan Coast Guardという英語名を有している[23]．所属部隊は，400隻以上の船艇，27機の飛行機，それに救難用小型ヘリコプターが46機である[24]．1990年代初期から，海上保安庁の予算はほぼ毎年増額されている．日本の軍事関連予算にはシーリングが課せられているにもかかわらず，日本の海洋における防衛能力を強化することには幅広い政治的合意があるからであろう．2013年度予算は1739億円であり，2005年以来，船艇の近代化を続けている[25]．リチャード・サミュエルズの分析によれば，海上自衛隊を補助する役割と，日本がアジア諸国と協力する上で決定的に重要な役割の双方を兼ねているのが，海上保安庁の「新たな戦力」なのである[26]．

海上保安庁が最も困難な課題に直面しているのは，その主要業務である領海警備の領域であり，主に南西方面の水域で監視・巡回能力を増強している．注目すべきは，今までに起きた隣国との領土紛争のほぼ全てにおいて，海上保安庁がその最前線で対応に当たったという事実であろう[27]．尖閣周辺は海上保安庁が最も注視する海域であり，台湾や中国の運動家が起こした事件を受けて，監視態勢が強化された．尖閣諸島に属する五つの島は無人島であり，中国大陸から330km，台湾から170kmの距離がある（図6-1）．最も近接する海上保安庁地方支分部局は，170km離れた石垣島の保安部であり，那覇の第十一管区海上保安本部は410kmもの遠方にある[28]．このように，海上保安庁の最大の課題は，遠方での継続的な巡回活動に他ならない．

海上保安庁ほど急速ではないものの，海上自衛隊も海上防衛力の増強を図っている．冷戦後に北東アジアの戦略バランスが変化し，また海洋における国際的な協力体制が構築されたことに伴って，海上自衛隊の任務は拡大してきた．

1. 争点——中国の挑発と尖閣防衛をめぐって

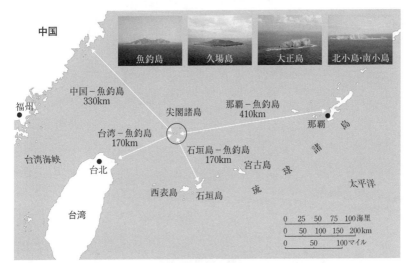

図 6-1　尖閣諸島

各島の写真は海上保安庁『海上保安レポート』2011年版による（原図作成：マーティン・ヒンツェ）．

シーレーン防衛に従事する海上自衛隊は，他の25カ国と共にソマリア沖の海賊取り締まりにも参加している[29]．さらには，「拡散に対する安全保障構想」（Proliferation Security Initiative, PSI）に参加し，大量破壊兵器の海上輸送を監視してきた．

　日本周辺海域をはじめとする東アジアにおいては，海上自衛隊の対潜水艦戦能力等の防衛力は，アメリカの海上戦力を補完する役割を担っている．海上自衛隊の対潜水艦戦能力は冷戦期の日米同盟において決定的役割を果たし，西太平洋におけるソ連の軍事力に対応してきた．現在，日本の対潜水艦戦能力は，拡大する中国の海軍力を監視し，その活動を抑制することを目的として展開されている．2010年の日本の防衛計画の大綱では，5個から4個に再編された護衛艦隊には柔軟な非常事態対応能力を備えた護衛艦が含まれ，合計48隻へと増強された．潜水艦も22隻による6個潜水隊へと拡充され，日本海のみならず，南西方面の東シナ海防衛が重視されるようになった[30]．

　また中国海軍の増強は日本近海の戦力バランスを変化させ，日本の防衛政策に明らかな影響を与えている（図6-2）．中国は，新たな海洋ドクトリンに基づいて，中国政府のいう第一列島線，すなわち九州から琉球諸島，台湾を経て，

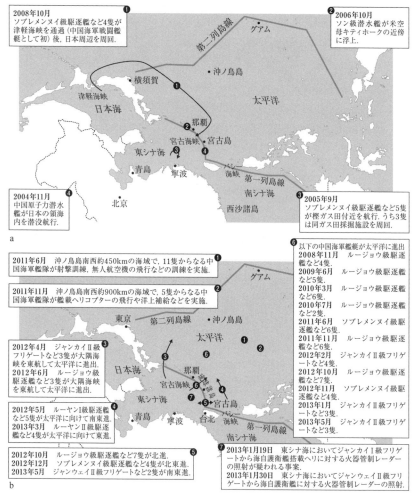

図 6-2　日本周辺海域における中国海軍の活動

(a) 2004-2008, (b) 2008-2013 (出典：(a) 防衛省防衛研究所編『中国安全保障レポート』2010 年版，13 頁，(b) 防衛省防衛研究所編『中国安全保障レポート』2011 年版，10 頁．防衛省「わが国近海などにおける最近の中国の活動」『日本の防衛』平成 25 年版．原図作成：マーティン・ヒンツェ).

フィリピン沖の南シナ海へと伸びる海洋線の外部へと広がる海軍力を形成した．中国が海軍拡張に踏み切ったのは，一つには台湾海峡周辺海域の統制を目指したからである．中台の政治的緊張を背景に，1995 年から 1996 年にかけて深刻な軍事的危機が生じ，米軍は空母戦闘群を台湾海峡に展開した．日本も，海上

1. 争点──中国の挑発と尖閣防衛をめぐって

自衛隊の対潜水艦戦能力と情報収集・警戒監視・偵察能力（ISR）の向上に，それ以来集中して取り組んできた．また海上自衛隊のミサイル防衛能力も向上している．北朝鮮のミサイル実験への対応として，日本政府は，2009 年に日本海で，さらに 2012 年に東シナ海で，米海軍と協力して首尾よく迎撃ミサイルを展開した．

日本の防衛政策に対する中国の影響は，海上自衛隊のみに留まらない．2004 年の防衛計画の大綱，および 2010 年の防衛計画の大綱において，中国の軍事力増強への対応は，自衛隊及び日米防衛協力の優先課題として掲げられることになった．安全保障上の重点地域の優先順位を修正した日本は，南西方面を最優先課題に据え，広範囲の領空と数多の諸島を守る島嶼防衛の意義を強調するようになった．「尖閣ショック」と，それに伴う南西諸島の主権侵犯への不安によって，日本は島嶼防衛に関する訓練を活発化し，陸上自衛隊は米海兵隊との共同上陸作戦の演習を始めた [31]．防衛省は沖縄への戦闘機部隊の追加配備を計画し，潜水艦も増強した．さらに，ISR の強化に速やかに着手したことも重要であり，特に海上での向上が著しい．このように現在，海上自衛隊のみならず自衛隊の全組織が，南西諸島を防衛する役割を果たしているのである [32]．

日本の防衛対象は広大な海洋権益を包含しており，その防衛はますます難しい課題となりつつある．そして北東アジア海域での中国の影響力が拡大するにつれて，日本の海上防衛力は新たな課題に直面した．中国漁船事件は，日本の防衛力そのものに疑問を投げかけるものではなかったが，安全保障をめぐる議論を一変させた．日本政府の政策担当者はこれに類する事件が軍事紛争に発展する危険性を想定せざるを得なかったからである．リチャード・ブッシュが指摘するように，海上保安庁や海上自衛隊が中国海軍と偶発的衝突を起こす可能性が高まったことにより，日中両政府はそれぞれの危機管理能力を再検討することを迫られている [33]．

中国漁船事件は，海上保安庁と海上自衛隊の連携強化という課題も浮き彫りにした．12 海里内の領海を防衛する沿岸警備隊と，その外部水域を防衛する海軍の関係は，地理的に区別されることが多い．しかし，二つの要素によって，この区分はさらに複雑になる．第一に，北東アジアでは，海洋権益を主張する

各国が近接していることである．日本，韓国，北朝鮮，中国，台湾の各国が，黄海，日本海，東シナ海を国境として隣接しており，それぞれの地政学的利益は頻繁に衝突している．第二に，各国の排他的経済水域が重複していることであり，漁業資源や海底資源に関する各国の立場も異なっている．

経済的相互依存のコスト

　中国漁船事件を発端とする外交危機は，軍事的対立にエスカレートする垂直的拡大の危険性だけでなく，多次元での対立に発展する水平的拡大のダイナミクスについても警鐘を鳴らすものだった．日本の政策決定者は，これまでにない課題に対応することが求められた．第一に，レアアースの対日禁輸への対処であり，第二に，中国滞在中の4人の日本人の逮捕への対応である．日本への圧力として中国政府は多様な手段を使う意思を示したのであり，日本の政策形成者は新たな難しい課題を突きつけられることになった．

　かつて，日中両国の指導者は，政経分離方式を模索していた．それゆえに，中国の禁輸措置は多くの日本人に衝撃を与えた．日本経済は中国市場に依存しているが，特にレアアースは日本の多くの製造業にとって不可欠の原料であり，日本が中国の影響を受けやすい領域であった．尖閣危機において，中国政府がレアアースを日本への圧力に用いた疑いがあるが，確証はない．中国は輸出過程の透明性が低く，レアアースの禁輸に中国政府がいかに関わったかを正確に判定するのは難しいだろう．禁輸措置は非公式に実施されており，輸出時に税関職員が取る措置を果たして中国政府が認識しているかどうかについては疑問が残る．

　2010年の漁船事件以前から，日本政府はレアアースの輸出を継続するよう中国政府に働きかけていた．すでに中国政府は，環境保護の観点から，また中国国内の製造業への優先的配分のため，2006年に輸出量の割り当て規制に着手していた[34]．日本政府は引き続き中国からレアアースを調達しようとしたものの，他国と同様に日本への割り当て量も減らされていく．2005年に6万5580万トンあった輸出量は，2012年には3万1130トンへと半減していった[35]．

　外交上の小競り合いを国際貿易紛争にまで拡大することを厭わない中国の姿

勢は懸念材料となっている．日本政府はレアアースの調達先の多様化に努め，民間企業はリサイクル事業へ重点的に投資した．また，日本政府は，同様に中国産レアアースに依存する諸国との政策協調を試みる．ホノルルにおける前原外相とクリントン国務長官の会談では，レアアース供給源の多様化戦略について継続的に協議することになった．また，日本はアメリカおよび欧州連合（EU）とともに，中国の輸出制限措置について中国に対し，世界貿易機関（WTO）協定に基づく協議を要請した[36]．2012年3月14日の藤村修内閣官房長官の発言は以下の通りである．

　レアアースの輸出規制措置への対応というのは，日本政府として様々な対策，これは代替材料開発，あるいは省レアアース，あるいは供給源の多様化などをとるとともに，中国政府との対話を通じて，輸出規制や内外価格差の改善を求めてきたところではありました[37]．

　日本が直面した第二の課題は，河北省での4名の日本人の逮捕であった．2010年9月20日，新華社通信の報道で，フジタの社員が軍事管理区域を撮影した疑いで逮捕されたことが明らかになる．第二次世界大戦中に日本陸軍が遺棄した化学兵器を収集し，廃棄処分する日本政府の対中援助プログラムの一環として，1999年に中国での移動式廃棄処理施設の建設契約を落札したのが，フジタであった[38]．
　フジタ社員の逮捕は中国船長の逮捕のすぐ後に起きており，これは日本政府に対する報復措置だった可能性がある．9月25日，速やかな解決を求めた駐中国日本大使館に対し，中国共産党中央外事弁公室の裴援平副主任は，日本の懸念は理解するが，自国の法律に基づいて中国は行動するだろうというのみだった[39]．9月29日に民主党の細野豪志幹事長代理が北京を訪問し，翌30日，逮捕された4名のうち，3名は釈放される．3名とも軍事管理区域だったとは知らずに立ち入り，釈放前には謝罪文を書いたと，後に語っている．その約2週間後には，4人目も釈放され，日本に帰国する．彼も撮影場所が軍事管理区域だったとは認識しておらず，カメラを所持していた自分は長く監禁されるだろうと予想していたと，帰国後の記者会見で述べた．1年後の2011年10月8

176   第6章　島嶼防衛

日，彼の保釈期間の満了を中国河北省石家荘市の国家安全局は正式に宣言する [40]．日本の検察が中国人船長を起訴猶予処分としてから遅れること，9ヶ月であった．

政策的課題

「尖閣ショック」は，日本の危機管理体制に根本的見直しを迫った．日本の尖閣領有に対する中国人の抗議に，内閣総理大臣自らが対処しなければならなかったのは，2004年の上陸事件と，この2010年の漁船事件のわずか2回に過ぎない．2004年，7人の中国人運動家が，尖閣に上陸して中国の国旗を掲げるために上海を出港した．彼らは逮捕されたが，小泉純一郎首相は，7人を送検せずに強制退去処分とすることを2日後に指示した．

　2010年に中国人船長を日本の国内法手続きに基づいて起訴する方針を固めたことは，この点で新しい対応であった．衝突された2隻の巡視船が大きな損害を被ったのみならず，中国漁船と巡視船の双方が外洋で危機に直面していた．それゆえに，中国人船長は，単なる日本領海への侵入に留まらず，公務執行妨害の罪で起訴するに十分な危険行為を犯したと，日本政府は判断したのである．9月9日，海上保安庁から那覇地検石垣支部に船長は送検された．19日，事件を深刻にみた前原誠司外務大臣は，起訴の可能性を認めた．そして，石垣簡裁が，十分に捜査するために勾留期間を10日間延長することを決定する．この決定に，中国政府は猛反発した．中国が自国の領土であると主張する領域で中国人が日本の法律で裁かれる状況は，受け入れがたかったからである．

　また，中国政府の外交圧力が強烈で，あからさまであったことも，新しい現象であった．日中両国が協力して問題を解決できなかったことは，日中関係が新たな不安要素を内包していることを露わにし，それに苛立つ国民感情を強く刺激した．かつてはナショナリズム運動家の活動は，日中両政府によって管理可能だったように思われるが，今やこれは，日中の外交による合意形成を脅す状況となっている．本国から遠く離れた尖閣諸島が，日本の国内政治の最前線になっているのである．

　この一見小さな事件が大きな注目を集めたのは，日本の領域周辺での中国の海軍力の増強に不安を抱く日本人が多かったからである．すなわち，今回の衝

突は，個人の不適切な行動による偶発的な事件に留まらないのでは，という懸
念である．将来的にはもっと解決が難しい事態も生じるかもしれない．この事
件は，日中の船舶間の摩擦の増大が日中両国の戦略に与える影響を予兆するも
のであった．実際，日本の領海や排他的経済水域内に侵入する中国の調査船や
探査船は増加の一途をたどっている．中国による海底地形図作成は明らかに軍
事的意図を持つものであり，国連海洋法条約に基づく海洋の境界を新たに画定
するためのデータ収集が進んでいる．その一方で，日本の防衛政策形成者が最
も危惧しているのは，中国の海軍力の増強そのものに他ならない．それは，広
範囲にわたる日本の海岸線や島嶼部の警備・防衛能力を直接脅かすものだから
である．

　以上の展開を念頭に，外務省は日中間の海洋協議を提起した．2011 年 12 月，
野田佳彦首相の訪中時に，日中両国は海上捜索・救助協定の締結に合意した．
さらに高級事務レベル海洋協議も始まっている[41]．日本からは，外務省アジ
ア大洋州局参事官，内閣官房（総合海洋政策本部），外務省，文部科学省，水
産庁，資源エネルギー庁，国土交通省，環境省，防衛省，海上保安庁が参加し
た．中国側の参加者は，外交部境界・海洋事務司副司長，外交部，国防部，公
安部，交通運輸部，農業部，国家能源局，国家海洋局，総参謀部であった．こ
れは緊急時の連絡先を交換する先駆的試みといえよう[42]．2012 年 6 月には，
防衛省と中国国防部の間で，緊急時のホットラインの創設が合意されている．

　こうした日中関係の信頼回復に向けた外交努力にもかかわらず，日本政府は
日本の安全を守れるのか，また中国政府は真摯に信頼醸成に取り組む意思があ
るのか，日本人はますます懐疑的になっている．

2. 利益集団と運動家

　漁船事件を発端とする日中対立により，日本では政府への抗議活動が巻き起
こり，日中関係をめぐる政策論議が活発化した．この事件より 10 年前から，
日本の管轄海域内での中国の海洋活動への不満がくすぶっていたが，この尖閣
周辺における小さな漁船の行動はそれ以前の事件とは比較できない重大な意味
を持った．ナショナリズム運動家が抗議活動に乗り出し，危機の 2 週間，東京

の中国大使館前ではデモが頻発する．また野党は対中交渉の情報開示を政府に強く求めた．中国が国際社会に向けて日本による船長の逮捕の不当性を訴えると，これに連動して菅内閣への日本国内からの圧力も高まっていく．日本政府が国内法に基づいて船長を起訴しようとしたことは新たな対応であり，これは当初，世論に支持されると思われた．しかし，危機が拡大するにつれて，海上保安庁の撮影した事故映像を開示すべきだとの批判が高まる．さらに中国滞在中の 4 人の日本人の逮捕により，中国が日本に圧力をかけて屈服させようとしているという印象が日本で強まっていった．

　これは，民主党が初めて直面した対中外交の危機であった．北東アジア諸国との友好関係を強調して政権についた民主党は，東アジア共同体構想に親近感を抱いていた．また中国や韓国との戦後和解の促進を提唱していた．それゆえに，民主党政権は日中関係において対立ではなく協調を重視するだろうと予想されていた．だが，菅内閣が漁船事件を国内法に基づいて対処したことを契機として，早々に国内から激しい批判が噴出した．日本政府は中国からの批判に対応できていないか，あるいは対応したくないのではないかとの疑いを招いたからである．

　危機管理を主導した仙谷由人内閣官房長官は，ビデオの公開を拒んでいた．仙谷によれば，船長を公務執行妨害に問うならば，ビデオは起訴の証拠になるためである．その結果，日本政府は船長の挑発行為の実態を公表することができなかった．閣僚が相次いで国会で厳しく追及され，事件発生後に就任した馬淵澄夫国土交通大臣も野党議員から集中砲火を浴びた．民主党政権は外交経験に乏しく，また中国に過度に寛容であると見られたこともあり，懸念する声は高まっていった．

　中国は対日圧力の強化に余念がなかったように見える．国連総会前日に温家宝がニューヨークで行った演説は，日本への脅迫に等しいものだった．日本が船長を釈放しなければ，中国は「さらなる行動」に出ると温は述べ，「すべての責任は日本にある」と発言した [43]．翌日，クリントン国務長官と会談した前原外相は，より冷静な振る舞いを見せている．国務省の報道官は，尖閣問題について米国政府は特定の立場をあらかじめ取らないという声明を淡々と発した [44]．だが，記者会見の場でマイク・ミュレン米軍統合参謀本部議長は日本

への支持を表明し，ロバート・ゲーツ国防長官もアメリカは「同盟国としての責務を果たす」だろうと明言した[45]．当初は中国漁船と海上保安庁の小競り合いに過ぎなかった事件が，わずか2週間の短期間で，日米同盟と日本の安全保障の試金石へと明らかに様変わりしたのであった．

野党自民党

　野党としての自民党は手強い批判者であった．自民党は，国交正常化以後，数十年にわたって日中関係に取り組んできたという強みをもっていた．それゆえに，この危機に際して，民主党政権は最大野党の自民党から支持を得られなかった．日本の保守陣営と革新陣営の対立は，長らく国会の場で顕在化していた．この対立は対中政策の相違としても現れたが，何よりも国会における最大の論点は日本の安全保障政策の原理原則をめぐる論争である．日本の防衛力をめぐって両者は対決姿勢を鮮明にし，この種の論争はしばしば個人攻撃の色彩を伴う，感情的なものとなった．

　第二の論点は，文民統制の遂行である．海上保安庁のビデオ流出事件に際して，自民党は民主党を厳しく追及した．菅内閣は，情報漏洩者の海上保安官とその上司にあたる海上保安庁職員を処罰しようとしたことでも，また政府の最高責任者である菅首相自身の監督責任を問わなかったことでも批判を招く．かつて革新陣営が自民党政権を批判した論調をなぞるように，自民党は菅首相が文民統制を遂行していないと詰問した．さらに，国会審議で，我慢の限界に達した仙谷由人内閣官房長官は，自衛隊への文民統制の必要性を述べる文脈で，「暴力装置でもある自衛隊」，と「失言」し[46]，政府への批判はさらに高まる．数ヶ月にわたって，台頭する中国に日本はいかに対応すべきか，国会やメディアで多くの議論が巻き起こった．これは，日本政府は対決姿勢を強める中国と十分にわたりあうことができないのではないかという日本人の不安感が投影されたものであった．

　最大野党・自民党は，紛争処理に当たった閣僚に攻撃の的を絞っていく．2010年11月26日，参議院で仙谷官房長官の問責決議が自民党主導で成立し，翌27日には，自民党内に消極意見もあったものの，馬淵澄夫国土交通大臣の問責決議も成立した．これらの問責決議を踏まえ，2011年1月14日，やむな

く菅首相は内閣を改造し，仙谷官房長官が閣外に出た．民主党と官僚の間に立って政策立案を束ねる卓越した技能を持つ仙谷は菅首相の最大の支援者であり，それを失った内閣が受けた打撃は甚大だったに違いない．これらは，単なる国会戦術を超えた政治的争いでもあった．なぜならば，日本の危機管理の最終責任者は誰であるか，という重要な論点を国会の場で浮き彫りにしたからである．はたして責任を負うべきは，政治家なのか，それとも官僚であるのか．その官僚には，自衛官も含まれるのか．この議論は戦後日本の最も脆弱な部分の一つを露呈した．

　議論の矛先は，日本の弱さに向けられた．自民党は菅首相の危機対応を「弱腰」だと非難し，もっと強硬な態度を中国に示すべきだと説いていた．これに対し，仙谷官房長官は，外交政策は短期目標と長期目標の両方を考慮しなければならないと指摘し，緊迫した時期には柔軟性を備えた戦略が不可欠として，政府の対応をしなやかな「柳腰」と形容した[47]．これは用語法にとどまらず，対中政策の相違を明らかにする議論であった．中国と対決姿勢をとるべきか，それとも柔軟な調整を模索すべきか．「尖閣ショック」は，日本の防衛態勢をめぐるイデオロギー的相違だけでなく，こうした対中政策をめぐる論争も新たに呼び起こしたのである．どちらの立場をとるにせよ，日本の危機管理体制が厳しく問われていることは誰もが理解していた．

　かつての日本の指導者は，この種の事件に際して，中国との対決よりも調整を選んだ．2004年，中国の活動家が逮捕された際，当時の小泉首相はそれ以前と同じく中国との交渉を選び，彼らを釈放する決定を下した．むしろ船長を長く勾留した2010年の民主党政権の方が，前例を破ったといってよい．だが，国内の人々には異なる様に見えた．特に那覇地検の次席検事が船長の中国送還を公表したのは重大な過ちであり，軟弱な日本政府内の混乱を中国政府に知らしめる行為だとの解釈が支配的であった．この点で，小泉と菅は非常に対照的であった．もっとも，日本政府に謝罪と補償を要求した中国に対し，仙谷官房長官はそれらを明確に拒絶し，中国こそ海上保安庁の被害を補償すべきだと応じた．民主党を批判していた勢力にとっても，これにより政府の対応はいくらか均衡を取り戻したと見られた．対中政策について日本政府が国内で批判されることは珍しくない．かつて自民党政権も，中国に不信感を抱く党内保守派に

よる批判にさらされていた．だが，中国の圧力によって日本の政策がねじ曲げられており，これこそが早急に解決されるべき課題であるという国民の声が高まっているのは明らかであろう．

　検察庁と那覇地検は事件への対応について公的責任を問われたわけではないが，起訴に消極的にすら見える姿勢に不満を抱く人は多かった．船長が中国に送還されたのち，長い時間が経ってから那覇地検は不起訴処分を決めた [48]．数ヶ月経っても事件への不満はくすぶり，検察審査会によって事件の再審査が決まる．不起訴処分となった事案であっても，市民で構成される検察審査会が起訴相当と議決すれば，検察は起訴せざるを得なくなる新制度に基づく措置であった．これで起訴は決まったものの，中国に戻った船長に起訴状を送達できず，裁判所は無力であった．2012 年 5 月 17 日，公訴棄却が最終決定されている [49]．

　中国政府との意思疎通が不足していることを露呈したのは，政治家も官僚も同じであった．しかし，国内の不満の矛先は，主に菅内閣に向かうことになる．民主党が任命した丹羽宇一郎中国大使（前伊藤忠商事会長）も，外交経験不足について批判を浴びた．日本政府が非公式ルートで協議することも，妥協を模索しているように見えた．これを民主党政権の能力不足とみなす自民党議員も多かった．だが，実際には，民主党から中国共産党への働きかけも行われている．経験豊富な小沢一郎の側近である細野豪志前幹事長代理が中国に赴いて共産党指導者に接触していた．また，前中国大使の阿南惟茂など，中国の指導者と個人的つながりを持つ多くの人々が動いていた．だが，これらは日中間の信頼を回復させるに十分ではなかったのである．

海上保安庁

　事件を受けて，日本政府の組織・機構は見直され，沿岸警備を担当する海上保安庁もその対象となった．ただし，海上保安庁の中国漁船への対応や，船長と乗員の逮捕については，批判の声は全く上がらなかった．海上保安庁の撮影した事故現場を見れば，2 隻の海上保安庁巡視船に衝突しようとした船長の意図は明白であり，巡視船の対応を疑問視する意見はほとんど出なかった．むしろ，国会での批判は，海上保安庁を所管する国土交通大臣，すなわち，船長を

逮捕する決定を下した前原誠司や，YouTube へのビデオ流出の監督不行届を追及された後任の馬淵澄夫に向けられていったのである．

　ビデオ流出に関しては，鈴木久泰海上保安庁長官の監督責任も問われた．鈴木長官の指揮について国会で疑義が提起され，最終的な責任者は政治家なのか，あるいは官僚なのか，仙谷内閣官房長官と野党議員の間で厳しいやりとりが交わされたものの，鈴木長官の辞任要求には至らなかった．だが，事件のビデオや書類といった機密資料の取り扱い手続きは改められている．

　海上保安庁は，海上における警察機構としての役割を周到に維持してきた．海上保安庁の創設は占領期であり，1954 年発足の海上自衛隊よりもその歴史は古い．日本の領海や周辺海域での中国の海洋活動が拡大し，日本政府の対応能力が問われる状況になると，海上保安庁の警備業務と海上自衛隊の防衛任務を連携させる必要が生まれた．1950 年代初頭からこの二つの組織の管轄区域は明確に区分されており，1990 年代末に外国船が日本領海に侵入し始めるまで，両組織間において緊急時の対応に関する検討はほとんどなされてこなかった．

　海上保安庁と海上自衛隊が共同作戦や情報共有を論じ始めたのは 1999 年である．違法侵入の態様により，海上保安庁と海上自衛隊の部隊行動基準は異なっていた．1999 年，西日本の日本海沿岸で北朝鮮の不審船が操業する事件が発生し，沿岸防衛を新たな枠組みで考える必要が生じた．北朝鮮の活動に対応して海上で治安出動を行うための部隊行動基準を海上自衛隊は公表する．北朝鮮の船を海上自衛隊護衛艦が追跡したが，威嚇射撃に留まった．

　2001 年 12 月，一線を越える事件が起こる．奄美大島西方沖の日本の排他的経済水域で，海上保安庁に追跡された北朝鮮船が停止命令を拒否した．海上保安庁の巡視船「いなさ」は，逃走中の北朝鮮船に発砲し，ついには北朝鮮船を沈没させる．その場所は，日本の領海の外部であり，中国が排他的経済水域と主張する地点であった [50]．2001 年 12 月 23 日，事件で死亡した 15 名の北朝鮮人のうち，4 名の遺体を海上保安庁は回収する [51]．日本は中国政府と数ヶ月間交渉したのち，水深 90 m に沈んでいた北朝鮮船を引き揚げた [52]．日本水域に到達する前，北朝鮮船は中国の港に寄っていたという情報機関の報告もあり，北朝鮮の犯罪活動に中国が関与しているのでは，という憶測が日本のメディア

では広まっていた．日本政府は北朝鮮船を工作船と呼び，引き揚げた船体は海上保安庁資料館横浜館で展示されることとなる．

　海上警備行動が発令された二度目の事件は，中国の漢級（091型）攻撃型原子力潜水艦が日本領海に侵入した2004年の出来事である．今回は外国軍隊による明白な領海侵犯であり，海上自衛隊の任務であるのは論を俟たない．第4章で述べた通り，海上自衛隊による追跡は1日以上続き，領海侵犯した潜水艦を強制的に海面に浮上させた．より最近では，海上自衛隊の護衛艦に中国のヘリコプターが接近したため，警告を発した護衛艦が中国艦船を追跡するという事件が，2010年と2011年に起きている．

　中国海軍などが日本の領海と接続水域を定期的に通過するようになったことで，海上保安庁と海上自衛隊の管轄区分が曖昧になりつつある．両組織は合同演習を増やし，共同対処マニュアルを作成して，日本の管轄海域を防衛・警備する枠組みを整えている[53]．海上自衛隊と海上保安庁は積極的に情報共有に努め，現場での協力を広げている．日本が困難な舵取りを迫られるのは，中国の乱立する準軍事組織への対応であろう．公安部海警総隊（海警），交通運輸部海事局（海巡），農業部漁業局（漁政），海関総署（緝私局，海関），国家海洋局（海監総隊，海監）などの多くの機関が尖閣周辺で活動しており，ほとんどが武装している．2013年に，これらの多くが統合され，国家の指揮系統が合理化された．海上保安庁は北東アジアで依然として強い警備能力を誇っているが，中国の海上保安機関はその能力を試そうとしている[54]．

石垣市とナショナリズム運動家

　尖閣付近の住民は，2010年の中国漁船事件が近距離で起きたにもかかわらず，平静を保っていたようであった．それでも，現地の漁業関係者たちが被る影響を考慮して，中国人の活動に対する懸念を表明する自治体首長もいた[55]．2010年9月7日に詹其雄船長と中国人船員が逮捕され，船長が勾留されると，尖閣諸島を管轄する石垣市に注目が集まるようになる．翌2011年にかけて，尖閣防衛を日本の国家目標にすることを望む様々な運動家が本土から石垣市に集結して，活動の拠点とした．それを受けて，石垣市議会は1月14日を「尖閣諸島開拓の日」と宣言することを得策と考えた．1895年1月14日に尖閣諸

島の日本への編入を閣議決定したことにちなむ記念日である[56].

　尖閣諸島の領有権を唱えるナショナリズム運動の起源は，1970年代末にさかのぼる．1990年代には，台湾と香港の運動家が尖閣上陸を試みたことで，ナショナリストの活動も強まった（表6-1）．当初は，右翼団体の日本青年社が，魚釣島に灯台を建設した（表6-2）が，のちに日本青年社の幹部が脱税などの容疑で逮捕され，組織の活動力は弱まった．それから10年後にナショナリズム運動の中心になったのは，保守系団体の日本会議である．彼らは日本青年社よりも穏健だが，よく組織されており，尖閣問題で香港や台湾の運動家に対抗するようになった[57]．海上保安庁の警備記録は公表されていないが，2012年9月18日より以前に，尖閣に上陸した日本人が逮捕される事件が発生したのは確実であろう．

　2010年の漁船事件を受けて，尖閣問題での中国の主張にいかに対応するか，日本国内では議論が活発になった．事件後，東京の中国大使館前で行われたデモは数週間続き，2800人が参加した[58]．反中論を唱える人々はしばしば外務省を標的にするが，この事件時に批判の的になったのはむしろ政治指導者であった．チャンネル桜[59]，日本青年社，頑張れ日本，あるいは櫻井よしこや竹田恒泰などの保守派のウェブサイトなど，広範なナショナリストのメディアやブログ空間でも，批判の声が渦まいていた．

　石原慎太郎都知事も，日本政府が断固として尖閣を防衛することを声高に唱えてきたことでよく知られている．彼は長年にわたって尖閣問題で中国を批判する一方で，台湾が中国と類似した主張をしても特には批判しなかった．海上保安庁の撮影した漁船事件のビデオが流出すると，日本政府の危機対応について公然と疑問が呈されるようになる．そして，ビデオを公表しないという菅内閣の決定が賢明な判断だったかどうか，国民の間で議論が始まった．石原は，ビデオをYouTubeに流出させた一色正春海上保安官への共感を表明する．情報を流出させた一色の判断を公の場で褒め称えた石原は，守秘義務違反を理由に刑事処分を求める声に対して一色を弁護した．日本外国人特派員協会で一色が記者会見した際，石原はその場に出席して一色を擁護した．ウェブ上に機密情報を流出させた一色の行動には法的に問題があるにもかかわらず，この「内部告発者」は日本政府がなすべきことをしたのだと賞賛する声は多かった[60].

2. 利益集団と運動家

表 6-1　外国人運動家による尖閣諸島の領有権主張活動

日付	国籍	船舶数	領海侵入隻数	結果
1996 年 9 月 26 日	香港	1	1	海上保安庁により行く手を阻まれ, 乗船していた 4 名の運動家が海中に飛び込む (うち 1 名が溺死).
1996 年 10 月 7 日	香港・台湾	49	41	運動家らが魚釣島に上陸し, 中国旗・台湾旗を立てたあと島を離れる.
1997 年 5 月 26 日	香港・台湾	30	3	2 名の運動家が, 乗っていたボートから日本の船に飛び移り, 一時身柄を確保されたあとボートへと戻された.
1997 年 7 月 1 日	台湾	1	1	船は警告を受け退去した.
1998 年 6 月 24 日	香港・台湾	6	1	香港籍の抗議ボートのうち 1 隻が遭難信号を発した. 乗組員は台湾船に移り, 香港籍のボートは日本領海付近で沈没した.
2003 年 6 月 23 日	中国	1	1	船は警告を受け退去した.
2003 年 10 月 9 日	中国	1	1	船は警告を受け退去した.
2004 年 1 月 15 日	中国	2	2	船は警告を受け退去した.
2004 年 3 月 24 日	中国	1	1	7 名の運動家が魚釣島に上陸し日本の領土への不法入国として日本の警察に逮捕された. その後 7 名は中国へ強制送還された.
2006 年 8 月 17 日	台湾	1	0	船は日本の接続水域に侵入したが領海には入らなかった. 警告を受け退去した.
2006 年 10 月 27 日	中国・香港	1	1	船は警告を受け退去した.
2007 年 10 月 28 日	中国	1	1	船は警告を受け退去した.
2008 年 6 月 16 日	台湾	1	1	船は警告を受け, 台湾の巡視船に伴われ退去した.
2010 年 9 月 14 日	台湾	1	0	船は日本の接続水域に侵入したが領海には入らなかった. 警告を受け, 台湾の巡視船に伴われ退去した.
2011 年 6 月 29 日	台湾	1	0	船は日本の接続水域に侵入したが領海には入らなかった. 警告を受け, 台湾の巡視船に伴われ退去した.
2012 年 8 月 15 日	香港	1	1	14 名の運動家が尖閣諸島へと向かった. うち魚釣島に上陸していた 5 名は日本の警察に逮捕された. 海上保安庁はその後漁船に残っていた 9 名を逮捕した. 8 月 17 日に日本政府は 14 名全員を強制送還した.
2012 年 9 月 25 日	台湾	40-50	40	漁船・巡視船が接続水域に侵入した. その後, 40 隻の台湾漁船等が日本の領海に侵入し, 警告を受け侵入から 4 時間後に退去した.
2013 年 1 月 24 日	台湾	1	0	1 隻の船が日本の接続水域に侵入したが領海には入らなかった. 海上保安庁の巡視船が放水して船に警告したところ船は退去した.
2013 年 8 月 4 日	中国	1	1	1 隻の船が海上保安庁に進路を阻まれ, 日本の領海から退去した.
2013 年 8 月 14 日	台湾	0	0	香港の保釣行動委員会が台湾から尖閣諸島へ航行する計画の実施を呼びかけた. 台湾船の船長は「上からの圧力」のため行きたくないと述べた.
2013 年 11 月 13 日	香港	1	0	香港の運動家・船員・台湾の記者を含む 15 名の乗組員を乗せた船が尖閣諸島へ向け出港したが, 出発から 30 分後に香港警察に制止され連れ戻された.
2014 年 1 月 1 日	中国	1(気球)	0	中国人男性 1 名が尖閣諸島に熱気球を使って上陸しようと試みたが, 魚釣島から 22 km 南の海上に落下した. 男性は海上保安庁に救助され中国公船に引き渡された.

出典：1996 年から 2010 年までのデータは海上保安庁『海上保安レポート』2011 年版, 2011 年から 2013 年までのデータは『朝日新聞』,『日経新聞』,『読売新聞』の報道から編集したものである.

表 6-2 日本人運動家による尖閣諸島の領有権主張活動

日付	出来事
1978 年 8 月 11 日	右翼団体日本青年社の運動家が魚釣島に上陸し灯台を設置した.
1990 年 9 月 30 日	日本青年社の運動家が島の所有者の許可を得て魚釣島に灯台を再建し, 石垣市に登録した. 日本青年社は海上保安庁に対し灯台を国際的に登録する許可を申請した.
1996 年 7 月 26 日	日本青年社の 7 名の運動家が北小島に上陸し新たな灯台を建設するため一泊した. 日本青年社は石垣市に対し公式の航路標識としてその灯台を登録するよう要請した.
1997 年 5 月 6 日	新進党所属の国会議員 1 名が尖閣諸島に上陸し調査を実施した.
2001 年 5 月 10 日	日本青年社の運動家が尖閣諸島に上陸した.
2004 年 4 月 8 日	尖閣に中国人運動家が上陸したことに対抗し, 日本青年社の一団が魚釣島へと向かった. 海上保安庁は, 島には上陸しないという約束をとりつけ, 一団が島へ向かうことを制止しなかった.
2012 年 1 月 3 日	石垣市から来た 4 名が魚釣島に接近し, 上陸した.
2012 年 6 月 10 日	衆議院議員 6 名が石垣市職員や東京都議および「頑張れ日本」の運動家らとともに尖閣諸島に接近したが, 上陸しなかった.
2012 年 7 月 5 日	仲間均石垣市議ら 2 名が北小島に上陸した.
2012 年 8 月 19 日	「頑張れ日本」の会員と地方議会議員を含む日本人運動家らが魚釣島に上陸し日本の国旗を掲げた. うち 5 名は東京都・兵庫県・茨城県の議員である. 8 月 18 日, 150 人の運動家は 21 隻の船に分乗し, 尖閣諸島近海で亡くなった日本の戦死者の追悼式典へと向かった.
2012 年 9 月 18 日	鹿児島県の地域政党「薩摩志士の会」のメンバー 2 名が魚釣島に上陸した. 両名は島に約 1 時間滞在し, 第二次大戦中の海難事故の犠牲者のため建立された慰霊碑に花束を供え, 日章旗を立てた. 両名は 9 月 28 日, 那覇地検に書類送検された. これが, 日本人が尖閣諸島に上陸して立件された初めての事例である.
2013 年 4 月 22 日	「頑張れ日本」の約 80 名のメンバーが 10 隻の船で尖閣諸島へ向かった. 目的は同海域での漁業調査であるとし, 上陸の計画はないと称していた.
2013 年 6 月 30 日	「尖閣諸島漁業活動の旅」参加者 30 名が島に接近し釣りを始めたところへ, 海上保安庁の巡視船が参加者の保護と島への上陸抑止のために向かった. 釣り行為に対しては 8 隻の中国の監視船も反応し, 漁船を追尾した.
2013 年 8 月 18 日	「頑張れ日本」の 5 隻の船が尖閣諸島から約 1 km 離れたところまで接近した. 船は海上保安庁の巡視船に囲まれ, 同海域から退去させられた.

出典：日本人が関与した運動家による事件に関する日本政府の記録は公開されていない. 上記データは『朝日新聞』, 『日本経済新聞』, 『読売新聞』の各報道記事から編集したものである.

2. 利益集団と運動家

　東京都が尖閣諸島を購入する計画は，石原都知事の発案に他ならなかった．2012 年 4 月 16 日，石原都知事はワシントン D.C. のヘリテージ財団で講演を行い，尖閣所有者の栗原家と購入交渉中であると明かした [61]．石原はまとまりのない演説を行い，日本政府が買い上げたらいいが，買い上げないなら，東京が尖閣を守ると断言した [62]．天然資源の保全が，その計画の中核に据えられていた．

　日本政府は難しい立場に置かれた．翌日，藤村修内閣官房長官は，民間人が尖閣を所有している現状に日本政府は満足していると述べた上で，必要ならば政府による購入を検討すると発言した [63]．それから数日間，石原の提案をめぐって日本のメディアは賑わった．当初，石原の計画に消極的な都民が多いことを示す調査結果が明らかになる．テレビの街頭インタビューでは，なぜ都民の税金が尖閣購入費用に使われるのか，疑問の声が上がっていた．しかし，知事室が尖閣購入への寄付を全国に募ると，数ヶ月間のうちに多額の寄付金が集まることになる．

　石原都知事に同調した政治家もいた．たとえば，橋下徹大阪市長は，東京都の尖閣購入計画を大阪市が支援する可能性もあると公言していた．だが，大阪市議会は乗り気ではなく，橋下はのちに断念する．また，中山義隆石垣市長は，石原の提案に不意を突かれた一人だった．当初は石原案に賛意を示した中山は，東京都を訪問し，地元支持者と協議した上で，石垣市も独自に募金する計画に着手する．尖閣を管轄する自治体として，石垣市が共同所有することが中山の希望であった．

　東京都への寄付金はすぐに集まり，2012 年 9 月 12 日には，合計 14 億 7000万円に達する [64]．問題は，栗原家に売却する意思があるのかどうかであった．長年にわたり尖閣問題で強硬な意見を唱えてきた石原は，栗原家と個人的な信頼関係を築いてきた経緯があり，東京都の尖閣購入は成功しそうだという予測が高まっていた．尖閣問題に対する石原流の行動主義に共感する国民は多く，尖閣防衛は日本政治の主要論点の一つになっていく．過去に台湾人や中国人の運動家との間で緊迫した事態は，ごく一部のナショナリズム集団による個別的な反応を招いたにすぎなかった．それに対し，2012 年には，尖閣を死守するよう求める主張が，日本人の幅広い層に広まっていったのである．

3. 戦略的調整

　「尖閣ショック」によって日本の安全保障論議は変化した．日本の危機管理のあり方，さらには防衛対象までを変更すべきという警鐘であると受け止めた人々は多く，中国政府との協力関係に依存してきた従来の日本政府の方針はもはや通用しないように見えた．2010年の外交危機のあと，2004年より自衛隊の優先課題とされていた南西諸島の防衛や，2006年から目標とされてきたレアアース供給源の多様化が，再び脚光を浴びるようになる．さらには，新たに政権に就いた民主党も，中国共産党と協力して対処するメカニズムの改善を模索した．両党間での人的交流を拡大し，良好な関係を築く合意が新たに結ばれる．だが，日中間の真の問題は，両党間の意思疎通の欠如にあったのではない．

　2010年以後，日本の政策形成は，三つの要因に規定されてきた．それらによって，対決姿勢を強める中国に対する日本の戦略的調整は阻害された．第一に，当時の与野党が厳しく対立したことである．与党民主党は危機管理の経験が乏しく，対外政策の経験すらほとんどない．その上，今までの自民党指導部とは異なり，民主党指導部は中国共産党幹部との個人的人脈を欠いていた．野党自民党は民主党政権の危機対応をたえず批判し，特に菅首相と仙谷官房長官が中国に弱腰だとして国会で非難された．野党が政権を批判することは，もちろん目新しいことではない．だが，2008年の福田・胡会談によって日中両国が東シナ海で協力する合意が結ばれた際，メディアやナショナリズム運動家などが国会外で政権を批判したものの，野党の民主党は中国に融和的な福田内閣を軟弱だとして非難しなかった．中国との和解は民主党自体が提唱していた政策だったからである．しかし，今や野党となった自民党の保守派には遠慮する理由は乏しく，メディアと同じく国会も政府への政治的圧力をかけていた．

　第二に，日本の政策調整メカニズムが，中国との危機の拡大に際して，明らかに機能不全であったことである．2週間の危機は，政府を批判する声を燃え上がらせるのみであった．だが，一つの外交危機に際して，日本政府がこれほど多様な対応を余儀なくされたことはこれまでなかった．レアアースの禁輸，中国滞在中の日本人の逮捕，国連での激突，検察官による犯罪捜査の必要など

の相次ぐ対応に，首相官邸は疲弊していた．これらは皆，中国が先手を打っているようであり，日本はついていくのも一苦労だった．国連総会での会談の翌日，那覇地検の次席検事は，悩んだ末に中国漁船船長の釈放を公表した際，国民への影響と日中関係を考慮すると，捜査を継続するのは相当でないと述べた．この措置は，首相の対応についてさらなる疑問の声を呼び起こしただけであった [65]．中国で逮捕された4人のフジタ社員の釈放を優先し，社員逮捕と船長の勾留との連関は明らかにされなかった．船長の釈放の発表後になって初めて，日本の中国大使館員は逮捕された日本人への面会を果たしたのである．

第三に，「尖閣ショック」への猛烈な反発によって，日本の尖閣領有権への国民の支持を動員しようとするナショナリズム運動家は勢いづいた．中国に対し毅然とした態度を示すべきだというスローガンが，日本は軍事的により積極的になるべきだと考える人々によりまたしても叫ばれた．保守的な政治家の代表的人物としては，反中を唱えるナショナリストである石原慎太郎がよく知られているが，田母神俊雄も注目に値する．空将だった田母神は戦前日本の侵略行為の加害責任を否定する論文を書き，当時の麻生太郎首相によって更迭された人物である [66]．その田母神が主導するデモに，元防衛大臣の小池百合子自民党総務会長も参加していた．

さらに火に油を注いだのは，政府に不満を抱く海上保安官が海上保安庁のビデオを流出させた事件である．ある時，YouTube に漁船衝突事件のビデオが投稿され，日本政府の要請によって削除された．このビデオ映像は広島県呉市の海上保安大学校で広く入手できたものだとのちに判明するが [67]，これを流出させた海上保安官のことを英雄や内部告発者として称賛する声が保守派の国会議員から寄せられた．政府の調査によって，海上保安庁のビデオは機密情報として扱われておらず，日本領海周辺での他の事件情報も同じく機密扱いされていなかった．

中国政府との外交，米国政府との防衛協力

日本の外務省は，中国政府に働きかけ，信頼醸成と東シナ海の紛争解決，そして戦略的互恵関係に基づく良好な日中関係の再構築を模索した．この新たな外交方針においては，中国以外のアジア諸国との友好関係を深め，連携を強化

し，また欧米の先進民主主義諸国と協調して多国間機構を活用することも重要
であった．最も顕著な例は，中国をレアアース輸出をめぐる議論の場に着かせ
るため，日本政府が WTO の紛争解決制度を利用することを決定した事例であ
る．日中の二国間交渉のみで問題を解決できるという従来の見方が説得力を失
ったことの帰結であった．

だが，日中間の交渉窓口が再び機能するのには時間が必要だった．2010 年
11 月，APEC にあわせて菅直人首相と胡錦濤国家主席が会談した際，二人は
ほとんど言葉を交わさなかった．2011 年，東日本大震災という「三重苦の災
害」を受けて，温家宝総理は日本をたびたび訪問し，日中の友好関係をアピー
ルする [68]．2008 年に四川大地震で中国が甚大な損害を被った時も，災害救助
が外交関係を好転させる貴重な機会になったことがある [69]．

2011 年の温総理の訪日への返礼として，野田佳彦首相は同年 12 月に中国を
訪問した．当初は 12 月 13 日の訪中が予定されたが，中国における南京大虐殺
の記念日だったため，国民感情に配慮して延期された経緯がある．12 月 25 日，
北京での首脳会談で，未来志向の日中関係を強調した野田は，朝鮮半島の安定
化と，日中経済協力の重要性を説いた [70]．両首脳は通貨交換（スワップ）協
定の締結に合意し（2012 年 6 月 1 日発効），自由貿易協定（FTA）交渉の進展
も約束した．もっとも，東シナ海での遭難救助協定や信頼醸成など，海洋問題
における協力関係の構築には，あまり関心が払われなかった．

2010 年の漁船事件は，日本の海上防衛力の整備への関心も喚起した．この
事件が 2010 年末までに新たに制定される防衛計画の大綱の基調を変化させる
ことはなかったものの，南西水域が防衛の焦点であるという見方は確実に強ま
った．南西水域に F15 飛行隊一個が新たに加えられ，与那国島に陸上自衛隊
の諜報部隊が配備され，日本周辺水域には潜水艦 6 隻が増強された．これらは
全て日本が中国艦船による日本の管轄海域への侵入を警戒するようになったこ
とを示すものに他ならない．

海上保安庁は尖閣周辺の警備範囲を見直し，巡視態勢を強化した [71]．ビデ
オ映像などの資料を保護するシステムも見直し，尖閣付近での運動家を取り締
まる能力も増強した．海上保安庁法も改正され，新法で以下の三点が変更され
た．第一に，海上保安庁は離島における犯罪に対処する権限を得た．海上保安

庁と警察の分業体制により生じていた空白はこれで埋められることになった. 日本の離島の多くは無人島であり，あるいは住人がほとんどおらず，警察が配備されていなかったからである．第二に，海上保安官の質問権の対象範囲が広がった．違法活動が疑われる船舶の乗組員や旅客だけでなく，船の所有者等，海上の安全や治安の確保上重要な事項を知っていると認められる者も，質問の対象に加えられた．第三に，停泊する明白な理由を欠く外国船に対して，海上保安庁は立入検査を省いて勧告を発し，必要ならば罰金を科して，例外なく日本領海から退去させる命令を出せるようになった．これらの法改正により，離島に違法に上陸した個人や，日本領海で疑わしい行動をとる船舶を取り締まる大きな権限が，海上保安庁に付与されたのである．与野党の緊張関係にもかかわらず，この法改正は全会一致で衆参両院を通過し（衆議院を 2012 年 8 月 10 日に通過，参議院を同年 8 月 29 日に通過），9 月 25 日に施行された．これにより海上保安庁は尖閣諸島などの離島での犯罪捜査や逮捕を行う許可を得た [72].

　日本が新たに海洋を重視する姿勢をとるようになったことは，防衛協力をめぐる日米二国間会談でも見られた．日本政府は海上自衛隊との協議を重ね，米国政府との共通戦略目標の改定を図り，アジア太平洋における海洋安全保障を強化しようとした．さらに，陸上自衛隊は水陸両用の上陸能力を増強し，2012 年 1 月 26 日にはカリフォルニアのキャンプ・ペンドルトンで米海兵隊との合同演習を実施している [73]．また，2012 年 2 月に西太平洋のマリアナ諸島で自衛隊と米軍の合同演習を実施することに合意した．8 月まで自衛隊と米軍は水陸両用の上陸訓練の準備を続け，陸上自衛隊は水陸両用強襲輸送車の購入を決定した [74].

ナショナリズムと尖閣購入案

　漁船事件の残した最大の影響は，おそらく日本の国内政治に与えた衝撃であった．すでに述べたように，危機の数週間に激化した反中運動は，中国人船長の本国送還後も尾を引いた．尖閣をめぐるナショナリズムが，様々な政治家や運動家を糾合する新たなスローガンとなっていった．中山義隆石垣市長はもちろん，仲井真弘多沖縄県知事でさえ，沖縄周辺水域に関心を集めようと積極的

に活動していた．石原都知事は尖閣諸島を購入する計画を明らかにし，2012年5月31日には，自民党が尖閣国有化案を党のマニフェストに盛り込むことを宣言する[75]．

尖閣問題の政治的重要性は急速に増大していった．2012年7月初頭，日本政府は行動が必要だと判断し，野田首相が尖閣諸島の購入案を公表する．これは石原都知事の構想と競合したものの，日本政府は東京都と異なり法的制約がなく，有利な立場にあった．2012年夏に始まった栗原家との直接交渉は，年末までに購入交渉をまとめることが目標になった．だが，尖閣領有権をめぐる論争の激化にともない，この計画は前倒しになる．終戦記念日前日の8月14日，中国人運動家が尖閣諸島に上陸したことで，日中両国民の感情は沸き上がった．これに先立つ8月10日には，韓国の李明博大統領が竹島（韓国名・独島）を訪問していた．韓国大統領として初めての訪問であり，日本政府は大きな不安を抱かざるを得なかった．

尖閣をめぐる二つの事件を受けて，日本は，中国の台頭によって自国の安全保障が損なわれるのではないかという危惧を抱かざるを得なかった．日中の危機が激化することに，文字通り「ショック」を受けた日本人は多い．この危機に際しての中国の行動を，世界中が深い憂慮をもって注視した．しかし，日本の受け止め方は異なっていた．日本の最大の関心事は，自国の危機管理能力の脆弱性についての憂慮だったからである．東シナ海について中国と合意できていない状況も日本人の長年の不満の種であった．詹其雄船長の行動や処遇について日中両国は冷静に話し合えず，両政府間の信頼関係が損われていることを露呈していた．

この事件で，民主党政権は危機に陥った．中国政府が前原誠司外務大臣を攻撃したことで，日本政府はさらなる困難に直面していた．最大の難局は，政府内部に由来するものであった．本来は機密扱いにすべきビデオが海上保安庁内からYouTubeに流出し，菅内閣はさらなる打撃を受けたことである．1日でネット上から削除されても，これは与党民主党に深刻なジレンマをもたらした．中国人船長を釈放する一方で，ビデオを流出させた海上保安官を起訴すべきか．この現実問題により，漏洩したビデオ映像の政治的管理という課題が浮上した．その一方で，公務員は政治指導者の統制に服するべきかどうかという根源的な

3. 戦略的調整　　　193

問いが，この論争の影に見え隠れしていたことは否めない．

　中国に対する抗議デモが発生したことも，漁船事件への日本側の反応に表れた新しい要素であった．事件後に数週間続いたデモは，海上保安庁のビデオ流出によって活発化した．ほとんどの抗議デモは，田母神俊雄が結成した非営利団体「頑張れ日本」が組織したものである[76]．危機が起きた1週目の10月16日，東京の中国大使館前には2800人に及ぶ群衆が集まった[77]．だが，ビデオ流出直後の11月6日には，日比谷公園の野外コンサート場で「頑張れ日本」が行った抗議デモには，4500人もの人々が駆けつけた．田母神のほか，自民党の国会議員であり元防衛大臣でもある小池百合子も参加した．二人は菅内閣と民主党の危機管理を厳しく批判した．報道によれば，ビデオの流出後，抗議デモには幅広い層の人々が参加するようになったという．デモに初めて参加した若者や家族連れも見られた．報道によれば，多くの人々が参加を決めた動機としてビデオ流出事件に言及している[78]．11月13日には，横浜で開かれたAPECの会場に4000人近い人々が集結して，中国へのさらなる抗議活動を展開した．その1週間後には，大阪の中国総領事館前に3300人が集まって，尖閣問題について抗議している[79]．

　かつては日本政治の周辺的存在にすぎなかったこうした運動家によって，日本国内の尖閣問題への関心は高まっていった．そして2010年の漁船事件を契機として，石原都知事が日本政府と正面から対立するに至った．民主党政権の外交能力を不安視する声の高まりに乗じて，石原は2012年に尖閣購入計画を打ち出した．これは国民に大きな衝撃を与えた．尖閣問題に長らく関心を抱いていた石原は，これまでもこの問題についてたびたび発言していたが，自民党が政権を離れたことで，これまでになかった政治的機会を得ていた．ヘリテージ財団での石原の発言は日本のメディアの注目を集め，おそらく東京で発言するよりも大きな話題となった．たとえ米国政府を動揺させても，尖閣購入計画を推進したいという石原の宿願がここに示されたわけである．石原の尖閣基金は驚くほど順調に資金集めが進み，勢いづいた石原は日本政府にさらなる挑戦を試みた．尖閣基金には十数億円が集まり，秋口までに10万人以上が寄付に応じていた．

　これは野田内閣への大きな圧力であった．国会での野党自民党からの攻撃に

より，8月末には野田内閣は明らかに求心力を失っていた．税と社会保障の一体改革をめぐる三党合意はすでに有名無実化し，与野党が対峙する状況になっていたからである．8月9日の衆議院での内閣不信任案は否決されたが，会期末の8月29日には，衆議院解散を要求する内閣総理大臣問責決議案が参議院で可決する．9月26日の自民党総裁選に保守派は関心を強め，野田首相に協力的だった谷垣禎一総裁の再選の見通しは立たなくなっていた．次期衆議院選挙の準備も始まり，野田内閣への自民党の協力姿勢は後退していった．

　東京で与野党間の軋轢が激化していた8月15日，14名の香港の運動家を乗せた漁船が尖閣諸島に接岸した．日本政府はこれに備え30名の警察官と入国管理官を魚釣島に配備しており，14名の運動家のうち，7名が海上保安庁の手を逃れて海に飛び込んだ．7名のうち，船に戻った2名を除く5名は岸まで辛うじて泳ぎついたが，不法入国の容疑で警察に逮捕された．数時間後には，漁船にいた残りの9名も入国管理法違反で逮捕されている．2004年3月に尖閣に上陸した7人の中国人が逮捕されて以来，2010年の詹其雄船長に続く逮捕者であった．注目すべきは台湾の動向であり，この漁船の燃料補給を許可せず，台湾を拠点とする運動家に対してこの抗議活動に参加しないよう警告を発している[80]．

　8月17日，藤村修内閣官房長官が，14名の運動家の国外退去処分を公表した．香港に帰還した運動家はメディアを含む100人ほどの群衆に迎えられ，ある運動家は中国の領有権を主張すべく何度でも尖閣に行くつもりだと報道陣に力説し，別の運動家は中国政府から支援されているのではという疑惑を否定した[81]．彼らの主張は，尖閣領有権を主張する中国人の活動は健全なものであり，今後のさらなる上陸活動を日本政府は覚悟しなければならない，というものだった．だが，2010年の漁船事件と対照的に，野田内閣は上陸を阻止しようとする海上保安庁の取り組みを映したビデオをすぐに公開する．奥島高弘海上保安庁領海警備対策官は，「海上保安庁の措置が適正であることを示すためにビデオの公開を決めた」と報道陣に述べた[82]．

　中国側の新たな行動を受けて，日本政府の尖閣購入計画は加速していく[83]．石原都知事は，尖閣諸島に船着場を建設して公務員を常駐させることを構想し，東京都は調査団を組織した．尖閣基金への募金が順調であったことに勢いづい

た石原は，中国人運動家の上陸事件から数日後の8月22日には，調査を目的
とした尖閣への上陸許可を政府に求めた．さらに数日後には要求を吊り上げた
石原は，野田内閣の意向にかかわらず，自分が尖閣諸島に上陸すると発言し
た[84]．首相官邸と都知事の間で水面下の協議が行われ[85]，8月27日，日本政
府は石原の要求を拒絶した．9月2日に行われた25名の東京都調査団による
尖閣諸島現地調査は船上から実施され[86]，日本のテレビ局の夕方のニュース
でその様子が報道された．

　9月10日，藤村内閣官房長官は，野田内閣が尖閣諸島の購入に踏み切るこ
とを発表した．「尖閣諸島における航行安全業務を適切に実施しつつ，尖閣諸
島の長期にわたる平穏かつ安定的な維持・管理を図るため」という理由であっ
た[87]．翌11日，5島のうちの3島の費用として，日本政府は栗原家に20億
5000万円を支払ったと報告している[88]．

実効支配への中国の挑戦

　2012年夏，日本政府が3島を購入すると決定したことは，日中間に新たな
外交問題を引き起こした．この新たな危機には複数の要因が関わっている．日
本国内の運動が活性化したことで野田首相は尖閣問題への対応を迫られ，野党
自民党は尖閣問題の解決を選挙公約に盛り込んだ．さらに8月15日，中国人
の運動家がまたしても尖閣諸島に上陸した．しかも前回とは異なり，中国政府
は尖閣諸島に自国の警備艇を派遣すると宣言する．海上保安庁のみが尖閣周辺
海域を警備する状況は，こうして終焉したのである．

　中国の艦艇が最初に姿を現したのは9月14日であり，尖閣を定期的に巡回
する国家海洋局海監総隊の艦船数は秋を通じて増加した．9月に尖閣周辺の接
続水域に派遣されたのは81隻で，そのうち13隻が日本領海に侵入した．10
月の接続水域通航数は122隻，領海侵犯は19隻に増える．11月も同様の隻数
であった[89]．中国が尖閣周辺を巡回していることが海上での日中摩擦をしば
しば引き起こしているといえよう（図6-3）．

　このように日中のにらみ合いが続いたが，2012年12月，事態は暗転する．
中国の小型偵察機が尖閣上空の日本領空を初めて侵犯する事件が起きたからで
ある．この小型プロペラ機を航空自衛隊は捕捉できなかったが，発見した海上

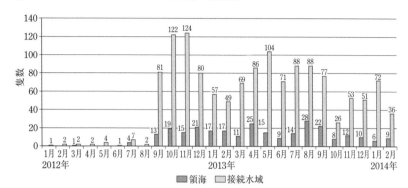

図6-3　中国船による尖閣諸島周辺の日本の管轄海域への侵入
出典：海上保安庁ウェブサイト「中国公船等による尖閣諸島周辺の接続水域内入域及び領海侵入隻数」.

保安庁からの通告を受け，F15戦闘機をスクランブル（緊急発進）させた[90]．それから数週間，再び尖閣に派遣された中国の小型偵察機には，戦闘機その他の航空機も随行した[91]．日中の戦闘機が直に接触する事態は報告されていないものの，この軍事的警戒態勢の強化によって，日中両国の軍事衝突が生じる危険性が強まったのは間違いない．防衛省の報告によれば，これまで航空自衛隊のスクランブルの対象は主としてロシア機であったが，2012年度には中国機に対するスクランブルがロシア機を上回るに至った．日本政府の尖閣購入の決定を受け，中国は尖閣周辺の監視活動を強化し，それにより日中両国の空域での摩擦も飛躍的に増加したのである[92]．

2013年1月，自衛隊と人民解放軍の間で新たな問題が勃発した．尖閣北方180 kmの地点で，海上自衛隊の護衛艦「ゆうだち」が中国艦艇からレーダー照射されたと海上自衛隊が発表したのである．類似のレーダー照射事件は1月19日にも海上自衛隊のヘリコプターについて報告されていた．こうした事件が当局者の間で起こったのは初めてではなかった．だが，領土紛争をめぐる緊迫状況の最中で起きたため，とりわけ懸念を呼ぶことになった．発足直後の第二次安倍晋三内閣の小野寺五典防衛大臣は事件を公表した上で，一歩間違うと大変危険な状況に陥るとの認識を示し，中国に自制を求めた[93]．中国政府は，当初は事件を把握していなかったようであり，中国国防部が調査を始める[94]．2日後，中国国防部はレーダー照射事件の存在を否定しながらも，この種の事件の深刻さは認めざるを得なかった[95]．

3. 戦略的調整

　2010年の漁船事件への対応とは異なり，日本政府は中国の行動に対し表立って対抗手段をとった．中国偵察機の領空侵犯は，偶然にも衆議院選挙と重なっており，政権交代によって危機管理への取り組み方を変革する好機が生まれた．首相に復帰した安倍晋三は，自民党総裁選において尖閣への公務員の常駐を強く唱えており，日本の防衛態勢を強化し，米軍との共同作戦を含め自衛隊の活動領域を広げるための憲法改正の熱心な提唱者として知られていた．中国の領空侵犯に対応すべく，領空防衛の部隊行動基準を見直すように，安倍首相は小野寺防衛大臣に命じた．

　第二次安倍内閣は，防衛政策の再検討にもすぐに着手する．小野寺は10年計画である防衛計画の大綱の改訂に取りかかり，日米防衛協力のための指針（ガイドライン）の見直しも主張した．また岸田文雄外務大臣がワシントンでヒラリー・クリントン国務長官と会談した．1月18日の共同記者会見において，クリントン国務長官は，尖閣諸島が日米安保条約の適用対象であると明言した上で，「日本の施政権を害するいかなる一方的行動にも反対する」とのアメリカの立場を表明した[96]．4月14日には，新任のジョン・ケリー国務長官が東京でさらに踏み込んで，アメリカは「現状を変えようとするいかなる一方的行動や脅迫にも反対する」と発言した[97]．2010年の漁船事件に際して表明されたアメリカの尖閣防衛への関与も明確に確認されていた．また2012年の秋にクリントン国務長官やレオン・パネッタ国防長官が中国指導者と会談した際にも，同様の内容が再び明言されることになった．

　安倍内閣の危機対応は，菅内閣と非常に対照的であった．たとえば，レーダー照射事件の発生時に，安倍内閣はすぐに事件を公表して，中国政府を守勢に立たせた．国会での演説では，安倍首相は「事態をエスカレートさせる危険な行為は厳に慎むよう」中国に強く求めつつ[98]，日本は冷静さを保たなければならないと述べている．米国政府にはすぐに事件の概要が伝えられ，中国艦船との衝突を示す電子データが米軍と共有された．緊張緩和のために日中両政府間の協議もくり返された．2013年2月22日，訪問先のワシントンで，安倍首相は日中の危機を「エスカレートさせようとは露ほども思っておりません」と発言した．米国政府の政策形成者に対し，中国の行動に直面してもなお自衛隊は抑制的であり続けることを約束したのであった[99]．

さらに安倍内閣は，中国の新指導者・習近平との首脳会談に向けた土台作りに取り組んだ．中国の国家主席選出は長引き，2012 年 11 月の第 18 回中国共産党全国代表大会（党大会）で習が指名されたのち，2013 年 3 月の第 12 期全国人民代表大会で確定した．この過程が中国政府の意思決定に影響したのは間違いない．2013 年 1 月 25 日，安倍首相の親書を携えて，公明党の山口那津男代表が北京を訪問した．日中両国は領土紛争を平穏に処理できた以前の状態に復帰できるだろうと述べて，山口は東京を発っていた[100]．北京で習と 1 時間会談した山口は，帰国後に安倍首相に報告した．また自民党親中派であった福田康夫元首相も，政界引退後ではあったが，日中関係打開への日本の意欲を伝えようとした[101]．しかし，習政権がこれに応じることはなかった．毎年開かれていた日中韓首脳会談についても，中国政府は尖閣問題を理由に，韓国政府に延期を要請した[102]．

首脳外交の停止状態は 2013 年末まで続いた．同年 11 月末，中国政府は東シナ海における防空識別圏（ADIZ）の設定を前触れなく宣言した．日本と韓国は防空識別圏を長い間主張しており，防空識別圏内に進入する外国の航空機に対して，識別と目的地を明らかにするように要求してきた．しかし，中国の大陸棚の上空に設けられた防空識別圏は日韓の防空識別圏と重複していた．すなわち，これは日本の防空識別圏に異議を申し立てるものであり，大陸棚を主張する方法とよく似ている．その上，中国の防空識別圏は尖閣諸島を含んでおり，尖閣上空の哨戒をめぐる日中間の争いを明確なものにした．この防空識別圏に中国と韓国が領有権を争っている離於島／蘇岩礁が含まれているのは興味深い．韓国政府は防空識別圏の見直しを中国政府に要求したが，中国に拒否されたため厳格な姿勢を取ることになった．中国による防空識別圏の設定は，首脳外交の中断期に一方的になされたため，隣国である日本と韓国を同時に悩ませたのである．

中国国防部が防空識別圏を宣言した 2013 年 11 月 23 日は[103]，アメリカのジョー・バイデン副大統領が北東アジアの緊張緩和を協議するために東京，北京，ソウルを歴訪する予定のちょうど 1 週間前であった．中国国防部の宣言は，圏内を通航する全ての飛行機に新たな識別を義務付け，従わない場合には中国軍があらゆる「防衛的措置」をとるという一方的なものだった．日本政府も韓

3. 戦略的調整

199

国政府もその承認を拒否したのは言うまでもない[104]. アメリカ国防総省も, 中国の防空識別圏の設定は東シナ海における米軍の行動に全く影響しないと宣言し, 日本の安全保障に対するアメリカのコミットメントを改めて確認した[105].

日中関係は手詰まりに陥り, 東シナ海で日中の軍事的緊張は拡大し続けている. 日本とアメリカの防衛政策形成者は, 偶発的事件や不測の事態が生じる可能性を憂慮してきたが, 中国は東アジアで活動する軍事組織間にそのような深刻な摩擦が生じるリスクを軽減させる話し合いに興味をほとんど示さない. この10年間, 中国の経済的, 軍事的な台頭への日本政府の適応の取り組みは実を結んでいない. 日本国内では反中感情が広がっており, 日中が海上で軍事衝突する可能性については予断を許さない中, 安全保障への不安も増している. 日中双方ともに軍事衝突を恐れているが, 自衛隊と中国軍の接触が紛争へと拡大する可能性はかつてなく高まっている. 日中両国が共通の利益について議論する場である首脳外交が機能不全となり, 自衛隊と中国軍の摩擦が高まることによって, 日中間の政治的妥協はますます困難になっている. 日本の世論も大きく変化し, かつては周辺的存在にすぎなかったナショナリストが新たな政治的機会を得ている. 貿易や投資のもたらす利益が日中間の平和を維持するという伝統的な議論は弱まっていくのかもしれない.

日本の国内政治の変動が, この対中政策の転換を決定付けた. 過去10年間, 中国との妥協は困難になりつつあり, 領土紛争や安全保障政策をめぐる国内政治は急速に変化していった. 2010年と2012年の事件では, 尖閣諸島防衛を掲げるナショナリストの政治家が有利な地歩を占めた. 2009年から2013年にかけて, 尖閣防衛に関する国民感情は一変した. 尖閣をめぐる中国との緊張が, 2012年9月の自民党総裁選と同年12月の衆議院選挙と同時に起きたのは, 全くの偶然ではなかったのであろう. 自民党総裁選の立候補者5名のうち, 尖閣諸島の「実効支配」強化に言及しなかったのは, 皮肉にも石原慎太郎の息子である石原伸晃だけであった. 最も強硬だった安倍晋三は尖閣への公務員常駐を主張して勝利した. その2ヶ月後, 野田首相が解散に踏み切って行われた衆議院議員選挙では, 尖閣諸島の実効支配の強化が自民党の選挙公約に盛り込まれ

た．2012 年 12 月 16 日，自民党は過半数を大きく上回る勝利を収め，第二次安倍内閣が発足することになった．

　民主党の大敗には，日本政府の長年の対中協調政策に対する国民の疑念も，おそらく影響していたことだろう．また，橋下徹大阪市長と石原慎太郎都知事が共同代表を務めた日本維新の会が 54 議席を獲得したことも見逃せない．民主党は 230 議席から 57 議席まで落ち込んだ．尖閣問題がどこまで選挙結果に作用したかは議論が分かれるところだが，中国との衝突に由来する国民の危機感が，石原やその支持者たちに政治的機会を与えたことは確実である．

　日中両政府が協力して国内のナショナリズム運動を穏やかに管理してきた能力は，中国政府の力と意図に対する日本国内の不安が増すにつれて，衰え続けている．2010 年の漁船事件は尖閣問題への人々の関心を呼び起こし，警備に苦心する海上保安庁への同情を生み出した．2012 年に石原都知事が日本政府により強硬な態度を迫った運動には国民の大きな支持が集まった．東京都による尖閣購入計画を止められない野田内閣は，東京都の購入を許可するか，日本政府が購入するか，二者択一を迫られた 106)．野田首相が選んだのは政府による購入であり，石原の購入を阻止し，同時に国民感情を静めようとする苦肉の策であった．しかし，結果的には中国の猛反発を招き，中国共産党の指導者は日本に敵意を抱いているという石原の意見を信じる人々を増やしただけだった．長年の中国政府との妥協政策が終焉した今，保守派は，日本は中国の圧力に屈せずに尖閣の実効支配を強化しなければならないとの見解を表明するに至った．すなわち，日中国交正常化交渉が始まった 1970 年代に，自民党内でくり広げられた議論へと，再び回帰したのである．

　尖閣問題を棚上げした日中国交正常化から 40 年を経て，小さな五つの無人島の領有権が，日中両国の未来を左右するかのようなナショナリズムの旗頭として再び登場してきた．尖閣を巡視する中国の警備艇は増え続け，日本政府の度重なる抗議には馬耳東風といった対応をくり返している 107)．日本と中国がそれぞれの主張を未解決のまま抱えていることが，両国が尖閣領有権を確立したいと考える誘因となっている．国際法の論点はさておき，日本政府の最優先課題になっているのは，中国が先制的に尖閣実効支配に乗り出すことを抑止することに他ならない．明らかなことは，この論争が今後も政治化し続けること

である．これらの小さな無人の島々をめぐる緊張が高まり，紛争にさえ転化しうる危険性を伴うようになった今，日中両政府がかつて鄧小平の提起した棚上げ方式に戻ることは，これから一層難しくなっていくであろう．

結　論

　過去 10 年間の日中関係は，度重なる紛争と，和解不能とも思えるような政策対立によって特徴づけられる．日中の間には経済面における膨大な共通利益が存在しているにもかかわらず，両国政府による紛争の管理や解決は困難になっている．外交的には，中国の地域的かつグローバルな影響力の拡大が日本の国際的地位を切り崩しているように思われ，日本では中国のことを自らに敵意を抱く宿敵とみなす声が高まる一方である．日本国民が中国政府に不信感を募らせたことが，日本政府が中国と妥協することをさらに困難にし，政治的な機会主義者の活動の幅を広げた．日本の選挙戦では，中国は格好の攻撃の的になっている．

　日本では，中国の台頭は，日常と無関係の事象ではなく，国民生活に影響し得る事件や危機をくり返し引き起こすものと認識されている．しかし，日本政府が求められる対応は，状況によって異なる．国内市場の強固な保護や規制が必要であるという声が強まった事例も，また中国政府に対する強硬な交渉姿勢をとることが求められた場合もあった．この 10 年間，中国に対する漠然とした恐怖心によって，人々の不安は高まっている．それゆえに，尖閣問題が生じた際，ナショナリズム運動家は，この曖昧な不安感を煽ることで，尖閣問題を日中間の主権や力をめぐる対立であると強調できたのである．

1. 変化する中国論

　日本の対中政策には，政策領域に応じて様々な利益集団が関与している．このことは，日本政府が日中間の懸案を解決しようと試み，また従来の日中間の和解と協力を維持することを一層困難にしている．2006 年から，日中両国の指導者は新たな「互恵」関係に基づいて日中外交を再定義しようとした．だが，日中が未来の協力関係を作ることで「ウィン・ウィン」の公式が見つかるとい

う考えは，中国に不満を抱く日本人には実体のないものと映った．日本国民は中国の動向に敏感に反応し，その背景にある中国の意図に対して不信感を強めている．このような状況では，日本政府が中国との協力関係を構築しようとすることは難しい．

　それゆえに，日本人の日常生活において中国の存在感が拡大することは，日本国内の政策形成過程にいくつかの影響をもたらした．第一に，政策論議に参加する主体が多様化したことである．これまで，日中関係の強化を提唱してきた最も有力な勢力は，長年にわたって中国との貿易や投資を行ってきた日本の財界であった．財界指導者と中国のエリートの関係は，日中関係の財産であった．経団連と経済同友会は，良好な日中関係が日本に経済利益をもたらすと主張する．しかし，経済団体だけが日中関係に利害関係を有していたわけではない．本書で論じた通り，日本遺族会や主婦連といった全く異なる利益集団が，いずれも日本政府が中国の利益に配慮するかのように振る舞うことに苛立ちを募らせていた．

　第二に，対中政策は日本の政治改革論の中心的論点となった．利益集団の中でも，国内の法規制の是正を求める団体は，中国経済の影響力の増大について国民の関心が高まることで，その存在感を強めている．たとえば，日本の消費者団体は，食の安全に関する規制改革において，東京都が意欲的なパートナーであることを発見した．これが消費者保護のための国家機関を設置するという提言に重みを加えた．さらに，中国との政策対立が顕在化したことで，国会においても超党派で協力する機会が生まれた．総合的な海洋戦略を実施する新たな海洋基本法の制定や，食の安全を強化する消費者庁の設置などが，この典型である．

　しかし，こうした政策的対応にもかかわらず，日本国民は，日本政府が中国政府との交渉において妥協することに疑念を抱いているようである．近年の総理大臣は，党派を超えて，誰もが中国政府に「叩頭」したと非難されてきた．日本の指導者にとっては，中国政府との交渉を正当化することが一層難しくなっている．福田康夫のように中国との交渉による解決をなしとげた政治家でも，日中間の新たな合意という成果を生み出したことを強調するのは難しかった．日本では，中国政府との交渉を通じて成果を得られるという期待を抱くことが

1. 変化する中国論

難しくなり，これにより，かねてより中国に不信感を抱いていた勢力は活性化した．かつては日本政治において周辺的な位置を占めるに過ぎなかった反中的な意見は，存在感を急速に増大させている．

こうして，日本の国内政治において，時の政権が尖閣問題で守勢に立たされる現象が出現する．たとえば，2012年に野田佳彦内閣が尖閣諸島の購入を決定したことで，自民党と民主党は激しく対立した．尖閣諸島の管理を強化する必要について両党は合意していたが，衆議院議員選挙が近づいたことで尖閣問題は実態以上の意味を有する政治的な争点になっていった．

日中関係において経済を政治から分離することは，もはや不可能である．中国との経済的相互依存を深めることで政治的関係を改善する手段にするという日本の戦略は，その役割を終えた．中国との経済関係が政治的関係から強い影響を受けることとなった背景には，いくつかの要因がある．第一に，緊密な経済関係は日中間の政治的論争に影響を受けないという考えは，政治的紛争に関連した経済制裁の可能性を過小評価していた．この典型的事例として，2010年の中国漁船事件を受けて，一時的であったが，中国がレアアースの日本への禁輸を非公式に実施したことを指摘できる．このように，今後政治的紛争が生じた際に，中国が日本からの輸入量を制限するといった非公式の経済的圧力を行使する可能性は否定できない．過去には，日本政府が円借款を通じて中国政府に経済的な影響力を及ぼすことができた．しかし，2008年に新規の円借款は終わり，また日本の商業的利益に対する中国の影響力は増大する一方だった．日本経済が中国市場に大きく依存しているため，中国政府は経済的手段を用いて日本経済に損害を与えることが可能になった．

第二に，日本経済は今や中国市場と密接に絡み合っている．このため日本の消費者は，中国経済の基準と規制から強い影響を受けることとなった．中国経済に対する日本の消費者の脆弱性ゆえに，たとえば食の安全の事例では，日本国内で消費者保護の必要性が高まった．同じく重要なのは，中国経済の台頭によって，日本の産業が中国の消費者の選好への依存度を深めていることである．それにもかかわらず，このことは，靖国参拝や尖閣問題といった政治的争点に関して，日本政府を大胆な妥協へと導いたわけではない．代わりに，日本企業と投資家にとって政治的リスクは増大し，投資先を多角化する企業も現れた．

中国の消費者の動向もまた日本の対中投資において新たな役割を担うようになった．2012年の尖閣周辺での政治的緊張によって，中国人による日本製品の購入額は減少した．これらの事件が，日中間の貿易と投資の一時的下降に過ぎないのか，それとも長期的な減少であるのかは，まだ不透明である．

　対中政策をめぐる日本の国内政治は，日中関係それ自体の変化にあわせて複雑になった．かつては日本の対外政策形成の周辺に位置していたナショナリズムが影響力を強め，特定の問題に焦点を当てることで国民の支持を集め，政府の行動を制約しようとしている．日中関係に関連する日本の利害関係者が増大するにつれて，イデオロギー的な勢力が政策形成過程に及ぼす影響力も増大した．だが，日本のナショナリストは，個々の争点領域を超えた活動を行っているわけではない．靖国参拝問題と尖閣問題というイデオロギー的主張が最も顕在化した二つの事例を見ても，活動した市民団体はそれぞれの問題に根ざしたものに留まった．

　どの事例でも，明確な主張を持つ利益集団が注目を集める傾向があったようである．たとえば，数十年に及ぶ尖閣問題について，石原慎太郎は継続的に発信を続けていた．石原は1980年代に尖閣領有を活発に唱える自民党議員であったが，2012年に尖閣諸島購入計画を東京都で推し進め，日中間の紛争を平穏に処理する従来の政策を葬った．同様に，尖閣諸島を「実効支配」して日本の領有権を防衛すべきだという尖閣をめぐるナショナリズムを唱える右翼団体も石原と似た主張を続けている．1978年に日本の尖閣領有権を中国に認めさせるように日本政府を説得しようとして敗れた自民党員は，40年後に返り咲いた．2012年に安倍晋三が尖閣諸島への公務員常駐を訴えたが，これは彼の父親である安倍晋太郎がかつて中国との条約交渉時に自民党内で唱えた主張とほぼ同じものである．さらに言えば，「実効支配」は，むやみに挑発的なスローガンというわけではない．それは国際的に国家主権を主張する時の基礎となる国際法の用語でもある．つまり，たとえ戦後日本の政治的文脈においてこれらの人々が「右翼」に見えても，彼らの政策的主張は国際法の規範に基づくものでもあった．

　それゆえに，新世代の政治家や運動家が，尖閣をめぐるナショナリズムという大義のもとに集結している．尖閣諸島での日本の領有権防衛を声高に唱える

1. 変化する中国論

運動家は，人々の支持を集めるために既存の手段に加えてソーシャルメディアも駆使している．政治家は依然として波立つ水域に漁船を派遣して，日本の国旗をはためかせ，日本の領土へ上陸する権利を主張しようとする．だが今や，これらの漁船がそこで遭遇するのは日本の海上保安庁だけではない．新たに再編成された中国海警局も，中国の領有権防衛のために巡回している．2012年の事件以後，中国政府もまた，自国の領土とみなすようになった尖閣諸島に上陸したことを理由として，日本漁船を拿捕する意思を抱いている．

さらに，尖閣問題とナショナリズム運動家を取り巻く環境も大きく変化した．運動家の行動は歴代政権にとって頭の痛い問題だったが，2010年の中国漁船事件の後には，運動家の主張が国民の支持を集めることができた．おそらくその結果として，2012年の衆議院選挙と2013年の参議院選挙で自民党が多くの票を獲得して政権に戻った後，運動家の主張は自民党の党是の中心的地位を占めるに至った．また政治的な機会主義と尖閣をめぐるナショナリズムが統合し，東京都知事を離れた石原が橋下徹大阪市長とともに新たな国政政党を結成した．尖閣問題は，一つの政党にとどまらず，様々な人々を引き付ける突出した政治的争点になったのである．

このように尖閣をめぐるナショナリストは国政においてより優位な立場を見出したが，他の三つの事例では，ほとんど関心も影響力も有さなかった．実際，靖国問題でさえ，活発に活動したのは，尖閣問題で活動した人々とは性格の異なる利益集団であった．保守派の政治家は尖閣問題と靖国問題の間に共通する主張を見出す傾向がある．自民党は靖国神社の最大の支援者であり続け，同時に尖閣諸島の領有権防衛を最も強固に唱えている．しかし，靖国神社こそが戦没軍人の国立追悼施設であるべきだという考えを，全ての自民党議員が奉じているわけではない．同様に，民主党などの野党議員の中にも，私的にであるが靖国神社を参拝する人がいる．しかし，中国政府の目には，日本の保守派は一様に同じ存在として映っていた．

靖国参拝を支持する市民運動家も，尖閣問題に関して最も活発な集団と同一の存在ではなかった．国民の対中感情が厳しくなり，中国の挑戦に立ち向かう日本のナショナリストとして認識されることで得られる政治的利益が十分に大きくなって初めて，特定の争点を超えた利益集団間の連携が見られるであろう．

しかし，多くの事例において，日本遺族会などの靖国問題に焦点を絞った保守的な利益集団は，ナショナリズム運動家の集団である日本会議が提唱した感情や目標の多くを共有したようではあるものの，両者が常に共通の主張を掲げていたわけではなく，争点領域を超えた政治活動を行ってもいなかった．それゆえに，小泉内閣期の靖国神社をめぐる国民感情の高まりは，後の 2012 年の尖閣問題の時ほどではなかった．

　日本のナショナリストは個別の争点を超えて統一した立場をとっているわけではなく，反中論のナショナリズムの旗のもとで凝集したり，組織されたりもしていない．たとえば，自民党の小泉純一郎首相は，民主党の野田佳彦内閣と類似した方法で尖閣問題を取り扱った．小泉は尖閣諸島を所有者から日本政府が賃借することで管理しようとした．小泉内閣は水面下でこの交渉を行うことができたが，2012 年には野田内閣は石原都知事からあからさまな挑戦を受けた．同じように，たとえ自民党と民主党が靖国参拝問題に対する立場を異にしていても，両党の議員は必ずしも常に自党の方針に従うわけではない．政権与党の時でさえ，民主党は靖国参拝を支持しなかったが，閣僚以外の議員の中には参拝したものもいた．同様に，閣僚が参拝すべきかについて自民党内には多様な意見が存在し，中曽根康弘や小泉のような公式参拝推進派は限られていた．参拝を強く支持していた安倍晋三でさえ，第一次内閣期には公式参拝を回避し，第二次内閣期の初期には麻生太郎副総理を代理に派遣するに留まった．靖国神社を国立追悼施設として支援する国会議員団は党派を超えて形成され，日本の歴史や先の敗戦について再検討を呼びかけている．こうした感情は，通常想定される以上に党派的立場や政治的選好から乖離したものだった．

　また首相の靖国参拝問題と尖閣問題の解決方法について，自民党内では意見が割れている．2012 年の選挙戦では，安倍は保守的な態度を鮮明にする必要がないにもかかわらず，2006 年の選挙戦では用いなかった言葉を多用した．2013 年の年の瀬には，安倍は異なるアプローチをとって靖国神社を参拝した．安倍が参拝すれば東アジアの緊張は高まるとアメリカが憂慮するその眼前で，安倍は保守的な態度を鮮明にした．その安倍の態度は，靖国神社をナショナリストの象徴とすることを是とする新たな政治的欲求が日本に生まれていることを明らかにした．

1. 変化する中国論

　日本の対中政策形成における経済的利益もますます多様化し，政策論議での主張も多様になっている．依然として日本の財界の主張は対中政策をめぐる国内論議では際立った位置を占めているものの，その商業的な判断に影響を与えるような対中政策であっても，財界は多くの利益集団の中の一つにすぎなかった．たとえば，東シナ海の境界画定問題に関する中国との協議に際して，日本の石油業界の経済的利益は，中国との共同開発を目指す日本政府の立場と近接していた．中川昭一経済産業大臣が中間線より日本側での掘削許可を主張した一方で，中間線より中国側における中国独自のガス田開発への対抗措置は全くとられなかった．2008年の共同開発合意を中国が遂行しなかったことに日本政府は苛立っていたようだが，同時に日本政府は日本の民間企業が日本独自のガス開発を積極的に主張するよう働きかけたわけではなかった．

　生産者だけでなく消費者も，中国に関する政策論議に加わった．食の安全に関して中国政府に公然と反発した国内の利益集団はほとんどなく，代わりに，警察から厚生労働省・外務省に至るまで日本の各省庁は中国政府との新たな協力態勢を模索した．食品産業への管理規制は強化されたが，日本の消費者を守る最も重要な防衛線は中国で事業を展開する日本の食品企業であった．日本の消費者団体でさえ，中国からの食品輸入に対しては相対的に穏健な対応に留まった．これに関連して，中国自身の食の安全に対する関心と，東日本大震災後に日本産食品を規制しようとする中国の努力を通して，日中貿易における中国の消費者の影響力の増大が明らかになった．それゆえに，日中双方の消費者は，食品の安全性を軽視する企業に対しても影響力を行使するようになった．これは，日中双方の市民が日中両政府に対して一層大きな説明責任を要求するようになった望ましい変化の兆しである．

　世論調査を見ると，中国が日本の政策決定に影響を与えているという疑惑と懸念の声が高まっているが，日本国民は既存の政策枠組みを支持し続けている．台頭する中国への対応として，国家戦略の大改革よりも，従来の政策の微調整を日本は続けている．すなわち，日本では，中国との交渉によって問題解決を図ることが依然として望ましいアプローチだと考えられているのである．中国との貿易，投資，その他の経済協力に関して，日本は広範な利害関係を保持している．中国食品の禁輸や中国製品のボイコットを主張する声もない．また日

中の危機時に街頭にくり出す日本人の数は，中国の都市部で反日スローガンを叫ぶ中国人の数よりはるかに少ない．確かに領土紛争は強い反発を引き起こしただろうが，こうした人々の感情でさえ，社会運動には転換されなかった．すなわち，こうした対立は過去10年にわたり日中関係の悩みの種だったが，日本で反中運動が分野の垣根を越えて広く結集することはなかった．

日本の政治変動によって，対中政策をめぐって政党が対立する政治状況は変わった．日本の政党組織は変化し，対中政策に応じて「右派・保守派」と「左派・革新派」が分断される状況は終わったのである．中国の指導者は日本との政治的緊張の原因を日本の「右翼」・「軍国主義」勢力に見出そうとするが，中国に批判的態度をとる日本人は，右翼のナショナリズムや保守イデオロギーになじむ典型的な勢力に留まらない．また日中関係が悪化すると，中国メディアは協調的でないと見られる人々を「保守主義者」・「軍国主義者」とくり返すが，その対象は自民党の関係者に限られるわけではない．たとえば，リベラルな民主党の中にも，日本との約束に従わない中国政府や中国指導者に厳しい姿勢をとる人々がいる．2010年の中国漁船事件の最中に民主党の前原誠司が外務大臣に就任した時，中国指導者は当初，前原を交渉から排除しようとした．だが，仙谷由人内閣官房長官はこれを拒絶した．それ以前にも，中国の軍備増強に前原が懸念を表明した際，中国の指導者は前原の「タカ派」的観点を排斥しようとした．このような中国政府の戦術が，危機への対処を難しくし，緊張を高めたことは疑いない．

日中関係の担い手が世代交代した影響も，日本の政治変動の副産物として明らかになった．新世代の政治家が表舞台に現れ，そこに政権交代も相まって，日本の政党が中国の新世代の指導者とネットワークを構築する体系的な試みは減少している．たとえば，日中間の意思疎通の重要な経路となってきたのは，自民党と中国共産党の長期的な関係を構築する努力に基づくものであったが，これは両国の紛争解決機構としては十分に機能しなかった．それゆえに，2010年の漁船事件を受けて，民主党は新世代の有望な中国共産党指導部との人脈を築くための新しいメカニズムを構築し始めた．だが，この政党間交流は長期的な展望に基づくものであり，将来の危機管理に直結するかは定かではない．それは民主党の政権復帰の如何にもよるだろう．

政治家と同じく，日中関係に関わる他の指導者もまた多様な視角を持っており，それらの多くはイデオロギーよりも政策的利益に付随している．日本の政治的スペクトル上には様々な中国への対処法が分布しているが，それらの多くは，市民団体，政治指導者，および財界の個別問題とその政策目標に基づいている．実際，中国の動向が日本の利益集団に与える影響はそれぞれ異なっており，中国問題として認識されている諸課題に対する日本国内における政策的主張は今日，多様化している．皮肉にも，これらの個別問題への懸念から，日本の中国政策への広範な不満が生じている．しかし，これらは日中関係をどうするかという問題であると同時に，規制するかどうか，防備するかどうか，制裁するかどうか，といった日本独自の選択の問題でもある．

2. 漸進的な問題解決

過去10年間に大きな論争を呼んだ四つの事例では，日本で検討されてはいたものの，実施に至らなかった政策課題が明らかになった．また，これらの事例を通じて，日本政府には適切な政策的対応を考案し，実施する能力が不足しており，その欠陥は解決されておらず，そもそも十分に認識されていなかったことがわかる．日中関係が論争を引き起こす理由は，日本の政策決定が集権化されていないことにある．本書で検討した四つの事例は，日本の従来の政策と，自国の利益を主張する制度的能力が，新たに挑戦を受けていることを示している．だが，対中政策に関する戦略的変更はなく，明らかな転換点もなかった．個別の中国問題を解決する時も，日中関係の前提を調整する際も，日本政府の動向は一貫して漸進的なものに留まった．

四つの事例を比較すると，戦略的な政策的対応を官僚制がどれほど阻んだかということが，最も際立った結果として浮かび上がる．たとえば，海洋政策に関わる官僚が，国連海洋法条約の批准によって新たに提起された課題に対処できなかったことは明らかであり，日本政府は，国家的な海洋戦略の制定に著しく出遅れた．同様に，食の安全の事例でも，消費者の利益を保護できない日本政府の機能不全が判明した．戦後日本の長年の課題でありながら，日本政府は消費者保護の制度を十分には設けてこなかった．「司令塔」に情報を集約する

ことは，ますますグローバル化する市場の下で消費者利益を保護し，産業を規制するための小さな一歩にすぎないだろう．これだけでは日本の消費者運動を満足させられなかったが，餃子中毒事件の帰結として規制強化は実現した．皮肉にも，消費者保護の大義のために最後まで戦ったのは，歴代の政権において市場の規制緩和を支持して消費者保護に抵抗してきた保守派の人々であった．結局は，中国の台頭によって，日本の消費者保護と海洋権益という長年の政策課題への関心は高まることになったのである．

　四つの事例とも，日本独自の政策を求める人々の支持と，より普遍的なベストプラクティクス（最善の事例）に基づく問題解決との間の緊張関係が浮き彫りになった．ここでは，より低いコストで食の大量生産を追求することが仮定されている食の安全の問題が最も適切な事例である．餃子中毒事件をめぐる日本の議論では，グローバルな食料市場の中での安全確保が注目されたが，同時に，農林水産省などの利害関係者は，この事例を通じて食料自給体制の議論を復活させる機会を得た．驚くべきことに，日本の消費者団体は，明らかに欧米の事例にならった消費者保護運動を欲しながらも，農林水産省による食料自給体制という目標に同意した．そして，より進んだ消費者保護政策を提唱したのが東京都であり，国連食料農業機関や米国農務省による食の安全に関するグローバルな政策革新に基づいて，新たな基準が設けられた．しかし，日本企業の関心は，たとえこの事件によって利潤追求と信頼性が疑問視されても，日本の労使関係を最適化することに最も注がれていた．

　日中対立を二国間で解決する方法はもはや有効ではなく，日本政府はグローバルな機関などで自国の利益を訴え始めた．最も明白な事例は，東シナ海の境界画定問題と，尖閣問題である．国連海洋法条約によって，日本は排他的経済水域を主張せざるを得なくなった．同様に，経済紛争が国際的な調停の対象となった．2001 年に中国が世界貿易機関（WTO）に加盟すると，貿易紛争を解決する新たな手段が利用可能になり，中国が国際的規範に違反していると非難する国々と日本は協力関係を構築した．中国によるレアアースの輸出割当制度（および一時的な禁輸）は，この典型的事例である．

　さらに，日本が中国に対して自国の利益を強く主張したのは，戦後日本が多国間紛争解決に最も適した場として見てきた国連であった．野田首相は尖閣問

2. 漸進的な問題解決 213

題に関する日本の立場を国連で表明した．国際司法裁判所（ICJ）は日中両国に領土紛争を第三者の調停に委ねることをいずれ提案するかもしれない．これらが問題解決の有効な方法となるかは依然として不明である．しかし，第三者の調停や国際機関による採決に日本政府が訴えたことは，中国との二国間交渉に依拠することを日本政府がもはや好まなくなったことを示している．

　こうした問題を政府が解決できないことに日本人の不満は高まり，政府の統治能力をめぐる議論が再燃した．より強い日本国家の建設を長らく主張してきた人々は，中国の台頭を契機として戦後日本の対外政策の再検討を迫る好機を見出した．特に，中国海軍の増強により，日本国憲法と自己抑制的な防衛力に関する議論は活性化した．だが，日本の戦略の再編や防衛予算の拡張，あるいは他の手段による日本の防衛力の強化などを求める要求は，決して盛り上がってはいない．中国の軍事活動に関して，日本国内やその周辺で議論や関心が高まっているにもかかわらず，日本の抑制的で冷静な対応への支持がすぐに変化する兆しは全く見えなかった．それは尖閣問題の渦中にあっても同じであった．

　代わりに，どの事例においても，台頭する中国の複雑さに対処しようと苦闘したのは，権限が細分化している官僚に主導される日本政府だった．日本の海洋戦略の最優先事項は，政策形成過程を集権化し，その科学的・商業的・警備的課題という様々な側面を調整することだった．海洋戦略を策定し，それを主張する日本政府の能力の強化がこの一例である．同様に，尖閣問題では，海上保安庁と海上自衛隊の組織の壁を乗り越えた政策形成が求められ，さらに日米同盟に基づく米国海軍と海上自衛隊の協力という大きな枠組みも説かれた．南西諸島の防衛力強化を促した中国の台頭は，冷戦後に初めて自衛隊を再編する理論的根拠になると見られた．海上保安庁の警備能力を増強し，また海上自衛隊との協力に抵抗してきた戦後の経緯を克服する改革も，東シナ海における中国との緊張の拡大によって生み出されたものだった．

　また同じく，餃子中毒事件では，日本政府が消費者に危険性を伝えることに失敗したことが劇的に実証された．だが，中国産の加工食品に日本が依存を深める以前から，日本の食の安全に関する規制が不十分であったのは，まぎれもない事実である．偽装表示や他の犯罪等，日本の食の安全を脅かす事件は，これ以前から起きていた．実際，これらの犯罪事件の大部分は日本国内で発生し

ている．さらに，餃子中毒事件後の対応は，中国からの食品輸入により厳しい規制を課すのではなく，中国での食品生産の合弁事業を日本企業が管理する態勢を強化するよう働きかけることだった．日本政府は，餃子中毒事件を日中間の食品貿易への関与を強める機会とはみなさず，食の安全の管理を引き続き民間企業に委ねることにした．餃子中毒事件は，食料供給地として中国にますます依存する日本の複雑さが反映されたものだが，日本政府が消費者保護規制を設ける際の驚くべき能力不足も露呈した．さらに，実行された改革は，日本の食料供給に対する将来の犯罪や他の脅威から日本の消費者を守るには不十分であった．

多くの日本人が自国政府の統治能力に疑問を抱いていた時に，中国の経済力がさらなる挑戦を突きつけた．1990年代を通じて，日本政治は汚職事件にまみれ，市民の要求を十分に満たせられない統治システムの中で政治家は独りよがりな存在になっていた．より多くの中国人旅行客が日本を往来し，より多くの中国製品が日本の市場に輸入され，より多くの日本企業が安価な労働力を求めて工場を中国に移転するにつれて，日本では制度改革の要求が新たに高まっていった．そして，日本がかつて最大の経済的主体だったアジアで日中が競合していることを，両国の外交官はともに認識した．軍事的にも，中国は新たな海洋戦略を推進し，2000年代初頭までに日本の領海内や周辺で遊弋する中国艦船の数は増加した．過去10年間の日本の政治改革論において，国家が優先すべき政策として指導者や市民が注目したのは，何よりも中国の台頭によって生じた問題だったのである．

3. 変容する中国への適応

それゆえに，中国の台頭をめぐる日本の議論は，中国政府と米国政府と，どちらが好ましいパートナーかといった単純なものではない．そうではなく，中国の影響力が強まるグローバル経済の中で，日本の競争力に関する，より広範でより内省的な議論が展開されている．戦後日本の戦略が主に依拠した制度そのものが，中国の挑戦にさらされている．日本国内で主張されている政策は，中国への順応でも，また中国との対決でも，どちらでもない．むしろ，中国の

影響力によって試されているのは，日本の自己改革能力であり，戦後日本を世界的な大国へと浮上させた規範と原理に依り続ける能力である．

　日本の政策調整能力は，国内政治によって左右される．21世紀の最初の10年間には，対中政策をめぐる対立が明らかになり，中国政府との利益折衝に成功することは明らかに減った．中国と協力的な関係を作ることへの日本国内の支持は，日中両政府が紛争解決をめぐって争うにつれて減退し，日本の政治家と国民は日本政府が中国政府と妥協しないよう求めた．なぜか．この動きに関係する利益はどのようなものか．日本国内の主張は中国政策にいかなる影響をもたらすのか．本書の四つの事例では，中国の意思決定が日本の選択を複雑にしていたが，この新しく複雑な日中関係をいかに取り扱うかについての一貫した戦略も，また統一された姿勢でさえも，日本では生み出されなかった．政策形成過程における多様な利益集団は，多種多様な解決策を提示したが，中国に対して一元的な立場をとるよう政府に圧力を加えられる利益集団や社会運動の連合を生み出すには至らなかった．

　日本政府が直面した政策のジレンマは，中国との調整にも，あるいは対決にも帰結しなかった．むしろ，本書の四つの事例で描かれた日本の対応は，「適応」（adaptation）と呼ぶにふさわしい．中国との事例のほぼ全てにおいて，効果のない政策は再考され，新たな方策が着手された．いくつかの事例において，中国の台頭は，反発や非妥協的な態度を生み出すよりも，むしろ長年の懸案となってきた国内改革を促す触媒として機能した．既存の政策目標を念入りに作り上げ実行する日本の能力や，中国政府との紛争解決のパートナーを発見する日本の能力を向上させることが，今までの一貫した日本の対応であった．

　台頭する中国による挑戦に立ち向かう能力と実力を日本が持っているかについて，日本では集中的に議論が交わされた．本書の二つの事例では，中国との対立の帰結として，日本はそれまでの政策を変更した．国連海洋法条約に対処する新たな海洋基本法を日本は制定し，また消費者庁を設置して日本産食品のみならず海外の食品にも強い規制を課すことになった．三つ目の靖国問題では，無宗教の国立追悼施設の新設は未だ実施されていない．だが，海上保安庁と海上自衛隊の相互関係を調整するという最も難しい問題では，海上保安庁の警備機能と能力を強化し，米軍との協力を向上させるという結論に達した．日本の

防衛能力は決して劇的には変化しておらず，日本政府は中国軍の膨張に対して長年の抑制的な防衛政策を維持しながら対応したのである．

いずれの事例でも，日本は大規模な制度改革よりも，漸進的な政策調整を好んだ．だが，漸進的な政策調整に関する中国との交渉によって，日本国内の利益集団が満足することはめったになかった．依然として日本政府は中国との協力や調整に焦点を当てた交渉を続けたが，中国政府から協力を獲得する日本政府の能力は日本国民には十分なものには見えなかった．それ以上に，どの事例においても，国内の利益集団が中国の影響力に過敏になっていることによって，妥協は困難になった．したがって，日中関係における争点を棚上げして，日中の全般的関係の中での比重を引き下げることは，実現不可能な選択肢だった．

中国政府と解決策に合意できないことで，中国の意図と日本政府の非効率性に対して日本人は認識を改めていった．ほぼ全ての事例で，交渉による解決は実施が難しかった．三つの事例，あるいはおそらく四つの全事例で，日中両政府はある種の合意に達したが，それが実施されたのは 2009 年に食の安全に関する合意が履行されたことのみにすぎない．2008 年 5 月の胡・福田会談での東シナ海の共同開発の合意は偉大な業績として歓迎されたが，それを実行に移すための合意の作成は失敗に終わった．

靖国問題や尖閣問題といった困難な争点でさえ，ある種の妥協案が提示された．日中が対立した小泉時代が終わった後に和解を模索する中で，安倍晋三内閣総理大臣と胡錦濤国家主席は，安倍首相が靖国を参拝するかという問題を傍に置くことで合意した．外交関係の再構築を目指すためには，日本の首相が靖国参拝の意向を公言せず，また中国の指導者がそれを尋ねないことが，問題解決へと導く最低限の条件であった．同様に，海上保安庁に対する中国漁船の挑発行為に端を発する尖閣問題では，東シナ海での協力を通じて領土紛争を克服すべく日中両政府は努力した．この信頼醸成の手段には，救難救助に関する合意の締結や，海上での対話の促進が含まれていた．それらは 2012 年初期に実を結んだが，両政府は引き続き国内の政治的圧力に悩まされた．

中国政府と相互に受容できる解決策を交渉できることが，外交官にとってはもちろん理想的である．東シナ海の境界画定問題と餃子中毒事件のいずれの事例でも，互恵的な合意が成立したが，その実施は不確かになっている．靖国問

題では，公式の交渉は行われなかったが，それでも日中の指導者はどうにか妥協方法を見つけ出した．だが，2013 年に第二次安倍晋三内閣の閣僚が靖国神社を参拝すると，この妥協の脆さが露呈した．中国漁船事件では，日中の海上での協力が予備的に模索されたが，全般的な解決策は全く取られず，東シナ海での対立の核心である尖閣問題に関する交渉もなされなかった．むしろ，外交官による交渉の成果を両国の政治家が損なってきたように思われる．努力を払ったにもかかわらず，外交によっては持続可能な解決策は生み出されなかった．それゆえに，日中両政府間の妥協策が実行不可能だと判明し，あるいは実施が極めて困難だとわかった際に，外交による解決への日本国内の支持は弱体化した．

　日本政府が中国政府との合意を実施できなかったことは，日本国内に強い衝撃を与えた．東シナ海での合意が成立せず，日本による尖閣諸島の防衛に中国政府が挑戦したことで，日本の領有権防衛をより攻撃的かつ単独行動的に提唱する日本の運動家は勢いづき，両国の対立を傍に置いて解決を図る選択肢は消え去った．興味深いことに，小泉内閣後には，靖国参拝はもはや人々の注目を引く争点には見えなかった．民主党は靖国神社への関与を避け，その政権与党時には靖国問題は大きな注目を集めなかった．靖国神社を個人的に支援してきた安倍が政権に復帰し，自民党が衆参両院の選挙で勝利すると，首相の靖国参拝問題が再び政治的関心事に浮上する．小泉とは対照的に，安倍は，自民党総裁選に勝利し，選挙で自民党を勝利に導くために，遺族会などの団体から支持を得る必要はなかった．安倍は新たな靖国をめぐるナショナリストの代表格であり，ソーシャルメディア上で彼を支持する人々は，靖国神社への共感とともに，歴史修正主義を喧伝した．この歴史修正主義を伴うナショナリズムに安倍首相が連携しようとしたことを世界が注視している．

　日本政府が中国政府との共通の土台を見出すことが難しくなったことで，より声高にナショナリズムを叫ぶ人々が政府の選択に影響力を与える政治的機会は増えている．戦後日本の政党政治が右派と左派で広く分断された状況で，運動家集団は政治や政策形成の周辺部に位置し，保守派による反中感情と連携していた．これらの集団は，多くの場合，異質な少数者であり，尖閣諸島での領有権要求などの特別な主張に基づいて動員される存在である．しかし，2012

年には，主流派の政治家がナショナリズムの主張をより明確に打ち出し始めた．それまで尖閣諸島の領有権を最も強く唱えていたのは石原都知事であったが，2012年9月から自民党指導者の地位を競うほぼ全員がそれに共鳴した．さらに興味深いのは，こうした保守的なナショナリズムの共鳴が，中国への対応をめぐる人々の認識と連動したことである．たとえば靖国問題では，日本国内での深刻な意見の分裂にもかかわらず，ひとたびこの問題が中国からの強い干渉をめぐる争点になると，靖国参拝を公約とした小泉の主張はさらに人々を惹きつける新たな重要性を帯びることとなった．

　日中関係での利益をいかに追求するかについて，保守派の意見は著しく異なっている．日本の経済利益を損ないたい者などおらず，「戦略的互恵関係」を放棄したい者もいない．だが，日本の利益に対して中国が無関心なことに苛立つ人は日本に多く存在する．しかし，たとえ靖国問題に関する中国の態度が激しい批判を招いても，ナショナリストによる広範な社会運動が盛り上がったわけではなく，靖国問題に関する利益集団の様々な主張が完全に一致したわけでもない．2006年夏，過去の世代の選択を振り返り，靖国参拝の是非を問う論争が日本で盛んだったが，結局は，靖国神社を日本国の自尊心やアイデンティティの象徴とみなす主張は支持を集めなかった．同様に2013年に安倍が参拝した際，アメリカが「失望」を表明したにもかかわらず，日本のメディアの反応は目新しさを欠いたものだった．しかし，ソーシャルメディア上は白熱した論評にあふれ，右派だけでなく左派からも意見が多く寄せられていた．

　ナショナリズム運動家は，彼らが最も成功しそうな集結地点として尖閣諸島を発見した．そこでは，石原慎太郎東京都知事や日本会議，頑張れ日本，チャンネル桜などの集団が，彼らの主張をより大きな舞台に上げられるからである．東京都が尖閣購入計画を公表すると，日本政府は従来の政策を超えた対応を余儀なくされた．また東京都の尖閣購入計画への寄付が急速に集まったことで，日本はこの問題でもっと強く自己主張すべきだと考える人が石原のみに限られない状況が判明した．領土の防衛は日中関係の未来を決める争点であり，それゆえに日本の国内政治において歴史問題を超える際立った重要性を持った．

　他の事例では，ナショナリストの活動との結びつきは見られない．餃子中毒事件は日本で大きく注目を浴びたが，ナショナリズム集団の主張とは共鳴しな

かった．食の安全に関する事件は，中国や中国人との関係に特有の問題として
扱われなかったためである．あるいは単に，消費者保護は保守派やナショナリ
ストには馴染みにくい争点だったかもしれない．過去には消費者保護は女性問
題の活動家やより革新的なリベラル派によって唱えられており，日本の食料供
給は領土紛争に関わる集団との接点に乏しかった争点である．このようにナシ
ョナリスティックな政治運動でさえ，政策領域における変化や適応を阻止でき
なかった．日本政府の政策的ジレンマは，創造的な問題解決と交渉，それに自
身の政策形成の改革を通じて，ある程度解決された．最終的に日本の指導者は，
中国の要求と批判を受容することを拒み始めた．本書の激しく対立した事例で
さえ，日本政府と市民の動向は課題を政策で解決しようとする意欲によって導
かれ，それは決してイデオロギー的衝動に駆られたものではなかった．しかし，
中国政府を説得して日本政府の解決策を受容させることが，いつも可能だった
わけではない．

4. 政策的含意

　本書では，台頭する中国への日本の対応を考察し，日中関係の将来に関して，
以下の指針を示すものである．第一に，四つの事例を通じて，両国が協力して
問題を解決することの複雑さを明らかにした．全ての事例において，中国政府
と協力して問題を解決することに関して，日本政府は国民の支持をほとんど得
られず，日中で合意に達した事項も実行することは難しく，関係する利益集団
は不満を募らせた．第二に，日本の政策決定において，中国の影響力が無視で
きなくなったことがあげられる．これは単に中国の国力が増大したというだけ
ではなく，両国の経済・社会の結びつきが深まったからでもある．相互依存に
より互いに不安に陥ることもあるが，それを軽減するには両国が協力して問題
を解決すべきであり，その必要性は高まりこそすれ，減じることはないだろう．
さらに日中双方とも，政策担当者ではない様々な利益集団が政策と課題を理
解・分析する力を高めることが必要である．もはや，日中関係は外交当局者だ
けが取り扱う事項ではなくなり，政府間で見出された妥協点も，双方の国民多
数の理解を得られなければ維持できないだろう．

第三に，日本政府は当面の問題を処理することに終始し，根本的な対応をとることは後手に回っている．中国の台頭に対し，漸進的な政策調整を重ねているだけでは，政府に紛争解決を求める国民の要求に応えることはできない．日本政府を全面的に改革する必要があるわけではない．だが，中国との関係において，消費者を保護し，海洋権益を守り，東アジアの紛争解決に力を尽くすために，日本政府は政策立案・実行能力を増強することが必要である．日本政府は，より競合的な日中関係に対応できる制度を模索することが求められている．

第四に，日中関係は単に政府間による一元的なものではないということがあげられる．確かに，最終的には戦略的な決断をするときは政府に主導権があるかもしれないが，国民の影響が高まり，運動家，利益集団，野党政治家などの様々な声によって，日本政府が中国に対応して妥協や順応する余地は狭められている．また財界は長らく日中の友好関係を強く支持してきたが，その傾向は弱まっているように見える．中国と長年の関係を有する企業は両国の結びつきを改善することを求め続けているが，こうした企業の中にも，中国政府内の政治状況や日中の政治的緊張を背景に勃発する反日デモが自らの事業を狙い撃ちすることに嫌気がさした財界人はいる．さらに日本の財界人は，対中投資が長期的に持続可能であると信じているわけでもない．日本の海外直接投資が多様化する理由として最も頻繁にあげられるのは，政治的リスクよりも，その経済的利益のようである．

また中国の台頭が日本政治に与える影響を分析した本書は，日本政府と中国政府，そして米国政府のそれぞれの政策決定者にとっても示唆を与える．アジアにおけるグローバル経済の中枢である日本では，すでに中国に対する理解と自国の世界的役割に関する認識は変化している．中国の軍事力の増強によって東アジアの安全保障の未来について再検討が始まっており，日本では10年以上前から中国の変化が日本の対外政策の利益にもたらす意味について議論がなされている．日本の議論では，日中両政府がそれぞれの国民の利益のために交渉する能力と信頼性に関心が集まっている．中国政府の内外で行われる中国人の決定が日本社会に与える複雑な影響について，日本政府が調整しようとするにつれて，その両国関係は論争が絶えないものとなった．

日本の経験は，グローバルな大国へと台頭する中国との関係の調整に取り組

4. 政策的含意

む他の国々に，国民の対中認識の重要性を示すものである．政治指導者は，中国との問題を解決する能力について自信を喪失している状態に陥っている．日本の安全保障に関する懸念を背景に，政治指導者はアメリカとのより緊密な戦略的協力を求めているが，中国に対する米国政府の立場についての不安もまた公の議論で漏れ聞こえている．そして，尖閣問題での対決姿勢を含めた中国の対日戦略への懸念によって，戦後日本が防衛能力を抑制してきたことへの新たな疑問も高まっている．

　中国政策にまつわる利益集団のバランスも変化した．日本は今や中国に敢然と立ち向かうべきだと主張する人々が日本政治で活動する余地が拡大しており，戦後日本の防衛力の制限と自由貿易体制へのコミットメントについて疑義を呈する人々が，政治的活動の幅を広げている．第二次世界大戦後の国際秩序は戦後日本に安全と繁栄を約束してきた．しかし，国際的な経済活動や安全保障において中国が果たす新たな役割は，それが従来の国際秩序を脅かす限りにおいて，新たな疑問も投げかけている．日本の利益を守るために日本は今後も国際機構やアメリカとの協調に依拠できるのか，という疑問である．

　政策形成者は，人々が中国政府の意図に対して不信感を抱き，中国との妥協への支持が弱まっていることを認識すべきであろう．中国の影響力を憂慮する人々に政治的機会を与えているのは，日本の世論だけではない．日本政府に対する国内からの新たな批判も，同じく広がりを見せている．中国政府との合意を有効に実行できない日本政府の能力不足が国内の不安の原因となっており，この日本の統治能力に対する国民の信頼喪失は日本の政治的変動によって起きている．日本の政策的な苦悩は，日本が国際競争にふさわしい備えを欠いている現れである．中国への強硬姿勢の提唱者がより多くの聴衆を惹き付けているのは，予測可能性の低い世界において日本の利益を成功裏に交渉する政府の能力に対して，人々が信頼を失いつつあることに大部分起因する．

　政府に対する信頼の喪失は，日中関係の未来にいくつかの影響をもたらしている．第一に，日中両国に影響する問題について両国が協力するという解決策を中国が模索すれば，中国政府の意図に対するエリートの認識を変えるのに大いに役立つであろう．達成された実績により，人々の感情もまた変化し得るはずである．第二に，問題の原因が根深いため，日本と中国の利益が一致しない

時に，妥協点を見つけたり，この領域では合意しないことに合意したりするのは困難になる．安全保障に関して言えば，海上の安全をもたらす対話の必要性は明白であり，尖閣問題については，紛争を自分たちで取り扱うか，あるいは第三者の調停による解決を求めるかを，政治指導者が再び検討する必要がある．

　最後に，何十年もの間，日本政府と中国政府の政策形成者は，両国の関係が政治対立の影響を受けないようにするため，緊密な経済的結びつきに依拠してきた．互いの経済への投資は，両国が利益を広く共有していることを依然として意味した．両国の緊張が高まった10年間の後でさえ，日本の対中投資は持続している．実際，2010年の漁船事件の後，日本の対中直接投資は，ほぼ60%増の年間1兆円（103億ドル）であった．2011年の新規投資は63億ドルに達し，これは中国における新たな海外直接投資の全体の5.5%であった．2012年には74億ドルに伸び，中国における新たな海外直接投資の全体の6.6%を占めた．日本は中国への海外直接投資の提供国として香港に次ぐ第2位の地位となった[1]．それにもかかわらず，2012年の事件が示すように，この経済的相互依存があっても両国は激しい政治的緊張を避けられないだろう．日本企業の中国における生産拠点は暴力デモの標的に再びなり得るし，政治的危機における経済的手段の使用はくり返されるかもしれない．政治的緊張の長期的持続は，日本の対中政策における利益集団のバランスにおいて財界指導者の役割が相対的に減少している証拠である．

　外交的な成功によって，この状況は変わり得る．日本のナショナリスティックな政治家が主張する機会が増えれば，中国政府との協力的な解決策に到達しようとする日本政府は制約される．他方で，中国が日本人に，将来的には対立ではなく互いに協力が可能であることを納得させることができれば，日本のナショナリストが政治的に活動する余地は縮減し得る．だが，中国が問題を無視し続けたり，また合意された妥協が実施されなかったりすれば，中国との協力に警鐘を鳴らす日本の人々は大きな信用を得ることになる．また，日本の同盟国として，米国政府は尖閣問題の悪化を強く懸念している．ここで日本を防衛する役割を担うことをアメリカが明言したことで，防衛力に関する日本政府の懸念は幾分かは取り除かれた．また米中両政府間の高官会談によって，尖閣諸島沖において日中の公船が対峙する状況は緩和された．

4. 政策的含意

　日中間の緊張は，アメリカに新たなジレンマを課している．日本と他国との軍事衝突が起こり得る状態は，日米同盟の歴史で初めてのことである．半世紀にわたる日米の安全保障の協力を通じて，日本はアジア太平洋地域におけるアメリカの広範な戦略を支える役割を担っていると，日米両政府は見ていた．日本の軍事力の行使は防衛目的に限られるとされ，有事として想定されるシナリオは，朝鮮半島や台湾海峡といった別の場所での紛争であった．日本が中国との直接的な紛争に関与し得る可能性について，日米同盟ではほとんど検討されてこなかった．しかし，この新たなシナリオは，尖閣問題をめぐって武力衝突へと拡大することがないように，米国政府が日中両政府を説得できるかという新たな問いを想起させた．日中両政府のいずれかの政治的計算が変化することで，軍事行動の誘因は変わり得る．その際，米国政府は対応することを余儀なくされるだろう．

　しかし，尖閣問題に限らず，米国政府は日中間の緊張緩和に積極的であった．緊張状態の長期化によって，アジアの二大経済間の投資や貿易が滞れば，アジア太平洋地域のみならず世界経済にも大きな損失をもたらすだろう．アメリカは日本による海外直接投資と米国債の購入に大きく依存している．また中国も米国経済にとって重要な役割を果たしており，日中関係の悪化はアメリカの経済成長に直に響くことになるからである．

　最終的に，アメリカは，日中がアジア太平洋地域で影響力を競うような事態が生じれば，アメリカの外交政策自体が甚大な影響を受けることに気づくだろう．海洋の安全から人道的災害支援まで含む多くの争点で，アジア太平洋地域は制度的に協力するネットワークを拡大してきた．日中間の長引く緊張は，こうした制度的な信頼醸成や統治能力を損ねかねない．実際，この地域における日中の競合関係は，東南アジア諸国連合（ASEAN）を基盤とする多国間協調枠組みである ASEAN 地域フォーラム（ARF）や ASEAN 国防相会議，東アジア首脳会議などの実効性を著しく傷つけてしまうことになる．地域的な安全保障を議論する場が乏しいことを踏まえれば，アジアで重要な地政学的変化が起きている時に，これはかなりの損失に他ならない．

　アメリカの政策形成者にとって最大の課題は，日本政府との緊密な同盟関係を損ねずに，中国政府との協力関係を発展させていくことである．政策エリー

トの議論にとどまらず，日本国民も，アメリカの日本防衛への関与と，アメリカの政治指導者が中国に接近することについて議論を続けている．アジアで現在進行中の大規模な権力移行の文脈の中で，この地域の同盟国に再保証することは非常に難しい課題となるだろう．

　日本政府が中国との交渉で利益を確保する機会を逸すれば，日本は戦後の最も基本的な政策方針の一部を修正する大きな圧力にさらされるだろう．本書で描いた事例が示すように，もし日中関係がさらに悪化すれば，特に三つの政策領域は日本にとって深刻な懸念材料となりうる．第一に，長きにわたる戦後日本の軍事力の制限とアメリカへの戦略的依存である．中国の軍事力増強によって，日本は防衛目標を再検討し始め，中国軍の能力向上と自衛隊との接触の増加を反映して，南西諸島を最優先課題として認識し始めている．日中両政府間には，信頼を醸成し，相互の軍事的目標や戦力態勢を理解しようとする真剣な取り組みが欠けており，中国の軍事的圧力を相殺するために日本が防衛力を著しく増加することを必要とする見込みは大きい．それ以上に，アメリカが第一列島線の水域に出入りするのを拒絶しようという中国の意図は，アメリカの日本防衛力の弱体化を意味する．もし米国政府が日本の領域内やその周辺での軍事力を増強できなかったり，それを増強する意思がなかったりすれば，日本政府は米軍の支援への信頼を再検討することになり，それは続いて中国による侵略を抑止するために日本自身の攻撃能力獲得を再考することとなる．

　第二に，自由で開かれた国際貿易秩序への戦後日本の関与が，中国によって厳しく試されるであろう．自由貿易を基軸とするブレトン＝ウッズ体制を背景に，戦後日本は経済復興と産業発展を追求してきた．日本政府がさらなる経済競争の促進を検討する中で，2013 年に新たな貿易協議が開始された．日本はアメリカと他の八つの太平洋諸国との間で環太平洋パートナーシップ（TPP）への参加に合意した．同じく重要なことに，日本政府は韓国と中国の双方との自由貿易協定（FTA）を協議し続けている．もしも中国がこの努力を放棄して，代わりに日本に対してより保護主義的な経済政策を進めるならば，それは中国市場への日本企業の進出を制限するばかりか，自由貿易の原則に挑戦する兆しとなるだろう．同様に，もしも中国政府が日本の製品や企業，あるいは資本に対して差別的対応を決めたら，日本経済に深刻な影響を与えることになる．

4. 政策的含意

報復的貿易紛争などの経済的緊張関係が日中間で生じれば，自由貿易や自国の市場開放に関する日本の態度は変わりうる．財政赤字の解消のために国際市場で日本国債を発行する必要が生じた際，日中の経済的相互依存は，より大きな日本の不安を引き起こす種になるはずである．すでに中国は日本国債を購入し始めているが，まだ他の先進国と比較できる段階ではない．より多くの中国人が日本国債を購入すれば，中国に対する日本の脆弱性は拡大し，中国政府の長期的な野心への日本国内の不安も悪化するだろう．

第三に，もしも中国の指導者が日本を隣国としてよりも敵対者として見なし続けるならば，戦後の経験に対する日本の認識は変わっていく．中国の台頭によって占領期に押し付けられた制度改革への疑問が日本で生じており，日本国憲法が外国起源であると長らく批判してきた日本の保守派のナショナリストは，その改正を今や一層強固に論じている．外部からの批判は，戦時中の歴史に関する日本の議論を狭め，戦争経験が与える教訓を歪めてしまう．中国から一様な圧力が日本にかかり続ければ，戦後日本の歩みへの日本人の自信が揺らぎ，日本が未来に向けどういう選択をするかよりも，過去への批判に対し反動的になり自己正当化することに関心をおく国家的気運が生み出されるだろう．

政治的緊張によって日中外交がくり返し冷え込むにつれて，自国の利益を守るためにより強硬な手段をとるべきかどうか，日本国内での議論が続いている．戦後日本の平和主義は有名だが，特に領土紛争に日本人はきわめて神経過敏になっている．日本と協力して解決する意思も能力も無いように見える中国は，次第に日本に敵対的な存在として映っている．つまるところ，日本と中国は近接した宿敵なのである．それゆえに，両国が外交的距離を保っている時でさえ，両国の選択は深く関連し合っている．数百年にわたって日中間で共有されてきた文化，歴史，地理が，この親密さの源に他ならない．日中関係の未来は，旧来の公式にさほど依拠せず，日中が単独では処理できない現在の問題に対する，新しく創造的な解決策によって決まることになる．

ここで扱った全ての事例が，国家間の根本的な対立にまで激化したわけではない．日中両政府は，敏感になる争点においてさえ，妥協の余地を見つけ出した．本書は中国政府の利益について詳しく検討していないが，将来的に中国政府と取り組める能力を日本と日本人がいかに認識したのかという分析を通じて，

日中両国が協力して解決する機会がどこにあるのかを提示したはずである．また本書は，最も政治化しやすく政治的機会主義の影響を受けやすい争点について考察した．換言すれば，日中関係において議論を呼ぶ全ての争点が日本の国内政治の同じ断層に並んでいるわけではなく，非常に敏感になる争点のいくつかでさえ，日中共通の利益を見出すことはできたのである．

政策形成者にとってより困難な課題は，中国政府との政策対立が国内でいかに認識されるかを判断することである．ここで論じた全ての事例で，日中間の摩擦が広く論争を呼ぶものであったことで政策的不安が広がり，日本国内はかなり敏感になっていた．どのように問題が解決されるかによって，日本国内で生じた不安が緩和されるのか悪化するのかがわかるだろう．日中両国は，効果的な問題解決の事例を発見できるか．もしそうならば，成功の指標は何なのか．一つの争点での成功は，他の争点領域でも両国政府が成功を収める能力に影響を与えるのか．これらの論争から，日本が中国と協力する能力について何が言えるのか．日本の政策決定機構にはどんな圧力がかかっており，それはどのように改革され得るのか．

中国の台頭への日本の対応は，単に政府による政策的反応にとどまらず，日本の戦略的利益によってのみ定義づけられるものでもない．外交官が最善の努力をしているにもかかわらず，中国との予期せぬ対立が持続することで，最大の隣国への日本人の認識は変化している．こうした日本人の対中感情によって，日本政府の対中姿勢は除々に変化しているのである．

日本におけるナショナリズム運動が活発化し，これに中国の国民が反発することは，両国のきわめて厳しい未来の前兆である．日本人の中国への不安は，日本の利益を国内外で保護する日本政府の能力に対する不安の反映である．日中の二国間関係と歴史問題は将来的にも争点となるだろう．だが，今日の中国は，戦後日本の歩みへの自信を揺るがしている．日本政府の政策形成を支える全ての前提が，中国政府の挑戦にさらされている．それは，紛争を解決する国際的な経済的・政治的機構への信頼も，国際自由貿易秩序への関与も，アメリカとの同盟も含む，全ての前提である．食の安全から海洋政策に至るまで，中国は日本だけでなく戦後日本の成功を支えた国際秩序に対しても挑戦していると考える日本人は，今後ますます増え続けていくことだろう．

注

第1章

1) 『日本経済新聞』2013年7月18日付.

2) 中国は尖閣諸島を釣魚島と呼び，台湾では釣魚台列嶼と呼ばれる.

3) あるジャーナリストは，尖閣諸島購入計画について石原が野田内閣のスタッフと交渉した時に，中国と戦争になっても構わないと石原が主張したと記している. 春原剛『暗闘——尖閣国有化』(新潮社，2013年).

4) ロシアのウラジオストクで開かれたアジア太平洋経済協力会議（APEC）首脳会議前の非公式な立ち話で，野田首相が胡錦濤国家主席に尖閣国有化計画を伝えると，それに対して胡主席は「日本は事態の重大さを十分に認識し，誤った決定を絶対にすべきでない」と警告した ("Hu: Diaoyu Islands Purchase Illegal, Invalid," *China Daily*, September 9, 2012). 翌10日，藤村修内閣官房長官が国有化を宣言し，中国では抗議活動の嵐が起こった.

5) "Statement on Establishing the East China Sea Air Defense Identification Zone," *China Daily*, November 23, 2013, http://usa.chinadaily.com.cn/china/2013-11/23/content_17126579.htm.

6) Ibid.

7) 首相官邸「第67回国連総会における野田内閣総理大臣一般討論演説」2012年9月26日.

8) Minister of Foreign Affairs, People's Republic of China, "Statement by H. E. Yang Jiechi, Minister of Foreign Affairs of the People's Republic of China at the Sixty-Seventh Session of the United Nations General Assembly—Work Together to Achieve Common Security and Development," September 27, 2012, http://www.fmprc.gov.cn/eng/zxxx/t975077.htm.

9) 2014年1月1日，駐英中国大使の劉曉明は『デイリー・テレグラフ』に論説を寄稿し，日本の軍国主義をハリー・ポッターシリーズの悪役であるヴォルデモート卿になぞらえた. 駐英日本大使の林景一は1月6日付同紙の署名入り論説で反論し，中国こそがアジアのヴォルデモート卿になるおそれがあると主張した. 以下の論説を参照. Liu Xiaoming, "China and Britain Won the War Together," *Daily Telegraph*, January 1, 2014, http://www.telegraph.co.uk/comment/10546442/Liu-Xiaoming-China-and-Britain-won-the-war-together.html; Keiichi Hayashi, "China Risks Becoming Asia's Voldemort," *Daily Telegraph*, January 6, 2014,

http://www.telegraph.co.uk/news/worldnews/asia/japan/10552351/China-risks-becoming-Asias-Voldemort.html. 1月9日，駐米中国大使の崔天凱が『ワシント
ン・ポスト』に論説を寄せ，安倍首相の靖国神社参拝，自衛隊の増強，第二次世界
大戦中のいわゆる「慰安婦」への日本軍の関与の否定，について批判した．1月16
日，佐々江賢一郎駐米日本大使が同紙で反論し，中国が世界的な反日プロパガンダ
キャンペーンを開始していると批難した．以下の論説を参照．Cui Tiankai,
"Shinzo Abe Risks Ties with China in Tribute to War Criminals," *Washington
Post*, January 9, 2014, http://www.washingtonpost.com/opinions/shinzo-abe-
risks-ties-with-china-in-tribute-to-war-criminals/2014/01/09/dbd86e52-7887-11e
3-af7f-13bf0e9965f6_story.html; Kenichiro Sasae, "China's Propaganda Cam-
paign Against Japan," *Washington Post*, January 16, 2014, http://www.wash
ingtonpost.com/opinions/chinas-propaganda-campaign-against-japan/2014/01/
16/925ed924-7caa-11e3-93c1-0e888170b723_story.html.

10) U.S. Department of State, "Joint Press Availability with Japanese Foreign
Minister Seiji Maehara," October 27, 2010, http://www.state.gov/secretary/
rm/2010/10/150110.htm. 2012年の危機の後，2013年1月13日にワシントンで岸
田文雄新外務大臣と会談したクリントン国務長官は，尖閣諸島が日米安保条約の適
用範囲だと保証した上で，アメリカは「日本の施政を侵そうとするいかなる一方的
行動にも反対する」とくり返し述べた（U.S. Department of State, "Remarks
with Japanese Foreign Minister Fumio Kishida After Their Meeting," January
18, 2013, http://www.state.gov/secretary/rm/2013/01/203050.htm). 2013年4月
14日，新任のジョン・ケリー国務長官は東京での記者会見でさらに踏み込んで，
アメリカは「現状を変化させようとするいかなる一方的かつ威圧的な行動にも反対
する」と言明した（U.S. Department of State, "Joint Press Availability with
Japanese Foreign Minister Kishida After Their Meeting," April 14, 2013,
http://www.state.gov/secretary/remarks/2013/04/207483.htm).

11) U.S. Department of Defense, "Joint Press Conference with Secretary Panetta
and Japanese Minister of Defense Morimoto from Tokyo, Japan," September
17, 2012, http://www.defense.gov/transcripts/transcript.aspx?transcriptid=
5114; http://archive.defense.gov/Transcripts/Transcript.aspx?TranscriptID=
5114; U.S. Department of Defense, "Secretary Panetta and Chinese Defense
Minister Liang Guanglie Hold a Joint News Conference, China," September 18,
2012, http://www.defense.gov/transcripts/transcript.aspx?transcriptid=5116;
http://archive.defense.gov/Transcripts/Transcript.aspx?TranscriptID=5116. 新
任のチャック・ヘーゲル国防長官は，2013年4月にワシントンで小野寺五典防衛
大臣と会談した際，尖閣諸島は日米同盟の防衛対象であると保証した（http://

注（第1章）

www.defense.gov/transcripts/transcript.aspx?transcriptid=5230; http://archive.defense.gov/Transcripts/Transcript.aspx?TranscriptID=5230).

12) 米国上院は，2013会計年度国防授権法案に決議 "Sense of the Senate on the Situation in the Senkaku Islands" を追加するよう修正し，東シナ海の緊張に対するオバマ政権の対応を米国議会が支持する姿勢を明示するとともに，問題の平和的解決により緊張を緩和させるのがアメリカの国益に叶うことを念押しした（The resolution, "Sense of the Senate on the Situation in the Senkaku Islands," the FY 2013 National Defense Authorization Act, Section 1251, adopted unanimously on November 29, 2012). 2013年1月30日には，米国上院は日本支持を再び明言するために，「威圧，脅迫，武力行使」を非難し，尖閣諸島周辺での最近の中国による挑発行為に言及した決議を全会一致で通過させた（U.S. Senate, "Reaffirming the Strong Support of the United States for the Peaceful Resolution of Territorial Sovereignty and Jurisdictional Disputes in the Asia-Pacific Maritime Domains," Resolution 167, July 30, 2013).

13) White House, "Remarks to the Press by Vice President Joe Biden and Prime Minister Shinzo Abe of Japan," December 3, 2013, http://www.whitehouse.gov/the-press-office/2013/12/03/remarks-press-vice-president-joe-biden-and-prime-minister-shinzo-abe-jap.

14) 日本と中華民国（台湾）は，1952年4月28日に日華平和条約を締結した．台湾はサンフランシスコ平和条約の調印国ではなかったため，アメリカは日本に台湾と条約を締約するよう圧力を加えた．条約全文は，データベース「世界と日本」日本政治・国際関係データベース（政策研究大学院大学田中明彦研究室）を参照．

15) 首相官邸「2013年ハーマン・カーン賞受賞に際しての安倍内閣総理大臣スピーチ」2013年9月25日．

16) 日中紛争の根源を，より早い段階の戦後関係の中に見出す研究者もいる．Ming Wan, *Sino-Japanese Relations: Interaction, Logic, and Transformation* (Stanford: Stanford University Press, 2006).

17) 日中両政府ともに，小泉首相が政権を離れた2006年後半までの両国関係の状態を「凍結」という比喩を用いて表現した．それから，その後の中国指導者も，信頼関係の回復に向けた和解のプロセスにおいて，この比喩を利用した．温家宝国務院総理が2007年4月に東京を訪れた際，彼は日中関係の「氷を融かす旅」という言葉を使った（Minister of Foreign Affairs, People's Republic of China, "Speech by Premier Wen Jiabao of the State of the People's Republic of China at the Japanese Diet," April 13, 2007, http://www.fmprc.gov.cn/eng/wjdt/zyjh/t1311544.htm). 後に福田康夫首相が同年12月に北京を訪問した時に，自らの訪中を「春の訪れ」にたとえた（外務省「福田総理訪中スピーチ 『共に未来を創ろ

う』」2007 年 1 月 28 日, 於北京大学).

18) 日中和解の構想は, まず 2006 年 10 月 8 日に小泉の後継である安倍晋三首相の北京訪問から始まった. 安倍は, 保守的傾向にもかかわらず, 二国間関係の新たなビジョンに向けた相互訪問と首脳会談を実現しようとした. 安倍の訪中に続いて, 温家宝国務院総理が 2007 年 4 月 11 日に東京を訪問し, 最終的には 2008 年 5 月 6 日から 10 日までの胡錦濤国家主席による訪日が実現した. これらの首脳会談について詳しくは以下を参照. 首相官邸「中国訪問（日・中首脳会談）」2006 年 10 月 8 日. 外務省「温家宝・中華人民共和国国務院総理の来日」2007 年 4 月. 外務省「胡錦濤中国国家主席の来日」2008 年 5 月.

19) 胡錦濤国家主席は 2008 年 5 月に福田康夫首相と会談するために東京を訪れた. その際の共同声明の中で, 両指導者は, 日中関係の「戦略的互恵関係」に向けた 2 年間の外交関係修復の過程による成果だと述べた. 全文は以下を参照. 外務省「『戦略的互恵関係』の包括的推進に関する日中共同声明」2008 年 5 月 7 日.

20) 『読売新聞』2009 年 12 月 11 日付.

21) 『朝日新聞』2010 年 9 月 30 日付. また "Japan Urges Resolution on Nationals Held in China," Reuters, September 29, 2010 も参照.

22) 言論 NPO・中国日報社「『第 9 回日中共同世論調査』結果」.

23) 日本政府観光局によれば, 2011 年には 365 万 8300 人の日本人が中国を訪れた. これは前年（2010 年）の 373 万 1100 人より 2% の減少である. この 2010 年の数値は, 2000 年（220 万 1528 人）からの 10 年間での 70% の増加を示している. この情報は, JTB 総合研究所のウェブサイトより入手可能である. http://www.tourism.jp/wp/wp-content/uploads/2017/07/JTM_outbound20170703eng.xlsx

24) 総務省によれば, 2009 年に, 中国在住の日本人は 12 万 7282 人だった（総務省統計局『第 62 回日本統計年鑑 平成 25 年』第 2 章「人口・世帯」).

25) 日本政府観光局の統計では, 2010 年に 141 万 2875 人の中国人が日本を訪問した. 2011 年には, 前年から 35% 減の 104 万 3245 人（速報値）に落ち込んだ. これは 3 月 11 日の東日本大震災後の安全性に対する懸念による. 福島第一原発の炉心溶融事故後の放射能リスクに関する中国人の懸念は, 日本への旅行のみならず, 日本との貿易にも影響を及ぼした.

第 2 章

1) 東アジア諸国のアイデンティティ形成に中国の台頭がいかに影響を与えたかについては, 次の優れた研究を参照のこと. David C. Kang, *China Rising: Peace, Power and Order in East Asia* (New York: Columbia University Press, 2007).

2) 国際関係論では, 台頭する国家が国際システムにもたらす影響に関する理論的研究が, 長らく中心的論点となってきた. 中でも 19 世紀末のドイツの台頭に注目し

た理論家は，権力移行理論を発展させた．これは新興の台頭する国家が世界を不安定化し，ひいては戦争をもたらすという理論である．A. F. K. オーガンスキーが，*World Politics*（New York: Knopf, 1958）の中でこの理論を提唱し，それをジャック・クグラーが *The War Ledger*（Chicago: University of Chicago Press, 1980）でさらに発展させた．権力移行理論は，国際関係論の主流派である勢力均衡論と衝突するものとみられた．この議論から発展した研究は，主に 19 世紀末から 20 世紀初頭のヨーロッパの歴史と新興国として台頭するドイツに注目し，戦争の原因や，同盟の大国間政治における役割に関して深く分析している．以下の論考を参照．Edward Mansfield and Jack L. Snyder, "Democratization and the Danger of War," *International Security* 20, no. 1 (1995): 5–38; Thomas J. Christensen, "Perceptions and Alliance in Europe, 1865–1940," *International Organization* 51 (1997): 65–97.

3) 中国の台頭を受けて，大国間の勢力均衡の移行に関する理論化が進んでいる．以下を参照．Aaron L. Friedberg, "Ripe for Rivalry: Prospects for Peace in a Multipolar Asia," *International Security* 18, no. 3 (1993–1994): 5–33; Victor Cha, *Alignment Despite Antagonism: The U.S.-Korea-Japan Triangle* (Stanford: Stanford University Press, 1999); Robert S. Ross, "Balance of Power Politics and the Rise of China: Accommodation and Balancing in East Asia," *Security Studies* 15, no. 3 (2007): 355–95; Evelyn Goh, "Great Powers and Hierarchical Order in Southeast Asia: Analyzing Regional Security Strategies," *International Security* 32, no. 3 (2007–2008): 113–57; Charles Glaser, "Will China's Rise Lead to War?" *Foreign Affairs* 90, no. 2 (2011): 80–91.

4) Richard K. Betts and Thomas J. Christensen, "China: Getting the Questions Right," *National Interest*, no. 62 (2000–2001): 17–26; Thomas J. Christensen, "Fostering Stability or Creating a Monster? The Rise of China and U.S. Policy Toward East Asia," *International Security* 1, no. 31 (2006): 81–126.

5) Andrew J. Nathan and Andrew Scobell, "How China Sees America: The Sum of Beijing's Fears," *Foreign Affairs* 91, no. 5 (2012): 32–47.

6) Robert B. Zoellick, "Whither China: From Membership to Responsibility?" *NBR Analysis* 16, no. 4 (2005): 5–14; Elizabeth C. Economy and Adam Segal, "The G-2 Mirage: Why the United States and China Are Not Ready to Upgrade Ties," *Foreign Affairs* 88, no. 3 (2009): 14–23; Aaron L. Friedberg, "Bucking Beijing: An Alternative U.S. China Policy," *Foreign Affairs* 91, no. 5 (2012): 48–58.

7) 詳細は，以下を参照．http://www.nytimes.com/2014/01/24/world/asia/japans-leader-compares-strain-with-china-to-germany-and-britain-in-1914.html?_r=0.

8) オバマ政権の国家安全保障問題担当大統領補佐官のスーザン・ライスの次の発言に，日本人は気を揉んだ．「中国に関して言えば，われわれは新型大国関係を機能させるよう目指す」．White House, "Remarks as Prepared for Delivery by National Security Advisor Susan E. Rice," Georgetown University, November 20, 2013, http://www.whitehouse.gov/the-press-office/2013/11/21/remarks-prepared-delivery-national-security-advisor-susan-e-rice.

9) リチャード・ブッシュは，日本の地理的条件が危機管理にいかに影響するかを次の本で考察した．*The Perils of Proximity: China-Japan Security Relations* (Washington, D.C.: Brookings Institution Press, 2010).

10) 日本の海岸線は3万5000 km であり，領海は43万 km²，排他的経済水域は405万 km² である．領海と経済水域を合わせると，日本の領土（38万 km²）の12倍に及び，世界で第6位の面積を占める（海上保安庁パンフレット，2012年3月，1頁）．

11) 2003年，中国の一人当たり国内総生産（GDP）は1273.60ドル（米ドル換算）であり，日本は3万3690.90ドルであった．2012年，中国の一人当たり GDP は6188.20ドルで，日本は4万6720.40ドルであった．中国の一人当たり GDP は過去10年で4倍になっているものの，未だ日本の13% にすぎない（World Bank, "GDP per Capita [Current US\$]," October 2013, http://data.worldbank.org/indicator/N.Y.GDP.PCA.CD).

12) 2013年10月，国際通貨基金（IMF）は，中国の経済成長率の予測を，2013年は7.8% から7.6% に，2014年は7.7% から7.3% にそれぞれ引き下げた（International Monetary Fund, "World Economic Outlook: Transitions and Tensions," October 2013, http://www.imf.org/external/pubs/ft/weo/2013/02/).

13) 日本から中国への構造的な移行と，それに対する日本政府の後ろ向きな政策的反応については，『日本経済新聞』2010年8月16日付，17日付を参照．中国に対するより懐疑的な立場は，『産経新聞』2010年8月16日付，17日付の記事に見られる．

14) "China Passes U.S. in Trade with Japan," *Washington Post*, January 27, 2005.

15) 戦後日本の奇跡的な経済発展は，ハーバード大学の社会学者エズラ・ヴォーゲルのベストセラー，*Japan as Number One: Lessons for America* (Cambridge: Harvard University Press, 1979) で賞賛された．また，1990年代に中国の経済発展が実現するまで，唯一の経済大国としての日本の地位は揺るがないものに見えた．

16) 以下を参照．Chalmers Johnson, *Japan: Who Governs? The Rise of the Developmental State* (New York: Norton, 1995).

17) 「雁行」モデルの起源について詳しくは，以下を参照．Kaname Akamatsu, "A

注（第2章）　　　233

Historical Pattern of Economic Growth in Developing Countries," *Journal of Developing Economies* 1, no. 1 (1962): 3–25.

18)　国家がいかに台頭する勢力に反応するかを最もよく解明した理論は，ヘッジ戦略という概念に注目したものである．ここでは，軍事的な「ハード」ヘッジと，外交や経済的手段を用いた「ソフト」ヘッジの二種類の戦略が提示される．権力移行によって自国の安全が脅かされた国家は，しばしばリスクを「ヘッジ」する．すなわち，台頭する勢力と現状維持勢力との双方の関係を管理して，どちらの勢力が優越的になろうとも，自分の国益を増大させる結果を確実に得ようとする．このダイナミクスは，もともと勢力均衡論に由来する．勢力均衡論では，台頭する勢力に直面する国家には，それとのバランスを図るか，それにバンドワゴンするか，の二つの選択肢が生じるとされる．だが，どちらの選択肢について，いかなる手段でそれを実施するかが，また重要なのである．ジョン・ミアシャイマーのような「攻撃的リアリスト」は，この選択は物質的な力によってのみ決まると論じる．John Mearsheimer, *Tragedy of Great Power Politics* (New York: Norton, 2001). 他方で，「防御的リアリスト」は，台頭する勢力の攻撃能力だけではなく，その意図も重要であり，その意図に影響を与えようとする外交や経済協力などの手段を介した活動も，軍事的対応に劣らず有効であると主張する．たとえば，以下を参照．Stephen M. Walt, *The Origins of Alliance* (Ithaca: Cornell University Press, 1987). なお，ヘッジ戦略に関する文献は，「防御的リアリスト」の観点に基づいており，冷戦後に発展した，唯一の超大国となったアメリカの地位に他国がいかに対応するか，を考察する議論から登場した概念である．William C. Wohlforth, "U.S. Strategy in a Unipolar World"; Stephen M. Walt, "Keeping the World 'Off Balance': Self Restraint and U.S. Policy"; Josef Joffe, "Defying History and Theory: The United States as the 'Last Remaining Superpower,'" all in *America Unrivaled: The Future of the Balance of Power*, ed. G. John Ikenberry (Ithaca: Cornell University Press, 2002).

19)　Evelyn Goh, "Great Powers and Hierarchical Order in Southeast Asia: Analyzing Regional Security Strategies," *International Security* 32, no. 3 (2007–2008): 113–57; Cheng-Chwee Kuik, "The Essence of Hedging: Malaysia and Singapore's Response to a Rising China," *Contemporary Southeast Asia* 30, no. 2 (2008): 159–85; Yuen Foong Khong, "Coping with Strategic Uncertainty: The Role of Institutions and Soft Balancing in Southeast Asia's Post-Cold War Strategy," in *Rethinking Security in East Asia: Identity, Power, and Efficiency*, ed. J. J. Suh, Peter J. Katzenstein, and Allen Carlson (Stanford: Stanford University Press, 2004).

20)　Eric Heginbotham and Richard J. Samuels, "Japan's Dual Hedge," *Foreign*

Affairs 81, no. 5（2002）: 110–21; Richard J. Samuels, *Securing Japan: Tokyo's Grand Strategy and the Future of East Asia*（Ithaca: Cornell University Press, 2008）.

21) Mike M. Mochizuki, "Japan: Between Alliance and Autonomy," in *Strategic Asia 2004–05: Confronting Terrorism in the Pursuit of Power*, ed. Ashley Tellis（Seattle: National Bureau of Asian Research, 2004）, 103–38; Mike M. Mochizuki, "Japan's Shifting Strategy Toward the Rise of China," *Journal of Strategic Studies* 30, nos. 4–5（2007）: 739–76.

22) 日本の歴史認識とそれがアジアに与える影響力に関する優れた比較研究として，Thomas U. Berger, *War, Guilt, and World Politics After World War II*（Cambridge: Cambridge University Pres, 2012）,特に第 4 章，第 5 章を参照．また日本の「謝罪外交」に関する別の比較研究の力作として，Jennifer Lind, *Sorry States: Apologies in International Relations*（Ithaca: Cornell University Press, 2010）を参照．ただし，リンドは日中関係よりも日韓関係に多くの焦点を当てている．最後に，歴史家のアレクシス・ダデンによる，*Troubled Apologies Among Japan, Korea, and the United States*（New York: Columbia University Press, 2008）は，日本，韓国，アメリカの比較分析を通して，彼女の言う「謝罪の歴史」と，政治的な謝罪との相違を考察している．

23) 小沢一郎『日本改造計画』（講談社，1993 年）．小沢は 43 人の国会議員を引き連れて 1993 年に自民党を飛び出し，1955 年以来の自民党一党優位制を効果的に終わらせた．そして新たな選挙制度として小選挙区制を導入し，政治資金に新たな規制を設けた．

24) Ming Wan, *Sino-Japanese Relations: Interaction, Logic, and Transformation*（Stanford: Stanford University Press, 2006）, 22.

25) Ibid., 331–46.

26) 田中明彦『アジアの中の日本』（NTT 出版，2007 年）.

27) 『日本の外交』全 6 巻は，井上寿一・波多野澄雄・酒井哲哉・国分良成・大芝亮の編集で，岩波書店から刊行された．国分の日中関係分析は，国分「『1972 年体制』から『戦略的互恵』へ──対中外交」，国分他編『日本の外交　第 4 巻　対外政策　地域編』（岩波書店，2013 年）111–43 頁.

28) 詳しくは，毛里和子『日中関係』（岩波書店，2006 年），毛里和子・張蘊嶺編『日中関係をどう構築するか──アジアの共生と協力をめざして』（岩波書店，2004 年）．また，日本の若い世代の論文集として，家近亮子・段瑞聡・松田康博編『岐路に立つ日中関係』（晃洋書房，2007 年）．同書の執筆者には，一谷和郎，中岡まり，木下恵二，増田雅之，阿南友亮，加茂具樹，唐成，伊藤剛など，慶応義塾大学の現代アジア研究者が多く含まれている．

注（第2章） 235

29) Ezra F. Vogel, Yuan Ming, and Akihiko Tanaka, *The Golden Age of the U.S.-China-Japan Triangle: 1972-1989* (Cambridge: Harvard University Asia Center, 2002), 87.

30) 日中交渉において，この争点の解決がいかに困難だったかに関する詳細な分析として，Yung H. Park, "The 'Anti-Hegemony' Controversy in Sino-Japanese Relations," *Pacific Affairs* 49, no. 3 (1976): 476–90 を参照．さらに以下も参照のこと．Hong N. Kim, "Sino-Japanese Relations Since the Rapprochement," *Asian Survey* 15, no. 7 (1975): 559–73; Chae-jin Lee, "The Making of the Sino-Japanese Peace and Friendship Treaty," *Pacific Affairs* 52, no. 3 (1979): 420–45; Chalmers Johnson, "The Patterns of Japanese Relations with China, 1952–1982," *Pacific Affairs* 59, no. 3 (1986): 402–28; Saburo Okita, "Japan, China and the United States: Economic Relations and Prospects," *Foreign Affairs* 57, no. 5 (1979): 1090–1110.

31) 田中明彦『日中関係 1945-1990』（東京大学出版会，1991 年）．添谷芳秀『日本外交と中国』（慶應通信，1995 年）．添谷芳秀「1970 年代の米中関係と日本外交」，日本政治学会編『年報政治学 1997 年　危機の日本外交　70 年代』（岩波書店，1998年）所収．

32) 「沖縄返還協定」1971 年 6 月 17 日，データベース「世界と日本」より（最終アクセス 2013 年 9 月）．

33) 「ニクソン大統領と佐藤栄作首相の共同宣言」1969 年 11 月 21 日，データベース「世界と日本」より．

34) Paul J. Smith, "The Senkaku/Diaoyu Islands Controversy: A Crisis Postponed," *Naval War College Review* 66, no. 2 (2013): 27–44.

35) Office of the Historian, U.S. Department of State, "Document 115: Memorandum from John H. Holdridge of the National Security Council Staff to the President's Assistant for National Affairs (Kissinger)," *Foreign Relations of the United States, 1969-1976*, 17 (China, 1969–1972): 296. 余白に書かれたキッシンジャーの書き込みは，「だが，日本に尖閣諸島を返還するというのに，これは馬鹿げている．どうしたらアメリカが中立でいられるというのか」とある．尖閣諸島についてキッシンジャーが中国指導部と議論した外交資料は機密扱いのままである．だがこの領土紛争について米中交渉で論じられたのは間違いない．

36) Jean-Marc F. Blanchard, "The U.S. Role in the Sino-Japanese Dispute over the Diaoyu (Senkaku) Islands, 1945–1971," *China Quarterly* 161 (2000): 102–15; Mark E. Manyin, "Senkaku (Diaoyu/Diaoyutai) Islands Dispute: U.S. Treaty Obligations," *Congressional Research Service Report*, January 2013; Alan D. Romberg, "American Interests in the Senkaku/Diaoyu Issue: Policy

Considerations," *Center for Naval Analyses Maritime Asia Project*, April 2013.

37) Fifteenth G7 Arch Summit, "Political Declaration on China," July 15, 1989. 外務省ウェブサイトより入手可能である.

38) 当時の日本の外交政策の議論については, 田中明彦『日中関係 1945-1990』を参照.

39) 『毎日新聞』1989 年 6 月 20 日付.

40) 『朝日新聞』1989 年 6 月 28 日付.

41) 『毎日新聞』1989 年 9 月 20 日付.

42) 『朝日新聞』1989 年 11 月 14 日付.

43) 『毎日新聞』1989 年 12 月 27 日付.

44) 第三次円借款は 1990 年 11 月 2 日に正式に再開された. 中国のダムや工場, その他のインフラ整備のために, 360 億円以上を供与することに日本は合意した (『毎日新聞』1990 年 11 月 3 日付). これに続く第二弾の円借款として, 1990 年 12 月 21 日に, 港湾等の設備の建設費として 420 億円が供与された (『読売新聞』1990 年 12 月 21 日付).

45) 国交正常化前の日中関係におけるこの集団に関する詳細な研究は, Yoshihide Soeya, *Japan's Economic Diplomacy with China, 1945-1978* (Oxford: Clarendon Press, 1998).

46) 毛里和子『日中関係』108 頁.

47) やがて日本政府は対中円借款政策に消極的になっていった. たとえば, 第四次円借款交渉に際し, 日本は当初, 単年度計画に修正しようとした. しかし, 中国が反対すると, 両国は二段階の支払い方式を採用し, 最初の 3 年度分として 5800 億円を, 残りの 2 年度分として 3900 億円を供与することにした (総額 9700 億円). 円借款交渉を綿密に分析したものとして, Ming Wan, *Sino-Japanese Relations*, 263-72.

48) 外務省「日本の対中 ODA 支払い」(最終アクセス 2013 年 6 月 3 日).

49) 外務省『外交青書』1978 年版〜2011 年版.『我が国の政府開発援助の実施状況に関する年次報告』1994 年版〜1999 年版.『政府開発援助白書』2001 年版〜2011 年版.

50) 町村は自民党の外交関係合同会議で公表した. 中国の李肇星外交部長は 2 日前の電話会談で円借款の打ち切りに基本的に合意したと, 町村は述べた (『読売新聞』2005 年 3 月 17 日付).

51) 外務省「日中共同プレス発表」2007 年 4 月 11 日.

52) 外務省『政府開発援助白書』2008 年版.

53) 農林水産物貿易調査会では, 中川昭一元農相が会長を務めた (『毎日新聞』2001 年 12 月 13 日付).

注 (第 2 章)　　　237

54) 『読売新聞』2001 年 12 月 21 日付.

55) 『毎日新聞』2004 年 4 月 6 日付. NHK ニュース, 2004 年 7 月 9 日.

56) 『産経新聞』2006 年 10 月 29 日付.

57) 『産経新聞』2010 年 9 月 25 日付, 2011 年 7 月 11 日付, 2012 年 3 月 14 日付.

58) 劉志宏「宝山製鉄所の技術導入をめぐる政策決定」,『アジア研究』49 巻 2 号 (2003 年) 3-25 頁.

59) Dong Dong Zhang, "Negotiating for a Liberal Economic Regime: The Case of Japanese FDI in China," *Pacific Review* 11, no. 1 (1998): 51-78.

60) Shiro Armstrong, "Japanese FDI in China: Determinants and Performance," *Asia-Pacific Economic Papers*, no. 378 (2009): 1-34; John Hemmings and Maiko Kuroki, "Tokyo Trade-Offs," *RUSI Journal* 158, no. 2 (2013): 58-66; Khondaker Mizanur Rahman, "Theorizing Japanese FDI to China," *Journal of Comparative International Management* 9, no. 2 (2006): 16-29; Xiaoming Rong, "Explaining the Patterns of Japanese Foreign Direct Investment in China," *Journal of Contemporary China* 8, no. 20 (1999): 123-246; Yuqing Xing, "Japanese FDI in China: Trend, Structure, and the Role of Exchange Rates," in *China as a World Factory*, ed. K. H. Zhang (London: Routledge, Taylor & Francis, 2006), 110-25.

61) 日本語での優れた分析に, キヤノングローバル戦略研究所研究主幹の瀬口清之の論考がある.「第四次対中ブームの到来と中国ビジネスの新たな課題」キヤノングローバル戦略研究所, 2010 年 5 月 12 日, http://www.canon-igs.org/column/network/20100512_110.html; http://www.canon-igs.org/column/network/20100512_111.html.

62) 日中の戦後補償運動の詳細な研究として, Ming Wan, *Sino-Japanese Relations*, Chap. 12.

63) 10 年後の 1996 年 12 月に,「新しい歴史教科書をつくる会」が設立され, 中国への侵略などの大日本帝国の野心を正当化する歴史修正主義に基づく教科書の実現を目指した. 2000 年末には彼らの歴史教科書が文部省に検定申請され, 2001 年に合格した. これが, 日本の保守派やその歴史認識に対する中国 (と韓国) の新たな不安の種になった. 商業的には成功したが, この歴史教科書はごく少数の学校でしか使用されなかった (新しい歴史教科書をつくる会『新しい歴史教科書』扶桑社, 2001 年).

64) 1989 年 6 月 20 日, 外務省は円借款の凍結を表明した (『読売新聞』1989 年 6 月 21 日付).

65) 『日本経済新聞』1990 年 7 月 7 日付.

66) 『日本経済新聞』1990 年 5 月 21 日付.

67) 『日本経済新聞』1990 年 7 月 7 日付.

68) 円借款の再開について,日本政府は表向き二つの理由を挙げた.第一に,竹下登首相が 1988 年の訪中時に行った,第三次円借款として 8100 億円を供与するという約束を守る必要があること.第二に,中国が国際的に孤立し,または低開発状態だとアジアに甚大な影響を与えることから,その安定性を日本は憂慮していること.またメディアの報道では,中国への援助を止めた際に日本が直面しうる安全保障上の潜在的な悪影響や,中国市場の開放や日本の経済成長にもたらす円借款の効果を強く信じる日本の経済界や産業界の意向も,理由として指摘された(『読売新聞』1990 年 7 月 20 日付).

69) 『読売新聞』1992 年 2 月 22 日付.

70) 『毎日新聞』1992 年 3 月 21 日付.

71) 『日本経済新聞』1992 年 7 月 2 日付.世代間で支持が変化するのは興味深い.高齢層(70 代以上では 45% しか支持していない)に比べ,若年層は熱狂的に支持している(80% 以上の支持).支持政党別では,共産党支持者の 45% が最も低い支持である.

72) 天皇のスピーチの全文は,宮内庁「国家主席主催晩餐会における天皇陛下のおことば」1992 年 10 月 23 日.

73) 『毎日新聞』と(有名なエコノミストの大来佐武郎が当時会長だった)アジア調査会の合同世論調査によれば,88% の日本人と 77% の中国人が,天皇の訪中に好意的な意見だった(『毎日新聞』1992 年 12 月 23 日付).

74) 江沢民のスピーチの全文は,『毎日新聞』1998 年 11 月 27 日付.

75) 江沢民国家主席は 11 月 25 日に日本に到着し,翌 26 日に宮中晩餐会に出席した.その後,さらに 3 日間,日本に滞在し,30 日の朝に日本を発った.外務省「江沢民国家主席訪日」1998 年 12 月.

76) 外務省, "Visit to Japan of His Excellency the President of the Republic of Korea and Mrs. Kims Dae-jung," October 7-10, 1998. 金大統領のスピーチの全文は,『毎日新聞』1998 年 10 月 9 日付.

77) 1996 年 3 月 23 日の選挙では李登輝総統が再選を果たした.三選を禁止する憲法の規定により,彼はその後引退し,2000 年 3 月 18 日の選挙で陳水扁が総統に選ばれた.

78) 『日本経済新聞』1995 年 8 月 17 日付.1996 年に中国政府はさらなる核実験を実施した.1996 年 7 月に最後の核実験を終え,中国はその一時停止を宣言し,包括的核実験禁止条約(CTBT)に署名した.日本は 1997 年 3 月に対中援助を再開する(外務省『我が国の政府開発援助の実施状況に関する年次報告』1996 年度).

79) 『日本の防衛』平成 8 年版,第 1 章第 3 節「我が国周辺の軍事情勢」.

80) 「日米防衛協力のための指針(旧)(日米安全保障協議委員会が了承した防衛協力

注（第 2 章）

小委員会の報告）」1978 年 11 月 27 日，データベース「世界と日本」より.

81)　外務省「日米防衛協力のための指針（ガイドライン）」1997 年 9 月 23 日.

82)　加藤は，北朝鮮のノドン・ミサイルに対して日本が憂慮を深めていると表現し，さらに報道によれば，国防部長に対して，中国の軍事能力は増強されているものの，日本は中国の意図について決して心配していないと伝えたという（『産経新聞』1997 年 7 月 17 日付）.

83)　『朝日新聞』1997 年 8 月 18 日付，8 月 20 日付.

84)　1997 年の新ガイドライン関連三法とは，周辺事態法（1999 年 3 月 28 日成立）と，日米物品役務相互提供協定改正（1999 年 4 月 28 日成立），そして，有事に紛争地域の日本国民（在外邦人）を避難させる権限を自衛隊に付与する自衛隊法第 100 条の修正（1999 年 5 月 28 日成立）である.

85)　村山首相は，戦後 50 周年にあたる 1995 年 8 月 15 日に談話を発表した. それ以来，保守派もリベラル派も同じくこの談話を日本が公式に戦争責任を謝罪したものとして支持してきた. 全文は，外務省「村山内閣総理大臣談話」1995 年 8 月 15 日.

86)　小泉純一郎以来，歴史認識問題でおそらく最も保守的な立場をとる安倍晋三でさえ，村山談話を日本政府の公式見解として継承した. 小泉の後継者として，そして自他共に認めるナショナリストとして，歴史認識問題に関する安倍の視点は，特に中国への関心に基づいていた. 皮肉なことに，小泉後に日中関係を改善しようとする安倍の努力は，中国政府に広く支持された. 以下を参照. "Abe Endorses Murayama's War Apology," *China Daily*, October 7, 2006, http://www.chinadaily.com.cn/china/2006-10/07/content_702556.htm.

87)　『朝日新聞』2003 年 10 月 19 日付.

88)　新日中友好 21 世紀委員会の最終報告書は，2008 年 12 月 8 日に，日本語と中国語で同時に発表された. 外務省「日中『戦略的互恵関係』の強化へ向けて」.

89)　『読売新聞』2001 年 12 月 20 日付.

90)　『朝日新聞』2005 年 6 月 14 日付.

91)　『産経新聞』2006 年 6 月 2 日付.

92)　『日本経済新聞』2004 年 11 月 25 日付.

93)　経済同友会「今後の日中関係への提言——日中両国政府へのメッセージ」2006 年 5 月 9 日.

94)　『日本経済新聞』2006 年 5 月 10 日付.

95)　『日本経済新聞』2004 年 9 月 21 日付.『毎日新聞』2005 年 1 月 12 日付.

96)　『読売新聞』2005 年 1 月 20 日付.

97)　『読売新聞』2005 年 1 月 21 日付.

98)　『朝日新聞』2005 年 1 月 21 日付.

99)　*Financial Times*, June, 7, 2012.

240 注 (第3章)

100) 『日本経済新聞』2012 年 6 月 7 日付.

101) 『朝日新聞』2012 年 12 月 21 日付.

102) 『朝日新聞』2006 年 8 月 30 日付. これと微妙に異なる分析は,『読売新聞』2006 年 9 月 3 日付.

103) 『朝日新聞』2006 年 8 月 28 日付.

104) 「チャンネル桜」は, 保守的な日本の放送局で,「日本の伝統文化や精神的起源の保存と顕彰に資すること」を目的としている. 2004 年 4 月 6 日に, 田形竹尾 (元日本陸軍航空隊パイロット), 梅沢重雄 (日本航空学園理事長), 高橋史朗 (明星大学教授), 松浦芳子 (杉並区議会議員), 水島総 (映画監督, チャンネル桜社長) によって設立された. ニュース報道や討論番組が放映され, 扱われるトピックは, 自衛隊, 尖閣問題, 慰安婦問題, 拉致問題, 歴史問題など, 多様である. しかし運営資金上の問題により, 2009 年までは放送時間はきわめて限られていた. 詳細は以下のサイトを参照.「チャンネル桜について」, http://www.ch-sakura.jp/about.html.

105) 言論 NPO・中国日報社「『第 8 回日中共同世論調査』結果」2013 年 8 月.

106) 同上. 言論 NPO と中国日報社による世論調査の各年度の結果はオンラインで見られる. http://www.genron-npo.net/world/genre/tokyobeijing/

107) 同上. なぜ中国に対して否定的な意見を持つのか理由を尋ねたところ, 53.2% の回答者が尖閣問題における中国の姿勢を挙げた. 歴史問題で日本を非難する中国の対応を挙げたのは 48.9%, また中国産食品の安全に関する懸念が 48.1%, 中国の国際法軽視を理由にしたのは 47.9% であった.

第3章

1) Sheila A. Smith, "Why Resurrect the Divisive Politics of Yasukuni?" *Asia Unbound*, Council on Foreign Relations, April 26, 2013, http://blogs.cfr.org/asia/2013/04/26/why-resurrect-the-divisive-politics-of-yasukuni/.

2) 『日本経済新聞』2013 年 4 月 22 日付.

3) 日本記者クラブ「カート・キャンベル前米国務次官補, マイケル・グリーン元米国家安全保障会議アジア部長」2013 年 7 月 16 日. 映像は次のサイトで閲覧可能である. http://www.jnpc.or.jp/archive/conferences/25991/report/

4) "Abe Proxy, Cabinet Trio Visit Yasukuni," *Japan Times*, August 15, 2013.

5) 安倍は自民党総裁として玉串料を奉納した. 終戦記念日に参拝した 3 人の閣僚は, 古屋圭司拉致問題担当大臣, 新藤義孝総務大臣, 稲田朋美行政改革担当大臣である. 古屋は記者団に対して,「戦没者の追悼方法は純粋に内政問題である. 外国から批判されたり干渉されたりするものではない」と述べた (Yuka Hayashi and Alexander Martin, "Three Japanese Cabinet Ministers Visit Controversial Shrine,"

Wall Street Journal, August 15, 2013).

6) 大統領選挙戦中の 2012 年 11 月，朴は『ウォール・ストリート・ジャーナル』の論説でこの見方を示したが，のちに東アジアの歴史修正主義をより声高に批判するようになった．たとえば，米国連邦議会における彼女の演説を参照．Republic of Korea Blue House, "Address by President Park Geun-Hye of the Republic of Korea to the Joint Session of the United States Congress," May 9, 2013, http://english.yonhapnews.co.kr/national/2013/05/08/4/0301000000AEN20130508010800315F.HTML.

7) 中国外交部の秦剛報道官は，安倍の靖国参拝は「日本軍国主義者の対外侵略・植民地統治の歴史を美化するものであり，国際社会による日本軍国主義への正義の審判を覆そうとするものであり，第二次世界大戦の結果と戦後の国際秩序に挑戦するもの」だと述べた．Chinese Ministry of Foreign Affairs, "The Statement by the Foreign Ministry Spokesman Qin Gang on Japanese Prime Minister Shinzo Abe's Visit to the Yasukuni Shrine," December 26, 2013, http://www.fmprc.gov.cn/eng/xwfw/s2510/t1112096.shtml. また，新華社通信は，安倍首相が日本を「極めて危険な方向に」導いているという王毅外交部長の発言を紹介している（2013 年 12 月 27 日）．韓国外交部の趙泰永報道官も，安倍の参拝は「誤った歴史認識をはっきりと示すものであり，日韓関係だけでなく，北東アジアの安定と協調を根本的に傷つける時代錯誤的な行為である」と論じた．South Korean Ministry of Foreign Affairs, "Statement by the Spokesperson of the ROK Government on Japanese Prime Minister Abe's Visit to the Yasukuni Shrine," December 26, 2013, http://www.mofa.go.kr/eng/brd/m_5676/view.do?seq=313228.

8) U.S. Embassy in Tokyo, "Statement on Prime Minister Abe's December 26 Visit to the Yasukuni Shrine," December 26, 2013, http://japan.usembassy.gov/e/p/tp-20131226-01.html. 正確な引用は次の通りである．「日本は大切な同盟国であり，友好国である．しかしながら，日本の指導者が近隣諸国との緊張を悪化させるような行動を取ったことに，米国政府は失望している」．

9) 衆議院本会議，2001 年 5 月 10 日，国会会議録検索システム．

10) 新華社通信，2001 年 5 月 12 日．

11) 新華社通信，2001 年 7 月 10 日．

12) 小泉首相への表敬訪問の場で，新任の武大偉駐日中国大使は，小泉が靖国を参拝するかどうかに全中国人の目が注がれていると発言したという（新華社，2001 年 8 月 3 日）．

13) 中国外交部アジア局長だった崔天凱が，2005 年 11 月にクアラルンプールで開かれた ASEAN プラス 3（日中韓）会合で話した内容である．これは最初の東アジアサミットでもあり，地域の信頼を醸成し，共通する課題を討議するために設けられ

た新たな多角主義的構想であった. 崔の所見は，新華社，2005 年 11 月 30 日.

14) たとえば，次を参照. "Thousands Rally in Shanghai, Attacking Japanese Consulate," *New York Times*, April 16, 2005.

15) 小泉は中国訪問にあわせて 2001 年 10 月 8 日に盧溝橋を訪問した. 詳しくは，外務省「中国人民抗日戦争記念館訪問後の小泉総理の発言」2001 年 10 月 8 日.

16) 内閣総理大臣として最初の訪問者は，1995 年 5 月 3 日に訪れた，のちに村山談話を発表する社会党党首の村山富市である.

17) 伊藤智永『奇をてらわず——陸軍省高級副官　美山要蔵の昭和』(講談社，2007 年) 151 頁.

18) 日本占領の条件はポツダム会議で提示され，その直後からアメリカ主導の占領軍の形成方法について米国務省内で詳細な検討が始まった. アメリカの戦後占領政策の形成過程については，以下を参照. Hugh Borton, *American Presurrender Planning for Postwar Japan* (New York: East Asian Studies, Columbia University, 1967). Hugh Borton, "Preparation for the Occupation of Japan," *Journal of Asian Studies* 25, no. 2 (1996): 203–12.

19) 日本帝国の海外植民地からの引揚げに関する興味深い研究は，Lori Watt, *When Empire Comes Home: Repatriation and Reintegration in Postwar Japan* (Cambridge: Harvard University Asia Center, 2009).

20) さらに，120 万人の在日外国人を本国に帰還させなければならなかった. 厚生省援護局編『引揚げと援護三十年の歩み』(厚生省，1977 年) 25 頁.

21) マッカーサーを絶対的な権力者として演出するこの交渉方法の背景には，昭和天皇の戦争責任に関する議論がある. 日米両政府間の降伏条件をめぐる交渉によって，昭和天皇を戦争犯罪人として訴追しないという合意がなされた. 代わりに，厳しい態度で占領政策を進行すると日本人に示すこうした努力を通じて，天皇がもはや統治者ではないことを事実上広めた. マッカーサーと昭和天皇の歴史的会談について交渉し，その場に参列した人々の日記が，1989 年 1 月の『朝日新聞』の昭和天皇追悼記事に掲載された (『朝日新聞』1989 年 1 月 26 日付).

22) この式典は臨時大招魂祭と名付けられ，戦没者を対象に行われた. 靖国神社の基準では，この式典は完全な慰霊式ではなく，戦没者の氏名，出生地，戦没時の部属が全て名簿に記されるまで，英霊を暫定的に受容する儀式とされた. 占領後にこの最終的な慰霊手続きに関心が集まり，戦没軍人を靖国神社に追悼する人々に日本政府が認定するかどうか，再び注目されることになる (伊藤智永『奇をてらわず』).

23) 伊藤智永『奇をてらわず』162–67 頁.

24) 海外からの引揚げにあわせて，担当する組織は何度も改編された. 10 月までに，新組織を創設し，地方組織と協力して膨大な引揚者の受け入れ業務を監督することが喫緊の課題であった. GHQ の指令を受けた厚生省は新組織を創設し，戦没者や

旧帝国軍人の家族に関する業務を所管した．8月に戦時保護課を設置し，11月には新設の引揚援護局の地方事務所が引揚者のたどり着く主要な港に建てられた．1946年3月，引揚援護課が創設され，占領軍から輸送船が新たに貸与された．1945年11月の陸海軍の解体後，陸海軍業務をそれぞれ所管する第一復員省と第二復員省が分置されたのち，1946年6月に復員庁に統合された（厚生省援護局編『引揚げと援護三十年の歩み』26-27頁）．

25) 1947年に復員庁が廃止されると，旧陸軍関係を担当する第一復員局は厚生省に移管され，旧海軍関係を所管する第二復員局は内閣総理大臣の直属機関となった．1948年5月31日，厚生省の外局として設置された引揚援護庁が復員関係業務を統合して所掌することになった．

26) 日本国憲法20条の規定は次の通り．「信教の自由は，何人に対してもこれを保障する．いかなる宗教団体も，国から特権を受け，又は政治上の権力を行使してはならない．何人も，宗教上の行為，祝典，儀式又は行事に参加することを強制されない．国及びその機関は，宗教教育その他いかなる宗教的活動もしてはならない」．

27) 他の神社などの宗教法人は，自民党政権下で靖国神社を国立追悼施設にしようとする法案に強く反対した．戦後における神道組織の発展についてご教示くださった『神社新報』の葦津泰國氏（元編輯長）と前田孝和氏（神社新報社取締役・当時）に深く御礼申し上げる（著者によるインタビュー，2009年6月23日）．

28) 『日本経済新聞』2006年7月20日付．

29) 日本の戦没者を靖国に合祀する儀式は，1945年まで天皇によって執り行われていた．儀式では，靖国の宮司が戦没者の名前を祭神名簿に記帳するが，それによって，霊魂は特定の家族から切り離されて，国家的な神へと象徴的に変化する．天皇は神道では神聖なものとされる榊の小枝を侍従長を通じ宮司から受け取る．そして，天皇がしばらく捧げ持ち拝礼した後，侍従長を通じ宮司はそれを受け取り，祭壇に置く．詳しくは，Helen Hardacre, *Shinto and the State, 1868–1988* (Princeton: Princeton University Press, 1989). Mike M. Mochizuki, "The Yasukuni Shrine Conundrum: Japan's Contested Identity and Memory," in *Northeast Asia's Difficult Past: Essays in Collective Memory*, ed. Mikyoung Kim and Barry Schwartz (New York: Palgrave Macmillan, 2010).

30) 戦後に旧帝国軍人の所管が旧陸軍と旧海軍に分かれていた状態は，1956年4月1日に次長職が一人に統合されるまで続いた．1974年，次長制度は廃止された（厚生省援護局編『引揚げと援護三十年の歩み』30頁）．

31) 初見は旧日本海軍を海上自衛隊として再建する過程でも重要な役割を果たした．初見も参加した旧海軍将校による「Y委員会」は，占領期から海上自衛隊発足につらなる計画を秘密裏に策定していた．纐纈厚『日本海軍の終戦工作——アジア太平洋戦争の再検証』（中公新書，1996年）．

32) 日本国憲法下で軍事力が制限されることは毎年度の『防衛白書』に明記され，1954年の自衛隊法は専守防衛を定めている．憲法と自衛隊の関係や，自衛隊の軍事能力や武器使用に関する2013年当時の政府解釈は，防衛省『日本の防衛』平成23年版（防衛省，2011年）145-46頁を参照．

33) 総務省人事・恩給局（当時）の梅沢二郎とのインタビュー，2011年6月17日．

34) 調査に協力してくれた日本遺族会のスタッフ，中でも時間を割いてくれた森田次夫副会長に御礼申し上げたい（著者とのインタビュー，2009年6月30日）．

35) 『日本遺族会の40年』（日本遺族会，1987年）．

36) 1952年，戦傷病者戦没者遺族等援護法が制定され，1923年に定められた恩給法も翌年改正され，旧帝国軍人の支援が考慮されるようになった．

37) 『日本遺族会の40年』187頁．

38) 同上，188頁．

39) 同上書には，自治省，厚生省，自民党や参議院の長老たち，靖国神社の総代，そして戦前の陸軍大臣である板垣征四郎の息子で参議院議員の板垣正など，靖国神社の支援者の名前が記されている．

40) 1948年から85年までの遺族会の歴代会長は，『日本遺族会の40年』185頁．

41) 『毎日新聞』2005年7月20日付．

42) 「連載　終わらない迷路『靖国』とは何か2　戦没者の妻たち　活動の中核」『東奥日報』2006年8月8日付．

43) 『朝日新聞』1999年9月4日付．

44) 『朝日新聞』2001年6月25日付．安倍晋太郎内閣官房長官が，1978年8月17日と10月17日の参議院特別委員会で，この立場を説明した．参議院内閣委員会，1978年8月17日，10月17日，国会会議録検索システム．

45) 松平永芳「誰が御霊を汚したのか　靖国奉仕十四年の無念」『諸君』1992年12月5日．

46) 福田赳夫の後継である大平正芳首相は，8月15日に参拝せず，代わりに春の例祭期に訪問した．

47) 首相官邸「内閣総理大臣その他の国務大臣による靖国神社の公式参拝についての政府統一見解，衆議院議院運営委員会における宮沢内閣官房長官の声明」1980年11月17日．

48) Hu Yaobang, "Create a New Situation in All Fields of Socialist Modernization," Report to the Twelfth National Congress of the Communist Party of China, September 1, 1982, Chinese Communist Party archives, http://cpc.people.com.cn/GB/64162/64168/64565/65448/4526432.html. 演説の中で，胡は次のように述べている．「現在日本有些势力还在美化过去侵略中国和东亚其他国家的史实，并且进行种种活动，妄图复活日本军国主义」（現在，日本の一部勢力は今なお中国

注（第3章）

Wall Street Journal, August 15, 2013).

6) 大統領選挙戦中の 2012 年 11 月，朴は『ウォール・ストリート・ジャーナル』の論説でこの見方を示したが，のちに東アジアの歴史修正主義をより声高に批判するようになった．たとえば，米国連邦議会における彼女の演説を参照．Republic of Korea Blue House, "Address by President Park Geun-Hye of the Republic of Korea to the Joint Session of the United States Congress," May 9, 2013, http://english.yonhapnews.co.kr/national/2013/05/08/4/0301000000AEN20130508010800315F.HTML.

7) 中国外交部の秦剛報道官は，安倍の靖国参拝は「日本軍国主義者の対外侵略・植民地統治の歴史を美化するものであり，国際社会による日本軍国主義への正義の審判を覆そうとするものであり，第二次世界大戦の結果と戦後の国際秩序に挑戦するもの」だと述べた．Chinese Ministry of Foreign Affairs, "The Statement by the Foreign Ministry Spokesman Qin Gang on Japanese Prime Minister Shinzo Abe's Visit to the Yasukuni Shrine," December 26, 2013, http://www.fmprc.gov.cn/eng/xwfw/s2510/t1112096.shtml. また，新華社通信は，安倍首相が日本を「極めて危険な方向に」導いているという王毅外交部長の発言を紹介している（2013 年 12 月 27 日）．韓国外交部の趙泰永報道官も，安倍の参拝は「誤った歴史認識をはっきりと示すものであり，日韓関係だけでなく，北東アジアの安定と協調を根本的に傷つける時代錯誤的な行為である」と論じた．South Korean Ministry of Foreign Affairs, "Statement by the Spokesperson of the ROK Government on Japanese Prime Minister Abe's Visit to the Yasukuni Shrine," December 26, 2013, http://www.mofa.go.kr/eng/brd/m_5676/view.do?seq=313228.

8) U.S. Embassy in Tokyo, "Statement on Prime Minister Abe's December 26 Visit to the Yasukuni Shrine," December 26, 2013, http://japan.usembassy.gov/e/p/tp-20131226-01.html. 正確な引用は次の通りである．「日本は大切な同盟国であり，友好国である．しかしながら，日本の指導者が近隣諸国との緊張を悪化させるような行動を取ったことに，米国政府は失望している」．

9) 衆議院本会議，2001 年 5 月 10 日，国会会議録検索システム．

10) 新華社通信，2001 年 5 月 12 日．

11) 新華社通信，2001 年 7 月 10 日．

12) 小泉首相への表敬訪問の場で，新任の武大偉駐日中国大使は，小泉が靖国を参拝するかどうかに全中国人の目が注がれていると発言したという（新華社，2001 年 8 月 3 日）．

13) 中国外交部アジア局長だった崔天凱が，2005 年 11 月にクアラルンプールで開かれた ASEAN プラス 3（日中韓）会合で話した内容である．これは最初の東アジアサミットでもあり，地域の信頼を醸成し，共通する課題を討議するために設けられ

た新たな多角主義的構想であった．崔の所見は，新華社，2005年11月30日．

14) たとえば，次を参照．"Thousands Rally in Shanghai, Attacking Japanese Consulate," *New York Times*, April 16, 2005.

15) 小泉は中国訪問にあわせて2001年10月8日に盧溝橋を訪問した．詳しくは，外務省「中国人民抗日戦争記念館訪問後の小泉総理の発言」2001年10月8日．

16) 内閣総理大臣として最初の訪問者は，1995年5月3日に訪れた，のちに村山談話を発表する社会党党首の村山富市である．

17) 伊藤智永『奇をてらわず──陸軍省高級副官　美山要蔵の昭和』（講談社，2007年）151頁．

18) 日本占領の条件はポツダム会議で提示され，その直後からアメリカ主導の占領軍の形成方法について米国務省内で詳細な検討が始まった．アメリカの戦後占領政策の形成過程については，以下を参照．Hugh Borton, *American Presurrender Planning for Postwar Japan* (New York: East Asian Studies, Columbia University, 1967). Hugh Borton, "Preparation for the Occupation of Japan," *Journal of Asian Studies* 25, no. 2 (1996): 203–12.

19) 日本帝国の海外植民地からの引揚げに関する興味深い研究は，Lori Watt, *When Empire Comes Home: Repatriation and Reintegration in Postwar Japan* (Cambridge: Harvard University Asia Center, 2009).

20) さらに，120万人の在日外国人を本国に帰還させなければならなかった．厚生省援護局編『引揚げと援護三十年の歩み』（厚生省，1977年）25頁．

21) マッカーサーを絶対的な権力者として演出するこの交渉方法の背景には，昭和天皇の戦争責任に関する議論がある．日米両政府間の降伏条件をめぐる交渉によって，昭和天皇を戦争犯罪人として訴追しないという合意がなされた．代わりに，厳しい態度で占領政策を進行すると日本人に示すこうした努力を通じて，天皇がもはや統治者ではないことを事実上広めた．マッカーサーと昭和天皇の歴史的会談について交渉し，その場に参列した人々の日記が，1989年1月の『朝日新聞』の昭和天皇追悼記事に掲載された（『朝日新聞』1989年1月26日付）．

22) この式典は臨時大招魂祭と名付けられ，戦没者を対象に行われた．靖国神社の基準では，この式典は完全な慰霊式ではなく，戦没者の氏名，出生地，戦没時の部属が全て名簿に記されるまで，英霊を暫定的に受容する儀式とされた．占領後にこの最終的な慰霊手続きに関心が集まり，戦没軍人を靖国神社に追悼する人々に日本政府が認定するかどうか，再び注目されることになる（伊藤智永『奇をてらわず』）．

23) 伊藤智永『奇をてらわず』162–67頁．

24) 海外からの引揚げにあわせて，担当する組織は何度も改編された．10月までに，新組織を創設し，地方組織と協力して膨大な引揚者の受け入れ業務を監督することが喫緊の課題であった．GHQの指令を受けた厚生省は新組織を創設し，戦没者や

注（第2章）

小委員会の報告）」1978年11月27日, データベース「世界と日本」より.

81)　外務省「日米防衛協力のための指針（ガイドライン）」1997年9月23日.

82)　加藤は, 北朝鮮のノドン・ミサイルに対して日本が憂慮を深めていると表現し, さらに報道によれば, 国防部長に対して, 中国の軍事能力は増強されているものの, 日本は中国の意図について決して心配していないと伝えたという（『産経新聞』1997年7月17日付）.

83)　『朝日新聞』1997年8月18日付, 8月20日付.

84)　1997年の新ガイドライン関連三法とは, 周辺事態法（1999年3月28日成立）と, 日米物品役務相互提供協定改正（1999年4月28日成立）, そして, 有事に紛争地域の日本国民（在外邦人）を避難させる権限を自衛隊に付与する自衛隊法第100条の修正（1999年5月28日成立）である.

85)　村山首相は, 戦後50周年にあたる1995年8月15日に談話を発表した. それ以来, 保守派もリベラル派も同じくこの談話を日本が公式に戦争責任を謝罪したものとして支持してきた. 全文は, 外務省「村山内閣総理大臣談話」1995年8月15日.

86)　小泉純一郎以来, 歴史認識問題でおそらく最も保守的な立場をとる安倍晋三でさえ, 村山談話を日本政府の公式見解として継承した. 小泉の後継者として, そして自他共に認めるナショナリストとして, 歴史認識問題に関する安倍の視点は, 特に中国への関心に基づいていた. 皮肉なことに, 小泉後に日中関係を改善しようとする安倍の努力は, 中国政府に広く支持された. 以下を参照. "Abe Endorses Murayama's War Apology," *China Daily*, October 7, 2006, http://www.chinadaily. com.cn/china/2006-10/07/content_702556.htm.

87)　『朝日新聞』2003年10月19日付.

88)　新日中友好21世紀委員会の最終報告書は, 2008年12月8日に, 日本語と中国語で同時に発表された. 外務省「日中『戦略的互恵関係』の強化へ向けて」.

89)　『読売新聞』2001年12月20日付.

90)　『朝日新聞』2005年6月14日付.

91)　『産経新聞』2006年6月2日付.

92)　『日本経済新聞』2004年11月25日付.

93)　経済同友会「今後の日中関係への提言――日中両国政府へのメッセージ」2006年5月9日.

94)　『日本経済新聞』2006年5月10日付.

95)　『日本経済新聞』2004年9月21日付.『毎日新聞』2005年1月12日付.

96)　『読売新聞』2005年1月20日付.

97)　『読売新聞』2005年1月21日付.

98)　『朝日新聞』2005年1月21日付.

99)　*Financial Times*, June, 7, 2012.

100) 『日本経済新聞』2012 年 6 月 7 日付.

101) 『朝日新聞』2012 年 12 月 21 日付.

102) 『朝日新聞』2006 年 8 月 30 日付. これと微妙に異なる分析は,『読売新聞』2006 年 9 月 3 日付.

103) 『朝日新聞』2006 年 8 月 28 日付.

104) 「チャンネル桜」は,保守的な日本の放送局で,「日本の伝統文化や精神的起源の保存と顕彰に資すること」を目的としている. 2004 年 4 月 6 日に,田形竹尾(元日本陸軍航空隊パイロット),梅沢重雄(日本航空学園理事長),高橋史朗(明星大学教授),松浦芳子(杉並区議会議員),水島総(映画監督,チャンネル桜社長)によって設立された. ニュース報道や討論番組が放映され,扱われるトピックは,自衛隊,尖閣問題,慰安婦問題,拉致問題,歴史問題など,多様である. しかし運営資金上の問題により,2009 年までは放送時間はきわめて限られていた. 詳細は以下のサイトを参照.「チャンネル桜について」, http://www.ch-sakura.jp/about.html.

105) 言論 NPO・中国日報社「『第 8 回日中共同世論調査』結果」2013 年 8 月.

106) 同上. 言論 NPO と中国日報社による世論調査の各年度の結果はオンラインで見られる. http://www.genron-npo.net/world/genre/tokyobeijing/

107) 同上. なぜ中国に対して否定的な意見を持つのか理由を尋ねたところ,53.2% の回答者が尖閣問題における中国の姿勢を挙げた. 歴史問題で日本を非難する中国の対応を挙げたのは 48.9%,また中国産食品の安全に関する懸念が 48.1%,中国の国際法軽視を理由にしたのは 47.9% であった.

第 3 章

1) Sheila A. Smith, "Why Resurrect the Divisive Politics of Yasukuni?" *Asia Unbound*, Council on Foreign Relations, April 26, 2013, http://blogs.cfr.org/asia/2013/04/26/why-resurrect-the-divisive-politics-of-yasukuni/.

2) 『日本経済新聞』2013 年 4 月 22 日付.

3) 日本記者クラブ「カート・キャンベル前米国務次官補,マイケル・グリーン元米国家安全保障会議アジア部長」2013 年 7 月 16 日. 映像は次のサイトで閲覧可能である. http://www.jnpc.or.jp/archive/conferences/25991/report/

4) "Abe Proxy, Cabinet Trio Visit Yasukuni," *Japan Times*, August 15, 2013.

5) 安倍は自民党総裁として玉串料を奉納した. 終戦記念日に参拝した 3 人の閣僚は,古屋圭司拉致問題担当大臣,新藤義孝総務大臣,稲田朋美行政改革担当大臣である. 古屋は記者団に対して,「戦没者の追悼方法は純粋に内政問題である. 外国から批判されたり干渉されたりするものではない」と述べた(Yuka Hayashi and Alexander Martin, "Three Japanese Cabinet Ministers Visit Controversial Shrine,"

注（第3章）　　245

や他の東アジア諸国へ侵略した過去の歴史的事実を美化している．また各種活動を行い，日本の軍国主義を復活させようとたくらんでいる）．

49)　『日本経済新聞』1983 年 8 月 15 日付．

50)　藤波孝生内閣官房長官が主催したこの懇談会の主たる目的は，靖国神社の公式参拝に関する合意を形成することにあった．同年 8 月 15 日に靖国神社を参拝した藤波は，神社に集結した 150 名以上の遺族会の人々に対して，この懇談会が正しい結論を出すようにあらゆる努力を怠らないと語ったという（『日本経済新聞』1984 年 8 月 15 日付）．

51)　中曽根康弘『50 年の戦後政治を語る』（文藝春秋社，1996 年）489-97 頁．著者とのインタビュー，2012 年 6 月 30 日．

52)　8 月 14 日に，中国外交部の報道官は，いかなる首相の公式参拝も日本の軍国主義の犠牲となったアジア太平洋の人々の「感情を著しく損ねる」であろうと発言した（『日本経済新聞』1985 年 8 月 15 日付）．

53)　NHK ニュース，1985 年 8 月 27 日，29 日．

54)　外務省「内閣総理大臣その他の国務大臣による靖国神社公式参拝に関する後藤田内閣官房長官談話」1986 年 8 月 14 日．

55)　『日本経済新聞』1986 年 8 月 16 日付．

56)　公職者による公的参拝と区別される「私的」参拝は，占領期に起源がある．日本の指導者が，靖国に祀られた戦没者を追悼する権利を頑なに主張すると，占領軍は最終的に日本国憲法の政教分離原則に抵触しない参拝に限って認めることにした．これが，個人としてはいかなる宗教施設にも訪問できるという私的参拝である．

57)　2005 年 11 月 16 日のジョージ・W. ブッシュ大統領との会談で，小泉首相は靖国参拝問題について「たとえアメリカが行くなといっても，私は中止しない」と発言したと伝えられている（共同通信，2006 年 1 月 22 日）．

58)　この時に小泉は特攻隊について初めて聞いたという噂は誤りである．1983 年の選挙で小泉の選挙事務所が発行したパンフレットには，かつて『あゝ同期の桜』を読んだ小泉は，戦争を生き延びた海軍飛行予備学生十四期会について深く感動したと語っている（『毎日新聞』2001 年 8 月 9 日付）．

59)　報道によれば，この訪問は日本の指導者が「お詫び」という言葉を最初に使った出来事であるという．小泉は日中戦争を日本による中国侵略と表現することを全くためらわなかった．安倍晋三をはじめとする保守派は，この侵略という評価に異論を唱えている．2013 年 4 月，国会質疑で自民党保守派の丸山和也から村山談話を見直す意図について尋ねられた安倍首相は次のように答弁した．「侵略という定義については，これは学界的にも国際的にも定まっていないと言ってもいいんだろうと思うわけでございますし，それは国と国との関係において，どちら側から見るかということにおいて違うわけでございます」（衆議院予算委員会，2013 年 4 月 23

日，国会会議録検索システム）.

60) 『日本経済新聞』2001 年 10 月 9 日付.

61) 『朝日新聞』2001 年 10 月 9 日付.

62) 『東京新聞』2001 年 8 月 16 日付.

63) 『東京新聞』2002 年 4 月 20 日付.

64) 2003 年と 2004 年の参拝時には，小泉は戦没者の追悼としての訪問というよりも，初詣という日本の伝統として，自らの意図を説明した．いずれも多くの日本人が神社を参拝する 1 月にあわせて行われ，2003 年には「爽やかな元日」に参拝したかったと述べ，2004 年には，他国の文化について批判しないと発言している．また，両年とも，中国や韓国との関係改善を望んでいることをくり返し述べた（『朝日新聞』2003 年 1 月 14 日付．NHK ニュース，2003 年 1 月 14 日．『日本経済新聞』2003 年 1 月 15 日付）．2004 年の訪問は，『朝日新聞』2004 年 1 月 3 日付，「時時刻刻」欄も参照.

65) "China Ready to Push Forward Ties with Japan: Hu," *People's Daily*, October 21, 2003, http://english.peopledaily.com.cn/200310/21/eng20031021_126478. shtml. 外務省「新日中友好 21 世紀委員会の概要」2005 年 7 月.

66) Ministry of Foreign Affairs, People's Republic of China, "President Hu Jintao Meets with Japanese Prime Minister Koizumi," November 23, 2004, http://www.fmprc.gov.cn/eng/topics/huvisit/t171653.htm.

67) 2005 年 4 月にジャカルタのアジア・アフリカ首脳会議で次に小泉と会談するまで，胡は日中関係にきわめて悲観的であった（Ministry of Foreign Affairs, People's Republic of China, "Hu Jintao Meets with Prime Minister Junichiro Koizumi," April 24, 2005, http://www.fmprc.gov.cn/eng/topics/hjtfw/t193911.shtml）.

68) 2005 年の参拝時に，小泉は「公式」参拝を目指す方針を翻し，ただの「一人の国民としての」参拝であるという考え方を新たに示した．靖国参拝について自民党内から批判されていた小泉は，中川秀直国会対策委員長に，秋季例大祭の期間中にだけ参拝するつもりだと述べたという報道がある．2005 年の参拝については，『日本経済新聞』2005 年 10 月 17 日付，『朝日新聞』2005 年 10 月 17 日付，および同日付の批判的な社説を参照.

69) 岩井一郎厚生労働省社会・援護局企画課（当時）とのインタビュー，2011 年 6 月 17 日．また，厚生労働省「援護行政の概要について」も参照.

70) 首相官邸「報告書　追悼・平和祈念のための記念碑等施設の在り方を考える懇談会」2002 年 12 月 24 日.

71) 福田康夫元内閣官房長官と著者とのインタビュー，2011 年 6 月 30 日.

72) 『共同通信』2004 年 1 月 4 日付.

注（第3章）　　　　247

73)　『朝日新聞』2004年1月7日付.

74)　福田康夫元内閣官房長官と著者とのインタビュー，2011年6月30日.

75)　『朝日新聞』2002年8月9日付.

76)　しかしながら，古賀は靖国神社を唯一の戦没者追悼施設とする明確な個人的見解を有している．福田康夫内閣官房長官の私的懇談会が提唱した代替施設案について，古賀はその必要は無いと反対している．第二次世界大戦に従軍した戦没者を追悼するための解決策として，古賀は天皇が靖国神社を参拝する方途を探ることと，首相が毎年参拝し続けることを提唱している（著者とのインタビュー，2009年6月25日）.

77)　著者とのインタビュー，2009年6月25日.

78)　福田が立候補しなかったのは，靖国問題を国政の前面に押し出すことを回避したかったからだと，福田はのちに語っている（著者とのインタビュー，2011年6月30日）.

79)　『日本経済新聞』2006年7月20日付.

80)　安岡崇志（日本経済新聞社論説委員・当時）と井上亮（日本経済新聞社会部編集委員・当時）とのインタビュー，2011年6月30日.

81)　実際に今上天皇は戦前日本の加害行為について率直に発言する人として知られており，中国，サイパン，ハワイを訪問した際には，戦後日本の象徴として，戦前日本の軍事的膨張による被害者への悔恨の情を広く表明してきた．宮内庁「天皇皇后両陛下　サイパン島ご訪問ご出発にあたっての天皇陛下のおことば」2005年6月27日.

82)　富田メモ研究委員会に属した3名の専門家の一人である保坂正康との著者のインタビュー，2009年6月25日．詳細は，保坂正康『昭和史　七つの謎』（講談社，2003年），保坂正康『昭和史の大河を往く　靖国という悩み』（中央公論新社，2013年）を参照.

83)　たとえば，『日本経済新聞』2006年8月15日付を参照.

84)　靖国神社の宮澤佳廣広報課長（当時）と小方孝次総務部長（当時）との著者のインタビュー，2009年6月23日.

85)　たとえば，『朝日新聞』2001年8月10日付，『読売新聞』2005年8月6日付を参照.

86)　靖国神社の遊就館は，世界的な注目を集める戦争記念館である．民間の寄付で新たに改修されたこの記念館は，第二次世界大戦の責任について歴史修正主義的な歴史叙述を誇らしく展示している．外国人訪問客は複数の言語に翻訳された歴史叙述に接することができ，海外のメディアや戦前日本に関心を持つ人々がこの施設に関心を抱いている．この歴史叙述は海外から激しく批判されており，中国や韓国の訪問者だけでなく，アメリカ人からも異議が唱えられている．靖国神社の「遊就館」

のサイトを参照（2014年3月最終アクセス）.

87) もう一つの旧帝国軍人関連団体である軍恩連盟全国連合会も含まれる. 16万7000人の自民党員を擁して, もっぱら旧帝国軍人への補償に取り組んでいる組織である. 遺族会と合わせれば30万4000人の自民党員となり, 最大の支持団体である.

88) 『朝日新聞』1999年9月4日付.

89) サンフランシスコ平和条約11条は次の通り.

日本国は, 極東国際軍事裁判所並びに日本国内及び国外の他の連合国戦争犯罪法廷の裁判を受諾し, 且つ, 日本国で拘禁されている日本国民にこれらの法廷が課した刑を執行するものとする. これらの拘禁されている者を赦免し, 減刑し, 及び仮出獄させる権限は, 各事件について刑を課した1又は2以上の政府の決定及び日本国の勧告に基く場合の外, 行使することができない. 極東国際軍事裁判所が刑を宣告した者については, この権限は, 裁判所に代表者を出した政府の過半数の決定及び日本国の勧告に基く場合の外, 行使することができない（外務省訳）.

日本の国会は, サンフランシスコ平和条約の施行と同日付で, これらの条項を発効させた. 衆議院「平和条約第11条による刑の執行および赦免等に関する法律」法律第103号, 1952年4月28日.

90) 日本政府は, 戦犯の法的地位を変更するためにはアメリカなどの外国政府と協議しなければならなかった. 1952年9月4日, ハリー・トルーマン大統領は, 大統領指令第10393号を発して, 戦犯から減刑者を出す最初の手続きをとった. これにより戦犯赦免・仮釈放委員会が設置され, 日本政府による戦犯の特赦・減刑・仮釈放に関する勧告について大統領から諮問されることになった（White House, Executive Order 10393: Establishment of the Clemency and Parole Board for War Criminals, September 4, 1952, http://www.presidency.ucsb.edu/ws/index.php?pid=78495）.

91) 1952年, 日本政府は極東軍事裁判で有罪とされた人々の法的地位の回復に取り組み始め, 二つの決議が国会で成立した. 参議院「戦犯在所者の釈放等に関する決議案」1952年12月9日. 衆議院「戦争犯罪による受刑者の釈放等に関する決議案」1952年12月9日. 1950年代を通じて議論が続き, さらに二つの決議が衆議院で成立した.「戦争犯罪による受刑者の赦免に関する決議案」1953年8月3日,「戦争受刑者の即時釈放要請に関する決議案」1955年7月19日. A級戦犯の最後の仮釈放は1956年3月31日に行われ, 1958年4月7日に特赦された. 1958年12月29日, 日本政府が全てのB級・C級戦犯を恩赦したのに併せて, 83名が最終的に釈放された（『読売新聞』1998年6月14日付）. 1962年, 国会はサンフランシスコ平和条約第11条に関する1952年の国内法を廃止した. 衆議院「平和条約第11

注（第4章）　　　249

条による刑の執行及び赦免等に関する法律を廃止する法律」1962年3月29日.

92)　『「靖国」と小泉首相：渡邉恒雄読売新聞主筆 vs 若宮啓文朝日新聞論説主幹』（朝日新聞社，2006年）.

93)　渡邉恒雄「まえがき」，ジェームズ・アワー編『検証　戦争責任』（読売新聞社，2006年）.

94)　3人は，森田高（総務政務官），浜田和幸（総務政務官），笠浩史（文部科学政務官）である（『毎日新聞』2011年4月16日付）.

95)　野田の質問主意書は，「『戦犯』に対する認識と内閣総理大臣の靖国神社参拝に関する質問主意書」2005年10月17日. 小泉の答弁書は，「『戦犯』に対する認識と内閣総理大臣の靖国神社参拝に関する質問に対する答弁書」2005年10月25日.

96)　『日本経済新聞』2011年9月2日付.

97)　『朝日新聞』2013年4月23日付.

第4章

1)　NHKニュース，2013年8月1日. 中国の行動の報告を受け日本がとるべき行動は明らかであり，政府は適切な対応をとると，安倍首相は述べた. だが，安倍は山本と自民党にこの問題を「大きな声」で呼びかけるよう激励し，日本の抱える問題に関心を集めるよう呼びかけた.

2)　内閣官房「菅義偉内閣官房長官の記者会見」2013年7月3日.

3)　"Exclusive: China in $5 Billion Drive to Develop Disputed East China Sea Gas," *Reuters*, July 17, 2013, http://www.reuters.com/article/2013/07/17/us-cnooc-eastchinasea-idUSBRE96G0BA20130717.

4)　2013年8月20日の香港での記者会見における中国海洋石油総公司の王宜林董事長の発言である. 当初の予想をはるかに超えて，この石油会社が7.9%の収益拡大を実現したと，王は公表した（*South China Morning Post*, August 21, 2013）. 記者会見後，『日本経済新聞』の記者が王に質問し，中国海洋石油総公司が東シナ海で新たに七つのガス田を開発する計画について尋ねた. 王はその計画は知らないと答え，もしロイター通信の報道が事実ならば，その計画は利益が確実に見込めるものだろうと発言した（『日本経済新聞』2013年8月21日付）.

5)　国連海洋法条約の審議過程と，東シナ海の境界画定に関する日中論争については，海軍研究センターのマーク・ローゼンの分析に多くを拠っている. Mark E. Rosen, "Conflicting Claims in the East China Sea," East China Seas Workshop, CAN Maritime Asia Project, May 2, 2012.

6)　1978年10月に訪日した鄧小平国務院副総理は，国交正常化前の日中関係を支えた個人や団体を含む多くの日本人と面会した. 10月25日に日本記者クラブで開かれた記者会見には，400名以上の日本人・外国人記者が集まった. 尖閣諸島に関す

る日本人記者の質問に対して，鄧小平はこの問題を棚上げするのが賢い方法だと答えた．「日中両国は，前に外交関係を正常化した際，この問題に触れないことに合意した．平和友好条約を交渉している今回も，両国は再びその合意をした．日中関係の発展を阻害するために，この問題のあら探しをしようとする人もいるからである」(*Peking Review*, November 3, 1978, 16).

7) 東シナ海における海洋エネルギー資源をめぐる法的対立の複雑さは，以下の文献を参照．Clive Schofield, ed., *Maritime Energy Resources in Asia: Legal Regimes and Cooperation*, National Bureau of Asia Research (NBR) Special Report no. 37 (Seattle: NBR, February 2012).

8) 文部科学省所管の海洋研究開発機構 (JAMSTEC) と石油天然ガス・金属鉱物資源機構 (JOGMEC) は，自前の船舶による海洋調査を実施する他，民間委託した船も調査研究のために所有している．文部科学省所管の研究機構の中には，海洋生物学や海洋工学に関する多様な海洋調査を実施するものが複数ある．また経済産業省は，エネルギー資源開発と，海底鉱物の採掘技術開発に重点的に取り組んでいる．詳しくは，海洋研究開発機構ウェブサイト，石油天然ガス・金属鉱物資源機構ウェブサイトを参照 (2013 年 10 月 7 日最終アクセス).

9) 水産調査は主に水産庁が担当するが，他にも所管省庁が存在する．2000 年まで九つの政府機構によって水産調査が実施されてきたが，省庁再編に伴い，九つ全てを統合した水産総合研究センターが新設された．水産総合研究センターウェブサイト (2013 年 10 月 7 日最終アクセス).

10) 国分良成他『日中関係史』(有斐閣，2013 年).

11) 『毎日新聞』1978 年 5 月 27 日付.

12) *Peking Review*, November 3, 1978, 16.

13) 外務省「日本国政府と中華人民共和国政府の共同声明」1972 年 9 月 29 日.

14) "Statement of the Ministry of Foreign Affairs of the People's Republic of China," December 30, 1971, 英訳文は，*Peking Review*, January 7, 1972, 12 を参照．1971 年 6 月 17 日に締結された沖縄返還協定によって，尖閣諸島の施政権は日本に移管された.

15) 日本の声明の全文は，外務省「尖閣諸島の領有権問題について」1972 年 3 月 8 日.

16) 古くから沿岸国は自国の主権の及ぶ 3 海里の領海を主張できた．20 世紀には，漁場と鉱物資源への関心から，3 海里を超える領域へと拡大させる主張が現れる．たとえば，ハリー・トルーマン大統領がアメリカの大陸棚における全天然資源の支配を主張したため，他国もこれにならった．また，ラテンアメリカ諸国の中には，フンボルト海流の漁場のために，200 海里へと権利を拡張した国もあった．だが，1982 年に国連海洋法条約が締結される以前には，多くの国は旧来通り 3 海里もし

くは 12 海里を領海としていた.

17) 『読売新聞』の報道では,日本の排他的経済水域の内部で中国が調査活動を実施する場合,事前に同意を得るように日本政府が中国に要請したという.その後も,別の中国船が長崎県沖に入り,さらに 7 月に種子島と鹿児島市の間の大隅海峡を再び通過したと,『産経新聞』は報じている(『朝日新聞』2000 年 5 月 31 日付,『産経新聞』2000 年 7 月 15 日付).

18) 外務省「日中外相会談(概要)」2000 年 8 月 28 日.

19) 外務省「第 1 章 総括」『外交青書』2001 年版.

20) 10 月 17 日,沖ノ鳥島北方の日本の排他的経済水域内を航行中の中国調査船(排水量 3536 トン)が確認された.その 2 日後,吐噶喇列島沖の日本領海で音響測深を実施したことが判明した.『産経新聞』の報道によれば,海上自衛隊はこの情報を外務省と海上保安庁に伝達し,航空機を派遣して中国船に警告を発したところ,中国船は反応しなかった(『産経新聞』2003 年 10 月 20 日付).

21) Foreign Press Center, Japan, "China Gas Field Development in the East China Sea Emerges as a New Sore in Bilateral Relations," November 1, 2004.

22) 『日本経済新聞』2004 年 6 月 29 日付.

23) 帝国石油株式会社「東シナ海における試掘権の設定について」プレスリリース,2005 年 7 月 14 日.

24) 『朝日新聞』2008 年 5 月 8 日付.

25) 1996 年 6 月 20 日,日本は 1982 年に採択された国連海洋法条約の 94 番目の批准国となった.中国はその数週間前に批准した.

26) 外務省『外交青書』2006 年版,42 頁.

27) 国連海洋法条約 76 条に基づき,国連大陸棚限界委員会は,排他的経済水域の境界を定める基礎として大陸棚の存在を主張する国々の科学的データを審理する.海岸線から 200 海里の基準が審理されることは少ない.2008 年 11 月 12 日,日本は同委員会に大陸棚延長申請を行った("Japan's Submission to the Commission on the Limits of the Continental Shelf," Commission on the Limits of the Continental Shelf, United Nations, November 12, 2008, http://www.un.org/depts/los/clcs_new/submissions_files/submission_jpn/htm).

28) "Preliminary Information Indicative of the Outer Limits of the Continental Shelf Beyond 200 Nautical Miles of the People's Republic of China," Commission on the Limits of the Continental Shelf, United Nations, May 11, 2009, http://www.un.org/depts/los/clcs_new/submissions_files/preliminary/chn2009 preliminaryinformation_english.pdf. 2012 年の外交危機時に,中国はさらなる情報を提供した("Partial Submission by the People's Republic of China Concerning the Outer Limits of the Continental Shelf Beyond 200 Nautical Miles in

Part of the East China Sea," Commission on the Limits of the Continental Shelf, United Nations, December 14, 2012, http://www.un.org/depts/los/clcs_new/submissions_files/submission_chn_63_2012.html).

29) 水産庁『水産庁50年史』大日本水産会, 1999年.

30) 日中民間貿易協定は, 1952年のモスクワ国際経済会議の帰路, 北京を訪問した国会議員団の高良とみ, 帆足計, 宮腰喜助によって締結された(「第一次日中民間貿易協定」1952年6月1日, データベース「世界と日本」).

31) この協議会には, 1952年末に中国との初期の予備交渉を行った7団体の代表者が参加した.(社)大日本水産会, 日本遠洋底曳網漁業協会, 全国漁業協同組合連合会, 全日本海員組合, 水産冷凍労働組合協議会, (財)水産研究会及び日中漁業懇談会の七つである(『水産庁50年史』111頁).

32) 中国は, 黄海を軍事領域と定め, 上海沿岸の公海周辺地域をトロール漁禁止地域として設定した. それにより日本の漁船には当該地域での漁が許可されなかった(外務省「日本国と中華人民共和国との間の漁業に関する協定」1975年8月15日). この協定は1979年1月16日に修正され, 同年2月20日に効力を発した(外務省「日本国と中華人民共和国との間の漁業に関する協定の付属書の修正勧告の受託に関する交換公文」1979年).

33) 『水産庁50年史』250-251頁.

34) 新たな協定は1997年11月11日に調印され, 2000年6月1日に発効した(外務省「漁業に関する日本国と中華人民共和国との間の協定」2000年6月1日).

35) 大日本水産会の重義行専務理事の統計と, 著者とのインタビュー(2011年6月21日, 東京)による.

36) 重義行によれば, 2008年の日本漁業の総収益は162億7467万円であり, そのうち16億7404万円が東シナ海での漁獲による(著者とのインタビュー, 2011年6月21日).

37) *China Daily*, July 4, 2011.

38) 上原亀一八重山漁協組合長とのインタビュー, 2011年6月27日.

39) 1960年代の日本の経済発展は石油や他のエネルギーを大量に消費し, 独自の石油資源を持たない日本は60年代末に世界最大の石油輸入国になった. 1971年には1日平均で440万バレルを消費し, その85%が輸入である. なお, アメリカは1日平均で1550万バレルを消費し, 西ドイツの消費量は310万バレルであった. 世界中に石油を求めた当時の日本は, 現在の中国がエネルギー資源を世界中に探し求めるのと同じように見られていたのである. 1970年代初期の中国の1日の石油消費量は約52万5000バレルであり, 当時の日本の消費量の8分の1にすぎなかった("Oil for Japan: A Global Project," *New York Times*, April 9, 1972).

40) 参加者は以下の通りである. K. O. Emery(Woods Hole Oceanographic Insti-

注（第4章）　　　253

tution, United States), 林義一（石油開発公団), Thomas W. C. Hilde (Pacific Support Groups, U. S. Naval Oceanographic Office, San Diego, United States), 小林和夫（石油開発公団), Ja Hak Koo (Geological Survey of Korea, Republic of Korea), C. Y. Meng (Chinese Petroleum Corporation, Taipei, Taiwan), 新野弘（東京水産大学), J. H. Osterhagen (Pacific Support Group, U. S. Naval Oceanographic Office, San Diego, United States), C. S. Wang (National Taiwan University, Taipei, Taiwan), Sung Jin Yang (Geological Survey of Korea, Republic of Korea) ("Geological Structure and Some Water Characteristics of the East China Sea and the Yellow Sea," *CCOP Technical Bulletin*, May 1969).

41) *CCOP Technical Bulletin*, May 1969, 41.

42) 1970年12月5日,『ニューヨーク・タイムズ』によって, 台湾政府がアメリカのガルフ石油会社と尖閣周辺の大陸棚に関する契約を結び, またクリントン・アモコ石油会社には中国の大陸棚沿いにある, 別の場所の採掘権を与えたと報じられた. 韓国はウェンデル・フィリップス, ガルフ, インペリアル, ロイヤル・ダッチ・シェルに韓国の大陸棚の採掘権を付与したが, 日本の石油開発公団も同じ海域沿いの開発に着手していた ("Peking Claims Disputed Oil-Rich Isles," *New York Times*, December 6, 1970).

43) 沖縄在住の大見謝恒寿が調査データを提出して日本政府に採掘権を申請した. 先例にならい日本石油も採掘権について数千もの申請書を提出した. 日本政府はこの地域の調査を1969年6月に開始しており, 報道によれば, 尖閣諸島から3海里圏の水域調査も始めたという. 当時, 採掘の開始は, 4, 5年後のことと考えられていた ("Deposit Is Sought in East China Sea," *New York Times*, May 17, 1969).

44) "Oil Under East China Sea Is the Crux of 3-Nation Issues," *New York Times*, January 30, 1971.

45) *Peking Review*, January 7, 1972, 12.

46) 日本政府の許可を得て, 米軍は久場島を爆撃訓練場として使用してきた.

47) アメリカと中国の交渉記録は公開されておらず, 会話の中で尖閣の領有権が論じられたのかどうか, 論じられたとすればいかなるものだったのか, について知ることは困難である. しかし, ニクソン政権と台湾の蔣介石政権の会談記録は入手可能であり, ニクソン大統領, キッシンジャー大統領補佐官, その他の政府高官による議論では, 台湾について深く考慮されていたことが, アメリカ国務省の The Office of the Historian にある詳細な討議記録の中に明示されている (Office of the Historian, U.S. Department of State, *Foreign Relations of the United States, 1969–1976*, 17 (China, 1969–1972), nos. 106, 109, 114, 115, 133, 134, 180, 327, 427, and 431).

48) 1971年3月, ガルフ石油, カルテックス, アモコ, クリントン石油, オーシャ

ニック・エクスプロレーションの各社に対して，彼らが脆弱な立場になりうると米国務省が忠告したことを，チャールズ・ブレイ国務省報道官は次のように述べた．

〔米国務省は〕石油会社に対して，これらの地域で事業を展開する危険性について忠告し，アメリカ人を危険にさらしたり，地域の緊張を生み出したりするような事故を避けてほしいという政府の要望を伝えた．これらの紛争地域で事業を展開するのが賢明ではないと我々が考えているアメリカの会社に対して，政府は通知した（Murrey Marder, "U.S. Cautions Oil Seekers near China," *Washington Post*, April 10, 1971, "U.S. Warns Oil Firms Against Explorations Near Taiwan," Associated Press, April 10, 1971）.

49) "Oil Hunt off China Stirs U. S. Warning," *New York Times*, April 10, 1971.

50) デモは，ワシントン D. C.，サンフランシスコ，ロサンゼルス，シアトル，シカゴ，ヒューストンで起こり，当時の在米中国人による最大規模のデモだった．アメリカの大学に在学している学生が全米から参加し，メディアは 2000 人が参加したと推定している（"U. S. Chinese Ask Backing on Isles," *New York Times*, April 12, 1971）.

51) これらのデモを受けて，ニクソン大統領とキッシンジャー大統領補佐官に対して，台湾政府は尖閣諸島の領有権問題を提起した．駐米台湾大使の周書楷はニクソン大統領と会談し，尖閣問題が中国人に与える影響を蔣介石が憂慮していると伝えた．国務省の会談記録によれば，周大使の発言は次の通りである．

日本が台湾と琉球を占領していた時でさえ，尖閣に関する法的事務は台湾の裁判所で処理されていた．尖閣行きの漁船は，台湾から向かっていた．日本の視点では，尖閣諸島がいかに行政管理されていたかが考慮されていない．だが，中国人にとって，これはナショナリズムに深く関わる問題である（Office of the Historian, U.S. Department of State, "Memorandum of Conversation," April 12, 1971, *Foreign Relations of the United States, 1969–1976*, 17, no. 114）.

52) 自民党指導者は危機に際して緊急会議を招集し，この問題の統一見解を形成しようとした．三つの立場が考えられた．(1) 尖閣諸島は日本の領土であり，中国漁船の違法活動は非常に迷惑な問題である．(2) これらの活動を即時停止させ，漁船を引き返させるよう，日本政府が中国政府に要請する．(3) 条約交渉に向けた共同声明に沿って，日本政府は中国政府との協力を維持する（『朝日新聞』1978 年 4 月 15 日付）.

53) 『朝日新聞』1978 年 4 月 19 日付.

54) 『日本経済新聞』1978 年 4 月 14 日付.

55) 『朝日新聞』1978 年 4 月 20 日付.

56) 『朝日新聞』1978 年 4 月 26 日付.

57) 1979 年度予算で承認され，建設のための調査と計画立案が着手された．1978 年

注（第4章）   255

の日中平和友好条約の締結が近づくと，建設案への異論が生じ，日中対立を回避する
ために日本政府は建設案の破棄を決めた．予算決定については『朝日新聞』1978
年10月31日付を，計画破棄については『朝日新聞』1979年4月22日付を参照．

58) 海上保安庁を所管する森山欽司運輸大臣は，1979年1月16日の記者会見で，ヘ
リポート建設案について園田直外務大臣から許可を得ていると公表した（『朝日新
聞』1979年1月16日付）．

59) 調査は1978年夏に始まり，尖閣諸島の小さな島々も含まれた（『朝日新聞』1979
年5月31日付）．

60) 1979年5月28日に海上保安庁は声明を発し，翌29日に中国は抗議した（『日本
経済新聞』1979年5月30日付）．

61) 『朝日新聞』1990年10月24日付．

62) 1990年10月12日，台湾議会において李登輝総統は釣魚台列嶼を防衛するとい
う警告を発した．10月18日，中国外交部報道官が日本青年社の灯台建設を非難し，
日本政府に活動阻止を求めた（『日本経済新聞』1990年10月22日付）．

63) 航路標識法（1949年成立，1993年改正）によれば，
　　「航路標識」とは，灯光，形象，彩色，音響，電波等の手段により港，湾，海
　　峡その他の日本国の沿岸水域を航行する船舶の指標とするための灯台，灯標，浮
　　標，霧信号所，無線方位信号所その他の施設をいう．

64) 『産経新聞』1996年9月10日付．

65) 沖縄が日本施政下に置かれたのは最近の出来事である．1879年の琉球処分で，
沖縄は正式に日本の県として編入された．この公的な植民地化によって琉球諸島は
沖縄県となり，本土からの日本人入植者は増加した．古賀善次の談によれば，父親
の辰四郎は明治初期に沖縄に入植した最初の起業家の一人であった．事業を営むた
めに那覇から石垣島に移住した古賀辰四郎は，若い漁師や地元住民から尖閣諸島に
集う海鳥の群れの話に興味をそそられた．そして，1884年に無人島を探索し，明
治政府に所有権を主張する訴えを出したという．「毛さん，佐藤さん，尖閣諸島は
私の所有地です」『現代』6巻6号（1972年）142-47頁．

66) 『毎日新聞』1990年8月4日付．

67) 栗原国起の弟である栗原弘行による『アサヒ芸能』でのインタビュー．その見出
しは，「島は中国に絶対渡さない！」だった．2時間に及ぶインタビューでは，栗
原家と尖閣諸島，古賀家との関係，そして彼らが尖閣諸島を手放さない理由が話題
の中心を占めた．

68) 『読売新聞』1996年10月6日付．

69) 自民党の声明の全文は，以下を参照．自民党「大陸棚調査に前年度比7倍を計上，
海洋対策特別委員会　海洋議員連盟合同会議」2004年2月4日（最終アクセス
2011年7月18日）．

70) 大陸棚に基づく排他的経済水域を主張する中国の立場の詳細は，Peter Dutton, "Carving Up the East China Sea," in *China's Strategy: The Impact on Beijing's Maritime Policies*, ed. Gabriel B. Collins, Andrew S. Erickson, Lyle J. Goldstein, and William S. Murray（Annapolis: Naval Institute Press, 2008）: 252-78.

71) 首相官邸「小泉内閣総理大臣記者会見」2004 年 3 月 26 日.

72) 海上自衛隊元海将の中島榮一との著者のインタビュー，2010 年 7 月 1 日，2011 年 6 月 26 日. 中島は漢級（091 型）攻撃型原子力潜水艦の侵犯に対する海上防衛行動を指揮する立場にあった. なお，海上自衛隊のウェブサイトには，この侵犯に対する行動は，日本の周辺水域での警戒監視と記されている（防衛省ウェブサイト「平時の警戒監視」2012 年 4 月 15 日最終アクセス）.

73) 海上警備行動が発令された最初の事例は，1999 年 3 月 24 日未明に，日本海域に侵入した北朝鮮の船舶への対応である. 3 月 23 日，日本海の能登半島沖で，北朝鮮の船が P-3C 対潜哨戒機によって発見された. この北朝鮮船に別の不審船が加わった船団を海上保安庁が追跡し，停船を命じるも，北朝鮮船はこれを拒む. 日付が変わった直後，海上保安庁がこれらの船体を捕捉する能力がないと海上自衛隊に伝達し，小渕恵三内閣は海上警備行動を発令した. 事件の詳細な経過は，防衛省『防衛ハンドブック』平成 23 年版（朝雲新聞社，2011 年）227 頁.

74) Peter Dutton, "Scouting, Signaling, and Gatekeeping: Chinese Naval Operations in Japanese Waters and the International Law Implications," *China Maritime Studies*, no. 2（2009）: 6.

75) 武見敬三「海洋政策の必要性と緊急性について」，海洋技術フォーラム『平成 17 年度活動報告会』2006 年 7 月 26 日，1-5 頁.

76) 武見敬三とのインタビュー，2011 年 6 月 29 日.

77) 経済産業省，農林水産省，国土交通省，文部科学省，防衛省が，海洋政策の所管官庁である.

78) 武見「海洋政策の必要性と緊急性について」2 頁. 以下の事例を紹介して，武見は外交官を批判している.

　　私は，参議院外務委員会において，中国公船タンカン 3 号の東シナ海試掘に対し日本政府の対応処置につき質問したが，外務省は，アジア大洋州局審議官レベルによる年 1 回程度の形だけの抗議をしていると答弁するのみで，それ以上の問題意識がなかった.

79) 法案は，衆議院予算委員会（2007 年 1 月 9 日），衆議院国土交通委員会（2007 年 4 月 3 日），衆議院農林水産委員会（2007 年 4 月 10〜11 日），衆議院外交委員会（2007 年 4 月 25 日，6 月 8 日）で審議され，参議院国土交通委員会でも 2007 年 3 月 20 日と 4 月 19 日に審議された.

80) 『読売新聞』2007 年 4 月 4 日付.

注（第4章）　　257

81)　首相官邸「海洋基本法」，2007年7月20日．

82)　新法に関する包括的な計画は，2008年3月18日に閣議決定された．多くの省庁が関与したが，日本の海洋境界と排他的経済水域の保護・防衛計画や島嶼防衛計画を主に立案したのは，国土交通省と防衛省である．

83)　秋葉剛男外務省前アジア大洋州局中国・モンゴル課長（当時）とのインタビュー，2008年12月12日．

84)　2005年秋の第3回東シナ海等に関する日中協議で，共同開発案の土台作りがなされた．2005年に二度開かれた協議で，佐々江賢一郎外務省アジア大洋州局長と崔天凱中国外交部アジア局長が，日中が法的主張を異にする緊張状態を終わらせるため，共同開発の原案をうまく形成した．共同開発の場所と条件は高村正彦外相と甘利明経産相の共同記者会見で公表されている（外務省「東シナ海における日中間の協力について（日中共同プレス発表）」2008年6月18日）．

85)　Richard J. Samuels, *3.11: Disaster and Change in Japan* (Ithaca: Cornell University Press, 2013), Chap. 3.

86)　外務省「日中外相会談の概要」2010年1月17日．

87)　この事実は最近まで伏せられていた．沖縄返還後に米軍に賃貸された土地の確定は機密事項だったからである．日米共同軍事委員会は，日米協議の中でこの島を「久場島」ではなく「黄尾嶼」と呼んでいた．20年間の賃貸借契約は1992年にさらに20年間更新されたが，新たな所有者は賃貸に合意しておらず，防衛施設庁が賃借料を支払っている．

88)　『読売新聞』2003年1月8日付．

89)　『読売新聞』2003年1月1日付．

90)　『毎日新聞』2003年1月3日付．春原剛『暗闘——尖閣国有化』（新潮社，2013年）．

91)　U.S. Department of State, "Joint Press Availability with Japanese Foreign Minister Seiji Maehara," October 27, 2010, http://www.state.gov/secretary/rm/2010/10/150110.htm. 新日米安全保障条約5条は，次の通り．

　　　各締約国は，日本国の施政の下にある領域における，いずれか一方に対する武力攻撃が，自国の平和及び安全を危うくするものであることを認め，自国の憲法上の規定及び手続に従つて共通の危険に対処するように行動することを宣言する．
　　　前記の武力攻撃及びその結果として執つたすべての措置は，国際連合憲章第五十一条の規定に従つて直ちに国際連合安全保障理事会に報告しなければならない．その措置は，安全保障理事会が国際の平和及び安全を回復し及び維持するために必要な措置を執つたときは，終止しなければならない（外務省「日本国とアメリカ合衆国との間の相互協力及び安全保障条約」1960年1月19日）．

92)　首相官邸「海洋基本計画」2013年4月26日．

第 5 章

1) *Japan Times*, July 30, 2013.

2) *China Daily*, July 30, 2013.

3) 新華社通信, 2014 年 1 月 20 日.

4) 農林水産省の指標によれば, 中国からの輸入は 2001 年に飛躍的に増加した. 全世界からの食品輸入量は前年度比 8.3% 増であったが, 中国からの輸入量はその 2 倍近くの 15.5% 増加であった. 玉ねぎなど多くの農産物に暫定セーフガード措置が課せられたにもかかわらず, 顕著な増加であった. いずれの指標も, 重量ではなく, 価格である.『日本経済新聞』2002 年 4 月 6 日付を参照.

5) 日本と中国の食品業界の相互依存の拡大については, 小森正彦『中国食品動乱』(東洋経済新報社, 2008 年) の包括的分析を参照. NHK ニュース, 2008 年 1 月 30 日. 2007 年 12 月 28 日, ジェイティフーズは CO・OP 千葉から,「CO・OP 手作り餃子」を食べた母親と娘が中毒症状に陥ったとの連絡を受けた. 翌日の NHK の報道によれば, 日本生活協同組合連合会はそれ以前にも無作為抽出検査で同じ冷凍餃子に有機リン酸塩系の殺虫剤が混入された痕跡を発見していた. だが, 検出量は基準値を下回ったため, 生協は販売を続けていたという.

6)『毎日新聞』2008 年 1 月 31 日付.

7) 外務省の発表によれば, 2008 年 1 月 31 日, 高村正彦外務大臣は, 胡錦濤国家主席の訪日の準備のために東京を訪問していた中国外交部部長助理と, 餃子中毒事件について初めて協議した. 対話の詳細は, 以下を参照. 外務省「何亜非 (カ・アヒ) 中国外交部部長助理による高村外務大臣表敬 (中国産冷凍ギョウザが原因と疑われる健康被害事例に関するやりとり)」2008 年 1 月 31 日.

8)『日本経済新聞』2008 年 2 月 4 日付.『朝日新聞』2008 年 2 月 5 日付.

9)『毎日新聞』2008 年 2 月 7 日付.

10)『日本経済新聞』2008 年 2 月 28 日付.

11)『日本経済新聞』2008 年 3 月 7 日付, 3 月 11 日付.

12)『日本経済新聞』2008 年 2 月 22 日付.

13) 1998 年に前任の江沢民国家主席が訪日した際, 天皇主催の宮中晩餐会で日本の歴史認識を公の場で批判したことで, 日中関係は難しい時代に突入した.

14) 全文は, 外務省「『戦略的互恵関係』の包括的推進に関する日中共同声明」2008 年 5 月 7 日.

15) 外務省「日中両政府の交流と協力の強化に関する共同プレス発表」2008 年 5 月 7 日.

16) 記者会見の記録は, 首相官邸「日中共同記者会見」2008 年 5 月 7 日.

17)『読売新聞』2008 年 8 月 6 日付.

注（第5章）

18) 『読売新聞』2008年8月8日付.

19) 『読売新聞』2008年8月12日付.『日本経済新聞』2008年8月13日付によれば，2008年8月13日，民主党は福田首相に書面を送り，この事件を詳しく調査するよう要請した.

20) 警察庁「特集：日常生活を脅かす犯罪への取組み」『警察白書』平成21年版，18頁.

21) 『日本経済新聞』2008年2月22日付，2月26日付.

22) 捜査打ち切り後も，兵庫県警と千葉県警は情報収集を続けることとした（『朝日新聞』2008年4月12日付）.4月28日，兵庫県警は別の冷凍餃子の包装の内部から新たにメタミドホスが検出されたことを発表する（『日本経済新聞』2008年4月29日付）.5月末の兵庫県警の発表によって，1月の中毒事件で餃子内のネギから検出されたメタミドホスは基準値の4万4000倍の高濃度だったことが明らかになった（『日本経済新聞』2008年5月30日付）.

23) 鶴谷明憲警察庁国際捜査管理官（当時）と，吉田尚正警察庁捜査第一課長（当時）と，著者とのインタビュー，2009年6月24日.

24) 首相官邸「日中韓共同記者会見」2009年10月10日.

25) 日中韓三国保健大臣の共同声明と覚書の全文は，厚生労働省「第3回日中韓三国保健大臣会議について」2009年11月23日.陳竺中国衛生部長，長妻昭厚生労働大臣，全在姫韓国保健福祉家族部長官が出席した.

26) 『読売新聞』2010年3月8日付.

27) 新華社通信，2010年3月26日.

28) 『産経新聞』2010年4月23日付.

29) 中国刑法115条に基づいて，10年以上の禁固刑，終身刑，もしくは罰金に処せられることになる（『毎日新聞』2010年8月11日付）.

30) 覚書の全文や会議の詳細は，厚生労働省「『日中食品安全推進イニシアチブ第1回閣僚級会合』の結果等について」2010年5月31日.

31) 日本の食品輸入企業の検査方法は改善され，さらに中国政府と中国の輸出企業が食料検査を著しく改善したことを，農林水産省は確認した（『毎日新聞』2008年10月16日付）.

32) 2008年5月16日に条約は国会で承認されたが，両国の外相による署名は2007年12月1日に行われていた.外務省「刑事に関する共助に関する日本国と中華人民共和国との間の条約（日・中刑事共助条約）」2007年12月1日を参照.

33) 警察庁「特集：日常生活を脅かす犯罪への取組み」18-20頁.

34) 『日本経済新聞』1984年6月25日付.

35) 『日本経済新聞』1984年11月14日付.

36) 『日本経済新聞』1985年4月4日付.

37) 小森正彦『中国食品動乱』第8章.

38) 新華社通信, 2008年9月25日.

39) AP通信, 2008年9月23日.

40) World Health Organization, "Melamine-Contaminated Powdered Infant Formula in China," September 18, 2008, http://www.who.int/csr/don/2008_09_19/en/;"Melamine-Contaminated Powdered Infant Formula in China-Update," September 22, 2008, http://www.who.int/csr/don/2008_09_22/en/.

41) *New York Times*, December 2, 2008.

42) 『日本経済新聞』2008年9月21日付, 9月23日付. NPRの報道によれば, 日本政府は食品会社に対して乳製品の安全性を確かめるように要請したという (Anthony Kuhn, "Japan Loses Confidence in Chinese Dairy Products," NPR, September 24, 2008).

43) 回答者はまず中国に対する印象を答えた上で, その理由を述べる形式であった. 2011年に中国に良くない印象を抱く理由として最も多かったのが, 尖閣での衝突事件での中国政府の対応に疑問があるから, という理由であり, 二番目に多かったのが「食品安全の問題等の中国政府の対応に疑問があるから」であった (61.8%). 食品安全での不満は, 2009年, 2010年では最も多くの回答者が理由としてあげていた. なお, 質問方法の変わった2012年の調査では, この回答欄が無くなっている. 言論NPO・中国日報社「日中共同世論調査」第4回～第8回.

44) 同上. 2012年の調査では「中国食品の安全性」に不安を感じていると答えた人は92.8%に及んでいる (50.8%が非常に不安を感じる, 42%がやや不安を感じる). 2011年の90.5%からさらに増加しており, 2008年にこの質問が始まって以来, 5年連続で90%以上の日本人が中国産食品の安全性に不安を感じていることを示している. 興味深いことに, 中国の消費者もまた, 2011年3月11日の福島第一原発事故の後, 日本食品の安全性への懸念を強めている. 言論NPOが中国で提携している中国日報社の2012年の世論調査によれば, 日本食品に不安を感じている中国人は80.7%であった (2011年の78.9%から上昇).

45) 日本企業による事業の詳細な分析は, 小森『中国食品動乱』第9～13章.

46) 食品貿易に携わる商社の大部分は, 食品の国際市場の影響にさらされている. 日本の穀物と大豆のほとんどは, 丸紅や伊藤忠商事などが重点的に投資している北米と南米からの輸入品である. だが, 中国での需要が増えたため, 日本の商社が調達のため国際市場に賭ける金額はつり上がっている. こうした圧力や, 新たな国際的貿易活動, さらに中国の食料需要の増加が日本の商社に与える影響については, 「日の丸商社, 穀物へ動く」『週刊東洋経済』2009年10月17日号を参照.

47) 伊藤忠商事の説明によれば, 企業戦略は「戦略的統合システム (SIS)」であり, それは「消費者ニーズを起点として, 川上 (食料資源開発・製造加工), 川中 (中

間流通），川下（リーテイル販売）までを垂直統合し，生産・流通・販売の効率性を追求する戦略」であるという（"Strengthening Our Partnership with the Ting Hsin Groups," www.itochu.co.jp/en/business/food/project/01/（2013 年 10 月アクセス））．

48) 2006 年の収益では，最上位の日本の食品会社には，JT, アサヒビール，キリンビール，サントリーホールディングス，味の素，山崎製パン，サントリー食品，明治乳業，森永乳業，伊藤ハム，ニチレイ，キリンビバレッジ，ネスレジャパン，明治製菓，伊藤園，日清食品，加ト吉（現テーブルマーク），キユーピー，ロッテ，近畿コカコーラボトリングが含まれる（小森正彦『中国食品動乱』45 頁）．

49) 『日本経済新聞』2008 年 3 月 5 日付．

50) JT は冷凍食品生産を 50% まで縮減すると明言したが，ニチレイと味の素冷凍食品の数値目標はもっと曖昧であった（『日本経済新聞』2008 年 5 月 2 日付）．

51) 『日本経済新聞』2008 年 6 月 18 日付．

52) 『日本経済新聞』2009 年 12 月 17 日付．

53) 農林水産省は，カロリー摂取量に基づく比率と，国内の生産額に基づく比率という二つの指標を用いている．たとえば，2011 年度の食料自給率は，カロリーベースで 39%，生産額ベースで 66% であると，農林水産省は公表している．農林水産省「平成 23 年度食料自給率等について」2012 年 8 月 10 日（最終アクセス 2012 年 8 月 23 日）．

54) たとえば「社説：食料自給率　目標に拘泥せず農業改革を」『読売新聞』2012 年 8 月 13 日付．

55) 農林水産省の試算では，三つの災害による農業，林業，漁業への被害額は 2 兆 3800 億円に上る．2011 年 3 月 11 日から 4 月 20 日にかけて，農林水産省の緊急対応として，2584 万 2000 食の食料，762 万本の飲料，5 万 3000 缶の育児用調整粉乳などの非常食が供給された（農林水産省ウェブサイト「東日本大震災について～東北地方太平洋地震の被害と対応～」2014 年 6 月 7 日更新）．

56) 日本輸入食品安全推進協会の鮫島太常務理事とのインタビュー，2012 年 7 月 25 日．

57) Patricia Maclachlan, *Consumer Politics in Postwar Japan: The Institutional Boundaries of Citizen Activism*（New York: Columbia University Press, 2002）．

58) Ibid., Chap. 7, "The Right to Safety: The Movement to Oppose the Deregulation of Food Additives."

59) 日本生活協同組合連合会の内部検査や議論については，2009 年 6 月 24 日と 2011 年 6 月 14 日の内堀伸健品質保証本部長（当時），青竹豊渉外広報本部長（当時）とのインタビューに基づいている．2011 年 6 月 14 日のインタビューには伊藤治郎渉外広報本部渉外部長（当時）も参加した．

262 注（第5章）

60) 2008年5月30日に発表された第三者検証委員会の最終報告には，各事件と組合員の個々の対応について詳細な資料が含まれている．日本生活協同組合連合会『日本生協連・冷凍ギョーザ問題検証委員会（第三者検証委員会）最終報告』2008年5月30日．冷凍餃子問題検証委員会のメンバーは，吉川泰弘，石川祐司，今村知明，入間田範子，合瀬宏毅，大和田孝，加地祥文，戸部依子である．

61) 「『消費者行政一元化』についての日本生協連の意見」2008年7月28日．山下俊史日本生活協同組合連合会会長が福田康夫首相宛で作成された資料であり，著者は2009年6月24日に日本生協連から提供を受けた．

62) 佐野真理子（主婦連合会事務局長）とのインタビュー，2012年7月25日．

63) 2007年6月に発覚した食肉卸売会社ミートホープによる偽装表示事件にも佐野は言及した．これは鶏肉や豚肉を牛肉として偽った事件である．事件の詳細は，『朝日新聞』2007年12月19日付．

64) 2000年代半ばに四つの大きな偽装表示事件が報じられたが，それらは有名な雪印乳業や不二家などの大企業による食品製造に関する事件だった．四つの食品偽装事件の概要は，『中日新聞』2007年10月20日付．

65) 佐野真理子とのインタビュー，2012年7月25日．

66) 2008年1月の餃子中毒事件への東京都の対応と，警察による食の安全の注意喚起については，2012年7月24日に東京都福祉保健局健康安全部食品監視課の職員と行ったインタビューで説明を受けた．インタビューの参加者は，中島英雄食品監視課食中毒調査係長，中村重信食品危機管理担当課長，食品監視課品質表示係の佐久間由紀，岡田純也，食品監視課輸入食品・有害食品担当の寺村渉，食品監視課食品安全担当係長の平公崇である．

67) 佐久間由紀の説明によれば，餃子中毒事件の発生時，JAS法は20種類の食品と四つの食料品（鰹節，加工うなぎ，漬物，冷凍野菜）に表示を義務付けていたが，その後に二種の食品（昆布巻きと黒糖製品）が加えられた（著者とのインタビュー，2012年7月24日）．

68) 寺村渉とのインタビュー，2012年7月24日．

69) 中島英雄とのインタビュー，2012年7月24日．

70) 日本の食品安全の監視体制への不安は続き，食品安全基本法について懐疑的な意見もメディアで報じられ続けた．たとえば，『毎日新聞』2003年4月12日付，5月17日付を参照．

71) 渡邉康平は，2002年4月から2006年3月まで伊藤忠商事の食料カンパニープレジデントを務めていた（著者とのインタビュー，2012年7月19日）．

72) 厚生労働省「輸入加工食品の自主管理に関する指針（ガイドライン）」2008年6月5日．

73) グリコ森永事件に続いて，恐喝されたロッテが警察に届け出ずにお金を振り込ん

だという裏取引事件が発覚した．日本の食品会社に対する脅迫事件が多発したのを受けて，自民党は新法の作成に着手した．『朝日新聞』1987年9月16日付には，これらの劇場型犯罪から法案成立までの経緯が載っている．

74) 日本輸入食品安全推進協会は，1992年以来，食品会社への説明会を続けており，2012年には輸入業者を対象とする21種の通年コースを組織している．毎年平均で，150から160名が参加するという．通算で2700人以上が規制の要件について説明を受けたことになる．

75) 日本輸入食品安全推進協会には8名の職員が在籍し，食品業界から非常勤で出向している人もいる．かつて厚生労働省の職員として勤務し，退職後に非常勤となった顧問も何人か存在するが，協会はあくまでも民間の団体である．輸入業者に向けたハンドブックとして，日本輸入食品安全推進協会編『新訂Q&A食品輸入ハンドブック――食品を安全に輸入するために』（中央法規出版，2010年）を参照．

76) 鮫島太とのインタビュー，2012年7月25日．

77) 米国食品医薬品局によれば，HACCPは「原材料の生産や調達から製品の製造，製品の配送，消費までにおける生物的，化学的，物理的危険要因を分析，管理する食品安全性の管理方法」であるという．詳細は以下を参照．U. S. Food and Drug Administration, "Hazard Analysis and Critical Control Points (HACCP)," http://www.fda.gov/food/foodsafety/hazardanalysiscriticalcontrolpoint shaccp/default.htm

78) 鮫島太とのインタビュー，2012年7月25日．

79) 消費者庁「食品危害情報総括官会議運営規定」2008年3月5日．

80) 消費者庁「食品による危害に関する緊急時対応実施基本要綱」2008年4月23日．

81) 『日本経済新聞』2007年11月25日付．

82) 『毎日新聞』2008年2月7日付．

83) NHKニュース，2012年2月7日．

84) NHKニュース，2008年3月13日．

85) 餃子中毒事件と異なり，これらの事件では複数の死者が発生した．『産経新聞』2008年5月20日付には，二つの事件の被害者の母親たちが福田首相に涙ながらに訴えたという非常に印象的な記事が載っている．『朝日新聞』2008年5月20日付，5月21日付にも，この面会の記事が見られる．合計13人の子供と高齢者の被害者を出したこんにゃくゼリー窒息事件の裁判は，2008年9月6日に開かれた．2011年5月11日，東京地裁において，被害者家族により提訴された複数の死亡事故について，パロマの社長が有罪判決を受けた．1985年以後，パロマのガス湯沸かし器によって合計28件の事件が生じていた（『読売新聞』2012年12月19日付）．

86) 『朝日新聞』2008年6月17日付．詳細は，首相官邸「消費者行政推進会議取りまとめ」2008年6月13日．

87) 消費者庁設置法案は 2009 年 5 月 29 日に国会を通過した．法律の全文は，衆議院「消費者庁及び消費者委員会設置法」2009 年 6 月 5 日．

88) 消費者庁の発足後にも，メディアによる批判は続いた．たとえば，『朝日新聞』2010 年 3 月 16 日付「論説：消費者庁」は，消費者庁には十分な権限が付与されておらず，自立した運営がなされていないと非難している．米国トヨタ社のリコール問題にも触れて，トヨタ社にさらなる情報開示を請求しない日本政府の対応も批判されている．

89) 2010 年度予算は，消費者庁「消費者庁の平成 22 年度予算及び機構定員要求」2009 年 9 月，4 頁を参照．職員数は，消費者庁「平成 22 年度消費者庁関係予算及び機構定員要求の概要」2009 年 9 月を参照．

90) 消費者庁の予算と職員数は，消費者庁「平成 24 年度予算案の概要・機構定員要求の結果について」2011 年 12 月 24 日を参照．経済産業省の予算は，経済産業省ウェブサイト「予算・税制・財投」で入手可能であり，職員数は 2012 年 8 月 27 日に大臣官房総務課より提供された．厚生労働省の予算は，厚生労働省ウェブサイト「予算」を参照．職員数は 2012 年 8 月 27 日，大臣官房総務課より入手した．

91) 首相官邸「第 11 回消費者行政推進会議議事要旨」2009 年 1 月 29 日．

92) 外務省『『食の安全』問題」2012 年 8 月最終更新．

93) 覚書と行動計画は，厚生労働省「『日中食品安全推進イニシアチブ第 1 回閣僚級会合』の結果等について」2010 年 5 月 31 日．

94) *China Daily*, July 30, 2013.

95) 新華社通信，2011 年 5 月 21 日．

96) 言論 NPO と中国日報社の共同世論調査によれば，日本食品の安全性に不安を感じる中国人は 2012 年に 80.7% であり，2011 年の 78.9% から上昇している．日本の消費者が中国食品の安全性に不安を感じる方が高く，その傾向は数年に及んでいる．2012 年には不安を感じるという回答は 92.8% であり（50.8% が強く不安を感じ，42% がやや不安に感じると答えている），2008 年にこの問いが設けられてからの 5 年間，中国食品の安全性に不安を感じている日本人は 90% を越え続けている．

97) *China Daily*, March 3, 2011.

98) 厚生労働省「『日中食品安全推進イニシアチブ第 2 回閣僚級会議』の結果等について」2011 年 11 月 12 日．

99) 『朝日新聞』2012 年 5 月 22 日付．

100) 『日本経済新聞』2012 年 3 月 8 日付の調査では，国産米の価格の高さを鑑みて，外国米に関心があると答えた飲食店は 70% に及んでいる．大手スーパーの西友は，2012 年 3 月 10 日に中国産の米の販売を開始すると明かした．この米は，5 kg で 1299 円，1.5 kg で 449 円という低価格で販売され，廉価な国産米よりも 3 割安であった．回転寿し店や牛丼店でも外国産米を使い始めた（『朝日新聞』2012 年 3 月

注（第6章）

　9日付）.

101）『日本経済新聞』2012 年 4 月 8 日付.

102）『新潟日報』2012 年 5 月 13 日付.

第6章

1）　NHK ニュース，2010 年 9 月 8 日.

2）　フランス通信，2010 年 9 月 7 日. 2010 年 9 月 7 日，尖閣諸島付近で中国のトロール漁船が 2 隻の海上保安庁の巡視船に衝突した. 日本時間午前 10 時 15 分，海上保安庁の巡視船「よなくに」「みずき」「はてるま」が，尖閣諸島の北北西約 12 km で，中国のトロール漁船「閩晋漁 5179」と遭遇し，領海外へ退去するよう警告した. それを無視した「閩晋漁 5179」は逃走を試みた. 追跡が続く中，中国船はまず「よなくに」に衝突し，その 40 分後に「みずき」とも接触する. その後，海上保安官が漁船に乗り込み，石垣島へ連行することになった. 船長の詹其雄と船員は石垣島で勾留された. 13 日，海上保安庁は乗員を釈放し漁船を返還したが，これに先立ち 9 日には船長を送検した.

3）　「中華人民共和国領海および接続水域法」U.S. Department of State, "Straight Baseline Claim: China," *Limits in the Sea*, no. 117, July 9, 1996, http://www.state.gov/documents/organizations/57692.pdf.

4）　新華社通信，2010 年 9 月 21 日.

5）　同上.

6）　U.S. Department of State, "Remarks to the Press," Philip J. Crowley, assistant secretary, Bureau of Public Affairs, September 23, 2010, http://www.state.gov/r/pa/prs/ps/2010/09/147726.htm.

7）　尖閣問題での中国との緊張についての記者からの質問に対し，統合参謀本部のマイク・ミュレン提督は日本への支持を表明した. また，ロバート・ゲイツ国防長官は，アメリカは「同盟国としての責務を果たす」と公言した（U.S. Department of Defense, "DOD News Briefing with Secretary Gates and Adm. Mullen from the Pentagon," September 23, 2010, http://www.defense.gov/tran scripts.aspx ?transcriptid=4690）.

8）　『日本経済新聞』2010 年 9 月 24 日付.

9）　*New York Times*, September 23, 2010. 日米間の時差を考慮すると，大畠大臣の会見報道と『ニューヨーク・タイムズ』の論説は実質的に同時であった.

10）　『日本経済新聞』2010 年 9 月 19 日付.

11）　『日本経済新聞』2010 年 7 月 24 日付，『読売新聞』2011 年 1 月 5 日付.

12）　*China Daily*, October 19, 2010.

13）　『朝日新聞』2010 年 11 月 19 日付.

14) 経済産業省「大畠章宏経済産業大臣の記者会見」2010 年 12 月 7 日. 12 月末, 大畠は中国のレアアースの輸出の現状について「おおむね通常の扱いに戻っている」と述べている (『日本経済新聞』2010 年 12 月 24 日付).

15) 『日本経済新聞』2010 年 10 月 13 日付, 10 月 19 日付.

16) 外務省「前原誠司外務大臣の記者会見」2010 年 9 月 17 日.

17) 『日本経済新聞』2010 年 10 月 18 日付. この論評は, 国際通信社でも報じられた. "Maehara Calls China's Response to the Incident 'Hysterical,'" Agence France-Press, October 18, 2010.

18) *Japan Times*, October 22, 2010.

19) クリントン国務長官の発言の全文は, U.S. Department of State, "Joint Press Availability with Japanese Foreign Minister Seiji Maehara," October 27, 2010, http://www.state.gov/secretary/rm/2010/10/150110.htm.

20) Jeffrey A. Bader, "Japan: From LDP to DPJ Rule," in *Obama and China's Rise: An Insider's Account of America's Asia Strategy* (Washington, D.C.: Brookings Institution Press, 2012), 40–47.

21) 国土交通省『国土交通白書』平成 21 年版 (日経印刷 KK, 2010 年) 83 頁.

22) 海上保安庁と海上自衛隊の他, 水産庁には合計 41 隻の船舶 (31 隻の取締船と 2 隻の漁業調査船を含む) があり, 4 隻の取締船が尖閣, 宮古, 八重山諸島の付近に配備されている (水産庁パンフレット, 2012 年, 10 頁). 2010 年 11 月 5 日, 中国漁船事件を受けて水産庁の漁業取締船を 3 隻から 4 隻に増やしたことを末松義規内閣府副大臣が発表した (『読売新聞』2010 年 11 月 6 日付). この追加配備に関する農林水産省の発表は, 農林水産省のウェブサイトで見られる.「水産庁事務費のうち指導監督及び取締費 (拡充)」. また, 農林水産省の所管する水産総合研究センターも 10 隻の調査船を所有し, その一つである「陽光丸」が長崎湾外の東シナ海で操業している. 水産総合研究センターウェブサイト「東シナ海漁海況予報」(2013 年 10 月アクセス).

23) Sam Bateman, "Coast Guards: New Forces for Regional Order and Security," *Asia Pacific issues*, East-West Center, no. 65 (2003): 1–8.

24) 海上保安庁パンフレット (2012 年).

25) 海上保安庁「平成 26 年度海上保安庁関係予算概算要求概要」2013 年 8 月.

26) Richard J. Samuels, "New Fighting Power! Japan's Growing Maritime Capabilities and East Asian Security," *International Security* 32, no. 3 (2007–2008): 84–112.

27) 日本海での北朝鮮不審船への対応に加えて, 海上保安庁は, 係争中の領土周辺での韓国と中国の船の活動を制限しようと努めている. 2006 年, 竹島に日本は 550 トン級の調査船 2 隻を急派したが, 韓国政府がより大きな沿岸警備船で応じ, 海上

注（第6章） 267

保安庁は日本沿岸まで引き下がった．海上保安庁と韓国沿岸警備隊の協力にもかかわらず，この事件は日韓領土紛争が継続中であることを示している．同様に，尖閣諸島の周辺での中国の活動を海上保安庁は定期的に追跡しているが，中国政府は海上保安庁との合同警備訓練に消極的である．

28) 海上保安庁は詳細を公表していないが，「海上保安庁に属する日本周辺の 120 隻の大型巡視船のうち，40〜50 隻が尖閣諸島周辺地域に常時配備され，(2012 年) 9 月にそこに再配備されている」と指摘する意見がある (Yuka Hayashi, "Island Spat Tests Japan's Coast Guard," *Wall Street Journal*, December 12, 2012).

29) BBC, February 21, 2012.

30) 南西方面の防衛態勢強化の詳細は，防衛省『日本の防衛』平成 23 年版（防衛省，2011 年) 168 頁を参照．

31) 同上，230-31 頁．侵略を想定した日本の対応は 253-60 頁に詳しく描かれている．

32) 2011 年に発行された防衛省防衛研究所の『中国安全保障レポート』創刊号の序文には日本の懸念が明確に記されている．

中国はすでに世界第 2 位の経済規模を有し，日本を含む地域諸国の不可欠な経済パートナーとなっている一方で，強力な経済力を梃子に国防費を増加させながら，人民解放軍の近代化を進めてきた．しかし，透明性を担保しないままでの中国の軍事力の拡充と，人民解放軍による活動の拡大と活発化は，周辺国や関係国の懸念を惹起している（防衛省防衛研究所『中国安全保障レポート』防衛省防衛研究所，2011 年，iii 頁).

33) Richard Bush, *The Perils of Proximity: China-Japan Security Relations* (Washington, D.C.: Brookings Institution Press, 2009).

34) 最も生産が活発だった 2009 年に，中国は世界の生産量 13 万 2000 トンのうち，12 万 9000 トンを生産したが，輸出量はその 40〜50% だけだった．2009 年 8 月，中国工業情報化部は，2015 年までのレアアース開発計画を明らかにしたが，12 万トンから 15 万トンの生産量のうち，3 万 5000 トンを輸出量の上限と定めている (Damien Ma, "China Digs It: How Beijing Cornered the Rare Earths Market," April 25, 2012, ForeignAffairs.com, http://www.foreignaffairs.com/articles/137602/damien-ma/china-digs-it).

35) Wayne M. Morrison and Rachel Tang, *China's Rare Earth Industry and Export Regime: Economic and Trade Implications for the United States, Congressional Research Service Report*, April 30, 2012, http://www.fas.org/sgp/crs/row/R42510.pdf（2010 年の日本への毎月の輸出量は，p. 32 を参照).

36) この協議の要請は，WTO の紛争解決手続の第一段階である．中国のレアアース輸出制限に関する EU，アメリカ，日本による協議の要請（DS433）は，2012 年 3 月 13 日に行われた．これは，中国の「原材料輸出規制に関する措置」（DS394）に

ついての紛争解決パネルの形成に続くものであった. 日本は参加しなかったが, このパネルは「中国の輸出税は, 中国が加盟議定書で合意した誓約と矛盾するものと認定する. また本パネルはいくつかの原材料に中国が課した輸出割り当ても WTO のルールと矛盾するものと認定した」("DS394 Summary of Key Findings," July 5, 2011). 翌月, 中国はこの決定に不服を申し立てたが, 2012 年 1 月に敗訴した. つまり, レアアースの事案は, WTO によるこの裁定の直後に持ち上がったわけである.

37) 首相官邸「藤村修内閣官房長官記者会見」2012 年 3 月 14 日午前.

38) 外務省「日本国政府及び中華人民共和国政府による中国における日本の遺棄化学兵器の廃棄に関する覚書」1999 年 7 月 30 日.

39) 『日本経済新聞』2010 年 9 月 29 日付.

40) 『日本経済新聞』2011 年 10 月 9 日付.

41) 2012 年 5 月 15〜16 日に杭州で開かれた日中海洋協議の概要は, 外務省「日中高級事務レベル海洋協議第 1 回会議 (概要)」2012 年 5 月 16 日.

42) 『朝日新聞』2012 年 5 月 17 日付.

43) *China Daily*, September 22, 2010.

44) U.S. Department of State, "Remarks to the Press," Philip J. Crowley, September 23, 2010.

45) U.S. Department of Defense, "DOD News Briefing with Secretary Gates and Adm. Mullen from the Pentagon," September 23, 2010.

46) 参議院予算委員会, 2010 年 11 月 18 日, 国会会議録検索システム.

47) 国会審議で, 仙谷は「柳腰」という用語を用いて, 中国政府に対応する日本外交の課題について説明しようとした. 2010 年 10 月 12 日の衆議院予算委員会で, 石原伸晃自民党幹事長が菅内閣の危機対応を「弱腰」と論じた際, 仙谷は次のように発言した.

　　私どもは別に弱腰だとは思っておりません. つまり, 皆さん方が弱腰だ, 弱腰だ, こうおっしゃるけれども, 柳腰というしたたかで強い腰の入れ方もある, こういうふうに私は思っているわけであります. とりわけ, あらゆることを想定しながら, 大国として台頭しつつある中国と戦略的な互恵関係という関係の中身を豊富化しつつ, これはつき合っていかざるを得ない関係でありますから, どういう折り合いをつけるのか, どう大国としての責任を持っていただいて, 国際的なコモンセンスの輪の中に入ってきていただけるのか, このことが我々の課題だ, そのためにしなやかに, したたかに中国に対応していく, こういうことだろうと思っております (衆議院予算委員会, 2010 年 10 月 12 日, 国会会議録検索システム).

48) 船長の不起訴処分は 2011 年 1 月 21 日に決まった. 同日, 東京地検は海上保安庁

ビデオを流出させた一色正春を起訴猶予処分とした（『読売新聞』2011年1月22日付）.

49) 2012年3月15日，那覇地裁が検察官役に指定した指定弁護士によって，中国人船長は強制起訴された．続いて3月28日に，法務省は中国司法部に対し，日中刑事共助条約に基づき，日本の告訴を詹其雄に送達するよう依頼した．だが，5月15日，中国司法部は協力を拒否する．刑事訴訟法に定めのある2ヶ月が過ぎ，5月17日，公訴棄却となった（『毎日新聞』2012年5月18日付）.

50) 北朝鮮船を最終的に沈めたのは「いなさ」だが，最初に応戦したのは巡視船「あまみ」であった．この事件で，「いなさ」，「あまみ」，「きりしま」の3隻の巡視船が損傷した（『日本経済新聞』2001年12月23日付）.

51) *Telegraph*, December 24, 2001.

52) 『毎日新聞』2002年9月11日付.

53) 著者とのインタビュー，2012年7月27日．この共同対処マニュアルは，海上自衛隊と海上保安庁の情報共有の手順や，両組織の役割分担の要点を示している.

54) 中国の海軍力増強に関する分析は，Lyle J. Goldstein, *Five Dragons Stirring Up the Sea: Challenge and Opportunity in China's Improving Maritime Enforcement Capabilities*, China Maritime Studies Institute, no. 5 (Newport: Naval War College, 2010).

55) 著者とのインタビュー，2011年7月27日．首相官邸と民主党本部を訪問後の中山義隆石垣市長の発言（『日本経済新聞』2010年10月4日付）と，仲井真弘多沖縄県知事の記者会見（沖縄県庁「発表事項」2010年10月15日）を参照．2011年6月10日，中山市長は菅直人首相に要望書を提出した．この要望書は，1945年に180名の市民を乗せて石垣から台湾に向かっていた疎開船が米軍の攻撃を受けた事件の犠牲者を追悼するために，尖閣諸島へ上陸する許可を求めたものだった．なお，この疎開船は魚釣島に漂着し，餓死者も出ることになった．中山の要望書は石垣市役所のウェブサイトで入手可能である．石垣市役所ウェブサイト，2011年6月10日.

56) 『朝日新聞』2010年12月18日付.

57) 「日本会議」ウェブサイト（2013年10月アクセス）．全都道府県に支部を持つ日本会議のウェブサイトには，憲法改正の促進，拉致問題の解決，教育改革と「公正な」歴史教科書の創造，靖国参拝（代替追悼施設への反対），皇室の伝統の保護（女系天皇への反対）などの保守的な目標が掲げられている．2011年6月18日には，「尖閣諸島を守る集い」を開いた．この日は，沖縄返還協定調印40周年の日の翌日である．かつては地元の住民でさえ，尖閣ナショナリズムにあまり乗り気でなかったものの，中国漁船事件とその後の論争を経て，この集会には500名余りが参加した．人口約4万8000人の小さな石垣市ではかなりの出席者数であった.

注（第6章）

58）『産経新聞』2010 年 10 月 17 日付.

59）「チャンネル桜」で知られる「日本文化チャンネル桜」は日本のテレビ番組制作会社であり，より強固な日本防衛と，日本史の修正主義的解釈を方針に掲げている.2004 年に水島聡によって創設され，YouTube の 3 万件の動画は 5000 万人以上に視聴されている（2012 年 8 月段階）.このチャンネルは，様々なナショナリストの学者や評論家を出演させることで知られ，戦前日本の帝国主義を肯定し，過去の戦争犯罪を否定し，「純粋」な日本文化像を作り出すために反韓国論と反中国論を信奉している.かつて水島が監督を務めた映画『南京の真実』（2008 年）は，1937 年の南京大虐殺を虚構として描き，石原慎太郎都知事らが賛同者に名を連ねた.南京大虐殺での日本陸軍の残虐性を描いたアメリカのドキュメント Nanking（2007年）に対抗して作られたと，水島は語っている.詳細は「チャンネル桜」ウェブサイトを参照（2013 年 10 月最終アクセス）.

60）海上保安庁を辞職した一色正春は，尖閣問題での日本政府の対応に疑問を抱き，中国人船長が起訴されるべきだと考えていたと，自らの行動を語る中で明かしている.YouTube のユーザー名を sengoku38 とした理由を述べる章を読めば，公務員倫理と，菅内閣への個人的反感との間で，彼が悩んだ心境がわかる.当時の内閣官房長官の仙谷由人が彼の侮蔑の対象だったのは言うまでもない.『何かのためにsengoku38 の告白』（朝日新聞出版，2011 年）.

61）Ishihara Shintaro, "The U.S.-Japan Alliance and the Debate over Japan's Role in Asia" (Speech presented at the Heritage Foundation, Washington, D.C., April 16, 2012), http://www.heritage.org/events/2012/04/shintaro-ishihara#watch.

62）石原都知事によるまとまった論述としては，石原慎太郎「尖閣諸島という国難」『文藝春秋』2012 年 7 月号，148–56 頁.

63）首相官邸「藤村修内閣官房長官の記者会見」2012 年 4 月 17 日.

64）東京都「尖閣諸島寄付金の現状について」2012 年 9 月 13 日.2 億円以上の予算の使用と，2 万㎡以上の土地の購入には，東京都議会の承認が必要であり，東京都知事には，尖閣購入のために東京都の費用を充てる十分な権限がなかった.それゆえに，計画への賛同者から寄付金を募ったのである（Japan Times, May 3, 2012）.

65）起訴せずに船長を釈放した際，鈴木亨那覇地検次席検事は，「我が国国民への影響と今後の日中関係を考慮すると，それ以上身柄を拘束して捜査を継続することは相当でないと判断した」と述べた（NHK，2010 年 9 月 24 日）.

66）田母神俊雄「日本は侵略国家であったのか」アパグループ，2008 年 10 月 31 日.

67）『読売新聞』2010 年 11 月 14 日付.

68）東日本大震災後の中国の支援に関しては，外務省「日中首脳会談（概要）」2011年 5 月 22 日.

注（第6章）　271

69) 外務省「中国四川省における大地震に対する国際緊急援助隊救助チームの派遣について」2008年5月16日．また，"In Departure, China Invites Outside Help," *New York Times*, May 16, 2008 も参照．

70) 外務省「日中首脳会談（概要）」2011年12月25日．

71) 岩並秀一海上保安庁警備救難部警備課長（当時）と，池上浩之警備課長補佐（当時）とのインタビュー，2012年7月27日．

72) 参議院「海上保安庁法及び領海等における外国船舶の航行に関する法律の一部を改正する法律案」2012年9月5日．

73) アイアンフィスト2012の期間中，アメリカ海兵隊第13海兵遠征隊との合同訓練のためにキャンプ・ペンドルトンを訪れた陸上自衛隊の西部方面普通科連隊は，地元で歓迎された．これは，アメリカ海兵隊と陸上自衛隊による7回目のアイアンフィスト演習であった（"Marines to Train with Japanese Ground Self-Defense Force at Camp Pendleton," *Village News*, January 3, 2012）．アメリカ海兵隊とアメリカ海軍は定期的に合同訓練を実施して，沖縄駐屯の第31海兵遠征部隊（MEU）や第七艦隊の担当海域で任務を行っている．沖縄の第七艦隊揚陸部隊司令部に所属するボノム・リシャール両用即応グループの一部である強襲揚陸艦ボノム・リシャールもここには含まれている．2012年8月22日の沖縄での米海兵隊と米海軍の合同演習については，U.S. Navy, "Bonhomme Richard ARG Embarks 31st Marine Expeditionary Unit," August 22, 2012, http://www.navy.mil/submit/display.asp?story_id=69145.

74) 『朝日新聞』2012年9月23日付は，この年の4月からグアムでの演習が計画されていたと報じている．

75) 自由民主党「日本の再起のための政策」2012年5月31日．

76) 2010年末からの抗議活動などのリストは，「頑張れ日本」ウェブサイト「活動報告　平成22年後期」（2013年10月アクセス）を参照．

77) 『産経新聞』2010年10月17日付．

78) 『朝日新聞』2010年11月7日付．

79) 『日本経済新聞』2010年11月14日付，11月21日付．「頑張れ日本」によれば，抗議活動は12月も続き，12月1日には国会と首相官邸前に2000人が集まり，12月18日には渋谷に4000名が集結した．だが，これらは報道されておらず，正確な人数を確認できない．

80) *Japan Times*, August 16, 2012.

81) *Japan Times*, August 18, 2012.

82) *Japan Times*, August 28, 2012.

83) 夏に進んだ購入交渉は，価格と時期の設定だけが未確定だった．また，公にされていないが，日本人運動家が尖閣に泳いで上陸した事件が複数回，発生している．

しかし，この中国人運動家の上陸事件を受けて，島の断崖に日本国旗を掲げて2人の日本人が逮捕された事件が起きた（小瀬達之内閣官房内閣参事官（内閣官房副長官補付，当時）とのインタビュー，2012年7月27日）.

84) 『朝日新聞』2012年8月25日付.

85) 春原剛『暗闘——尖閣国有化』.

86) 東京都「東京都尖閣諸島現地調査報告書」2012年10月.

87) 首相官邸「藤村修内閣官房長官の記者会見」2012年9月10日.

88) 首相官邸「藤村修内閣官房長官の記者会見」2012年9月11日.

89) この情報は，2012年9月から11月の『朝日新聞』，『日本経済新聞』，『読売新聞』の記事をまとめたものである.

90) 『朝日新聞』2012年12月14日付.

91) たとえば，1月10日に中国空軍機を含む複数の航空機が尖閣諸島北部における日本の防空識別圏内を飛行し，航空自衛隊がF15戦闘機にスクランブルをかけた.中国空軍の航空機は尖閣から100km近くまで接近したものの，日本領空に侵入しなかった（『朝日新聞』2013年1月11日付）.

92) スクランブル数の急増は，日本政府の尖閣購入と時期が一致している.航空自衛隊の戦闘機は，2012年の10月から12月にかけて91回，1月から3月には146回（合計で237回），スクランブルしている（『朝日新聞』2013年4月18日付）.

93) 防衛省「大臣臨時会見概要」2013年2月5日.

94) NHKニュース，2013年2月6日.

95) *China Daily*, February 8, 2013.

96) U.S. Department of State, "Remarks with Japanese Foreign Minister Fumio Kishida After Their Meeting," January 18, 2013, https://2009-2017.state.gov/secretary/20092013clinton/rm/2013/01/203050.htm.

97) U.S. Department of State, "Joint Press Availability with Japanese Foreign Minister Kishida After Their Meeting," April 14, 2013, https://2009-2017.state.gov/secretary/remarks/2013/04/207483.htm.

98) 首相官邸「第183回国会における安倍内閣総理大臣施政方針演説」2013年2月28日.

99) 首相官邸「日本は戻ってきました（CSISでの政策スピーチ）」2013年2月22日.

100) 「習総書記　安倍首相との首脳会談を検討」『朝日新聞』2013年1月25日付."Japan Envoy Meets Chinese Leader Amid Islands Dispute," BBC, January 25, 2013. "Japan Gives Letters to China's Xi in Island Dispute," Associated Press, January 25, 2013.

101) 『朝日新聞』2013年4月8日付.

102) 『読売新聞』2013年4月18日付.

103) "Statement on Establishing the East China Sea Air Defense Identification Zone," *China Daily*, November 23, 2013, http://usa.chinadaily.com.cn/china/2013-11/23/content_17126579.htm.

104) 外務省「中国国防部による『東シナ海防空識別区』の発表について（外務大臣談話）」2013年11月24日.

105) U.S. Department of Defense, "Hagel Issues Statement on East China Sea Air Defense Identification Zone," November 24, 2013, http://www.defense.gov/news/newsarticle.aspx?id=121223.

106) 日本政府が尖閣諸島を購入した後にも，東京都の尖閣基金には寄付が続いた．2013年1月31日に受付を終了し，合計で10万3000件，14億8500万円が集まった．東京都「尖閣基金の現状について」2013年1月31日.

107) 2012年7月11〜12日，玄葉光一郎外務大臣と佐々江賢一郎外務次官が程永華駐日大使に何度も抗議したにもかかわらず，3隻の漁業監視船が尖閣周辺水域にくり返し侵入した.

結　論

1) 日本の対中直接投資の総計は，財務省ウェブサイト「対外・対内直接投資の推移」．中国での新規投資については，People's Republic of China, "Foreign Investment, 2009–2012," http://english.mofcom.gov.cn/article/statistic/foreigninvestment/.

参考文献

青木健「中国の台頭と日米貿易構造の変化」『国際経済』57 号（2006 年）109-48 頁.

浅野亮「中国の対外政策　『中国の台頭』・中国イメージ・安全保障」『海外事情』56 巻
　2 号（2008 年）17-34 頁.

阿南惟茂「アジア調査会講演会　中国の台頭と日本の対応」『アジア時報』38 巻 1・2
　号（2007 年）4-25 頁.

天児慧「台頭する中国をどう読むか」（渥美すが子訳）『問題と研究』36 巻 5 号（2007
　年）115-28 頁.

──『中国・アジア・日本　大国化する「巨竜」は脅威か』筑摩書房，2006 年.

伊藤元重・財務省財務総合政策研究所編『日中関係の経済分析──空洞化論・中国脅威
　論の誤解』東洋経済新報社，2003 年.

上村幸治「第 19 回アジア太平洋賞記念講演会　超巨大国家中国の台頭と迷走が意味す
　るもの」『アジア時報』434 巻（2008 年）4-25 頁.

大嶽秀夫『小泉純一郎ポピュリズムの研究──その戦略と手法』東洋経済新報社，2006
　年.

大西康雄『中国・ASEAN 経済関係の新展開──相互投資と FTA の時代へ』独立行政
　法人日本貿易振興機構アジア経済研究所，2006 年.

王敏『転換期日中関係論の最前線──中国トップリーダーの視点（日中新時代をひら
　く）』三和書籍，2011 年.

岡部達味『日中関係の過去と将来──誤解を超えて』岩波書店，2006 年.

──『中国の対外戦略』東京大学出版会，2002 年.

──『中国をめぐる国際環境』岩波書店，2001 年.

岡本信広『中国経済の勃興とアジアの産業再編』日本貿易振興機構アジア経済研究所，
　2007 年.

小川英治・財務省財務総合政策研究所編『中国の台頭と東アジアの金融市場』日本評論
　社，2006 年.

加藤浩三「ドル体制とアジア太平洋地域相互依存（〈特集〉政治分析のフロンティアと
　現代日本の政治変動）」『社會科學研究』54 巻 2 号（2003 年）101-26 頁.

門倉貴史『BRICs──新興する大国と日本』平凡社，2006 年.

──『図説　BRICs 経済──台頭するブラジル，ロシア，インド，中国のすべて』日
　本経済新聞社，2005 年.

茅原郁生「中国の軍事的台頭と連動する二つの問題（特集　中国を蝕む解放軍の実像）」

『中央公論』120 巻 12 号（2005 年）96-103 頁.

関志雄「中国の台頭とアジア経済——明暗を分ける中国との補完性と競合性（特集　中国——経済大国への道）」『経済セミナー』605 号（2005 年）18-21 頁.

——「平和台頭を目指す中国——グローバル経済大国への戦略と課題」『国際問題』540 号（2005 年）58-69 頁.

——「中国の台頭と日本」『日経研月報』297 号（2003 年）2-13 頁.

——「世界情勢セミナー　中国の台頭と日本」『世界経済時報』131 号（2003 年）1-24 頁.

関志雄・朱建栄編『中国の経済大論争』勁草書房，2008 年.

カンプハウゼン，ロイ，マイケル・マハラック，小島朋之「特報　講演・討論会『中国の台頭と日米安全保障への影響』」『アジア時報』36 巻 10 号（2005 年）22-49 頁.

貴志俊彦・谷垣真理子・深町英夫『模索する近代日中関係　対話と競存の時代』東京大学出版会，2009 年.

黒田篤郎「中国産業の台頭とアジア・日本」『学士会会報』840 号（2003 年）22-42 頁.

黄文雄『つけあがるな中国人　うろたえるな日本人——「21 世紀」日中文明の衝突』徳間書店，2006 年.

国分良成『中国は，いま』岩波書店，2011 年.

国分良成・添谷芳秀・高原明生・川島真『日中関係史』有斐閣，2013 年.

小島朋之『富強大国の中国——江沢民から胡錦濤へ』芦書房，2003 年.

——『中国の政治社会　富強大国への模索』芦書房，2000 年.

此本臣吾『2015 年の中国——胡錦濤政権は何を目指すのか』東洋経済新報社，2008 年.

近藤大介『日本よ中国と同盟せよ！——2020 年，日中同盟が世界を変える』光文社，2006 年.

斎藤道彦『日中関係史の諸問題』中央大学出版部，2009 年.

佐藤東洋士・李恩民編『東アジア共同体の可能性——日中関係の再検討』御茶の水書房，2006 年.

清水美和『「人民中国」の終焉——共産党を呑みこむ「新富人」の台頭』講談社，2006 年.

——『中国はなぜ「反日」になったか』文藝春秋，2003 年.

周牧之『中国経済論——高度成長のメカニズムと課題』日本経済評論社，2007 年.

沈海濤『日中関係進化への新しい試み——「環境協力」をキーワードに』日本僑報社，2004 年.

神保謙・阪田恭代・佐橋亮・高橋杉雄・増田雅之・湯澤武『日本の対中安全保障戦略　パワーシフト時代の「統合」・「バランス」・「抑止」の追求』東京財団，2011 年.

杉山徹宗『軍事帝国中国の最終目的——そのとき，日本は，アメリカは…』祥伝社，2005 年.

参考文献

鈴木重郎・古川万太郎・酒井誠編『日中友好運動五十年』東方書店，2000 年.

春原剛『暗闘――尖閣国有化』新潮社，2013 年.

関山健『日中の経済関係はこう変わった――対中国円借款 30 年の軌跡』高文研，2008 年.

孫根志華「中国経済の台頭と『中国脅威論』」『政経論叢』71 巻 3-4 号（2003 年）517-48 頁.

高木直人『転換期の中国東北経済――拡大する対日経済交流』九州大学出版会，1997 年.

高原明生「日中関係の課題と展望」『外交』創刊号（2010 年）68-75 頁.

張香山『日中関係の管見と見証――国交正常化 30 年の歩み』（鈴木英司訳）三和書籍，2002 年.

趙全勝『日中関係と日本の政治』（杜進・栃内精子訳）岩波書店，1999 年.

陳文鴻「中国の台頭と東アジア産業の分業構造の変化の傾向（東アジア経済の統合・連携の進展を踏まえた未来像）―（第 1 章　東アジアの経済統合）」『NIRA 政策研究』17 巻 5 号（2004 年）24-28 頁.

津上俊哉「中国台頭――日本は何をなすべきか」『経済産業ジャーナル』383 巻（2003 年）42-45 頁.

永沢道雄『なぜこれほど歴史認識が違うのか――日中関係の光と影』光人社，2006 年.

中西輝政『帝国としての中国――覇権の論理と現実』東洋経済新報社，2004 年.

日中友好協会編『日中友好運動五十年』東方書店，2000 年.

日本経済研究センター・清華大学国情研究センター編『中国の経済構造改革――持続可能な成長を目指して』日本経済新聞社，2006 年.

日本輸入食品安全推進協会編『Q&A 食品輸入ハンドブック――食品を安全に輸入するために　新訂』中央法規出版，2007 年.

久野勝邦『中国人と日本人――グローバル環境への対応』早稲田出版，2011 年.

平松茂雄『中国は日本を併合する』講談社インターナショナル，2006 年.

樋渡由美「『中国の台頭』と同盟理論（〈特集〉政治分析のフロンティアと現代日本の政治変動）」『社會科學研究』54 巻 2 号（2003 年）77-100 頁.

馮青『中国海軍と近代日中関係』錦正社，2011 年.

船橋洋一「協調政策の模索の背景を読む　中国は自らに『緊箍呪』をかけることができるか（特集　中国，平和的台頭の実像）」『中央公論』119 巻 8 号（2004 年）104-14 頁.

保阪正康『昭和史の大河を往く 1――「靖国」という悩み』中央公論新社，2013 年.

――『昭和史　七つの謎』講談社，2003 年.

毎日新聞「靖国」取材班『靖国戦後秘史――A 級戦犯を合祀した男』毎日新聞社，2007 年.

牧野松代『開発途上大国中国の地域開発——経済成長・地域格差・貧困』大学教育出版, 2001年.

増田雅之「中国の台頭と日中安全保障関係——日中防衛交流のロードマップ」『東亜』483号（2007年）76-85頁.

松平永芳「誰が御霊を汚したのか——『靖国』奉仕14年の無念」『諸君！』1992年12月号, 162-71頁.

丸川知雄『「中国なし」で生活できるか——貿易から読み解く日中関係の真実』PHP研究所, 2009年.

水谷尚子『「反日」以前——中国対日工作者たちの回想』文藝春秋社, 2006年.

宮本雄二『これから, 中国とどう付き合うか』日本経済新聞社, 2011年.

宗像直子編『日中関係の転機——東アジア経済統合への挑戦』東洋経済新報社, 2001年.

毛里和子『日中関係——戦後から新時代へ』岩波書店, 2006年.

——編『現代中国の構造変動1——大国中国への視座』東京大学出版会, 2000年.

毛里和子・張蘊嶺編『日中関係をどう構築するか——アジアの共生と協力を目指して』岩波書店, 2004年.

吉岡桂子『愛国経済——中国の全球化』朝日新聞出版, 2008年.

読売新聞政治部『外交を喧嘩にした男——小泉外交2000日の真実』新潮社, 2006年.

読売新聞中国取材団『膨張中国——新ナショナリズムと歪んだ成長』中央公論新社, 2006年.

林建良『日本よ, こんな中国とつきあえるか？——台湾人医師の直言』並木書房, 2006年.

若宮啓文『戦後保守のアジア観』朝日新聞社, 1995年.

Abramowitz, Morton, Yoichi Funabashi, and Jisi Wang. *China-Japan-U.S. Relations: Meeting New Challenges.* Japan Center for International Exchange, 2002.

Akiyama, Masahiro. "Use of Seas and Management of Ocean Space: Analysis of the Policymaking Process for Creating the Basic Ocean Law." *Ocean Policy Studies* 5 (2007): 1-29.

Bedeski, Robert E. *The Fragile Entente: The 1978 Japan-China Peace Treaty in a Global Context,* Boulder: Westview Press, 1983.

Brown, David G. "Chinese Economic Leverage in Sino-Japanese Relations." *Asian Survey* 12, no. 9 (1972): 753-71.

Calder, Kent E. "China and Japan's Simmering Rivalry." *Foreign Affairs* 85, no. 2 (2006): 129-39.

Cathcart, Adam, and Patricia Nash. "War Criminals and the Road to Sino-Japanese Normalization: Zhou Enlai and the Shenyang Trials." *Twentieth Century China* 34, no. 2 (2008): 89–111.

Chambers, Michael R. "Rising China: The Search for Power and Plenty." In *Strategic Asia 2006–07: Trade Interdependence, and Security*, 65–103, edited by Ashley J. Tellis and Michael Wills. National Bureau of Asian Research, 2006.

Chen, Li. *China's Changing Political Landscape: Prospects for Democracy*. Washington, D.C.: Brookings Institution Press, 2008.

Cheng, Joseph Y. S. "Sino-Japanese Relations in the Twenty-First Century." *Journal of Contemporary Asia* 2 (2003): 251–73.

———. "Sino-Japanese Relations, 1957–60." *Asian Affairs* 8, no. 1 (1977): 70–84.

Dadwal, Shebonti Ray. "The Sino-Japanese Rare Earths Row: Will China's Loss Be India's Gain?" *Strategic Analysis* 35, no. 2 (2011): 181–85.

Deans, Phil. "Contending Nationalisms and the Diaoyutai/Senkaku Dispute." *Security Dialogue* 31, no. 1 (2000): 119–31.

Drifte, Reinhard. "Territorial Conflicts in the East China Sea: From Missed Opportunities to Negotiations Stalemate (1)." *Japan Focus*, June 1, 2009.

———. "From 'Sea of Confrontation' to 'Sea of Peace, Cooperation, and Friendship'? Japan Facing China in the East China Sea." *Journal of Current Chinese Affairs* 16, no. 3 (2008): 27–51.

———. "Japanese-Chinese Territorial Disputes in the East China Sea: Between Military Confrontation and Economic Cooperation." *Asia Research Centre Working Paper*. London School of Economics and Political Science, 2008.

Eto, Shinkichi. "Recent Developments in Sino-Japanese Relations." *Asian Survey* 20, no. 7 (1980): 726–43.

Fishman, Ted C. *China, Inc.: How the Rise of the Next Superpower Challenges America and the World*. New York: Scribner, 2006.

Fravel, Taylor M. "Power Shifts and Escalation: Explaining China's Use of Force in Territorial Disputes." *International Security* 32, no. 3 (2007–2008): 44–83.

Gifford, Rob. *China Road: A Journey into the Future of a Rising Power*. New York: Random House, 2007.

Gill, Bates, and Yanzhong Huang. "Sources and Limits of Chinese 'Soft Power.'" *Survival* 48, no. 2 (2006): 17–36.

Gries, Peter Hays. "Nationalism, Indignation, and China's Japan Policy." *SAIS Review* 25, no. 2 (2005): 105–14.

Hagström, Linus. *Japan's China Policy: A Relational Power Analysis*. Abington: Routledge, 2005.

——. "Quit Power: Japan's China Policy in Regard to the Pinnacle Islands." *Pacific Review* 18, no. 2 (2005): 159–88.

Hellman, Donald C. "Japan's Relations with Communist China." *Asian Survey* 4, no. 10 (1964): 1085–92.

Hills, Carla A., and Dennis C. Blair. *U.S.-China Relations–An Affirmative Agenda, a Responsible Course.* Task Force Report no. 59. New York: Council on Foreign Relations Press, 2007.

Hsiao, Gene. T. "Prospects for a New Sino-Japanese Relationship." *China Quarterly* 60 (1974): 720–49.

——. "The Sino-Japanese Rapprochement: A Relationship of Ambivalence." *China Quarterly* 57 (1974): 101–23.

Hsiung, James C., ed. *China and Japan at Odds: Deciphering the Perpetual Conflict.* New York: Palgrave Macmillan, 2007.

——. "Sea Power, the Law of the Sea, and the Sino-Japanese East China Sea 'Resource War.'" *American Foreign Policy Interests* 27, no. 6 (2006): 513–29.

Hughes, Christopher W. "The Slow Death of Japanese Techno-Nationalism? Emerging Comparative Lessons for China's Defense Production." *Journal of Strategic Studies* 34, no. 3 (2011): 451–79.

Hughes, Christopher R. "Japan in the Politics of Chinese Leadership Legitimacy: Recent Developments in Historical Perspective." *Japan Forum* 20, no. 2 (2008): 245–66.

Ijiri, Hidenori. "Sino-Japanese Controversy Since the 1972 Diplomatic Normalization." *China Quarterly*, no. 124 (1990): 639–61.

Ikenberry, G. John, "The Rise of China and the Future of the West: Can the Liberal System Survive?" *Foreign Affairs* 87, no. 1 (2008): 23–37.

—— ed. *America Unrivaled: The Future of the Balance of Power.* Ithaca: Cornell University Press, 2002.

Iriye, Akira. *China and Japan in the Global Setting.* Cambridge: Harvard University Press, 1992.

Ishikawa, Shigeru. "Sino-Japanese Economic Co-operation." *China Quarterly*, no. 109 (1987): 1–21.

Jansen, Marius B. *Japan and China: From War to Peace, 1894–1972.* Chicago: Rand McNally, 1975.

Ji, Guoxing. "The Legality of the 'Impeccable Incident.'" *China Security* 5, no. 2 (2009): 16–21.

Johnstone, Christopher B. "Japan's China Policy: Implications for U.S.-Japan Re-

参考文献

lations." *Asian Survey* 38, no. 11 (1998): 1071–78.

Kim, Hong N. "Sino-Japanese Relations in the Post-Mao Era." *Asian Affairs* 7, no. 3 (1980): 161–81.

———. "The Fukuda Government and the Politics of the Sino-Japanese Peace Treaty." *Asian Survey* 19, no. 3 (1979): 297–313.

———. "The Tanaka Government and the Politics of the Sino-Japanese Civil Aviation Pact, 1972–74." *World Affairs* 137, no. 4 (1975): 286–302.

Kleine-Ahlbrandt, Stephanie. "China's New Dictatorship Diplomacy." *Foreign Affairs* 87, no. 1 (2008): 38–56.

Kojima Tomoyuki. "Sino-Japanese Relations: A Japanese Perspective." *Asia-Pacific Review* 3, no. 1 (1996): 73–105.

Koo, Min Gyo. "The Senkaku/Diaoyu Dispute and Sino-Japanese Political-Economic Relations: Cold Politics and Hot Economics?" *Pacific Review* 22, no. 2 (2009): 205–32.

Lampton, David M. "The Faces of Chinese Power." *Foreign Affairs* 86, no. 1 (2007): 115–27.

Lee, Chae-jin. "The Politics of Sino-Japanese Trade Relations, 1963–68." *Pacific Affairs* 42, no. 2 (1969): 129–44.

Lee, Wei-chin. "Troubles Under the Water: Sino-Japanese Conflict of Sovereignty on the Continental Shelf in the East China Sea." *Ocean Development & International Law* 18, no. 5 (1987): 585–611.

Lee, Yong Wook. *The Japanese Challenge to the American Neoliberal World Order: Identity, Meaning, and Foreign Policy*. Stanford: Stanford University Press, 2008.

Liao, Xuanli. "The Petroleum Factor in Sino-Japanese Relations: Beyond Energy Cooperation." *International Relations of the Asia Pacific* 7, no. 1 (2007): 23–46.

Lieberthal, Kenneth. "How Domestic Forces Shape the PRC's Grand Strategy & International Impact." In *Strategic Asia 2007–08: Domestic Political Change and Grand Strategy*, edited by Ashley J. Tellis and Michael Wills, 29–66. Seattle: National Bureau of Asian Research, 2007.

Lum, Thomas, and Dick K. Nanto. *China's Trade with United States and the World. Congress Research Service Report*, Washington, D.C.: Government Printing Office, 2007.

Manicom, James. "Sion-Japanese Cooperation in the East China Sea: Limitations and Prospects." *Contemporary Southeast Asia: A Journal of International and Strategic Affairs* 30, no. 3 (2008): 455–78.

Mann, James. *The China Fantasy*. New York: Viking, 2007.

Mastro, Oriana Skylar. "Signaling and Military Provocation in Chinese National Security Strategy: A Closer Look at the Impeccable Incident." *Journal of Strategic Studies* 34, no. 2 (2011): 219-44.

McVadon, Eric A. "The Reckless and the Resolute: Confrontation in the South China Sea." *China Security* 5, no. 2 (2009): 1-15.

Medeiros, Evan, et al. *Pacific Currents: The Responses of U.S. Allies and Security Partners in East Asia to China's Rise*. Santa Monica: RAND, 2008.

Mendl, Wolf. *Issues in Japan's China Policy*. New York: Palgrave Macmillan, 1978.

Mitcham, Chad J. *China's Economic Relations with the West and Japan, 1949-79*. London: Routledge, 2005.

Mong Cheung. "Political Survival and the Yasukuni Controversy in Sino-Japanese Relations." *Pacific Review* 23, no. 4 (2010): 527-48.

Morino, Tomozō. "China-Japan Trade and Investment Relations." *Proceedings of the Academy of Political Science* 38, no. 2 (1991): 87-94.

Morrison, Wayne M. *China-U.S. Trade Issues*. Congressional Research Service Report, Washington, D.C.: Government Printing Office, 2007.

Naughton, Barry. *The Chinese Economy: Transitions and Growth*. Cambridge: MIT Press, 2007.

Odom, Jonathan G. "The True 'Lies' of the Impeccable Incident: What Really Happened, Who Disregarded International Law, and Why Every Nation (Outside of China) Should Be Concerned." *Michigan State Journal of International Law* 18, no. 3 (2010): 411-52.

Ōkita, Saburō. "Japan, China, and the United States: Economic Relations and Prospects." *Foreign Affairs* 57, no. 5 (1979): 1090-1110.

Pan, Zhongqi. "Sino-Japanese Dispute over the Diaoyu/Senkaku Islands: The Pending Controversy from the Chinese Perspective." *Journal of Chinese Political Science* 12, no. 1 (2007): 71-92.

Pedrozo, Raul. "Close Encounters at Sea: The USNS Impeccable Incident." *Naval War College Review* 62, no. 3 (2009): 102-11.

Peng Er Lam. *Japan's Relations with China: Facing a Rising Power*. Abingdon: The Sheffield Center for Japanese Studies/Routledge Series, 2009.

Pollack, Jonathan D. "The Sino-Japanese Relationship and East Asian Security: Patterns and Implications." *China Quarterly*, no. 124 (1990): 714-29.

Rahman, Chris, and Martin Tsamenyi. "A Strategic Perspective on Security and Naval Issues in the South China Sea." *Ocean Development and International Law*

41, no. 4 (2010): 315–33.

Rose, Caroline. "Managing China: Risk and Risk Management in Japan's China Policy." *Japan Forum* 22, nos. 1–2 (2010): 149–68.

———. "Patriotism Is Not Taboo: Nationalism in China and Japan and Its Implications for Sino-Japanese Relations." *Japan Forum* 12, no. 2 (2000): 169–81.

Roy, Denny. "The Sources and Limits of Sino-Japanese Tensions." *Survival* 47, no. 2 (2005): 191–214.

———. "Stirring Samurai, Disapproving Dragon: Japan's Growing Security Activity and Sino-Japan Relations." *Asian Affairs* 31, no. 2 (2004): 86–101.

———. "China's Reaction to American Predominance." *Survival* 45, no. 3 (2003): 57–58.

Samuels, Richard J. *3.11: Disaster and Change in Japan.* Ithaca: Cornell University Press, 2013.

Scissors, Derek. "Deng Undone." *Foreign Affairs* 88, no. 3 (2009): 24–39.

Shambaugh, David. "China Engages Asia: Reshaping the Regional Order." *International Security* 29, no. 3 (2004–2005): 64–99.

Shinoda Tomohito. *Koizumi Diplomacy: Japan's Kantei Approach to Foreign and Defense Affairs.* Seattle: University of Washington Press, 2007.

Shirk, Susan L. *China: Fragile Superpower: How China's Internal Politics Could Derail Its Peaceful Rise.* Oxford: Oxford University Press, 2007.

Smith, Paul J. "China-Japan Relations and the Future Geopolitics of East Asia." *Asian Affairs* 35, no. 2 (2009): 230–56.

Still, Ellen M. "The Sino-Japanese Treaty: Will It Ever Be Ratified?" *Asian Affairs* 3, no. 4 (1976): 247–53.

Sutter, Robert G. *China's Rise in Asia: Promises and Perils.* Blue Ridge Summit: Rowman & Littlefield, 2005.

———. "China and Japan: Trouble Ahead?" *Washington Quarterly* 25, no. 4 (2002): 37–49.

Swaine, Michael D. *America's Challenge: Engaging a Rising China in the Twenty-First Century.* Washington, D.C.: Carnegie Endowment for International Peace, 2011.

Takahara, Akio. *Issues and Future Prospects for Japan-China Relations.* Tokyo: Tokyo Foundation, April 2011.

———. "Japan's Political Response to the Rise of China." In *The Rise of China and a Changing East Asian Order,* edited by Jisi Wang and Ryosei Kokubun, 48–71. Tokyo: Japan Center for International Exchange, 2004.

Tow, William T. "Sino-Japanese Security Cooperation: Evolution and Prospects." *Pacific Affairs* 56, no. 1 (1983): 51–83.

Tretiak, Daniel. "The Sino-Japanese Treaty of 1978: The Senkaku Incident Prelude." *Asian Survey* 18, no. 12 (1978): 1235–49.

Tsuchiya, Masaya. "Recent Developments in Sino-Japanese Trade." *Law and Contemporary Problems* 38, no. 2 (1973): 240–48.

Valencia, Mark J. "The Impeccable Incident: Truth and Consequences." *China Security* 5, no. 2 (2009): 22–28.

——. "The East China Sea Dispute: Context, Claims, Issues, and Possible Solutions." *Asia Perspective* 31, no. 1 (2007): 127–67.

Walt, Stephen M. *The Origins of Alliances.* Ithaca: Cornell University Press, 1987.

Wan, Ming. "Sino-Japanese Relations Adrift in a Changing World." *Asia-Pacific Review* 18, no. 1 (2011): 73–83.

——. "Tensions in Recent Sino-Japanese Relations: The May 2002 Shenyang Incident." *Asian Survey* 43, no. 5 (2003): 826–44.

Wang, Jisi. "China's Search for Stability with America." *Foreign Affairs* 84, no. 5 (2005): 39–48.

Whiting, Allen S., and Xin Jianfei. "Sino-Japanese Relations: Pragmatism and Passion." *World Policy Journal* 8, no. 1 (1990–1991): 107–35.

Wu, Xinbo. "The Security Dimension of Sino-Japanese Relations: Warily Watching One Another." *Asian Survey* 40, no. 2 (2000): 296–310.

Yahuda, Michael. "Sino-Japanese Relations: Partners and Rivals?" *Korean Journal of Defense Analysis* 21, no. 4 (2009): 365–79.

Yang, Bojiang. "Redefining Sino-Japanese Relations After Koizumi." *The Washington Quarterly* 29, no. 4 (2006): 129–37.

Yang, Daqing, et al., eds. *Toward a History Beyond Borders: Contentious Issues in Sino-Japanese Relations.* Cambridge: Harvard University Asia Center, 2012.

Yinan, He. "Ripe for Cooperation or Rivalry? Commerce, Realpolitik, and War Memory in Contemporary Sino-Japanese Relations." *Asian Security* 4, no. 2 (2008): 162–97.

——. "History, Chinese Nationalism and the Emerging Sino-Japanese Conflict." *Journal of Contemporary China* 16, no. 50 (2007): 1–24.

Yong, Deng. "Chinese Relations with Japan: Implications for Asia-Pacific Regionalism." *Pacific Affairs* 70, no. 3 (1997): 373–91.

Yoshida, Shigenobu. "Sino-Japanese Relations on the Move: On a Collision Course in the Asia-Pacific Region?" *The Australian Journal of Chinese Affairs*, no. 3

（1980）: 81–89.

Zhang, Bijian. "China's 'Peaceful Rise' to Great-Power Status." *Foreign Affairs* 84, no. 5 （2005）: 18–24.

解 説

久保 文明

中国の台頭に対して，日本の政治はどのように対応したのであろうか．これが本書の問いである．

著者シーラ・スミスは，小泉純一郎首相による靖国神社参拝（2001年から06年），東シナ海のガス田共同開発・境界画定交渉（08年），中国製冷凍餃子中毒事件（07年から08年），そして2010年と12年に起きた尖閣諸島をめぐる対立という，21世紀初頭に起きた四つの事件を分析しながら，日本の国内政治がどのような動向を示したかを解明した．

その意味で，本書は，日本と中国の政府首脳や外交官がどのような外交的駆け引きを展開したかについて詳述するような，狭い意味での外交交渉に関する研究ではない．中国内部の政策決定に深く立ち入った研究でもない．むしろ本書の焦点は，日本の政治家が行った具体的な決定，あるいは日本政府が採用した具体的な政策と同時に，日本の対中政策を政府の外側から動かすさまざまな利益集団や世論の動向に置かれている．著者はとくに，日本の対中国政策がさまざまな利益集団から影響を受けていること，そして利益集団が政府の決定に与える影響力は争点ごとに異なっていることを重視して分析を進めている．この点と関連して，本書では個々の争点の歴史的，社会的，政治的背景と，日本国内での対応について，丁寧な分析が提供されている．

著者は，これら四つの事例研究を通して，日本政治の変化を総体的にあるいは複眼的に捉えようとしている．たしかに，一つの争点だけを取り上げていれば，それ自体については相当詳しく分析できたであろう．しかしながら，その事例研究で見られるパターンのみが一般化される危険がある．事例を広げることによって，著者は，日本においてどの程度，ナショナリスティックで反中国的な言説への支持が広がっているのか，あるいは日本国民がどの程度本気で政

府に交渉を放棄させようとしているのかといったことを確認しようとしている.
さらに言えば,異なった利益集団間において,反中国的な政策で連携しようと
する動き,すなわち多様な利益集団が反中国というスローガンで結集する兆候
はあるのであろうか.

　ここで著者が問うているのは,かつてとは異なった中国を目の当たりにして,
そして日本人の対中感情は確実に悪化する中,日本の政治エリートが,さまざ
まの利益集団などと関わりながら,どのような対中戦略を考案したか,そして
かりに考案できたとして,それを実施できるかどうかである.

　広い歴史的,比較的視座から見た場合,本書は,中国のような急速に台頭す
る大国に対して,同じ地域の現状維持勢力,すなわち日本がどのように対応す
るかについての,興味深い事例研究となる.日本は根本的かつ急激に対中戦略
を変更するのか,あるいは漸進的・弥縫的な対応を示すにとどまるのであろう
か.世に流布している言説では,このような状況において,現状維持勢力は武
力行使を含めた多くの手段を使って,台頭する国家を抑え込もうとする.近年
の日本の行動について,まさしくこのような視点から説明する論者もいるが,
果たしてこれはどの程度妥当するのであろうか.

　本書は,経済的な相互浸透が紛争抑止あるいは緩和に対して果たす役割につ
いても興味深い事例研究となっている.よく知られているように,すでに第一
次世界大戦前から,経済的相互浸透がイギリス,ドイツ,フランスなどの主要
国で相当程度実現している状況では,かつてのような戦争は起こらないとの予
言がなされていた.いうまでもなく,その後二つの世界大戦がこれらの国々を
飲み込んでいった.この「仮説」は日中関係について,どの程度妥当するので
あろうか.

　中国と直接的な関係をもつ日本人の数は着実に増えているにもかかわらず,
本書で紹介されている通り(9頁),2013年のある調査では,90.1%の日本人
が中国について否定的な態度をとり続けている.接触の増大は,かえって対立
の激化をもたらしているのであろうか.ただし,本書刊行前に日本を訪れる中
国人旅行者の数はすでに増えつつあったが,刊行後さらに増えている.これは,
日本に対する印象を好転させている可能性もある.しかし,それが中国政府に

よる対日政策に何かしら影響を与えるかどうかは，また別問題であろう．

　著者が示唆するところは，日本政府はたしかにかつてより中国政府に対する対決姿勢を強める傾向にあるものの，これは中国と対決するという戦略的決定に基づくものではない．むしろ著者には，日本の対中政策は，対決より順応という方針を選択しているように見えている．これは靖国神社参拝問題や尖閣諸島問題だけでなく，食品問題なども含めた検討を行って初めて引き出される論点であろう．著者によれば，興味深いことに，日本の政治指導者たちは，この順応という方針すら，思うとおりに実施できずにいる．それは，日本社会にも中国に対して相対立する意見があり，政治指導者は様々な利益集団によって表出されるそれらの対立する見解をうまく取り込むことができずにいるからである．

　アメリカの政治学は近年，過度に科学主義に傾斜したため，統計的手法に基づいた研究，あるいは過度に理論に傾斜した研究を重視しがちである．日本政治分析についても，この傾向は妥当する．日本語がほとんどできない政治学者による計量的ないし理論的「日本政治」研究が，やや度を越して高い評価を与えられる傾向すらある．

　いうまでもなく，日中関係についても，統計的手法，世論調査，あるいは投票行動の分析によって解明できる部分はある．しかし，そのような方法によっては，周辺的な重要性しかもたない論点にわずかに触れる程度の議論しかできないことが少なくない．本書は，長年，日本にも住みながら日本政治を観察してきたアメリカ人研究者による，日本語の資料を渉猟したうえで執筆された伝統的手法による日本の対外政策の分析である．その対象は，日本外交にとってアメリカに次いで重要性の高い中国である．しかも著者は政府高官，与党政治家，外務省高官などの政策決定者たちだけでなく，利益集団にも視野を広げることで，政界のなかでの取引・妥協だけでなく，より骨太かつダイナミックに，世論や社会の動向と政界の関わりをも視野に入れた対中外交分析を展開した．当然，このような研究方法には批判もありうるが，巨視的な理解を提供できるという大きな利点があることも否定しがたい．

本書の結論を一部，紹介すると，まず日本の世論については，かつてより中国に対する懸念を強めているものの，世論は国家戦略を根本的に改めるより従来の政策の微調整の継続を求めている．餃子中毒事件にもかかわらず，中国産食品の不買運動を主張する声は日本にはほとんど存在しなかった．領土紛争は対中感情を悪化させたものの，それは広範な社会運動には転換されず，日本では反中運動が政策分野の垣根を越えて広く結集することもなかった．

著者が強調するのは，四つの事例に関係する争点が，日本政府によって十分に準備されていなかった政策課題であったことである．日本の政策決定は十分集権化されておらず，また問題に対応する制度的能力も不十分であった．基本的に，日本政府の対応は漸進的なものに終始した．その原因を著者は，官僚制がうまく機能していないことに求める．たとえば，国連海洋法条約の批准後に予想された課題に対して，政府は準備不足であった．食の安全の問題でも，日本政府は戦後，そもそも十分な消費者保護の制度を設けてこなかった．このあたりが，本書のもっとも独創的な議論かもしれない．

著者の見るところでは，中国の挑戦によって試されているのは，日本の自己改革能力であるが，本書の四つの事例においては，複雑化した日中関係にどのように対処するかについての一貫した戦略も，統一された方針も生み出されることはなかった．日本の対応は中国との調整でも対決でもなく，「適応」に過ぎなかった．このように，著者は日本政府の対応に，抑制的ではあるが批判的である．

この点では，日本の国内・国外を問わず，一部の研究者，ジャーナリスト，評論家が日本の保守化，軍国主義化，さらには1930年代への回帰などの指摘を繰り返していることを想起すべきであろう．著者の評価はそのような議論と大きく異なっている．それは，著者の観察眼が皮相的なものでなく，歴史的・政治的文脈に根を下ろしたものであるからであろう．本書は，外交問題評議会というアメリカ有数のシンクタンクに所属する日本専門家によるものであるが，政策提言というよりも，本質的には高度に学術的な研究書であるとみなしてよいであろう．ちなみに，基本的には本書の対象外となった安倍晋三政権による対中国政策についての著者の評価をぜひ聞いてみたいところである．

それでは，日中関係の将来はどのようなものになるであろうか．

解　説

　著者によれば，本書で取り上げた，本来的に解決が困難な四つの争点においてすら，日中両国が協力して解決する機会と共通の利益は存在する．その意味で，対決や衝突は必然でない．ただし，著者による結びの一節は日本に対する厳しい警告であろう．すなわち，中国は現在，日本政府の政策決定の前提のすべてに挑戦している，ということである．日本は紛争の解決にあたって国際連合や世界貿易機関（WTO）などの国際組織を信頼し，国際的自由貿易秩序やアメリカとの同盟にも信頼を置いてきた．しかし中国は，戦後日本の成功を支えてきたこのような国際秩序そのものに挑戦しているのではないか．

　もしこの指摘が正しいとすると，日本はこれまで通りの漸進的な手法でこれに対応すべきなのであろうか．そして，対応できるのであろうか．それとも政治エリートは利益集団を含めて世論を説得し，従来と大きく異なる政策に軌道修正すべきなのだろうか．仮にそうだとすれば，彼らはそれを達成できるのであろうか．これが，本書が投げかけている実践的な問いである．

訳者あとがき

　本書は，Sheila A. Smith, *Intimate Rivals: Japanese Domestic Politics and a Rising China*, Columbia University Press, 2015 を翻訳したものである．刊行後から話題を呼んだ英語版の原著は，早くにペーパーバック版も出版され，すでに日米の幅広い読者の手に渡っている．本書は，原著の abbreviations を除く全てのページを訳出した上で，著者シーラ・スミス氏が 2017 年末に書き下ろした文章を訳した「日本の皆さんへ」を冒頭に付し，さらに久保文明東京大学大学院法学政治学研究科教授による「解説」を新たに収録している．

　まず，原著のタイトルが独特である．地理的・文化的に近接しており，近現代を通じて対立と協調の間を揺れ動いた日本と中国の関係を，柔らかくも人目を惹く表現で包み込もうとした，著者らしい表題であろう．そこで，日本語版のタイトルは，そのニュアンスをなるべく活かしながら，意味する内容をわずかに補足して，『日中　親愛なる宿敵――変容する日本政治と対中政策』と定めた．

　このように，訳者 3 名の方針としては，なるべく日本の読者が原著の表現を想起できる痕跡を残しつつ，前提知識がより豊富な日本の読者層を想定して，具体的な情報を補足・削除しながら訳出することにした．また，読みやすさを考慮して，文章の区切り方や段落構成を変更した箇所もある．著者が引用している日本語の資料については，著者の英訳を日本語に訳すのではなく，原典の日本語表記に直接戻すことにした．原著では，日本の官庁などの英語ウェブサイトの情報が脚注で多数表記されているが，日本語版ではそれらを削除し，日本語のウェブサイトの URL も原則的に削除してある．アルファベットの欧米人名はカタカナ表記に改め，中国や韓国の固有名詞は漢字表記でなるべく統一した．翻訳の過程で明らかになった原著の誤記等については，著者と相談した結果，日本語版で修正したものもある．

訳者あとがき　　293

　以上の通り，厳密性を究めた翻訳とは言いがたいが，鮮度の高い素材を早く
日本の幅広い読者に届けるために，本の輪郭を描くことを優先する方針を採用
した．

　シーラ・スミス氏は，現在，アメリカの由緒あるシンクタンクの外交問題評
議会（Council on Foreign Relations）において，上級研究員（Senior Fel-
low）を務めている．首都ワシントン D.C. の彼女のオフィスがある建物は，
ホワイトハウスと国務省のほぼ中間に位置し，すぐ近隣には国際通貨基金と世
界銀行の本部ビルが並ぶ，いわばアメリカの対外政策の最前線に置かれている．
世界中の政治指導者や外交官が集い，国際機関関係者やジャーナリスト，研究
者による無数のセミナーが連日開かれているこの政治空間が，スミス氏の知的
活動を支えている．また，日米文化教育交流会議（CULCON）のアメリカ側
副委員長や，モーリーン＆マイク・マンスフィールド財団による日米次世代プ
ログラムの諮問委員などを務め，ジョージタウン大学アジア研究科の兼任准教
授と *Journal of Asian Affairs* の編集委員も担当している．
　滞日経験のある海軍将校の父親の影響もあり，早くから日本に関心があった
スミス氏は，上智大学での留学を経験した後，コロンビア大学において本格的
に日本研究者の道を歩み始める．彼女の最初の研究テーマは，冷戦期の日米同
盟の発展であり，1996 年には，国際環境の変容が日本の安全保障政策に与え
た影響を考察した博士論文 "At the Intersection of the Cold War and the
Postwar: The Japanese State and Security Planning" を完成させた．この間，
冷戦末期の 1989 年から，スミス氏は日本に長期滞在して，冷戦の終焉と湾岸
危機によって自衛隊の位置付けが一大争点になる現場を目の当たりにする．ス
ミス氏は，難解な専門用語や国会審議を理解するために日本語の訓練を重ねつ
つ，千歳，札幌，三沢，横須賀，江田島，呉，佐世保などを見て回った．日本
の研究者や政策形成者との幅広い知的ネットワークは，この頃から長い時間を
かけて築かれたものである．
　また，彼女は 1998 年には琉球大学に滞在して，1995 年から沖縄で盛り上が
った米軍基地反対運動を間近で観察した．中央での政策形成に影響をもたらす
地方での新たな要求（これが "interests" という概念で説明される）に注目し

たスミス氏は，日本の消費者運動などと比較する共同研究を組織し，編者とし
て Sheila A. Smith ed., *Local Voices, National Issues: The Impact of Local
Initiative in Japanese Policy-Making*, Center for Japanese Studies, Univer-
sity of Michigan, 2000 を出版している．日本の南西方面に関する彼女の鋭敏
な感覚はこれらの滞在経験に基づいており，また餃子中毒事件における消費者
運動や，尖閣問題でのナショナリズム運動家への視線は，こうした分析枠組み
の延長線上に位置付けられるものであろう．

　著者が自ら語るように，現代日中関係への関心は，ハワイのイースト・ウェ
スト・センターに拠点を移した 2001 年頃から強まったものと思われる．この
頃，日本では小泉純一郎内閣が発足し，靖国参拝問題をめぐって日中が激しく
対立する状況が生まれた．そこから彼女は日本の中国研究者との交流を深め，
2007 年から翌年にかけて慶応義塾大学現代中国研究センターに滞在する．
2008 年の東シナ海のガス田共同開発合意や，同年に発覚した餃子中毒事件が
中心的な事例として選ばれているのは，この滞日経験に照らせば自然なことで
あろう．その一方で，彼女はアジア太平洋地域における米軍再編と，アメリカ
の同盟国における反基地運動の関係を考察するために，日本・韓国・フィリピ
ンを比較分析する共同研究を進めた．その主たる成果は，Sheila A. Smith,
*Shifting Terrain: The Domestic Politics of the U.S. Military Presence in
Asia*, East-West Center Special Reports No. 8, 2006 にまとめられている．

　2007 年からスミス氏は外交問題評議会の上級研究員を務め，首都ワシント
ン D.C. において，日本政治や日米関係の動向を多様な媒体で分析し続けてい
る．とくに 2009 年の民主党政権の誕生は，長年，日本政治を観察してきた彼
女にとって，国内政治の変動が対外政策をいかに変化させるのかを検証する絶
好の機会になった．2010 年の中国漁船衝突事件や 2012 年の尖閣危機の分析で
は，民主党政権下の政策形成過程に迫ろうとする彼女の意欲が感じられよう．
2012 年の第二次安倍晋三内閣の発足後，彼女は民主党政権に関する研究プロ
ジェクトの成果を，Sheila A. Smith, *Japan's New Politics and the U.S.-
Japan Alliance*, Council on Foreign Relations, 2014 という冊子で発表して
いる．

訳者あとがき　　　295

　このように，豊富な滞日経験を持ち，高度な日本語能力を有している著者が，大量の日本語資料を読み解いて書いた成果こそ，英語版原著 *Intimate Rivals* に他ならない．それを我々が日本語に直すことは，再翻訳と呼ぶべき作業であった．日本語の資料をスミス氏が英語に訳した文章を，我々が再び日本語に戻す過程では，必然的に元の資料での日本語表記とは乖離が生じる．こうしたニュアンスの差をどのように訳文に残すべきか．この問題について翻訳チームで検討した時間は，自らの言語体系の特質を再発見する過程でもあった．

　スミス氏が最初に発表した学術論文は，翻訳者の協力を得て，日本の雑誌に日本語で掲載されたものである（「変容する日米安保――三つのコンテクストの検討」『国際問題』369 号，1990 年 12 月所収）．この準備過程で，彼女は翻訳の難しさを実感したという．自衛隊の作戦能力の実態を明晰に論じるために，彼女が英語で書いた草稿には，"military"（軍）や "military personnel"（軍人）という表現が多数用いられていた．しかし，それらは全て，日本語に訳される過程で，曖昧な柔らかい表現に置き換えられた．赤字を入れた教授は，彼女に対して，戦後日本の政策コミュニティで用いられている言語を使わないと，自衛隊に批判的な立場からの論考だと誤解されてしまう恐れがあると助言したそうである．この翻訳経験を通じて，彼女は政策に関する言語が政治的性格を帯びることを学んだと，後に別の論考で書いている（Sheila A. Smith, "In Search of the Japanese State," in *Doing Fieldwork in Japan*, edited by Theodore C. Bestor, Patricia G. Steinhoff, and Victoria L. Bestor, 156–175, University of Hawai'i Press, 2003）．

　本書の翻訳作業でも，同種の問題が頻出した．訳者としては，日本の読者が意味を理解できることを最優先して訳出に努めたが，その過程で著者の独自の用法からニュアンスが変化したものも少なくない．たとえば，原著は自衛隊を "military" と一貫して位置付けているが，本書では「軍隊」とは書かずに文脈ごとに訳し分けている．第 3 章の表題にもある "veterans" は「退役軍人」が定訳だが，本書では「旧帝国軍人」として大日本帝国の陸海軍経験者を明示する表現を採用した．著者は "interest（group）" をかなり広い概念で用いており，狭義の「利益集団」に留まらず，省庁や政党などの政治主体も含まれている箇所が複数ある．あえて「利益集団」と訳した箇所もあれば，「利害関係者」

や「権益」などと置き換えた箇所もある．同じく重要な分析概念である "activist" は，市民運動家を指す一方で，かなり過激な政治活動家も含まれている．本書では「運動家」で統一したが，その含意には幅があることに注意されたい．これらと対置される "policymaker" は，広く政策立案から決定までに関与する政治家や官僚を包含する概念であり，「政策形成者」と本書では訳出した．なお，著者は一貫して，日本と中国の "normalization" は，1978 年の日中平和友好条約の締結によって確立したものと論じており，日中の「国交正常化」の成立を 1972 年の日中共同声明に見る解釈とは異なっている．

　総じて，スミス氏は日本語を英訳する際に，より広い概念に包含させる操作を多く用いている．これは，日々目まぐるしく変動するワシントン D.C. の現場で，まず日本への関心を喚起し続けなければならない状況を加味して理解すべきではないだろうか．原文に忠実なあまり，狭い専門家にしか意味の通じない訳語を多用しては，その発信力は確実に低下してしまう．マルチ外交の最前線で活動する彼女の文章は，複数の言語が飛び交う国際政治の荒波を乗り越えるために綴られているということを，日本人の我々が日本語で読む際には忘れてはならないだろう．著者の論述に興味のある読者は，ぜひ英語版の原著を横に置いて読み比べてみていただきたい．

　本書は，日本政治外交史を専攻する伏見と，中国政治外交史を専攻する佐藤悠子，そして国際政治学を専攻する玉置敦彦の 3 名が，全ての訳文を作成した共訳である．アメリカの大学で学んだ経験があり，日本語と英語の双方で学術成果を発信しているお二人は最強の共訳者であった．下訳を複数人で分担し，監訳者が統一するという通常の作業手順をあえて踏まず，私が作成した全部分の下訳を二人が隅々まで確認するという困難な道のりを同行してくれたことで，訳文の統一度は遥かに高まったはずである．多大な負担と忍耐を強いたそれぞれの家族も，本書の刊行を共に喜んでくれればと願っている．

　プロジェクトの大枠を固めた上で，翻訳の機会を与えてくださった久保文明先生は，翻訳チームの作業を温かく見守りつつ，折に触れて励まし，本書を完成へと導いてくださった．また，公益財団法人渋沢栄一記念財団の 2017 年度出版事業助成を頂戴して，本書の刊行は実現した．日米関係や日中関係の学術

訳者あとがき

出版に寛大な支援を続けてくださっている関係者の皆様に厚く御礼を申し上げる．私の下訳作りは，アメリカでの在外研究期間の一部を用いて行われた．受け入れ先のマサチューセッツ工科大学国際研究センターのリチャード・J. サミュエルズ先生と，ご推薦くださった北岡伸一先生，そして東北大学大学院法学研究科の皆様に，心より感謝の気持ちをお伝えしたい．支援してくれたサントリー文化財団2014年度若手研究者のためのチャレンジ研究助成，野村財団2015年度上期社会科学助成，東北開発記念財団平成27年度海外派遣援助にも，それぞれ深く感謝する．なお，本書はJSPS科研費（課題番号16K17045, 16H01991）による研究成果の一部である．

東京大学出版会の奥田修一さんは，訳者を力強くサポートし，本書の完成度を格段に高めてくれた．東北大学法学部の伊藤拓海さん，三國稔男さん，三嶋康平さんは参考文献と索引の作成を頼もしく手伝ってくれた．企画にご協力くださった外交問題評議会のジェレミー・フラーさん，元スタッフの寺岡亜由美さん，またニック・コダマさんと佐々木礼奈さんにも大変お世話になった．

最後に，いつも笑顔を絶やさずに，我々の挑戦を温かく受け入れ，細部にわたる質問にも丁寧に対応してくださったシーラ・スミスさんに，衷心からの感謝の言葉を伝えたい．多くの方々に支えられた努力の結晶が，新たな日本の読者の手に届き，学術界と政策コミュニティの議論の活性化に役立てるのであれば，この翻訳チームの喜びはそれに勝るものはない．

2018年2月

伏見 岳人

人名索引

ア　行

麻生太郎　47, 53, 86–88, 155, 189, 208
阿南惟茂　181
安倍晋三　1–2, 5–7, 11, 18, 34, 47, 53–54, 56, 69, 80, 85–89, 120–21, 196–200, 206, 208, 216–18, 228, 230, 239–41, 245–46, 249
安倍晋太郎　66, 113, 206, 244
甘利明　122, 257
李明博　192
石破茂　87, 120
石原慎太郎　1–2, 12, 50, 116, 165, 184, 187, 189, 192–95, 199–200, 206–8, 218, 227, 270
石原伸晃　87, 199, 268
板垣征四郎　79, 244
板垣正　79, 244
一色正春　184, 269–70
伊東正義　31
稲田朋美　240
稲山嘉寛　36
今井敬　48
ヴォーゲル（Vogel, Ezra F.）　232
宇野宗佑　31
梅沢重雄　240
枝野幸男　157–58
衛藤豊久　116
王毅　241
王宜林　249
王大寧　131
王勇　156
オーガンスキー（Organski, A. F. K.）　231
太田昭宏　120
大野功統　119
大畑章宏　166–67, 266
大平正芳　33, 69, 244
大見謝恒寿　253
岡田克也　123
奥島高弘　194
奥田碩　48–49

カ　行

小沢一郎　8, 24, 46, 181, 234
尾辻秀久　64
小野寺五典　196–97, 228
オバマ（Obama, Barack）　3, 168, 229, 232
小渕恵三　65, 77, 256
温家宝　34, 120–21, 134, 158, 163, 166, 178, 190, 229

華国鋒　36
海部俊樹　32
梶山静六　43, 115
加藤紘一　43, 46, 50, 239
金丸信　68
賀屋興宣　64
川島裕　97
菅直人　78, 87, 158, 167–68, 178–81, 184, 188, 190, 192–93, 197, 268–70
神崎武法　78
魏伝忠　131
岸信介　107, 110
岸田文雄　153, 197, 228
北城恪太郎　49
キッシンジャー（Kissinger, Henry）　29, 111, 235, 253–54
木村宏　142
裴援平　175
姜瑜　166
金大中　40
栗林忠男　120
栗原国起　116, 255
栗原弘行　255
クグラー（Kugler, Jack）　231
クリントン，ヒラリー（Clinton, Hillary Rodham）　3, 163, 166, 168–69, 175, 178, 197, 228, 266
クリントン，ビル（Clinton, Bill）　41
ゲイツ（Gates, Robert M.）　178, 265

人名索引

ケリー（Kerry, John） 197, 228
玄葉光一郎 50, 273
胡錦濤 7, 20, 34, 43, 48-49, 75-76, 121-22, 131-
　32, 188, 190, 216, 227, 230, 246, 258
胡正躍 168
胡耀邦 30, 68, 71, 244
小池百合子 87, 189, 193
小泉純一郎 7-8, 11, 19, 24-25, 47-49, 51, 54-56,
　62, 65, 69, 72-87, 118-20, 125, 132, 176, 180,
　208, 216-18, 229-30, 239, 241-42, 245-46,
　249
江沢民 38-40, 47, 75, 238, 258
耿飇 112
高村正彦 44, 122, 133, 257-58
高良とみ 252
古賀善次 115-16, 255
古賀辰四郎 115, 255
古賀誠 64, 75, 78-80, 247
国分良成 25-26
後藤田正晴 31, 71
小林陽太郎 48-49
小宮山洋子 158
小森正彦 141-42

サ 行

崔天凱 228, 241, 257
斎藤英四郎 31
坂田道太 68
櫻井よしこ 184
佐々江賢一郎 228, 257, 273
笹川陽平 119
佐々木毅 153
佐藤栄作 1, 28-29, 110
佐藤正二 95
佐野真理子 146-47
サミュエルズ（Samuels, Richard） 22, 170
鮫島太 151-52
支樹平 158
幣原喜重郎 58
下村定 58
謝旭人 131
朱鎔基 97
周恩来 27, 106

習近平 6, 53, 158, 198
周書楷 254
蔣介石 5, 106, 111, 253-54
蔣耀平 166
昭和天皇 11, 54, 56-60, 66-67, 72, 77, 80, 82,
　242-43
秦剛 241
新藤義隆 240
末松義規 266
菅義偉 89
鈴木善幸 68-69, 77
鈴木亨 167, 270
鈴木久泰 182
詹其雄 163, 167, 183, 192, 194, 265, 269
仙谷由人 167, 178-80, 182, 188, 210, 268, 270
園田直 95, 112, 255
孫玉璽 54
孫政才 139

タ 行

戴秉国 133
高倉健 74
田形竹尾 240
高野博師 120
高橋史朗 240
高橋龍太郎 64
竹下登 32, 68, 238
竹田恒泰 184
武見敬三 119, 256
ダデン（Dudden, Alexis） 234
田中明彦 25
田中角栄 107
田辺繁雄 60
谷垣禎一 194
谷野作太郎 97
田母神俊雄 189, 193
趙泰永 241
趙啓正 159
張平 167
全在姫 259
陳健 97
陳水扁 238
陳竺 259

人名索引　301

陳徳銘　158
程永華　273
寺村渉　148
田英夫　112
唐家璇　54, 75, 131
鄧小平　7, 31, 91, 95, 124, 168, 201, 249-50
富田朝彦　80
トルーマン(Truman, Harry)　248, 250

ナ 行

中井澄子　64
仲井真弘多　191
中川昭一　35, 101, 209, 236
中川秀直　246
中島榮一　256
長島銀蔵　64
中島英雄　147, 149
中曽根康弘　38, 68-74, 77, 81-82, 84, 113, 145, 208
長妻昭　134, 156, 259
仲間均　186
中山太郎　31
中山義隆　187, 191, 269
ニクソン(Nixon, Richard)　5, 27-30, 111, 253-54
丹羽宇一郎　48-50, 165, 168, 181
額賀福志郎　131
野田聖子　153
野田佳彦　1-3, 8, 49, 87, 158, 165, 177, 190, 192-95, 199-200, 205, 208, 212, 227, 249
野中広務　75, 77
野呂田芳成　44

ハ 行

バイデン(Biden, Joe)　4, 198
朴槿恵　53, 241
橋本聖子　156
橋下徹　187, 200, 207
橋本龍太郎　64, 69
長谷川峻　63-64, 72
初見盈五郎　60, 243
鳩山由紀夫　87, 134, 158, 168
パネッタ(Panetta, Leon)　3, 197

浜田和幸　249
林景一　227
平塚常次郎　107
武大偉　55, 241
福田赳夫　7, 66, 69, 112, 244
福田康夫　7, 20, 34, 47, 77-80, 84, 86-87, 121-22, 131-32, 146, 149, 152-55, 188, 198, 204, 216, 229-30, 247, 259, 262-63
藤田美栄　64-65
藤波孝生　77, 245
藤村修　50, 175, 187, 194-95, 227
ブッシュ, ジョージ・W.(Bush, George W.)　73, 245
ブッシュ, リチャード(Bush, Richard)　173, 232
古屋圭司　240
ブレイ(Bray, Charles)　254
ヘーゲル(Hagel, Chuck)　228
帆足計　252
彭明敏　40
細野豪志　8, 175, 181
ホルドリッジ(Holdridge, John H.)　29

マ 行

前原誠司　120, 165-66, 168, 175-76, 178, 181, 192, 210
マクラークラン(MacLachlan, Patricia)　145
町村信孝　34, 153, 236
松浦芳子　240
マッカーサー(MacArthur, Douglas)　54, 57, 242
松平永芳　66-67, 80-81
松平慶民　66
馬淵澄夫　178-79, 181
丸山和也　245
ミアシャイマー(Mearsheimer, John)　233
三木武夫　28, 65, 69, 72
水島総　240, 270
御手洗富士夫　49
宮腰喜助　252
宮沢喜一　68
美山要蔵　60
ミュレン(Mullen, Mike)　178, 265

人名索引

村上勇　64
村山富市　24, 46-47, 55, 73, 239, 242
毛沢東　37
毛里和子　26
モチヅキ（Mochizuki, Mike）　22
森喜朗　74, 97
森田高　249
森山欽司　255

ヤ 行

安井誠一郎　64
山口那津男　198
山下俊史　146
山本拓　89, 249
尹炳世　53, 88
姚依林　71
楊潔篪　3, 123, 133, 165, 168
楊尚昆　39
楊振亜　39
楊文昌　97

吉田茂　63
米内光政　58

ラ 行

ライス（Rice, Susan）　232
李克強　159
李長江　140
李肇星　236
李登輝　114, 238, 255
李鵬　38-39
劉曉明　227
笠浩史　249
リンド（Lind, Jennifer）　234
レーガン（Reagan, Ronald）　43
呂月庭　127, 134, 136

ワ 行

渡邉康平　150, 262
渡邉恒雄　86
ワン・ミン（Wan Ming）　25

事項索引

ア　行

『朝日新聞』　66, 68, 79, 86

アサヒビール　141, 261

アジア・アフリカ首脳会議　76, 246

アジア太平洋経済協力会議（APEC）　21, 44, 76, 166, 190, 193, 227

味の素冷凍食品　131, 143, 261

翌檜／龍井　102

ASEAN 地域フォーラム（ARF）　21, 223

アメリカ（米国）　3-6, 11, 18-19, 21-22, 28-29, 36, 40-44, 53, 58-59, 61, 74, 86, 88, 95-96, 106, 110-12, 123, 125, 128, 146, 152, 163-64, 166-69, 171, 175, 178-79, 191, 193, 197-99, 208, 214, 218, 220-24, 226, 228-29, 233, 235, 242, 245, 247-48, 250, 253-54, 265, 267

慰安婦　53, 228, 240

石垣島，石垣市　1, 95, 113-14, 118, 163, 165, 170, 183, 186-87, 191, 255→尖閣諸島も参照

伊藤忠商事　48-49, 141, 150, 181, 260, 262

魚釣島　104, 113-16, 118, 123, 184-86, 194

うるま資源開発　101

江崎グリコ　151, 263

円借款　31-34, 36-38, 97, 205, 236-38, 278-79

欧州連合（EU）　36, 160, 175, 267

大蔵省　31

沖縄（琉球諸島）　1, 8, 28-29, 42, 75, 95-96, 103, 109-10, 113, 115, 123, 170-71, 173, 191, 253-55, 257, 271

沖縄トラフ　101, 104

沖縄返還協定　29, 95-96, 269

カ　行

海外直接投資　20, 36-37, 220, 222-23

海上自衛隊　2, 42, 67, 118-19, 170-73, 182-83, 191, 196, 213, 215, 243, 251, 256, 266, 269

海上保安庁　1, 11, 19, 98-100, 109, 112-15, 118, 123, 125, 163-65, 167-71, 173, 176-86, 189-96, 200, 207, 213, 215-16, 251, 255-56, 265-

70

かい人 21 面相　151

開発志向型国家　21

外務省　27, 31-32, 89, 95, 104, 119-20, 133, 155-56, 167-68, 177, 184, 189, 209, 237, 251, 256-58

海洋基本法　120, 204, 215

海洋研究開発機構（JAMSTEC）　94, 250

核　40-42, 44, 238

拡散に対する安全保障構想　171

樫／天外天　102

加ト吉　131, 143, 261

「雁行」モデル　21, 232

韓国（大韓民国）　5-6, 8-9, 19, 30, 40, 46, 53-55, 70, 75, 77-78, 83, 87-88, 90, 98-99, 103, 105, 108, 110, 134, 136-37, 160, 164, 174, 178, 192, 198, 224, 237, 241, 246-47, 253, 266-67, 270

環太平洋パートナーシップ（TPP）　224

頑張れ日本　184, 186, 193, 218, 271

桔梗／冷泉　102

技術移転　21

北小島　114, 116, 123, 186

北大西洋条約機構（NATO）　42

北朝鮮（朝鮮民主主義人民共和国）　40, 42-44, 124, 173-74, 182, 239 256, 266, 269

牛海綿状脳症（BSE）　150

九州物産商事　139

旧帝国海軍　58, 60-61, 66, 243, 245

旧帝国軍人　55-56, 58-63, 65, 79, 85, 243-44, 248

旧帝国陸軍　58, 60-61, 166, 175, 243

教科書問題　38, 237

餃子中毒事件　7, 11-12, 127-43, 145-56, 160, 212-14, 216, 218, 259→食の安全も参照

共産主義　52

漁業　2, 11, 90, 92, 94, 97-98, 105-9, 113-14, 117, 123, 125, 141, 174, 183, 186

極東国際軍事裁判（東京裁判）　54, 57, 59, 67, 70,

81, 86–87, 248
キリンビール　261
楠／断橋　102
久場島　116, 123, 253, 257
経済産業省（通商産業省）　33, 93–94, 167, 250, 256, 264
経済団体連合会（経団連）　31, 48–49, 78, 204
経済的相互依存　9, 23, 26, 32–37, 128, 174–76, 205, 219, 222
経済同友会　48–49, 204
警察庁　133–34, 136, 137–38
原子爆弾　60
黄海　107–8, 110, 174, 252
航空自衛隊　1, 116, 195–96, 272
厚生労働省（厚生省）　58–60, 66–67, 131, 140, 144–45, 147, 150, 152, 155, 157, 209, 242–44, 263–64
公明党　45, 55, 73, 78, 120, 198
国際司法裁判所（ICJ）　213
国際通貨基金（IMF）　31, 232
国際法　3, 11, 67, 96, 108, 119, 125, 206, 240
国土交通省　177, 256–57
国内総生産（GDP）　20–21, 232
国民党　5, 40–41, 106
国連　3, 93, 104–5, 110, 166–67, 178, 188–89, 212–13
国連海洋法条約　11, 91, 93–94, 96–97, 103–5, 108, 117–19, 121–22, 124–25, 164, 177, 211–12, 215, 250–51
国家アイデンティティ　3, 11–13, 17, 26, 56
国会　51, 68, 86, 120–21, 136, 179–82, 188, 193, 197, 208, 234, 245, 248, 252, 259, 264, 268→衆議院，参議院も参照
米　12, 135, 144, 157, 160–61, 264
こんにゃくゼリー事件　154, 263

サ　行

財界　24, 32–33, 45–50, 110, 204, 209, 211, 220, 222
最恵国待遇（MFN）　34
薩摩志士の会　186
参議院　1, 64–66, 78–79, 119–20, 168, 179, 191, 194, 207, 217, 244, 256→国会も参照

サントリー　139, 261
サンフランシスコ平和条約　5, 29, 37, 61, 67, 77, 86, 95–96, 229, 248
三鹿集団　139
G7サミット　30–32
自衛隊　42, 44, 61, 83, 173, 179, 188, 191, 196–97, 199, 213, 224, 227, 239–40
ジェイティフーズ　129, 131, 142–43, 145
四川大地震　122, 190
下関条約　29, 96
社会主義　52
衆議院　2, 46, 54, 63–64, 68, 73, 76, 120, 167, 186, 191, 194, 197, 199, 205, 207, 217, 248, 256, 268→国会も参照
終戦記念日　11, 53, 70, 79–83, 86–87, 192, 240
周辺事態法（周辺事態に際して我が国の平和及び安全を確保するための措置に関する法律）　44, 239
自由民主党　1–2, 8–9, 12, 15, 24–25, 27–28, 31, 35, 43, 45–47, 50–51, 53–55, 61–66, 68, 70, 72–80, 83–89, 95–96, 112–13, 116, 118–20, 134, 153–54, 179–81, 188–89, 192–95, 197–200, 205–8, 210, 217–18, 234, 236, 240, 243–46, 248–49, 254–55, 263, 268
主婦連合会（主婦連）　146–47, 204
消費者行政推進会議　153–55
消費者庁　152–55, 204, 215, 264
食の安全　14, 128, 131–32, 134–61, 204–5, 209, 211–13, 216, 219, 226, 240, 262→餃子中毒事件も参照
食品安全委員会　150, 152, 154
食品安全基本法　150, 262
白樺／春暁　101–2, 121–22, 124
新華社通信　28, 134, 175
人権　30–32
神道　54, 57–60, 65–66, 81, 243
新日中友好21世紀委員会　48–49, 75, 239
新日本製鐵　36, 48
人民解放軍　93, 114, 116, 118, 196, 267
侵略／侵略行為　11, 23–24, 32, 37–38, 46–47, 54–55, 57, 68, 70, 73–74, 189, 245–46
水産庁　94, 98–99, 107–8, 157, 177, 250, 266→農林水産省も参照

事項索引　305

住友商事　161
政府開発援助（ODA）　33-34, 41
世界銀行　31
世界経済フォーラム年次総会（ダボス会議）　18
世界貿易機関（WTO）　35-36, 156, 160, 175, 190, 212, 267-68
世界保健機関（WHO）　130, 139-40, 157
石油資源開発　101
石油天然ガス・金属鉱物資源機構（JOGMEC）　250
尖閣諸島／尖閣　1-5, 7-8, 11-12, 14-15, 20, 28-29, 49-50, 52, 90-97, 100, 103-6, 108, 110-19, 123-26, 163-66, 168-71, 173-74, 176-78, 180, 183-201, 203, 205-8, 212-13, 216-18, 221-23, 227-29, 235, 240, 249-50, 253-55, 265, 267, 269-73→中国漁船事件も参照
戦後50周年　239
全日本海員組合　106, 252
戦没軍人　58, 61, 82, 88, 207
占領　5, 17, 28, 54, 56-59, 62, 67, 70, 73, 81, 106, 182, 225, 242-43, 245
ソ連　27-28, 42, 57-58, 67, 112, 171→ロシアも参照

タ 行
第一次世界大戦　18
退役軍人　60
大正島　123
対中政策　15, 23-24, 29, 45-52, 209
「大東亜戦争」　57
第二次世界大戦（アジア太平洋戦争）　11, 17, 55, 60, 175, 221
大日本水産会　106, 252
大日本同胞社　50
台湾（中華民国）　19, 26-29, 36, 40-45, 90-91, 93, 96-99, 104-7, 109-12, 114-17, 123-24, 141, 170-72, 174, 184-85, 187, 194, 229, 253-55
竹島（独島）　5, 192, 266
地域主義　25, 44-45, 54
地政学　4, 15, 17, 23, 27, 32, 88, 174, 223
千鳥ヶ淵戦没者墓苑　75, 77
チャンネル桜　51, 184, 218, 240, 270
中国―軍事力　4, 9, 19, 41, 171-72, 183, 213, 216,

224→人民解放軍も参照
中国―経済発展　4, 9, 19-21, 205, 214, 232
中国―反日感情　8, 26, 47, 55, 77, 84-85, 164, 168, 210
中国海警局　11, 125, 207
中国外交部　43, 54, 95, 114, 165-68, 177, 241, 245, 255, 257-58
中国海洋石油総公司　90, 249
中国共産党　5, 8, 29-30, 32, 46, 50, 68, 71, 106-7, 116, 181, 188, 198, 200, 210
中国漁船事件　1, 3, 7, 98, 123, 125, 163-69, 173-74, 176-81, 183-84, 189, 192-94, 197, 200, 205, 207, 210, 217, 265-66, 269-70→尖閣諸島も参照
中国国防部　2, 43, 177, 196, 198, 239
中国国家質量監督検験検疫総局（AQSIQ）　131, 134, 140, 156-58
中日貿易促進会　32
中日貿易促進議員連盟　33
頂新ホールディングス　141
朝鮮戦争　5, 28, 32, 61, 106
知覧特攻平和会館　74
津波　144, 157
帝国石油　101
天安門事件　29-31, 38
天皇訪中　38-39, 73, 238
天洋食品　127, 131-34, 156
ドイツ　18, 31, 57, 230-31
東京都　1, 49, 147-48, 187, 195, 200, 204, 206, 212, 218, 262, 273
東南アジア　21-22, 30
東南アジア諸国連合（ASEAN）　22, 30, 33, 44, 223, 241
トカラ（吐噶喇）列島　98, 251
特攻隊　74, 245
トヨタ自動車　48

ナ 行
内閣府国民生活局長　152
長崎　60, 251, 266
ナショナリスト　5, 13-14, 45, 50-51, 72-73, 96, 104, 106, 111, 125, 165, 184, 189, 199, 206-8, 217-19, 222, 225, 239, 270

ナショナリズム 2, 4, 12, 25, 49, 51, 60, 72, 84-86, 88, 97, 115, 165, 176-77, 184, 187-89, 191, 200, 203, 206-8, 210, 217-18, 226, 254, 269
南京大虐殺記念館 55
『南京の真実』 270
二重のヘッジ 22
日米安全保障条約 3, 61, 168, 197, 228
日米同盟 1, 18, 22, 42-43, 45-46, 95, 163, 168, 171, 177, 213, 223-24, 228
日米防衛協力 173
日米防衛協力のための指針 6, 42-44, 197
ニチレイフーズ 135, 261
日華平和条約 229
日韓基本条約 5
ニッキートレーディング 131
ニッキーフーズ 131
日清戦争 96
日中協会 31
日中漁業協議会 107, 252
日中経済協会 36
日中刑事共助条約 136, 155, 269
日中国交正常化 7, 11-12, 17, 22, 25-27, 29, 32-34, 37-38, 45, 56, 60, 76, 82, 95, 106, 111-13, 115, 125, 168, 179, 200 →日中平和友好条約
日中食品安全推進イニシアチブ 134, 156-57, 160
日中平和友好条約 1, 5, 11, 15, 27-28, 37-38, 45, 72, 91, 95, 103, 106, 111, 113, 250, 255
日中輸出入組合 33
日本維新の会 200
日本遺族会 62-65, 70, 72, 75, 78-80, 83, 85-87, 204, 208, 217, 244-45, 248
日本遠洋底曳網漁業協会 106, 252
日本会議 184, 208, 218, 269
日本共産党 27
『日本経済新聞』 39, 64, 69, 80, 90, 131, 249
日本国憲法 6, 13, 42, 52, 54, 59-61, 68, 70, 81, 213, 225, 244-45
日本国際貿易促進協会 33
日本財団 119-20
日本社会党 24, 27, 45-46, 71, 73, 242
日本生活協同組合連合会（生協） 145-47, 258
日本青年社 113-17, 123, 184, 186, 255

日本たばこ産業（JT） 142, 261
日本農林規格（JAS） 148, 262
日本の石油会社 101, 110, 253
日本輸入食品安全推進協会 144, 151, 263
ニュルンベルク裁判 57
農業，農林水産物，農作物，農産物 35, 85, 131, 141, 143-44, 149, 157, 161
農林水産省 94, 109, 131, 135, 143-44, 150, 152, 212, 256, 258-59, 261, 266→水産庁も参照

ハ 行

排他的経済水域（EEZ） 11, 89-91, 93, 96-101, 108, 117-18, 124, 168, 170, 174, 177, 182, 212, 232, 251, 257
HACCP 152, 263
パシフィック・ガルフ 111
パロマ 154, 263
パワーバランス 4-5
東シナ海 1-3, 11-12, 14-15, 19, 23, 42, 53, 89-94, 96, 100-103, 105-10, 116, 121-25, 164, 171, 173-74, 188-90, 192, 198-99, 209, 212-13, 216-17, 229, 249-50
東シナ海等に関する日中協議 257
東日本大震災 144, 157, 160, 190, 209, 230
引揚援護局 59-60, 243
引揚援護庁 58, 60, 243
「一つの中国」政策 40-41
フィリピン 30, 137, 172
福島第一原発の炉心溶融事故 144, 157, 160, 230
富士ゼロックス 48
フジタ 166, 168, 175, 189
芙蓉石油開発 101
ブレトン＝ウッズ体制 224
平湖 102
北京オリンピック 34, 121
ヘッジ戦略 22-23, 233
防衛計画の大綱 171, 173, 190, 197
防衛省 123, 173, 177, 196, 256-57
防衛省防衛研究所 267
『防衛白書』 42, 244
包括的核実験禁止条約（CTBT） 238
防空識別圏（ADIZ） 2-4, 198-99

事項索引　　307

澎湖諸島　29, 96
保守　8, 23, 38, 45, 47, 54, 60, 72-73, 80, 84, 86-
　　　88, 112, 179-80, 184, 188-89, 194, 200, 207-8,
　　　217-18, 225, 237, 239-40, 245
保守党　55
「ホタル」　74
保釣行動委員会　185
捕虜の強制連行問題　53
香港　36, 104, 114-17, 123, 184-85, 194, 222

　マ　行
『毎日新聞』　116, 238
マカオ　116
マルハニチロ　143
丸紅　139, 260
満洲事変　57
三菱商事　139
南小島　116, 123
宮古島　1
民主進歩党　40
民主党　8-9, 25, 48-49, 51, 73, 78, 87, 120, 122-
　　　23, 125, 133-34, 154, 175, 178-81, 188, 192-
　　　93, 200, 205, 207-8, 210, 217, 259
森永製菓　151, 262
文部科学省（文部省）　38, 93-94, 152, 177, 237,
　　　250, 256

　ヤ　行
やえやま　112
靖国神社／靖国　7, 11, 13, 24, 38, 48-49, 53-60,
　　　62-63, 65-88, 205-8, 215-18, 228, 242-47,
　　　269
ヤマダ　139
輸入加工食品の自主管理に関する指針　150-51
与那国島　190
『読売新聞』　86, 116, 124, 132-34

　ラ　行
陸上自衛隊　66-67, 173, 190-91, 271
リベラル／革新　8, 23, 27, 32, 38, 45-47, 86, 179,
　　　210, 219, 239
琉球政府　95-96
流通食品への毒物の混入等の防止等に関する特
　　　別措置法　151
龍大食品集団　150
レアアース　36, 166-67, 174-75, 188, 190, 205,
　　　212, 267-68
冷戦　15, 22, 25-27, 30, 33, 40-42, 46, 61, 73, 170-
　　　71, 213
ロシア　5, 99, 160, 196→ソ連も参照

　ワ　行
和解／和解外交　7, 15, 17, 23, 25-27, 32, 38, 45-
　　　46, 50, 73, 75, 85, 120, 132, 188, 216, 229-30

著者・訳者紹介

[著者]

シーラ・スミス（Sheila A. Smith） 外交問題評議会上級研究員（日本政治・日本外交）．1996年，コロンビア大学大学院政治学研究科博士課程修了．Ph.D. (Political Science)．イースト・ウェスト・センター研究員などを経て，2007年より現職．日米文化教育交流会議（CULCON）米国側副委員長，日米次世代プログラム（モーリーン＆マイク・マンスフィールド財団主催）諮問委員，ジョージタウン大学アジア研究科兼任准教授等を兼任．

[訳者]

伏見岳人（ふしみ・たけと） 東北大学大学院法学研究科准教授（日本政治外交史）．1979年生まれ．2005年，東京大学法学部卒業，2011年，東京大学大学院法学政治学研究科博士課程修了．博士（法学）．2011年より現職．主な業績は，『近代日本の予算政治1900-1914——桂太郎の政治指導と政党内閣の確立過程』（東京大学出版会，2013年），吉野作造講義録研究会編『吉野作造政治史講義——矢内原忠雄・赤松克麿・岡義武ノート』（岩波書店，2016年）等．

佐藤悠子（さとう・ゆうこ） 東京大学大学院法学政治学研究科附属近代日本法政史料センター助教（中国政治外交史）．1976年生まれ．1999年，東京大学法学部卒業，2005年，ペンシルバニア大学大学院歴史学科修士課程修了，2006年，東京大学大学院法学政治学研究科博士課程単位取得満期退学．東京大学大学院法学政治学研究科特任助教等を経て，2017年より現職．主な業績は，「文化大革命期中国におけるアインシュタイン批判——科学・政治・国際関係」『国際政治』179号（2015年），"Criticising Einstein: Science, Politics, and International Relations during the Chinese Cultural Revolution," *World Political Science*, 12 (2) (2016): 179-194 等．

玉置敦彦（たまき・のぶひこ） 東京大学政策ビジョン研究センター特任研究員（国際政治学）．1983年生まれ．2006年，東京大学法学部卒業，2014年，東京大学大学院法学政治学研究科博士課程修了．博士（法学）．笹川平和財団国際事業部研究員補佐等を経て，2016年より現職．主な業績は，「ジャパン・ハンズ——変容する日米関係と米政権日本専門家の視線，1965-68年」『思想』1017号（2009年），「ベトナム戦争をめぐる米比関係——非対称同盟と『力のパラドックス』」『国際政治』188号（2017年）等．

日中　親愛なる宿敵
変容する日本政治と対中政策

2018 年 3 月 23 日　初　版

［検印廃止］

著　者　シーラ・スミス

訳　者　伏見岳人・佐藤悠子・玉置敦彦

発行所　一般財団法人　東京大学出版会

　　　　代表者　吉見俊哉

　　　　153-0041 東京都目黒区駒場 4-5-29
　　　　http://www.utp.or.jp/
　　　　電話　03-6407-1069　Fax 03-6407-1991
　　　　振替　00160-6-59964

印刷所　株式会社理想社
製本所　牧製本印刷株式会社

© 2018 Taketo Fushimi *et al.*
ISBN 978-4-13-036268-9　Printed in Japan

JCOPY 〈(社)出版者著作権管理機構　委託出版物〉
本書の無断複写は著作権法上での例外を除き禁じられています．複写され
る場合は，そのつど事前に，(社)出版者著作権管理機構（電話 03-3513-6969，
FAX 03-3513-6979, e-mail: info@jcopy.or.jp）の許諾を得てください．